Delphi für Kids

Hans-Georg Schumann

Delphi für Kids

Bibliografische Information der Deutschen Nationalbibliothek
Die Deutsche Nationalbibliothek verzeichnet diese Publikation in der
Deutschen Nationalbibliografie. Detaillierte bibliografische Daten sind
im Internet über http://dnb.d-nb.de abrufbar.

ISBN 978-3-8266-8662-7

Alle Rechte, auch die der Übersetzung, vorbehalten. Kein Teil des Werkes darf in irgendeiner Form (Druck, Fotokopie, Mikrofilm oder einem anderen Verfahren) ohne schriftliche Genehmigung des Verlages reproduziert oder unter Verwendung elektronischer Systeme verarbeitet, vervielfältigt oder verbreitet werden. Der Verlag übernimmt keine Gewähr für die Funktion einzelner Programme oder von Teilen derselben. Insbesondere übernimmt er keinerlei Haftung für eventuelle aus dem Gebrauch resultierende Folgeschäden.

Die Wiedergabe von Gebrauchsnamen, Handelsnamen, Warenbezeichnungen usw. in diesem Werk berechtigt auch ohne besondere Kennzeichnung nicht zu der Annahme, dass solche Namen im Sinne der Warenzeichen- und Markenschutz-Gesetzgebung als frei zu betrachten wären und daher von jedermann benutzt werden dürften.

Printed in Germany
© Copyright 2009 by bhv, Verlagsgruppe Hüthig Jehle Rehm GmbH
Heidelberg, München, Landsberg, Frechen, Hamburg
www.it-fachportal.de

Lektorat: Katja Schrey, Sabine Janatschek
Korrektorat: Petra Heubach-Erdmann
Satz: III-satz, Husby, www.drei-satz.de

Inhalt

Vorwort	17
Was heißt eigentlich Programmieren?	18
Was ist eine Entwicklungsumgebung?	18
In welcher Sprache wird programmiert?	19
Delphi, die Entwicklungsumgebung zum Buch	19

Einleitung	21
Wie arbeite ich mit diesem Buch?	21
Was brauchst du für dieses Buch?	22
Wie gut kennst du deinen PC?	23

Das erste Projekt	25
Delphi starten	26
Kleine Spritztour durch Delphi	28
Hallo auf Knopfdruck	30
Eine Methode zum Drücken	34
Von »Drück mich« zu »Hallo«	41
Das Projekt speichern	43
Delphi beenden	46
Zusammenfassung	47
Ein paar Fragen ...	49
... aber noch keine Aufgabe	49

Inhaltsverzeichnis

Variablenfelder und Startwerte........................... 159
Die richtige Wahl....................................... 161
Die For-do-Struktur..................................... 162
Zusammenfassung...................................... 165
Nur eine Frage ….. 166
… und ein paar Aufgaben................................. 166

8 Aktion Seelenklempner   167

Zwei Buttons und ein paar Gruppenfelder................. 168
Eingabefeld, Anzeigetafel und Bildlaufleiste................ 170
Vor der Sprechstunde................................... 174
Bereit zur Diagnose..................................... 175
Schiebereien... 177
Noch mehr Diagnosen?................................. 178
Strings aus der Liste.................................... 180
Keine Sprechstunde?................................... 182
Therapieprotokoll...................................... 184
Zusammenfassung...................................... 187
Ein paar Fragen ….. 188
… und ein paar Aufgaben................................. 188

9 Menüs und Dialoge   189

Ein Menü für den Klempner.............................. 190
Zwei Dialogfelder....................................... 194
Öffnen und Speichern................................... 198
Abmagerungserscheinungen............................. 201
Diagnosen drucken..................................... 202
Sicherheitsabfrage …..................................... 205
… und Schluss... 209
Zusammenfassung...................................... 210
Ein paar Fragen ….. 211
… aber keine Aufgabe................................... 211

Inhalt

Vorwort — 17
    Was heißt eigentlich Programmieren? 18
    Was ist eine Entwicklungsumgebung? 18
    In welcher Sprache wird programmiert? 19
    Delphi, die Entwicklungsumgebung zum Buch 19

Einleitung — 21
    Wie arbeite ich mit diesem Buch? 21
    Was brauchst du für dieses Buch? 22
    Wie gut kennst du deinen PC? 23

Das erste Projekt — 25
    Delphi starten 26
    Kleine Spritztour durch Delphi 28
    Hallo auf Knopfdruck 30
    Eine Methode zum Drücken 34
    Von »Drück mich« zu »Hallo« 41
    Das Projekt speichern 43
    Delphi beenden 46
    Zusammenfassung 47
    Ein paar Fragen … 49
    … aber noch keine Aufgabe 49

Inhaltsverzeichnis

2 Buttons und Labels   51
Ein Projekt wieder öffnen 52
Noch ein Knopf.. 53
Gut oder schlecht?.. 56
Antwort per Label... 58
Speichern und ausprobieren 60
Ereignisse und Methoden 62
Veredelung 64
Ein ganz neues Projekt..................................... 67
Komponentenschwemme................................... 68
Zusammenfassung 71
Ein paar Fragen ….. 72
… und eine Aufgabe....................................... 72

3 Von Zahlen, Zeichen und Operatoren   73
Die passende Optik.. 74
Zufallszahlen und Variablen 76
Zeichenketten... 78
Vereinbarungen sind nötig 79
Kommentare.. 82
Plus oder Minus, Mal oder Durch 83
Zahlen mit Format... 88
Zusammenfassung 91
Keine Fragen ….. 92
… aber ein paar Aufgaben 92

4 Bedingungen   93
Von 1 bis 6 94
Wenn … dann …... 96
Die If-then-Struktur.. 98
Die Sache mit try und except 100
Punkt für Punkt 103
Und und Oder, oder?...................................... 105
Zusammenfassung 107

Inhaltsverzeichnis

Ein paar Fragen ….	108
… und ein paar Aufgaben	108

Ein Ratespiel mit Zahlen — 109

Zu groß, zu klein	110
Es kann geraten werden	112
Dein PC zählt mit.	114
Die If-then-else-Struktur	116
Neues Spiel oder wirklich Schluss?	118
Zusammenfassung	122
Eine Frage ….	123
… und ein paar Aufgaben	123

Kontrollstrukturen — 125

Auf dem Weg zum Millionär.	126
while-do oder repeat-until	127
Schleifenvariationen	130
Kleine Knopfparade	132
Diagnose auf Knopfdruck	136
Listenwahl	137
Von Fall zu Fall.	142
Zusammenfassung	143
Ein paar Fragen …	144
… und ein paar Aufgaben	144

Combo, Radio oder Check? — 145

Alles in einer Box.	146
Von Pünktchen ….	150
… und Häkchen	153
Der letzte Schliff	155
Antworten für die Optionsfelder	157
Wirklich fertig?	158

Inhaltsverzeichnis

Variablenfelder und Startwerte	159
Die richtige Wahl	161
Die For-do-Struktur	162
Zusammenfassung	165
Nur eine Frage …	166
… und ein paar Aufgaben	166

Aktion Seelenklempner — 167

Zwei Buttons und ein paar Gruppenfelder	168
Eingabefeld, Anzeigetafel und Bildlaufleiste	170
Vor der Sprechstunde	174
Bereit zur Diagnose	175
Schiebereien	177
Noch mehr Diagnosen?	178
Strings aus der Liste	180
Keine Sprechstunde?	182
Therapieprotokoll	184
Zusammenfassung	187
Ein paar Fragen …	188
… und ein paar Aufgaben	188

Menüs und Dialoge — 189

Ein Menü für den Klempner	190
Zwei Dialogfelder	194
Öffnen und Speichern	198
Abmagerungserscheinungen	201
Diagnosen drucken	202
Sicherheitsabfrage …	205
… und Schluss	209
Zusammenfassung	210
Ein paar Fragen …	211
… aber keine Aufgabe	211

Inhaltsverzeichnis

10 Grafik mit Canvas — 213
Von Punkten und Koordinaten 214
Das erste Bild 216
Jetzt wird's bunt 219
Eckig und rund 221
Mit Text geht's auch 223
Farbtupfer 225
Dimensionen 227
Zusammenfassung 228
Ein paar Fragen … 229
… und ein paar Aufgaben 229

11 Eine eigene Klasse — 231
Und es bewegt sich doch 232
Eine neue Klasse 236
Eigenschaften, Methoden und ein Konstruktor 238
Vereinbaren und initialisieren 239
Erscheinen, Bewegen und Verschwinden 243
Funktion oder Prozedur 246
Eine Frage des Formats? 248
Zusammenfassung 250
Nur eine Frage … 251
… und eine Aufgabe 251

12 Kapselung und Vererbung — 253
Alles unter einem Hut 254
Es gibt was zu erben 256
Projekt und Unit 259
Ein neues Baby? 261
Ein Handvoll Set und Get 265
Ein Zinsobjekt mit lauter Nullen 267
Kapital, Prozent und Zinsen 269
Zusammenfassung 271
Ein paar Fragen … 272
… und ein paar Aufgaben 272

Inhaltsverzeichnis

13 Eigene Komponenten 273
Endlich ein Bild. 274
Ein Kind von TImage. 276
Eine neue Unit 279
Die Komponente installieren 282
Erster Auftritt von TMovie 284
Ein Symbol für TMovie 287
Zusammenfassung 298
Ein paar Fragen …. 298
… jedoch keine Aufgabe. 298

14 Jetzt wird geOOPt 299
TMovie kann mehr als TImage. 300
Erscheinen und Verschwinden. 302
Es bewegt sich was 305
Privat oder öffentlich. 308
GetNr und GetImage 310
Lauf oder dreh dich 311
Making Movies. 313
Zusammenfassung 316
Eine Frage …. 317
… und ein paar Aufgaben. 317

15 Für alle Fälle MDI? 319
Eine Anwendung für viele Dokumente? 319
Eine gute Basis 323
Textbetrachter 327
Bildbetrachter. 332
Und wie wär's mit Tabellen? 336
Aus der Liste ins Tabellenfeld 339
Alle drei zusammen 341
Unvollendet. 343
Das MDI-Projekt umbenennen 345
Zusammenfassung 347

Inhaltsverzeichnis

    Nur eine Frage 348
    ... und keine Aufgabe. 348

Komponentensammlung   349

    TObject, TControl oder mehr?. 350
    Jetzt geht's rund 354
    Der OButton in Form gebracht. 357
    Wer ist der Eigentümer?. 359
    MouseDown und MouseUp. 361
    Den OButton installieren. 364
    Ereignisse veröffentlichen. 365
    Zusammenfassung. 367
    Ein paar Fragen 368
    ... und ein paar Aufgaben 368

Polymorphie   369

    Von alten und neuen Methoden. 370
    Eine kleine Monsterfamilie 371
    Mehr Schein als Sein?. 375
    Polymorphie. 377
    Monstershow 381
    Ein neuer Fall von Polymorph 383
    Destruktoren 386
    Zusammenfassung. 389
    Ein paar Fragen 390
    ... aber keine Aufgaben 390

Buntes Allerlei   391

    Kleine Monsterparade. 392
    Die Sache mit dem Timer 394
    Wert oder Referenz?. 396
    Welcher Fehler ist es?. 398

Inhaltsverzeichnis

Von try bis finally	401
Eigene Properties	403
Zusammenfassung	406
Ein paar Fragen …	407
… und ein paar Aufgaben	407

19 Einblick in die Spielprogrammierung — 409

Create, Run, Free	410
Spielfeld und Spielfigur	411
Game-Run	415
Ball oder Käfer?	418
Tastensteuerung	421
Maussteuerung	424
Richtungswechsel	427
Zusammenfassung	428
Zum Schluss	429
	430
Keine Fragen …	430
… aber ein paar Aufgaben	430

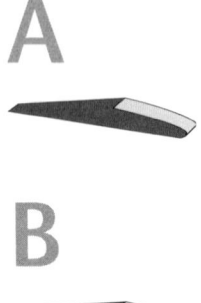

Anhang A — 431

Für Eltern …	431
… und für Lehrer	432

Anhang B — 435

Delphi installieren	435
Anpassen an Windows Vista	440
Kopieren der Buchdateien	443

Inhaltsverzeichnis

Anhang C   **445**
    Kleine Checkliste 445
    Dem Fehler auf der Spur 446

Kleines OOP-Lexikon   **449**

Stichwortverzeichnis   **457**

Für
Janne, Julia, Daniel und Katrin

Vorwort

Delphi – war das nicht diese Orakel-Stadt in Griechenland, wo man sich die Zukunft voraussagen lassen konnte? Na ja, so was kriegt man heut ja schon in jeder billigen Zeitschrift, wenn auch die Prophezeiungen eher zufällig eintreffen. Die Geschichte von dem Delphi, um das es hier im Buch geht, beginnt auch viel später als im alten Griechenland.

Es war einmal eine Firma, die hieß Borland. Der Gründer war ein gewisser Philippe, der sich den Namen Borland ausgedacht hatte. Eigentlich nichts Besonderes. Außergewöhnlich aber war das Produkt, das Borland anzubieten hatte. Ein Programmiersystem mit dem Namen Turbo Pascal, mit dem man für damalige Verhältnisse verblüffend schnell und leicht Programme erstellen konnte. Passend zum Namen wurde das Ding ein Verkaufsrenner.

Mit der Zeit wuchs diese Firma mächtig und stellte noch ein paar weitere Werkzeuge für andere Sprachen her, mit denen man tolle Programme schreiben konnte. Und als Windows kam, stieg auch Borland auf die Windows-Programmierung um. Zuerst hieß das Ganze noch Turbo Pascal für Windows und war nun nicht mehr so einfach zu programmieren.

Inzwischen aber hatte die Firma Microsoft (von der auch Windows stammt) schon mit Visual Basic ein sehr komfortables Programmiersystem auf den Markt gebracht. Borland musste auf diese Konkurrenz schnell reagieren. Vielleicht haben die Entwickler bei Borland in Griechenland das Orakel von Delphi befragt. Jedenfalls kam bald die Erleuchtung, weshalb wohl das neue Produkt auch den Namen Delphi erhielt.

Und das war nicht alles, denn dazu gesellten sich mit der Zeit noch C++Builder und JBuilder (zum Programmieren in C++ und Java). Damit kann sich nun jeder seine Programmiersprache für eigene Anwendungen oder Spiele aussuchen.

Was heißt eigentlich Programmieren?

Wenn du aufschreibst, was ein Computer tun soll, nennt man das **Programmieren**. Das Tolle daran ist, dass du selbst bestimmen kannst, was getan werden soll. Lässt du dein Programm laufen, macht der Computer die Sachen, die du ausgeheckt hast. Natürlich wird er dann dein Zimmer nicht aufräumen und dir auch keine Tasse Kakao ans Bett bringen. Aber kannst du erst mal programmieren, kannst du den Computer sozusagen nach deiner Pfeife tanzen lassen.

Allerdings passiert es gerade beim Programmieren, dass der Computer nicht so will, wie du es gerne hättest. Meistens ist das ein Fehler im Programm. Der Fehler kann aber auch irgendwo anders im Computer oder im Betriebssystem liegen. Das Dumme bei Fehlern ist, dass sie sich gern so gut verstecken, dass die Suche danach schon manchen Programmierer zur Verzweiflung gebracht hat.

Vielleicht hast du trotzdem Lust bekommen, das Programmieren zu erlernen. Dann brauchst du ja nur noch eine passende **Entwicklungsumgebung**, und schon kann's losgehen.

Was ist eine Entwicklungsumgebung?

Um ein Programm zu erstellen, musst du erst mal etwas eintippen. Das ist wie bei einem Brief oder einer Geschichte, die man schreibt. Das Textprogramm dafür kann sehr einfach sein, weil es ja nicht auf eine besondere Schrift oder Darstellung ankommt wie bei einem Brief oder einem Referat. So etwas wird **Editor** genannt.

Ist das Programm eingetippt, kann es der Computer nicht einfach lesen und ausführen. Jetzt muss es so übersetzt werden, dass der PC versteht, was du von ihm willst. Weil er aber eine ganz andere Sprache spricht als du, muss ein Dolmetscher her.

Du programmierst in einer Sprache, die du verstehst, und der Dolmetscher übersetzt es so, dass es dem Computer verständlich wird. So was heißt dann **Compiler** (ausgesprochen: Kompailer).

Schließlich müssen Programme überarbeitet, verbessert, wieder getestet und weiterentwickelt werden. Dazu gibt es noch einige zusätzliche Hilfen. Daraus wird dann ein ganzes System, die Entwicklungsumgebung.

In welcher Sprache wird programmiert?

Leider kannst du nicht so programmieren, wie dir der Mund gewachsen ist. Eine **Programmiersprache** muss so aufgebaut sein, dass möglichst viele Menschen in möglichst vielen Ländern einheitlich damit umgehen können.

Weil in der ganzen Welt Leute zu finden sind, die wenigstens ein paar Brocken Englisch können, besteht auch fast jede Programmiersprache aus englischen Wörtern. Es gab auch immer mal Versuche, z.B. in Deutsch zu programmieren, aber meistens klingen die Wörter dort so künstlich, dass man lieber wieder aufs Englische zurückgreift.

Eigentlich ist es egal, welche Programmiersprache du benutzt. Am besten eine, die möglichst leicht zu erlernen ist.

In diesem Buch hast du es mit **Delphi** zu tun. Die eigentliche Programmiersprache heißt Pascal, von Borland erweitert zu **Object Pascal**. Delphi aber ist mehr als nur Object Pascal, nämlich ein umfassendes System, in das Pascal eingebettet ist. Pascal ist sehr weit verbreitet und auch für Anfänger geeignet, die damit ihre erste Programmiersprache erlernen wollen. (Willst du mal in andere Sprachen hineinschnuppern, dann empfehle ich dir z.B. eines der Bücher **C++ für Kids** oder **Java für Kids**.)

Der Weg zum guten Programmierer kann ganz schön steinig sein. Nicht selten kommt es vor, dass man die Lust verliert, weil einfach gar nichts klappen will. Das Programm tut etwas ganz anderes, man kann den Fehler nicht finden und man fragt sich: Wozu soll ich eigentlich programmieren lernen, wo es doch schon genug Programme gibt? Und dann noch ausgerechnet in Delphi.

Gute Programmierer werden immer gesucht, und dieser Bedarf wird weiter steigen. In den meisten Stellenanzeigen steht u.a. »Programmierkenntnisse erforderlich«. Wirklich gute Programmierer werden auch wirklich gut bezahlt. Es ist also nicht nur einen Versuch wert, es kann sich durchaus lohnen, das Programmieren in Delphi zu erlernen.

Delphi, die Entwicklungsumgebung zum Buch

Um den Kauf einer Entwicklungsumgebung musst du dich nicht weiter kümmern, wenn du dieses Buch erst mal besitzt. Auf der CD zu diesem

Vorwort

Delphi, die Entwicklungsumgebung zum Buch

Buch ist ein komplettes Programmiersystem enthalten. Mit **Delphi** von Borland/Codegear hast du eine weit verbreitete Entwicklungsumgebung und kannst damit unter allen Versionen von Windows ab 95 programmieren. (Bei Problemen unter Windows Vista schau bitte in den Anhang B.)

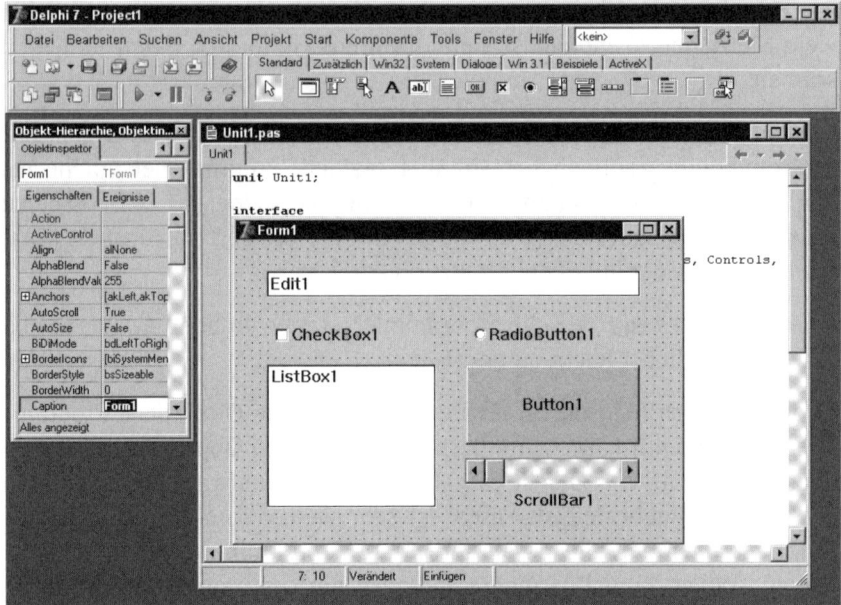

Und was bietet dieses Buch?

Über eine ganze Reihe von Kapiteln verteilt lernst du

- die Grundlagen von Delphi und Pascal kennen
- mit Delphi unter Windows umzugehen
- mit Komponenten zu arbeiten (das sind Bausteine, mit denen du dir viel Programmierarbeit sparen kannst)
- die Geheimnisse der Objektorientierten Programmierung (kurz: OOP) kennen

Im **Anhang** gibt es dann noch eine ganze Menge an Informationen und Hilfen. Auch für deine Eltern und Lehrer, aber vor allem für dich!

Einleitung

Wie arbeite ich mit diesem Buch?

Grundsätzlich besteht dieses Buch aus einer Menge Text mit vielen Abbildungen dazwischen. Natürlich habe ich mich bemüht, alles so zuzubereiten, dass daraus lauter gut verdauliche Happen werden. Damit das Ganze noch genießbarer wird, gibt es zusätzlich noch einige Symbole, die ich dir hier gern erklären möchte:

Arbeitsschritte

≫ Wenn du dieses Zeichen siehst, heißt das: Es gibt etwas zu tun. Damit kommen wir beim Programmieren Schritt für Schritt einem neuen Ziel immer näher.

Grundsätzlich lernt man besser, wenn man einen Programmtext selbst eintippt oder ändert. Aber nicht immer hat man große Lust dazu. Weil alle Projekte im Buch auch auf der CD sind, findest du hinter einem Programmierschritt auch den jeweiligen Dateinamen (z.B. GRAFIK1.DPR). Wenn du also das Projekt nicht selbst erstellen willst, kannst du stattdessen die zugehörige Datei laden (zu finden auf der CD im Ordner BUCH).

Aufgaben

Am Ende eines Kapitels wirst du jeweils eine Reihe von Fragen und Aufgaben entdecken. Diese Übungen sind nicht immer ganz einfach, aber sie helfen dir, noch besser zu programmieren. Lösungen zu den Fragen und Aufgaben findest du in verschiedenen Formaten auf der CD im Verzeichnis LOESUNG. Du kannst sie dir alle im Editor von Windows oder auch in deinem Textverarbeitungsprogramm anschauen. Oder du lässt sie dir aus-

Vorwort

Was brauchst du für dieses Buch?

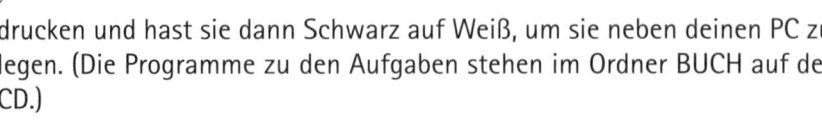

drucken und hast sie dann Schwarz auf Weiß, um sie neben deinen PC zu legen. (Die Programme zu den Aufgaben stehen im Ordner BUCH auf der CD.)

≫ Wenn eine aktuelle Aufgabe die Änderung eines Projekts betrifft, steht direkt dahinter in Klammern mit einem Pfeil (→) versehen der Name des Ordners oder der Datei, in dem bzw. der das geänderte Programmprojekt zu finden ist (→ C:\DELPHI\TEST, → PROJECT1.DPR).

Notfälle

Vielleicht hast du irgendetwas falsch gemacht oder etwas vergessen. Oder es wird gerade knifflig. Dann fragst du dich, was du nun tun sollst. Bei diesem Symbol findest du eine Lösungsmöglichkeit. Notfalls kannst du aber auch ganz hinten im Anhang C nachschauen, wo einige Hinweise zur Pannenhilfe aufgeführt sind.

Wichtige Stellen im Buch

Hin und wieder findest du ein solch dickes Ausrufezeichen im Buch. Dann ist das eine Stelle, an der etwas besonders Wichtiges steht.

Wenn es um eine ausführlichere Erläuterung geht, tritt Buffi in Erscheinung und schnuppert in seiner Kiste mit Tipps & Tricks.

Was brauchst du für dieses Buch?

Die CD zum Buch

Du findest Delphi von Inprise/Borland als komplette Entwicklungsumgebung für Windows-Programme auf der beiliegenden CD. Installiert wird Delphi mit dem Programm INSTALL (oder SETUP) in ein Verzeichnis deiner Wahl, z.B. C:\DELPHI.

Wie gut kennst du deinen PC?

Die Beispielprogramme in diesem Buch sind ebenfalls auf dieser CD gespeichert, falls du mal keine Lust zum Abtippen hast (→ BUCH). Und auch die Lösungen zu den Fragen und Aufgaben sind dort untergebracht (→ LOESUNG).

Mit dem Zusatzprogramm BUCH.EXE kannst du dir die Projekt-Dateien für Beispiele und Lösungen auf deine Festplatte kopieren.

> Alle Informationen, die du zur Installation von Delphi brauchst, findest du in Anhang B.

Betriebssystem

Die meisten Computer arbeiten heute mit dem Betriebssystem Windows. Die Delphi-Version, mit dem wir hier im Buch arbeiten, funktioniert auf jeden Fall mit Windows 9x/ME/XP.

Übungsdisketten oder USB-Stick

Auf jeden Fall benötigst du mindestens eine Diskette oder z.B. einen USB-Stick, auch wenn du deine Programme auf die Festplatte speichern willst. Auf einem externen Speicher sind deine Arbeiten auf jeden Fall zusätzlich sicher aufgehoben.

Gegebenenfalls bitte deine Eltern oder Lehrer um Hilfe: Sie sollen den Anhang A (und vielleicht auch noch Anhang B) lesen. Dann können sie dir bei den ersten Schritten besser helfen.

Wie gut kennst du deinen PC?

Du musst dich mit deinem PC nicht perfekt auskennen, um mit Delphi zu programmieren. Es ist aber gut zu wissen, wie man Delphi startet und beendet. Das erfährst du gleich im ersten Kapitel.

> Wenn du noch Schwierigkeiten mit dem PC hast, ist es besser, sich erst mal ein grundlegendes Buch über Computer anzuschauen, beispielsweise **PCs für Kids**.

Kennst du dich aber schon gut mit dem Computer und mit Windows aus, dann lass uns beginnen!

1
Das erste Projekt

Du willst gleich loslegen? Dem Computer endlich mal etwas sagen, was er für dich tun kann? Na, dann schalte deinen PC an und lass erst mal Windows auftauchen. Von da aus geht es dann direkt zum ersten Programmprojekt in Delphi.

In diesem Kapitel lernst du

◎ wie man Delphi startet

◎ wie man ein Programmprojekt erstellt und ausführt

◎ was ein Formular ist und wie man damit arbeitet

◎ was eine Komponente ist und wie man sie einsetzt

◎ die Komponente Button kennen

◎ wie man ein Projekt speichert

◎ wie man Delphi beendet

Kapitel Das erste Projekt

1 Delphi starten

Bevor wir mit dem Programmieren anfangen können, muss **Delphi** erst installiert und registriert werden.

Die Installation übernimmt ein Programm namens SETUP. Genaues erfährst du im **Anhang B**. Hier musst du dir von jemandem helfen lassen, wenn du dir die Installation nicht allein zutraust.

Die einfachste Möglichkeit, Delphi zu starten, ist diese:

➢ Klicke mit der Maus auf START und dann auf (ALLE) PROGRAMME.

➢ Dann klicke weiter auf DELPHI und dann noch mal auf DELPHI. (Falls du einen anderen Namen wie z.B. PROGRAMMIERUNG gewählt hast, musst du dich darüber zu Delphi durchklicken.)

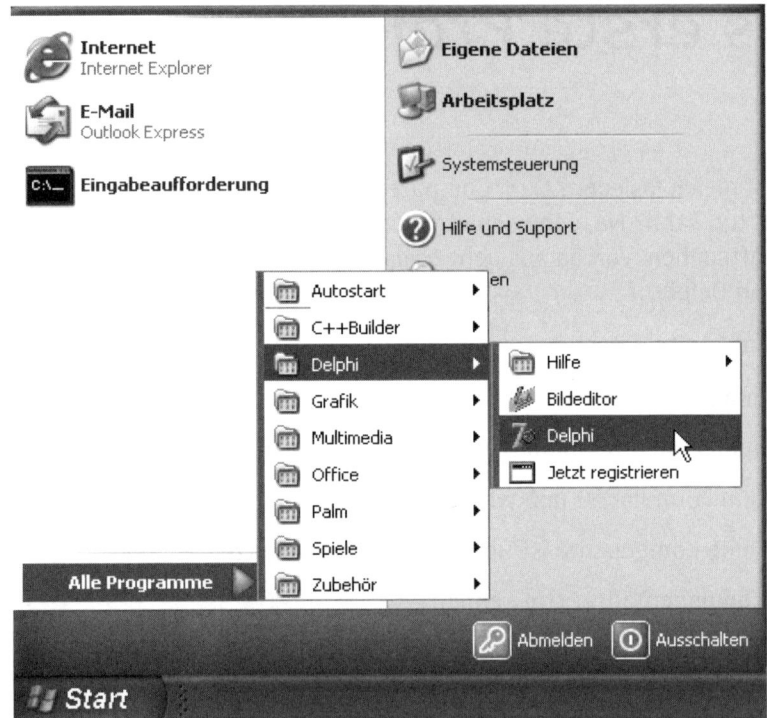

Delphi starten

oder:

≫ Klicke mit der Maus auf START und dann auf AUSFÜHREN.

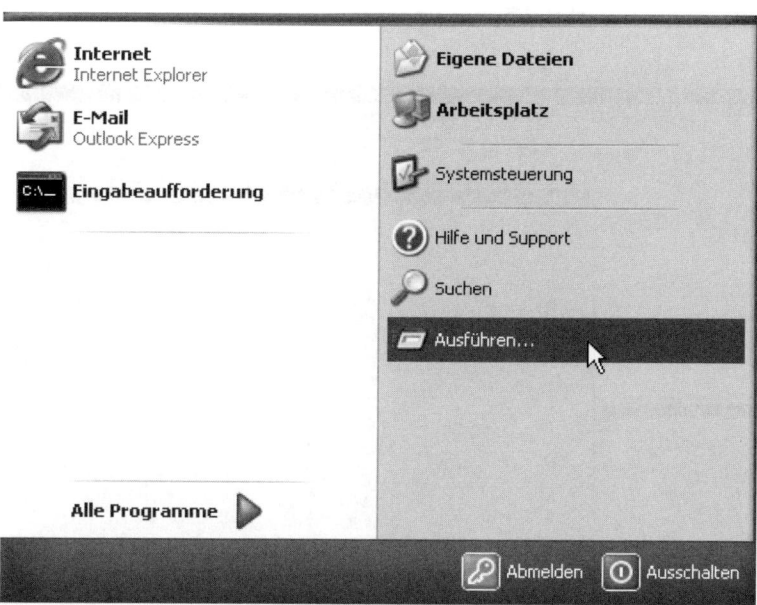

≫ Tippe `delphi32.exe` ein und klicke dann auf OK. Wenn das nicht klappt, musst du den kompletten Pfad mit allen Ordnern eintippen, z.B.:

≫ `c:\delphi\bin\delphi32.exe` oder
`c:\delphi3\bin\delphi32.exe`

Oder du suchst über den Knopf DURCHSUCHEN nach der Datei DELPHI32.EXE.

Kapitel 1 — Das erste Projekt

Kleine Spritztour durch Delphi

Je nach Computer kann es eine Weile dauern, bis Delphi geladen ist. Was dich dann erwartet, könnte ungefähr so aussehen:

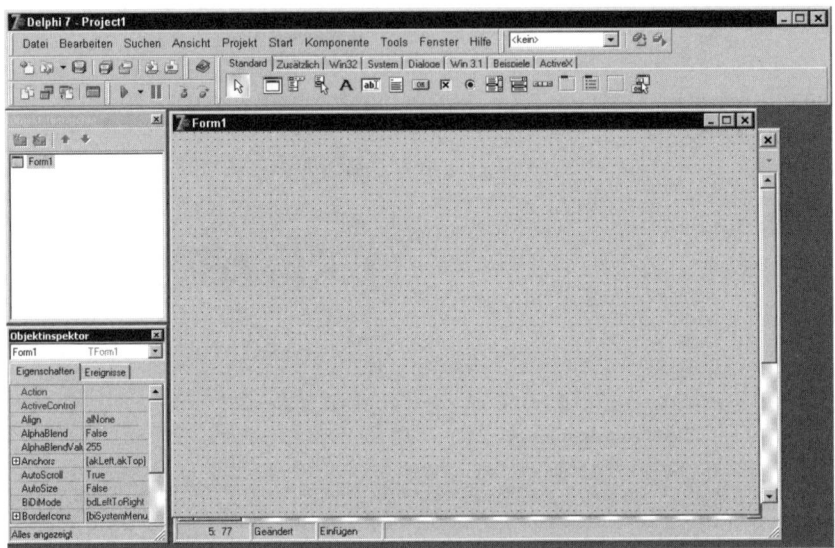

Die Startaufstellung von Delphi

Für den ersten Augenblick ist das alles sicher ein bisschen sehr verwirrend. Nicht nur ein, sondern gleich ein paar Fenster tummeln sich da auf dem Bildschirm.

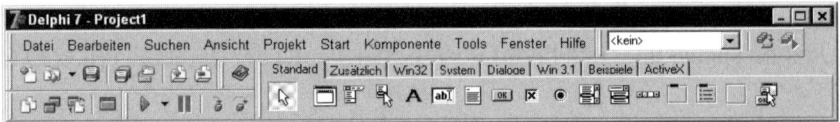

Ganz oben kann man die Menüleiste erkennen. Links darunter befinden sich jede Menge Symbole, die man mit der Maus anklicken kann.

Diese Menüs von Delphi wirst du wahrscheinlich am meisten benutzen:

◇ Über das DATEI-Menü kannst du Dateien speichern, laden (öffnen), ausdrucken, neu erstellen oder Delphi beenden.

◇ Das BEARBEITEN-Menü hilft dir bei der Bearbeitung deines Programmtextes, aber auch bei anderen Programmelementen. Außerdem kannst du dort bestimmte Arbeitsschritte rückgängig machen oder wiederherstellen.

Kleine Spritztour durch Delphi

- Im ANSICHT-Menü hast du u.a. die Möglichkeit, zusätzliche Hilfsfenster und Boxen ein- oder auszublenden.
- Über das START-Menü sorgst du dafür, dass dein Projekt ausgeführt wird.
- Und das HILFE-Menü bietet dir vielfältige Hilfsinformationen an.

> Einige wichtige Menüeinträge sind in einem so genannten **Popup-Menü** zusammengefasst. Das heißt so, weil es dort aufklappt, wo du gerade mit der **rechten** Maustaste hinklickst.

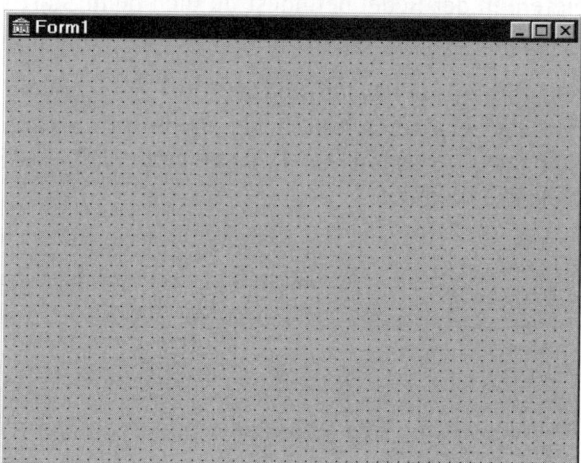

Ein Editorfenster, wie du es vielleicht von einem Editor oder Textverarbeitungsprogramm her kennst, ist gerade nicht in Sicht. Dein Hauptarbeitsplatz ist ein Fenster, das mit seiner Musterung aussieht wie eine Arbeitsplatte zum Basteln.

Das ist das so genannte **Formfenster** oder **Formular**, in dem wir unsere Programmoberfläche zusammenbasteln. Die benötigten Zutaten finden sich ganz oben neben der Symbolleiste in der **Komponentenpalette**.

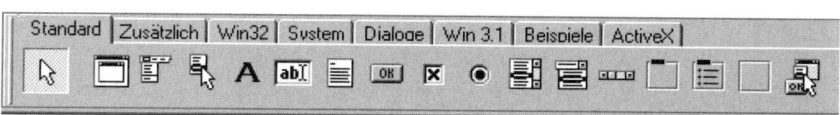

Mit den Elementen dieser Palette, den **Komponenten**, lassen sich z.B. Schaltflächen, Dialogfelder oder Menüs selbst gestalten und in ein Programm einbauen. Schon für unser erstes Delphi-Projekt werden wir uns in der Komponentenpalette bedienen.

Kapitel 1 — Das erste Projekt

Hallo auf Knopfdruck

Eigentlich kann's jetzt schon losgehen. Den Umgang mit Menüs und Dialogen kennst du bereits von Windows. Deshalb müssen wir uns damit nicht mehr aufhalten. Bauen wir uns jetzt ein kleines Projekt, das auf Knopfdruck funktioniert.

Wir brauchen dazu eine Komponente, die **Button** genannt wird. Man sagt dazu auch **Schaltfläche**. Und viele sprechen einfach von einem Knopf. Wichtig ist, dass man darauf mit der Maus klicken kann.

Nun hat die Komponentenpalette von Delphi nicht nur eine Knopfart zu bieten. In der Regel befindest du dich beim Start von Delphi im Register STANDARD. Dort besorgen wir uns den benötigten Button.

≫ Fahre mit der Maus langsam über die Symbole für die Komponenten. Dabei erscheint jeweils als kleine Information (auch **Quickinfo** genannt) der Name der Komponente. Wenn du BUTTON gefunden hast, klicke darauf.

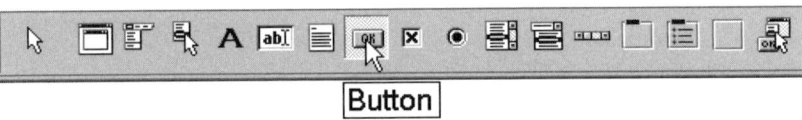

≫ Wechsle mit dem Mauszeiger nun in das Formular.

≫ Drücke die linke Maustaste, halte sie gedrückt und ziehe mit der Maus schräg nach unten.

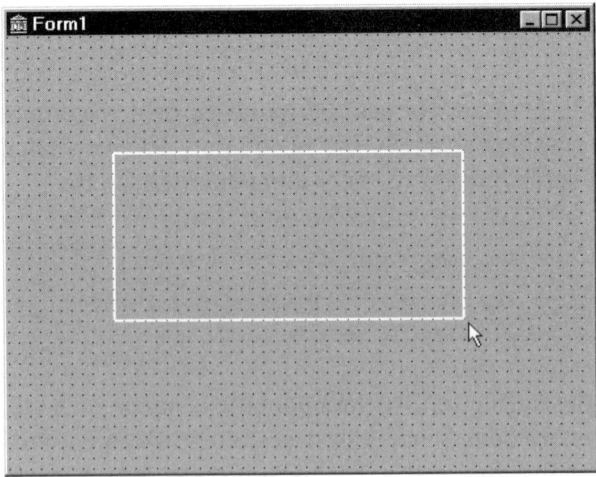

Ein Rahmen für den Button

Hallo auf Knopfdruck

≫ Wenn du meinst, dass die Schaltfläche groß genug ist, lass die Maustaste wieder los.

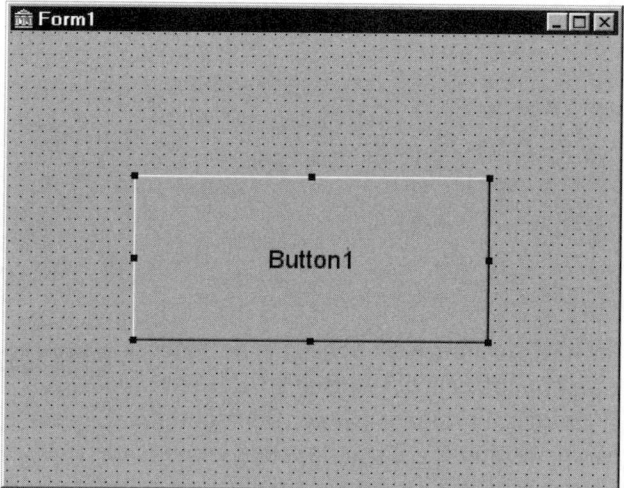

Du möchtest deinen Button gern genau in der Mitte des Formulars haben. Ehe du dich da abquälst, kannst du auch Delphi um Hilfe bitten:

◇ Klicke mit der rechten Maustaste auf den Button.

◇ Damit öffnest du ein kleines Menü. Weil ein solches Menü immer die Einträge anzeigt, die gerade zum aktuellen Objekt oder zur aktuellen Lage passen, wird es auch **Kontextmenü** genannt. In diesem Menü klickst du auf POSITION und AUSRICHTEN.

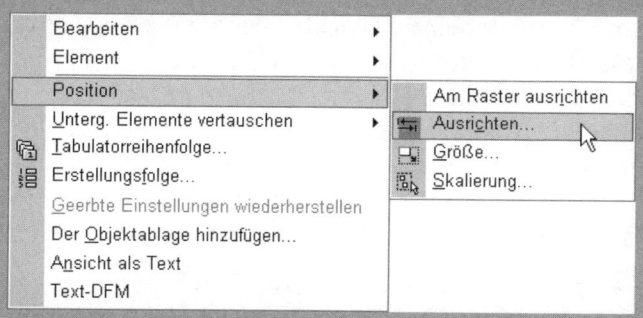

◇ Ein kleines Dialogfeld zeigt dir an, welche Möglichkeiten der Ausrichtung Delphi dir bietet. In diesem Fall solltest du für HORIZONTAL und für VERTIKAL jeweils den Eintrag ZENTRIERT IM FENSTER aktivieren (dann erscheint vor dem Eintrag ein kleines Pünktchen)

Kapitel 1 — Das erste Projekt

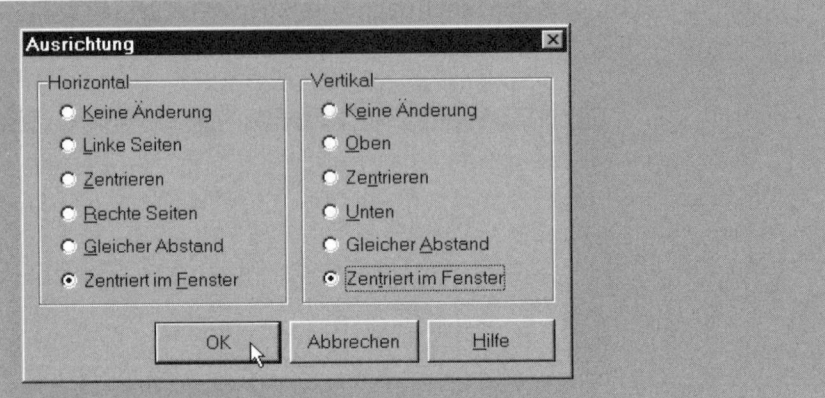

Da hast du nun eine Schaltfläche (oder einen Knopf) mit der Aufschrift BUTTON1. Eigentlich ein blöder Name! Den sollten wir gleich ändern. Dazu brauchen wir ein Fenster, das wir bisher gar nicht weiter beachtet haben: den **Objektinspektor**. Darin stehen alle **Eigenschaften**, die ein Objekt bzw. eine Komponente betreffen, also z.B. die Größe, die Lage oder der Name.

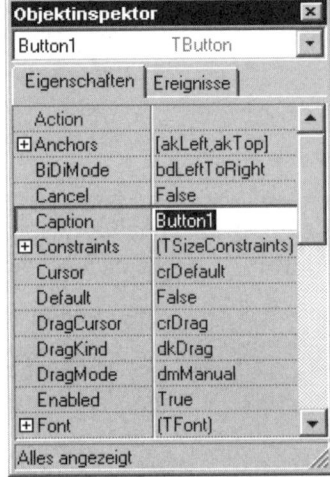

Was versteht man hier unter einem **Objekt**? Das sind doch eigentlich diese Dinger, die ständig irgendwo herumstehen oder sich um uns herum bewegen. Also z.B. Häuser, Bäume, Autos, Leute. Auch du bist ein Objekt. Und zwar vom Typ Mensch. Ebenso gibt es in Delphi Objekte. Die sind natürlich nur künstlich. So ein Objekt ist beispielsweise das Formular, und auch der Knopf, den du gerade dort hinein gesetzt hast, ist ein Objekt. Alle Komponenten sind Objekte.

Dabei kann es auch in Delphi mehrere Objekte eines Typs geben – so wie im richtigen Leben auch. In Delphi spricht man hier von **Klasse**, womit dasselbe gemeint ist wie mit **Objekttyp**. Und ein Objekt wird auch als **Instanz** einer Klasse bezeichnet. Demnach bist du eine Instanz der Klasse Mensch.

Hallo auf Knopfdruck

In Delphi ist es üblich, den Namen einer Klasse mit einem großen »T« (als Abkürzung für Typ) zu beginnen, wie z.B. TForm oder TButton. Der Name der jeweiligen Instanzen wird dann einfach so abgeleitet, indem Delphi das »T« weglässt: z.B. *Form* oder *Button*.

Weil Borland die Programmiersprache Pascal u.a. um eine ganze Objektfamilie und die Fähigkeit erweitert hat, Objekte beliebig selbst zu erstellen, wurde diese Sprache **Object Pascal** genannt. Object Pascal allein kennt z.B. noch keine Komponenten, weshalb man das Ganze in ein noch größeres Paket steckte und daraus entstand dann Delphi.

≫ Klicke auf den Text hinter CAPTION und lösche ihn. Dann tippe dort ein:
   Drück mich!

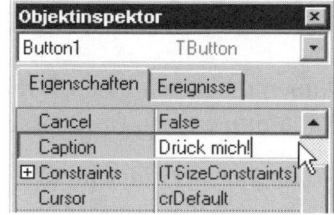

Und schon erscheint dieser Text auch als Aufschrift auf der Schaltfläche:

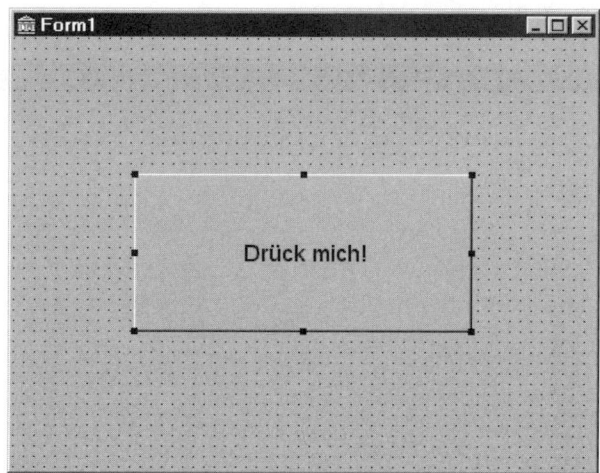

Ein Button zum Drücken

Kapitel 1

Das erste Projekt

Du findest die Eigenschaft nicht? Stattdessen stehen da lauter Namen. Sie beginnen alle mit »On«, z.B. »OnClick«, »OnKeyPress« oder »OnShow«. Da bist du wohl im Objektinspektor irgendwie auf die falsche Seite geraten.

Klicke ganz oben im Inspektorfenster auf EIGENSCHAFTEN (links neben EREIGNISSE). So bist du wieder auf der richtigen Seite.

Eine Methode zum Drücken

Nun müssen wir noch erreichen, dass unser Programm auch auf den Knopfdruck einen Gruß losschickt.

➢ Doppelklicke im Formular auf die Schaltfläche mit dem Text DRÜCK MICH.

Ein neues Fenster kommt zum Vorschein. Das ist das **Editorfenster** von Delphi. Es war bis jetzt weitgehend unter dem Formular verborgen. In diesem Fenster steht der Quelltext. Man kann also auch von Quelltextfenster sprechen.

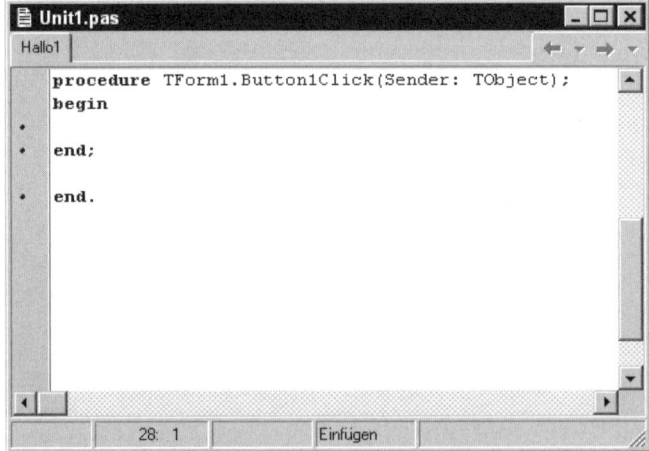

Dort steht schon der Name der Methode, die für die Schaltfläche DRÜCK MICH zuständig ist:

Eine Methode zum Drücken

```
procedure TForm1.Button1Click(Sender: TObject);
```

> **Groß oder klein?**
>
> Im Gegensatz zu manchen anderen Programmiersprachen ist es in Delphi gleichgültig, ob du deine Wörter groß- oder kleinschreibst. Lass am besten alles stehen, was Delphi dir bereits vorgibt. Ansonsten kannst du meinen Gewohnheiten in diesem Buch folgen oder deine eigene Schreibweise benutzen.

Du solltest dich jetzt nicht an dem ganzen Drumherum stören, das dir wohl überhaupt nichts sagt. Wichtig ist das, was in der Mitte steht:

`TForm` ist die Klasse, aus der das Formular abgeleitet ist. (Die 1 bedeutet, dass es auch mehr als ein Formular geben kann.)

`Form1` ist sozusagen die Backform, in die unser Programm eingepackt ist. `Button1Click` heißt frei übersetzt »Knopf1druck« oder »Drücke auf Knopf Nr.1«.

Und über den Punkt (.) werden in Delphi eine Klasse und ihre Methode verbunden. Man nennt dieses Symbol auch **Gültigkeitsoperator**.

> Wie du weiter oben schon erfahren hast, besitzen Objekte **Eigenschaften**. Ein Objekt mit Eigenschaften allein ist aber ziemlich leblos. Wie ein Stein z.B. oder eine Straße. Lebendig wird ein Objekt erst durch seine **Methoden**.
>
> Ein Auto beispielsweise hat nicht nur bestimmte Eigenschaften, sondern es kann sich bewegen, es kann beschleunigen oder bremsen, es lässt sich lenken, man kann es starten und auch wieder anhalten. All das sind Prozesse, die man als Methoden bezeichnen würde.
>
> Damit nun ein Knopf (Button) überhaupt z.B. auf einen Mausklick reagieren kann, braucht er (mindestens) eine Methode. Gleiches gilt für alle anderen Komponenten und auch für die meisten Objekte. Manche von ihnen haben gleich zehn bis zwanzig Methoden (oder noch mehr).
>
> Viele Methoden reagieren auf **Ereignisse**, die ebenfalls (wie die Eigenschaften) mit dem betreffenden Objekt verknüpft sind.
>
> Welche Eigenschaften und Ereignisse zu einem Objekt (wie einer Komponente) gehören, kannst du im Objektinspektor sehen.

Kapitel 1 — Das erste Projekt

Über dem Namen der Methode findest du eine Menge Kauderwelsch, von dem du auch wohl nicht allzu viel verstehst. Aber das macht nichts, denn Delphi hat schon dafür gesorgt, dass dort das Richtige steht. Wir müssen nur zwischen die Wörter begin und end etwas einfügen. Dort gehört eine Anweisung hin, die Delphi sagt, was auf Knopfdruck geschehen soll.

```
procedure TForm1.Button1Click(Sender: TObject);
begin
   Button1.Caption := 'Hallo!';
end;
```

≫ Ergänze die Methode um diese eine Zeile. Vergiss dabei das abschließende Semikolon (;) nicht!

Wenn du dir beim Eintippen etwas zu viel Zeit lässt, ist das nicht schlimm – im Gegenteil: Du bekommst von Delphi sogar Unterstützung. Zu jedem Objekt, das Delphi bekannt ist, werden dir in einer (kleinen) Liste dessen Eigenschaften und Methoden angeboten.

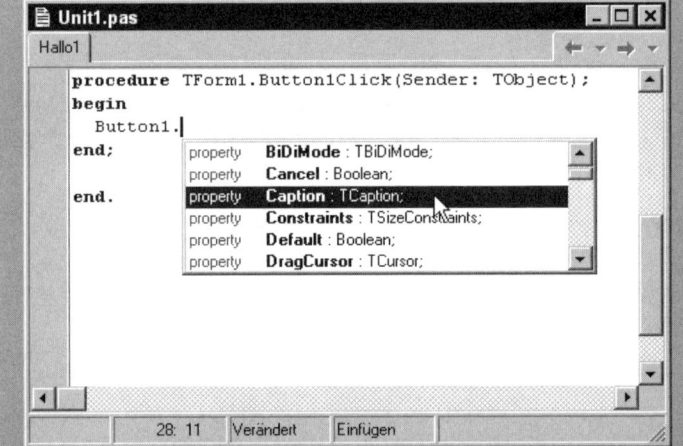

Klickst du auf den Namen und drückst dann die ⌈Eingabe⌉-Taste, so wird der Name in den Quelltext übernommen.

Eine Methode zum Drücken

Vielleicht hast du schon eine Ahnung, was Button1.Caption bedeutet. Aber lass das Programm erst mal laufen.

≫ Klick dazu auf START und gleich noch mal START.

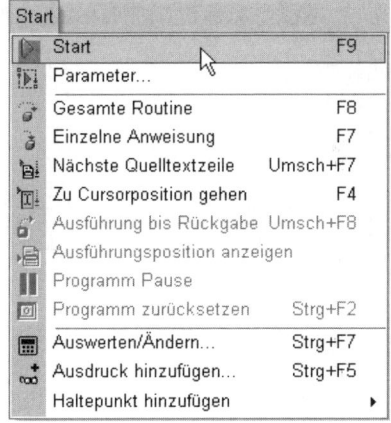

Noch kürzer und schneller geht es, wenn du einfach auf die Taste F9 drückst oder links oben unter der Menüleiste auf diesen Knopf klickst:

Diesmal erscheint das Formular ohne Musterung. Und die Schaltfläche lädt dich zum Draufdrücken ein.

Kapitel Das erste Projekt

1

Bei dir läuft das Programm gar nicht? Stattdessen steht ganz unten im Editorfenster eine Fehlermeldung:

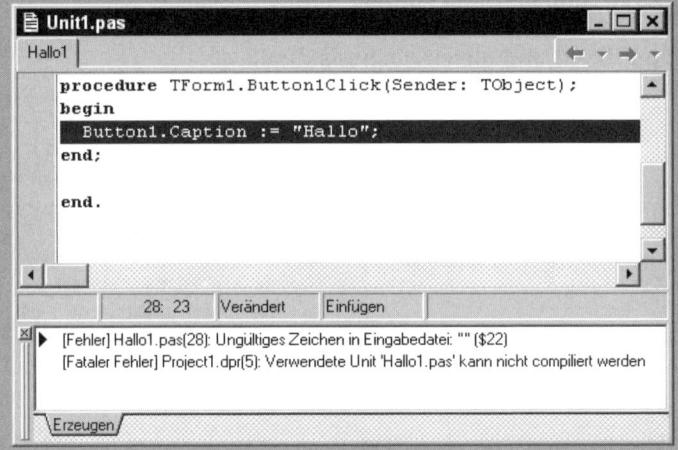

Zusätzlich ist die Stelle rot markiert, in der Delphi den Fehler vermutet. Das kann z.B. ein Schreibfehler sein, hier wurden die falschen Anführungsstriche benutzt. Andere Fehler sind das Vergessen von Semikolon, Komma oder Klammern.

Bessere die Stelle aus und starte dann das Programm einfach noch einmal.

Mal sehen, was ein Mausklick bringt: Eigentlich nicht allzu viel, denn nun bekommt der Button nur eine neue Aufschrift. Ein bisschen mickrig, das Ganze. Aber das Wörtchen »Hallo« ist doch zu erkennen.

Eine Methode zum Drücken

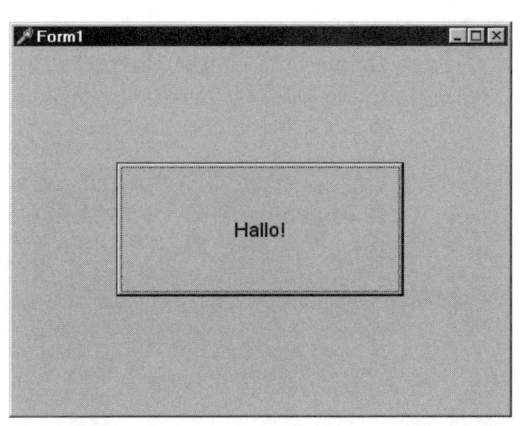

Einen wichtigen Unterschied zwischen Programmbearbeitung und Programmausführung erkennt man nicht nur daran, dass sich das Äußere des Formulars ändert:

- Bei der **Programmbearbeitung** können Formular und Schaltfläche beliebig geändert werden. Außerdem lassen sich weitere Eigenschaften über den Inspektor festlegen. Und nur bei der Bearbeitung kannst du Quelltext im Editorfenster eintippen. Man nennt diese Phase auch **Entwicklungszeit**.

- Bei der **Programmausführung** dagegen treten die Komponenten in Aktion. Du kannst eine Schaltfläche anklicken und damit eine Methode aktivieren, die z.B. die Aufschrift der Schaltfläche ändert. Ein laufendes Programm muss ordnungsgemäß beendet werden, beispielsweise durch Klick auf ein Schließsymbol oder per Tastendruck. Man spricht bei dieser Phase auch von **Laufzeit**.

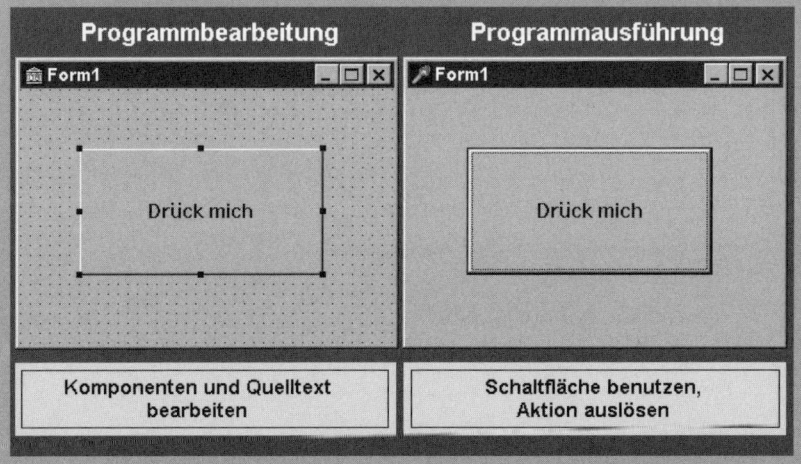

Kapitel | Das erste Projekt

1

≫ Beende das Programm, indem du im Formular auf das kleine X ganz oben rechts klickst. Oder du drückst die Tastenkombination ⌊Alt⌋ + ⌊F4⌋.

Du hast aus Versehen zu viele Fenster zugeklickt? Das Formular ist weg? Oder das Editorfenster? Dann bekommst du die verschwundenen Fenster so wieder zusammen:

◆ Klicke auf ANSICHT und dann auf FORMULARE.

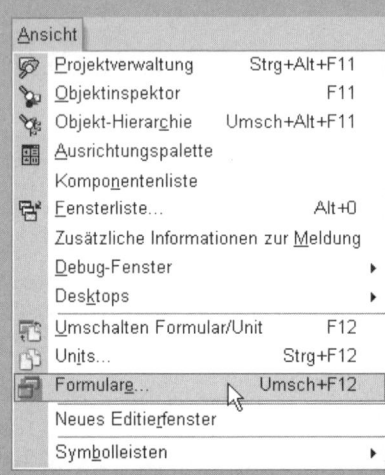

◆ Klicke in der Formularliste auf den Namen des Formulars, das du öffnen willst.

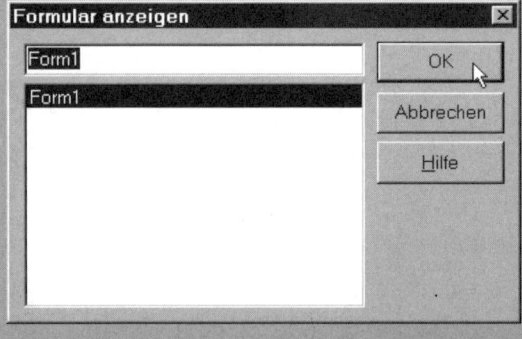

◆ Klicke auf die Schaltfläche OK.

40

Von »Drück mich« zu »Hallo«

Nun öffnet sich das Formular wieder.

◇ Falls du nur das Editorfenster öffnen willst, klicke auf ANSICHT und dann auf UNITS.

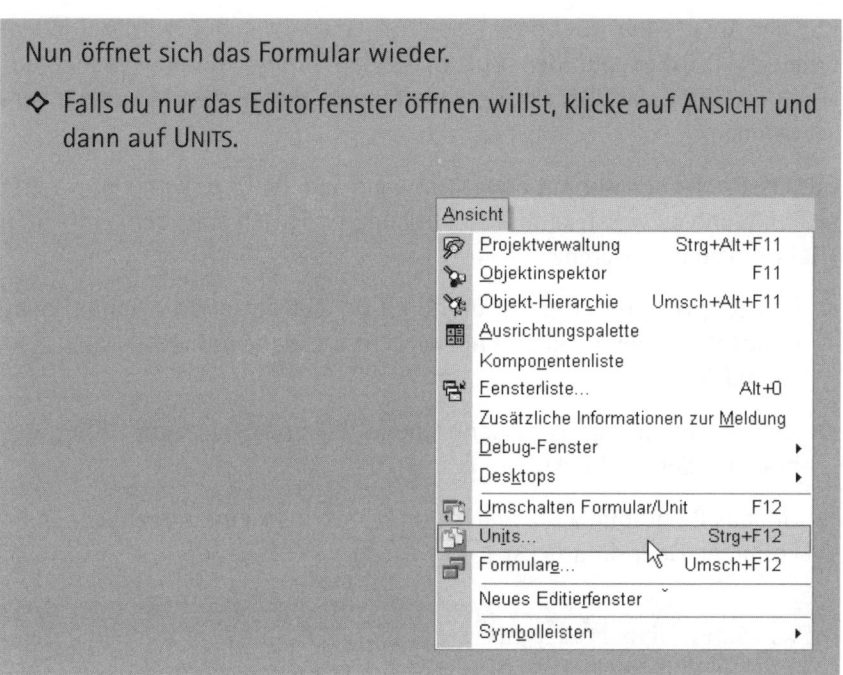

Von »Drück mich« zu »Hallo«

Jetzt ist es an der Zeit, die Anweisungszeile in der Methode Button1Click ein bisschen genauer unter die Lupe zu nehmen:

`Button1.Caption := 'Hallo!';`

Hier wird einer Eigenschaft namens Caption etwas zugewiesen. Diese Eigenschaft kennst du bereits, denn du hast ihr im Objektinspektor schon den Text »Drück mich!« verpasst. Dass mit Button1 die Schaltfläche gemeint ist, die dich zum Drücken einlädt, ist also klar.

Mit dem Punkt (.) werden in Delphi auch Objekt und Eigenschaft verbunden. Man nennt dieses Symbol hier auch **Zugriffsoperator** . (Gültigkeitsoperator und Zugriffsoperator sehen also gleich aus – beide Male ist es einfach nur ein kleines Pünktchen.)

> Was ist eigentlich mit diesem Ding, das aus einem Doppelpunkt und einem Gleichheitszeichen zusammengesetzt ist (:=). Man nennt das Zuweisungszeichen. Es wird ja auch einer Eigenschaft (Caption) etwas ('Hallo!') zugewiesen. Weshalb diese Anweisung gleichzeitig eine **Zuweisung** ist.

Mit der Anweisung Button1.Caption := 'Hallo!' wird bei jedem erneuten Drükken auf den Button dessen Anzeige immer wieder auf »Hallo« gesetzt, das »Drück mich« bleibt nach dem ersten Mal leider verschwunden.

Das lässt sich auch nur mit etwas Aufwand ändern. Dazu kommen wir erst später. Wenn du willst, kannst du mit anderen Texten statt dem einfachen »Hallo« experimentieren.

◆ Das Editorfenster erreichst du durch Doppelklick auf die Schaltfläche DRÜCK MICH. Oder du klickst auf ANSICHT und dann auf UMSCHALTEN FORMULAR/UNIT.

◆ Und das Programm wird dann über START und START zum Laufen gebracht. Oder du drückst F9.

◆ Um das Programm zu beenden, klicke auf das kleine **X** rechts oben im Formular. Oder du drückst Alt + F4.

Das kann durchaus mal passieren: Plötzlich taucht ein greller roter Balken in deinem Text auf. Und ganz am Anfang der Zeile steht so ein kleines rundes Symbol?

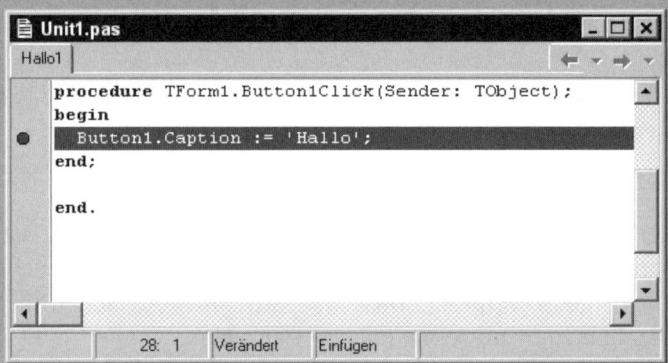

Das ist ein sogenannter **Haltepunkt**. Damit erreicht man, dass ein Programm an genau dieser Stelle anhält. Haltepunkte haben einen Sinn, wenn man an bestimmten Stellen im Programm einen Fehler vermutet (siehe **Anhang C**). Hier aber ist so ein Ding fehl am Platz. Also weg damit. Aber wie?

Klicke einfach auf das kleine runde Symbol, bis der rote Balken auf dem Text wieder verschwindet.

Das Projekt speichern

Allzu umfangreich ist unser erstes Programmprojekt bis jetzt zwar nicht, aber du solltest dennoch schon mal speichern, was du bis jetzt geschafft hast.

≫ Klicke auf DATEI und dann auf ALLES SPEICHERN.

Nun öffnet sich ein Dialogfeld. Angezeigt wird das aktuelle Verzeichnis, in dem Delphi gerade arbeitet. Dort kannst du auch deine Projekte ablegen. Beim Kopieren der Buchdateien wurde zusätzlich ein Ordner TEST eingerichtet. Du kannst dorthin wechseln, indem du den Namen in der Liste hinter SPEICHERN IN suchst und darauf doppelklickst.

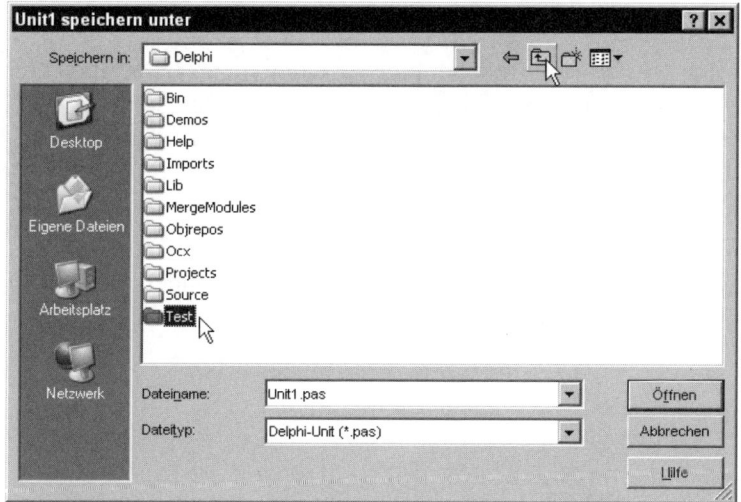

Ordner wechseln

Kapitel 1 — Das erste Projekt

Gleich neben der Liste ist ein kleiner Knopf, über den du zum nächsthöheren Ordner kommst.

≫ Wenn du den vorgegebenen Namen UNIT1.PAS nicht übernehmen willst, klicke auf das Feld hinter DATEINAME und gib dann ein:

HALLO1.PAS

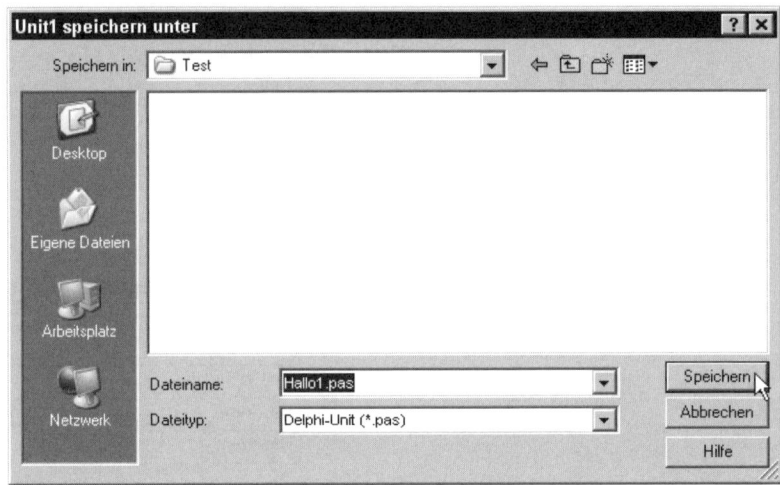

≫ Falls du deine Delphi-Projekte lieber auf **Diskette** speichern willst, dann sorge dafür, dass eine Diskette im Laufwerk liegt, und tippe stattdessen ein:

`a:Hallo1.pas`

≫ Klicke auf die Schaltfläche SPEICHERN.

Ein HALLO1 würde eigentlich genügen, denn beim Speichern hängt Delphi dann automatisch den Punkt (.) und die Kennung PAS hinten dran. PAS kennzeichnet hier Dateien mit Programmtext und ist eine Abkürzung für **Pas**cal. (Übrigens ist auch hier Groß- oder Kleinschreibung egal.)

Damit ist der Speicherprozess noch nicht beendet. Sobald du die Programmdatei gesichert hast, geht es gleich weiter:

Das Projekt speichern

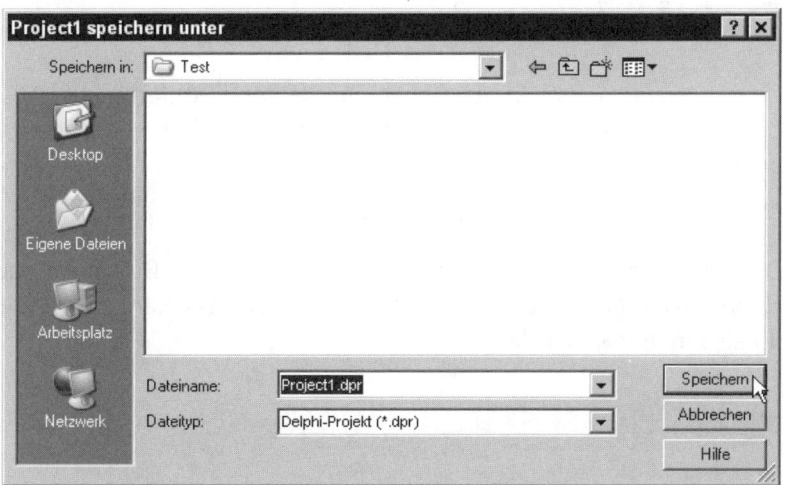

Nun soll auch noch das Projekt insgesamt gespeichert werden. Den vorgeschlagenen Namen PROJECT1.DPR kannst du übernehmen (es ist ja schließlich dein erstes Projekt). Willst du einen anderen Namen eingeben, darf der nicht HALLO1 heißen!

≫ Bestätige den Projektnamen durch Klick auf die Schaltfläche SPEICHERN.

> Wie du siehst, gibt es in Delphi nicht nur eine Datei, aus der ein Projekt besteht, sondern gleich ein paar:
>
> ◇ Eine davon ist der Programmtext, auch **Quelltext** genannt. Der wird als Datei mit der Kennung PAS (für Pascal) gespeichert.
>
> ◇ Die Hauptdatei trägt die Kennung DPR (eine Abkürzung für »Delphi Projekt«). Sie darf nicht denselben Namen wie eine Quelltextdatei tragen!
>
> ◇ Die Datei mit den Daten des Formulars hat als Kennung **dfm** (das steht für **D**elphi **F**or**M**ular). Sie wird von Delphi automatisch erzeugt und bekommt denselben Namen wie die Quelltextdatei.
>
> ◇ Daneben verwaltet Delphi noch einige zusätzliche Dateien, die auch automatisch erzeugt werden. (Das siehst du, wenn du nach dem Speichern eines Projektes mal nachschaust, was da alles auf deiner Diskette oder Festplatte abgelegt wurde.)

Kapitel Das erste Projekt

1

Delphi beenden

Dein allererstes Projekt ist sicher auf deiner Festplatte oder Diskette gelandet. Zeit also für eine kleine Pause. Willst du Delphi verlassen, dann geht das so:

≫ Klicke auf DATEI und dann auf BEENDEN.

Oder Du drückst die Tastenkombination [Alt] + [F4]. Du kannst auch im Hauptfenster ganz oben rechts auf das kleine **X** klicken. Irgendwie kommst du also immer »nach Hause«.

Bist du besonders neugierig und willst wissen, was das Hilfesystem von Delphi zu einem Wort oder einem Thema zu erzählen hat? Dann versuch es mal mit der Taste [F1]. Oder du bedienst dich über das HILFE-Menü:

◆ Klickst du auf das Formular oder eine Komponente, dann erfährst du etwas über dieses Objekt, wenn du [F1] drückst.

◆ Setzt du den Cursor im Editorfenster auf ein Wort, das zum Wortschatz von Delphi gehört, dann wirst du mit einem Druck auf [F1] über dieses Wort informiert.

◆ Befindet sich der Cursor aber irgendwo auf der freien Editorfläche und du drückst [F1], dann bekommst du ein Dialogfeld, über das du dir Informationen in Hülle und Fülle holen kannst.

Zusammenfassung

Über einen Klick auf HILFE und HILFETHEMEN kannst du dich durch das **Hilfesystem** von Delphi hangeln und schon mal staunen, was diese Entwicklungsumgebung alles auf der Pfanne hat. Irgendwann aber solltest du das Hilfefenster mit der Taste [Esc] oder Mausklick auf das X ganz oben rechts wieder schließen.

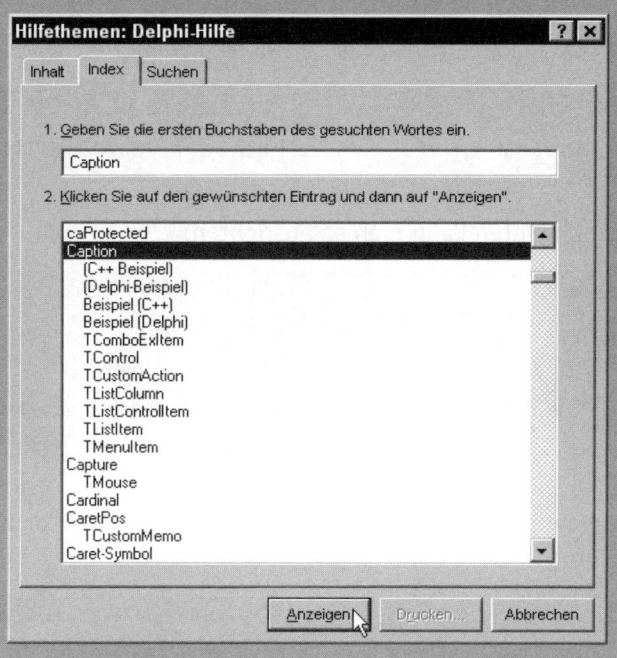

Zusammenfassung

Mit deinem ersten Projekt gehörst du zwar noch nicht zur Gilde der Delphi-Programmierer, aber die Anfangsschritte hast du hinter dir. Mal sehen, was du von diesem Kapitel behalten hast. Da wären zuerst mal ein paar Operationen im Umgang mit Delphi:

Delphi starten	Doppelklicke auf das Delphi-Symbol oder klicke auf START/PROGRAMME/DELPHI/DELPHI
Komponente auswählen	Klicke in die Komponentenpalette
Methode bearbeiten	Doppelklicke auf die Komponente
Eigenschaft festlegen	Klicke im Objektinspektor auf die Spalte hinter den Eigenschaftsnamen

Kapitel   Das erste Projekt

1

Ganzes Projekt speichern	Klicke auf DATEI/ALLES SPEICHERN
Programmprojekt starten	Klicke auf START/START
Programmprojekt beenden	Klicke auf das X oder drücke [Alt] + [F4]
Hilfesystem aufrufen	Klicke auf HILFE oder drücke [F1]
Delphi beenden	Klicke auf DATEI/BEENDEN

Verschwundene Fenster lassen sich so wieder öffnen:

| Formular | Klicke auf ANSICHT/FORMULARE |
| Editorfenster | Klicke auf ANSICHT/UNITS |

Komponenten kann man so ausrichten:

Komponente	Klicke mit der rechten Maustaste auf die Komponente
Menü	Klicke auf AUSRICHTEN
Dialogfeld	Klicke auf die EINSTELLUNGEN und dann auf OK

Und ein bisschen was vom Delphi-Wortschatz hast du auch schon kennen gelernt:

Form	Das Formular (Typ TForm), in dem sich alle Komponenten des Programms befinden. Das Formular selbst ist die Hauptkomponente
Button	Eine Schaltfläche (Typ TButton), auf die man mit der Maus klicken kann
ButtonClick	Diese Methode wird mit Mausklick auf eine Schaltfläche aktiviert
Caption	Eine Eigenschaft, die viele Komponenten haben: Gemeint ist damit ein Titel oder Anzeigetext
. (Punkt)	Gültigkeitsoperator bzw. Zugriffsoperator für die Verbindung von Klasse/Objekt und Methoden/Eigenschaften

Ein paar Fragen ...

Deine Arbeit an einem Projekt spielte sich vorwiegend in drei Bereichen ab:

- Im **Formfenster** bzw. **Formular** baust du deine Komponenten (wie z.B. Schaltflächen) zusammen.
- Im **Editorfenster** tippst du deinen Quelltext (z.B. Methoden) ein.
- Im **Objektinspektor** bestimmst du die Eigenschaften einer Komponente.

Und gespeichert wird das Ganze in mindestens drei Dateien:

Daten des Projekts	Kennung **DPR**
Daten des Formulars	Kennung **DFM**
Quelltext	Kennung **PAS**

Ein paar Fragen ...

Frage 1.   Wie beendet man ein Programm in Delphi?

Frage 2.   Warum spricht man in Delphi nicht nur von Programm, sondern von Projekt?

Frage 3.   Was ist der Unterschied zwischen Formular (Formfenster) und Editorfenster?

... aber noch keine Aufgabe

2
Buttons und Labels

Nun haben wir im letzten Kapitel ein recht mageres Projekt erstellt. Ein Programm mit nur einem Knopf ist ein bisschen dürftig. Sogar eine Jacke hat mindestens zwei Knöpfe. Außerdem war das Ganze nicht mal eine eigene Schöpfung, sondern wir haben bloß ein vorhandenes Projekt ein bisschen aufgepäppelt.

Wagen wir uns hier also endlich mal daran, komplett neue, eigene Projekte zu erstellen. Und diesmal verwenden wir ein paar Komponenten mehr.

In diesem Kapitel lernst du

- wie man ein Projekt (wieder) öffnet
- wie man ein neues Projekt erzeugt
- die Komponente `Label` kennen
- etwas über Ereignisse und Methoden
- etwas über Lage und Maße von Komponenten in einem Formular

Kapitel Buttons und Labels

2 Ein Projekt wieder öffnen

Für unser nächstes Projekt könnten wir das aus dem letzten Kapitel übernehmen. Eine Schaltfläche ist dort ja schon vorhanden. Wir müssten sie nur ein bisschen verändern und eine zweite hinzufügen.

≫ Wenn du Delphi verlassen hast, starte es neu.

> Schon wieder vergessen? Dann versuch es mal so:
>
> ◇ Klicke nacheinander auf START/(ALLE) PROGRAMME.
>
> ◇ Klicke nacheinander auf DELPHI/DELPHI.
>
> Wenn das nicht klappt, startest du Delphi über START/AUSFÜHREN und eventuell über die Schaltfläche DURCHSUCHEN.

≫ Um ein Projekt wieder von Festplatte (oder Diskette) zu holen, klickst du auf DATEI und dann auf PROJEKT ÖFFNEN.

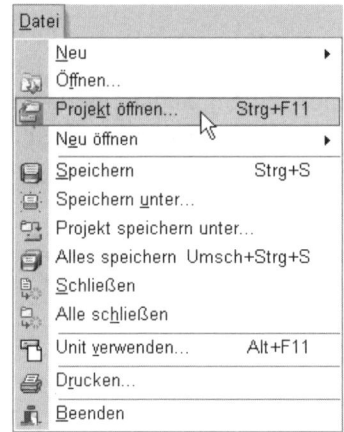

Ein Dialogfeld erscheint. Angezeigt wird das aktuelle Arbeitsverzeichnis von Delphi. Das Projekt, mit dem wir im letzten Kapitel gearbeitet haben, hat den Dateinamen PROJECT1.DPR – wenn du es nicht unter anderem Namen gespeichert hast. Diesen Namen findest du in der Liste unter SUCHEN IN.

≫ Klicke im Feld unter DATEINAME auf den Namen PROJECT1.DPR.

Noch ein Knopf

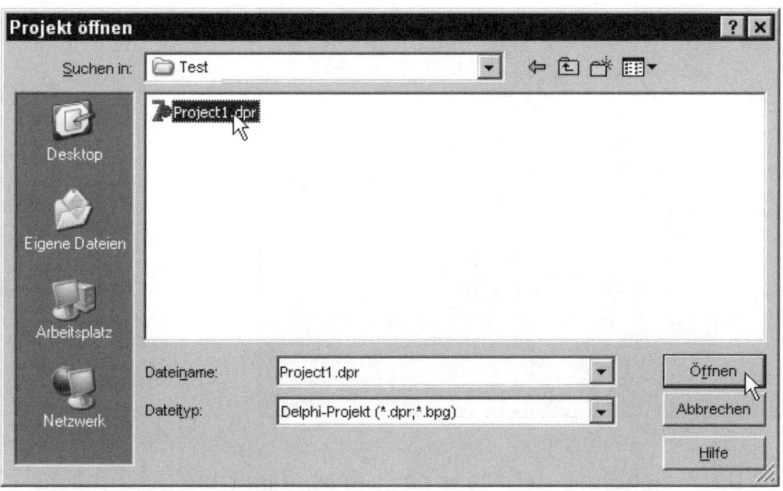

Die Startaufstellung von Delphi

Hast du dein Projekt auf Diskette gespeichert, dann erscheint dieser Name nicht in der Liste.

≫ Sorge dann dafür, dass die Diskette im Laufwerk liegt, und tippe hinter Dateiname neu ein:

`a:project1.dpr`

≫ Klicke anschließend auf ÖFFNEN.

Und einige Zeit darauf bauen sich die zugehörigen Editorfenster und direkt darüber das Formular für das Projekt aus dem letzten Kapitel auf.

> Um ein Projekt zu öffnen, das man einige Zeit zuvor bearbeitet hat, kann man auch über DATEI und NEU ÖFFNEN gehen. Dann kannst du aus einem Zusatzmenü unter den zuletzt geöffneten Projekten eines auswählen.

Noch ein Knopf

Stürzen wir uns gleich in die Arbeit. Was wir jetzt brauchen, sind zwei Knöpfe, möglichst gleich groß.

≫ Zeige mit der Maus im Formular auf die untere rechte Ecke der Schaltfläche mit der Aufschrift DRÜCK MICH, bis der Zeiger sich in einen kleinen schrägen Doppelpfeil verwandelt.

Kapitel 2 — Buttons und Labels

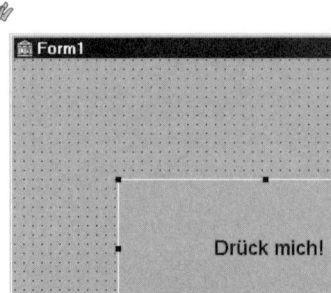

Die Startaufstellung von Delphi

> Dann ziehe mit der Maus nach links, damit die Schaltfläche kleiner wird.

> Wenn die Schaltfläche ungefähr quadratisch aussieht, dann lass die Maustaste los.

> Klicke auf die verkleinerte Schaltfläche und verschiebe sie etwas nach links unten.

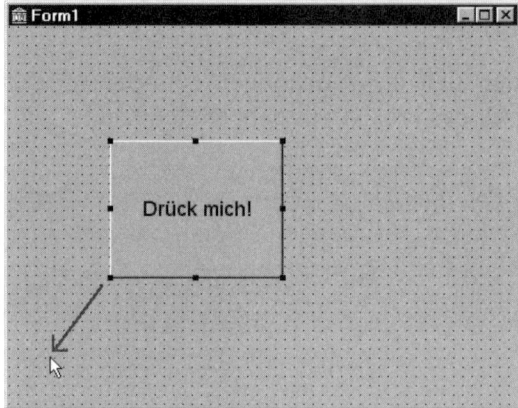

Nun ist Platz, um eine zweite Schaltfläche ins Formular einzusetzen.

> Suche in der Komponentenpalette das Symbol für BUTTON und klicke darauf.

Noch ein Knopf

≫ Ziehe die neue Schaltfläche im Formular auf.

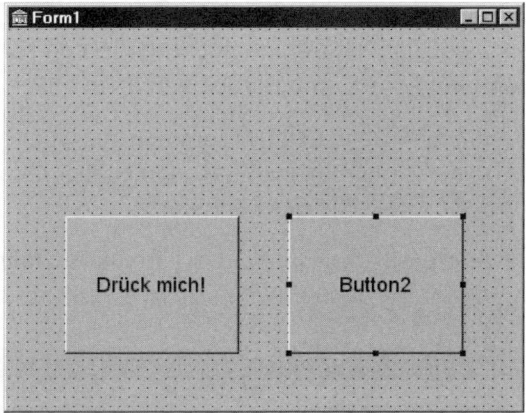

Zwei Knöpfe

Für jede Komponente lässt sich im Objektinspektor die Größe festlegen:

◇ Die Höhe wird hinter Height eingetragen.

◇ Die Breite wird hinter Width eingetragen.

Und auch die Position kannst du hier bestimmen:

◇ Die Position links wird hinter Left eingetragen.

◇ Die Position oben wird hinter Top eingetragen.

Mit diesen vier Werten sind die Lage und die Größe jeder Komponente eindeutig festgelegt. Denn die rechte und die untere Position lassen sich so bestimmen:

◇ `Rechts = Left + Width   // englisch: Right`
◇ `Unten  = Top  + Height  // englisch: Bottom`

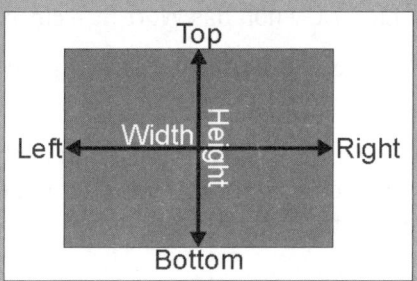

Kapitel 2

Gut oder schlecht?

Bevor wir die zweite Schaltfläche beschriften, musst du erst einmal wissen, was das Programm eigentlich leisten soll. Statt einfach nur »Hallo« soll es auf einen Knopfdruck schon ein bisschen intelligenter reagieren.

Damit man aber beim Programmstart auch weiß, worum es eigentlich geht, muss irgendwo ein Satz stehen, der darauf hinweist. Wir regeln das über die Titelleiste des Formulars:

≫ Klicke auf die Fläche des Formulars. Dann trage im Objektinspektor hinter CAPTION ein: Hallo, wie geht es denn so?

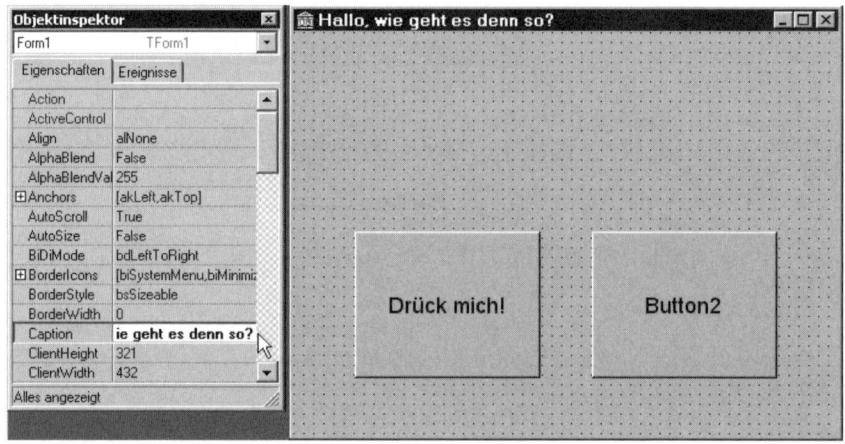

Ein neuer Titel für das Formular

Für die beiden Schaltflächen nehmen wir die beiden Antworten, die man am ehesten gibt, wenn man »Hallo, wie geht es denn so?« gefragt wird. Mit den Aufschriften GUT und SCHLECHT werden die beiden Schaltflächen zu Antwortknöpfen.

≫ Klicke auf die linke Schaltfläche und tippe dann im Objektinspektor hinter CAPTION das Wort Gut ein.

≫ Klicke auf die rechte Schaltfläche und tippe dann hinter CAPTION das Wort Schlecht ein.

Nun sind die Knöpfe fertig. Damit auch auf Knopfdruck die richtigen Texte erscheinen, müssen wir uns jetzt um die ButtonClick-Methoden kümmern. Jetzt benötigen wir gleich zwei dieser Methoden.

Gut oder schlecht?

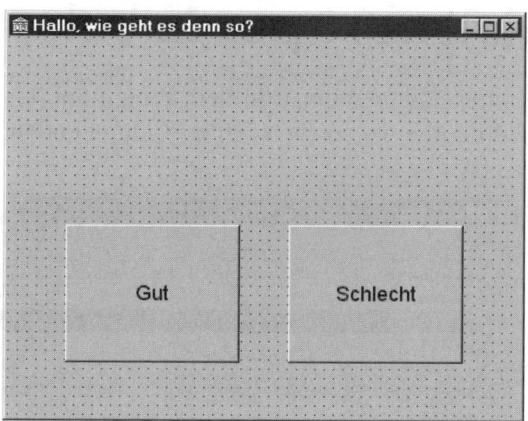

≫ Doppelklicke auf die linke Schaltfläche (GUT). Und wieder landest du im Editorfenster. Ändere den Text von TForm1.Button1Click so um:

```
procedure TForm1.Button1Click(Sender: TObject);
begin
   Label1.Caption := 'Das freut mich!';
end;
```

≫ Klick nun wieder auf das Formular.

> Wie komme ich ans Formular, wenn es völlig vom Editorfenster verdeckt ist? Mit Klick auf ANSICHT und dann UMSCHALTEN FORMULAR/UNIT wechselst du vom Editorfenster zum Formular – oder umgekehrt. Hast du es sehr eilig, dann hilft nur die Taste F12 .

≫ Doppelklicke auf die rechte Schaltfläche (SCHLECHT). Und als Text unter TForm1.Button2Click gibst du ein:

```
procedure TForm1.Button2Click(Sender: TObject);
begin
   Label1.Caption := 'Das tut mir Leid!';
end;
```

Ist da nicht ein neuer Name aufgetaucht? Was ist ein Label? Das erfährst du sofort.

Kapitel 2 — Buttons und Labels

Antwort per Label

Laufen lassen kannst du dein Programm leider noch nicht. Der Versuch würde in einer solchen Fehlermeldung enden:

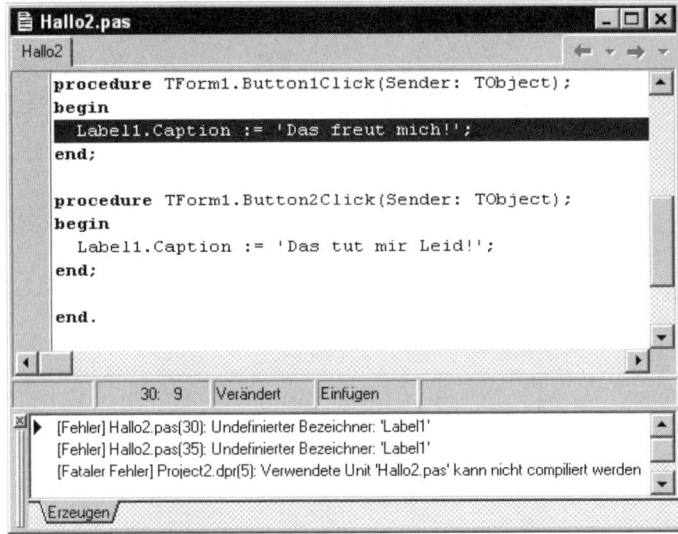

Dass Delphi `Label1` als undefiniert beanstandet, ist auch kein Wunder. Denn diese Komponente müssen wir erst in unser Formular einbauen.

≫ Suche in der Komponentenpalette das Symbol für LABEL und klicke darauf.

Ein **Label** (gesprochen: Leybl) ist eine **Anzeigefläche** für einen Text. Genau so etwas brauchen wir jetzt, um unseren Begrüßungssatz richtig zu platzieren.

≫ Ziehe die Anzeigefläche im Formular über den beiden Knöpfen auf.

Antwort per Label

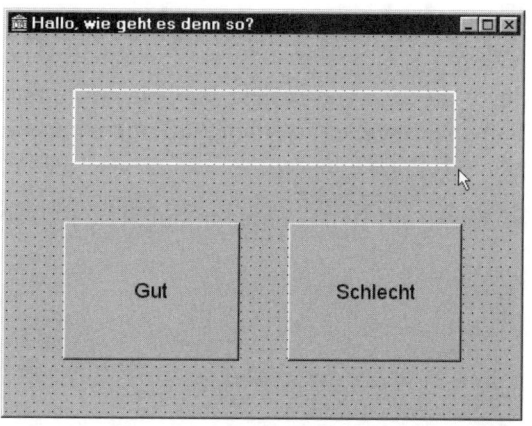

> Damit diese Größe erhalten bleibt, musst du jetzt als Erstes im Objektinspektor die Eigenschaft AUTOSIZE auf FALSE einstellen. Klicke dazu zuerst auf das kleine Dreieck und dann auf den Eintrag FALSE.

> Dann kannst du im Inspektor hinter CAPTION das Wort Label1 löschen.

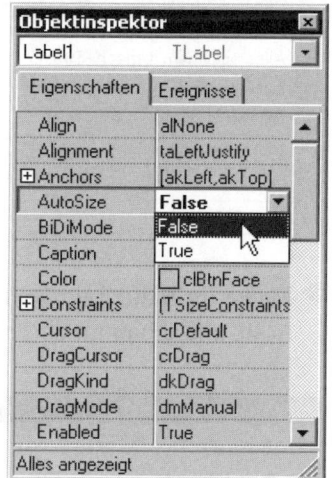

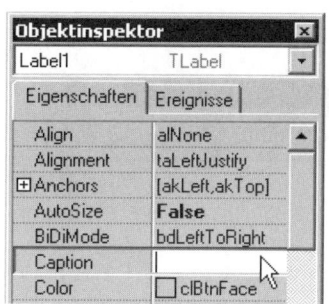

In Delphi hat ein Label zunächst die Eigenschaft, seine Größe automatisch an den angezeigten Text anzupassen. Gibt es keinen Text, schrumpft das Label so zusammen, dass es nunmehr wirklich sehr unscheinbar geworden ist. Deshalb ist es fast immer sinnvoll, die Eigenschaft AUTOSIZE auf FALSE zu setzen.

Kapitel 2 — Buttons und Labels

Speichern und ausprobieren

Bevor du das neue Projekt startest, sollte es nun unbedingt unter neuem Namen gespeichert werden. Außerdem muss auch die Quelltextdatei einen neuen Namen erhalten:

≫ Klicke auf DATEI und dann auf SPEICHERN UNTER.

≫ Klicke im Dialogfeld UNIT1 SPEICHERN UNTER auf das Feld hinter DATEI-NAME und gib dann ein: HALLO2.PAS.

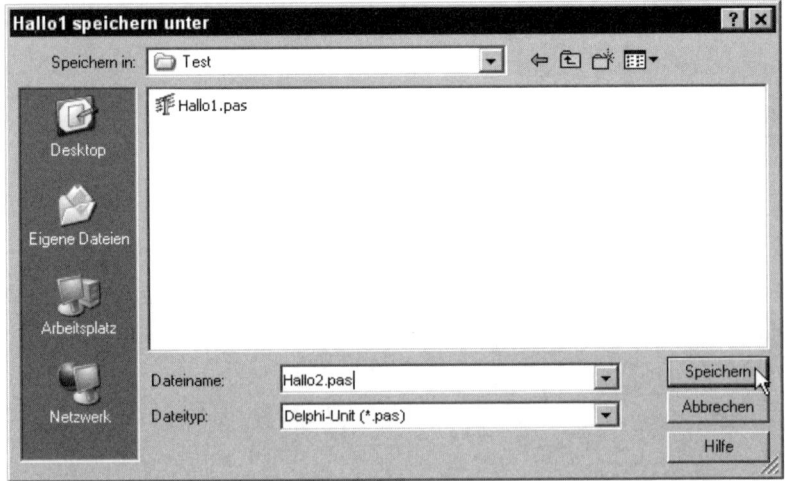

≫ Klicke auf DATEI und dann auf PROJEKT SPEICHERN UNTER.

Speichern und ausprobieren

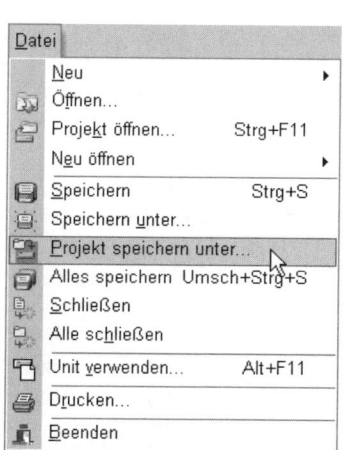

≫ Klicke im Dialogfeld PROJECT1 SPEICHERN UNTER auf das Feld hinter DATEI-NAME und gib dann ein: PROJECT2.DPR.

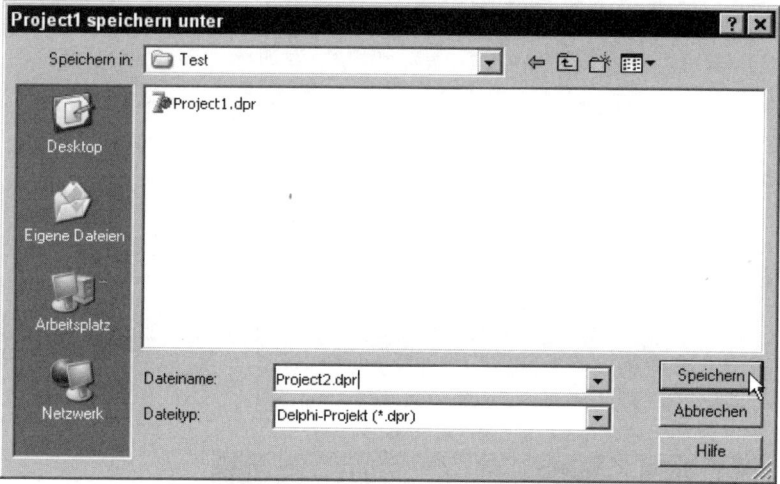

≫ Und nun probier mal aus, ob das Programm tut, was es soll. Klicke dazu auf START und dann noch mal auf START. Oder du drückst gleich F9.

Kapitel 2

Buttons und Labels

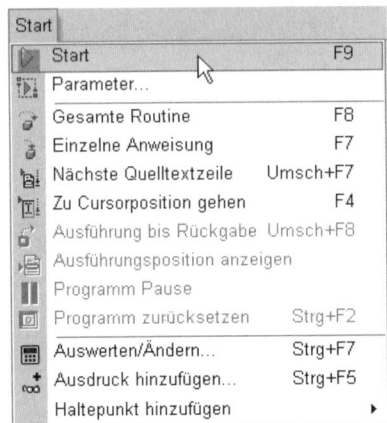

Bei der Programmausführung kannst du nun sehen, dass der Computer je nach Knopfdruck mit diesen Sätzen reagiert:

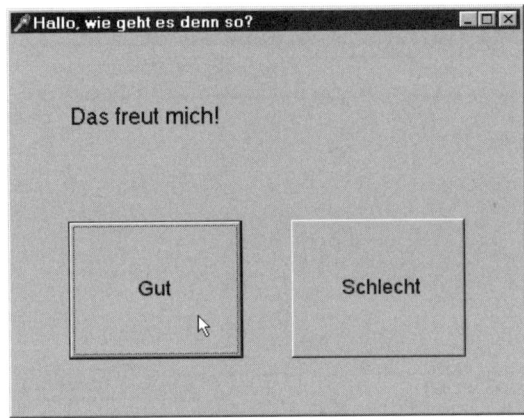

Schaltfläche	Anzeigefläche
Gut	Das freut mich!
Schlecht	Das tut mir Leid!

Ereignisse und Methoden

So könnte die Struktur aussehen, die hinter dem Klicken auf die beiden Schaltflächen steckt:

◇ Klickt man auf den Knopf mit der Aufschrift GUT, dann wird »Das freut mich!« gemeldet.

Ereignisse und Methoden

◇ Klickt man auf den Knopf mit der Aufschrift SCHLECHT, dann wird »Das tut mir Leid!« gemeldet.

So etwas wie einen Mausklick bezeichnet man unter Windows als **Ereignis**. Das kann auch ein Tastendruck sein. Oder das Verschieben eines Fensters. Allgemein könnte man sagen: Wenn etwas auf dem Windows-Bildschirm passiert, dann ist es ein Ereignis. Es gibt aber auch Ereignisse, die unsichtbar oder ganz unbemerkt von uns ablaufen. Um die geht es aber jetzt nicht.

Die beiden Ereignisse, die in unserem aktuellen Programmbeispiel auftreten, werden in Delphi `OnClick` genannt. Zu Deutsch heißt das frei übersetzt »Auf Mausklick« oder »Wenn mit der Maus geklickt wurde«.

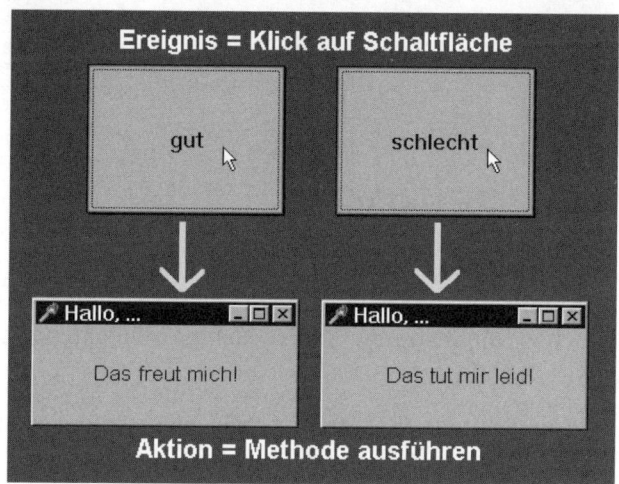

Tritt nun ein solches Ereignis auf, wird eine **Methode** aktiviert, die natürlich einen dazu passenden Namen trägt. In unserem Fall sind das die Methoden `Button1Click` und `Button2Click`. So löst ein Klick auf den Button Nr. 1 oder ein Klick auf den Button Nr. 2 eine Aktion aus: Eine dieser beiden Methoden wird ausgeführt.

Beliebig sind die genannten Methoden nicht verwendbar, sondern sie sind an ein Formular gebunden. Sie können also nur aktiviert werden, wenn sich der Mausklick innerhalb des Formulars abspielt. Deshalb ist ihr kompletter Name auch `TForm1.Button1Click` bzw. `TForm1.Button2Click`.

Auch das Formular ist eine Komponente, sozusagen die Hauptkomponente im Programm. Während eine Schaltfläche von Typ `TButton` ist, heißt der Typ des Formulars `TForm`.

Kapitel 2 — Buttons und Labels

Über die Verbindung zwischen einem Ereignis und einer Methode informiert dich der **Objektinspektor**, wenn du oben auf das Registerfeld EREIGNISSE klickst.

Dann siehst du alle Ereignisse, die bei einer Komponente auftreten können, und alle Methoden, die damit verbunden sind. Durch Doppelklick auf einen Methodennamen kommst du übrigens ins Editorfenster (Register QUELLTEXT) und landest mitten in der betreffenden Methode.

Veredelung

Nicht übel, unser erstes eigenes Programm. Aber es gibt nichts, was man nicht noch irgendwie verbessern könnte. Der Text im Label liegt noch ein bisschen ungünstig. Außerdem kommt möglicherweise bei dir die Schrift etwas mickrig daher.

≫ Wenn du das Programm noch nicht beendet hast, tu das mit einem Klick auf das **X** oben rechts.

≫ Dann klicke im Formular auf die Labelfläche, damit sie markiert ist.

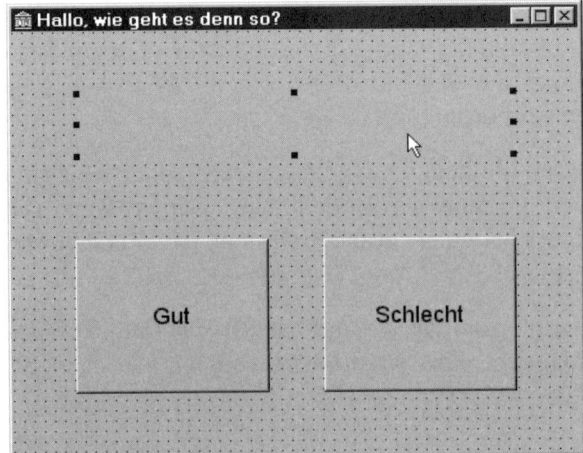

Veredelung

≫ Damit der angezeigte Text nachher schön in der Mitte steht, klicke im Objektinspektor hinter ALIGNMENT auf das kleine Dreieck. Dann klicke auf TACENTER.

Damit erhält die Anzeige eine zentrierte Ausrichtung. (»Alignment« ist das englische Wort für »Ausrichtung« – gesprochen: Elainment.)

≫ Wenn du dir noch eine schönere oder auch nur größere Schrift wünschst, dann klicke jetzt noch im Inspektor hinter FONT ganz rechts auf den kleinen Knopf mit den drei Pünktchen (...).

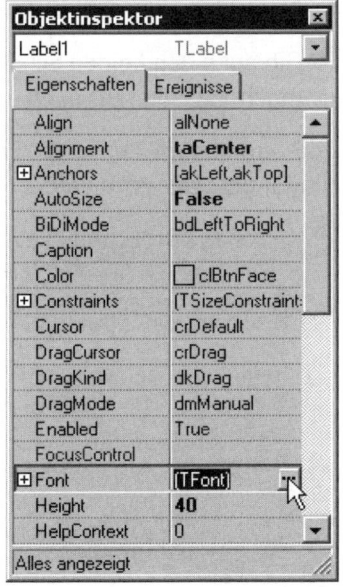

Ein kleines Dialogfenster öffnet sich. Dort kannst du dir eine andere Schriftart aussuchen, wenn du willst. Jetzt und bei den meisten künftigen Projekten geht es aber darum, die Schriftgröße zu ändern. Sinnvoll ist ein Wert zwischen 12 und 20, damit die angezeigte Antwort auch gut sichtbar ist. Nicht jede Schriftart ist übrigens gleich groß zu sehen.

Kapitel 2

Buttons und Labels

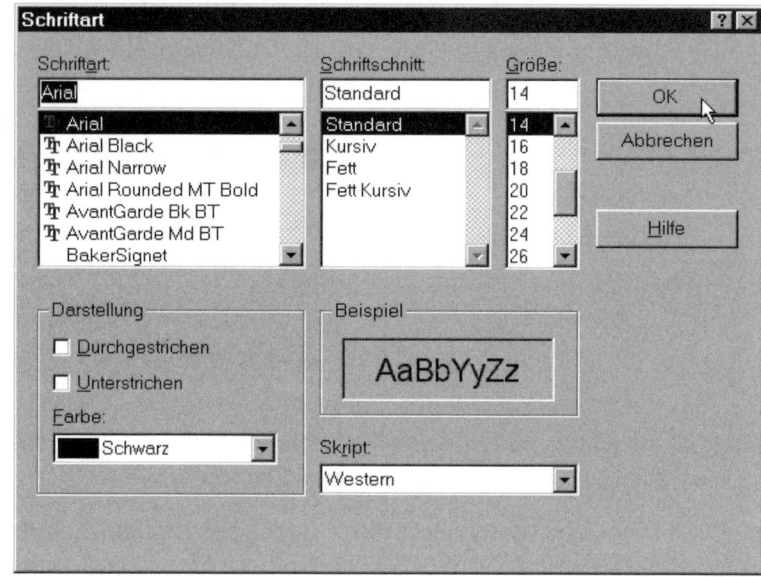

» Wähle links eine Schriftart aus und gib rechts eine Schriftgröße ein. Dann klicke auf OK.

» Gib auch den beiden Schaltflächen eine andere Schriftgröße. Wenn du möchtest, such dir auch eine neue Schriftart aus.

Und nun kommt der letzte Probelauf. Zuvor aber sollte das Projekt noch einmal gespeichert werden:

» Klicke auf DATEI und diesmal wieder auf ALLES SPEICHERN.

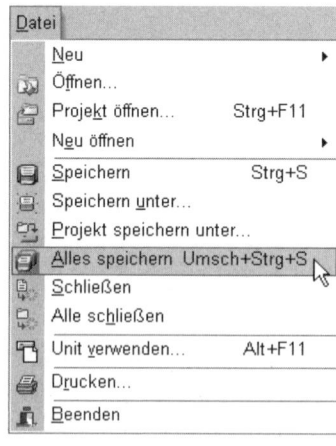

» Jetzt kannst du auf START und dann noch mal auf START klicken.

Ein ganz neues Projekt

Das Programm läuft ab wie vorhin. Nun aber sieht es doch ein bisschen eleganter aus, wenn der Antwortsatz erscheint.

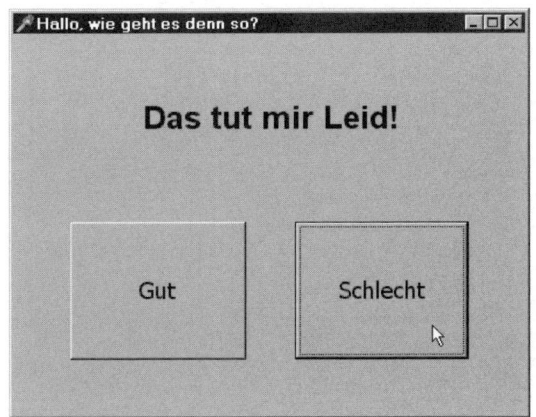

Für das Öffnen und Speichern eines Projekts kannst du auch zwei Knöpfe benutzen, die du beide oben in der Nähe der Menüleiste findest (direkt unter DATEI):

Hiermit werden alle Dateien, die zu einem Projekt gehören, auf Festplatte oder Diskette gesichert.

Und mit einem Klick auf diesen Knopf kannst du eine Datei öffnen oder erstellen.

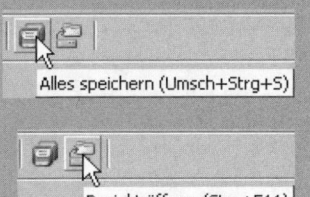
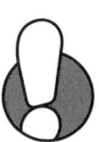

Ein ganz neues Projekt

Lassen wir das *Hallo*-Projekt jetzt in Ruhe und fangen wir etwas Neues an. Dein PC soll jetzt beweisen, dass er mindestens das kann, was ein Taschenrechner schon lange bringt. Und du tust einfach nur das, was dein Mathelehrer mit dir gemacht hat: Du lässt rechnen, und zwar den Computer. Allerdings musst du zuvor das passende Projekt erstellen.

Erst mal brauchen wir ein neues Formular. Und auch die übrigen Bestandteile des Projekts sollen natürlich ganz frisch sein.

≫ Schließe das *Hallo*-Projekt mit einem Klick auf das **X** rechts oben im Projektfenster.

Kapitel 2 — Buttons und Labels

➢ Klicke auf DATEI und auf NEU, dann auf ANWENDUNG.

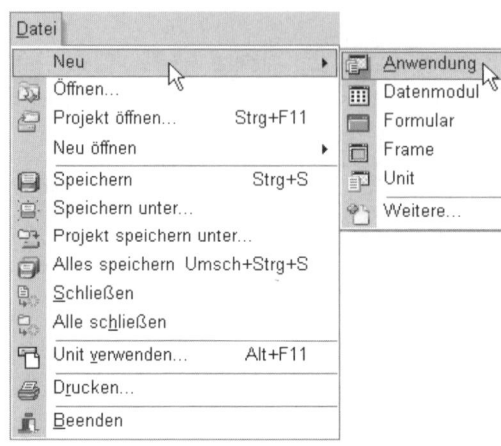

Was ist, wenn ein Fenster mit einem Hinweis wie ÄNDERUNGEN IN PROJECT1 SPEICHERN erscheint? Das heißt, dass eine oder mehrere Dateien des aktuellen Projekts nach dem letzten Speichern geändert wurden.

◆ Klickst du auf JA, wird das Projekt (nochmals) gespeichert.

◆ Klickst du auf NEIN, schließt sich das Projekt und die alte Fassung bleibt auf der Festplatte (oder Diskette).

◆ Mit einem Klick auf ABBRECHEN kehrst du zum Projekt zurück (z.B. um es weiter zu bearbeiten).

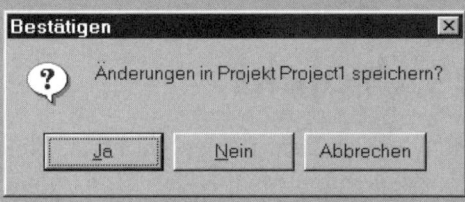

Komponentenschwemme

Und nun brauchst du drei Labels und beim Typ Button kannst du dich gleich viermal bedienen. Wozu, das erfährst du noch. Wie die Komponenten im Formular verteilt werden, siehst du hier:

Komponentenschwemme

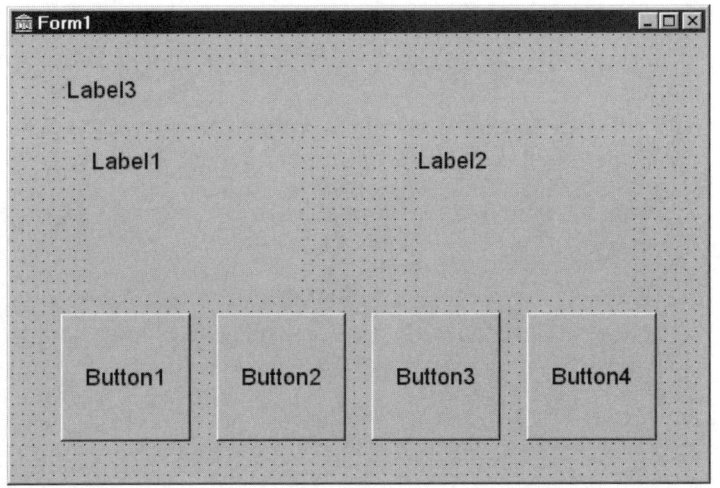

Button-Quartett und Label-Trio

≫ Klicke in der Komponentenpalette auf das Symbol für LABEL. Dann ziehe die Anzeigefläche im Formular auf. Wiederhole das noch zweimal.

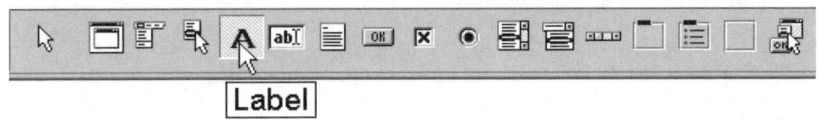

≫ Klicke auf das Symbol für BUTTON. Ziehe dann die Schaltfläche im Formular auf. Wiederhole das noch dreimal.

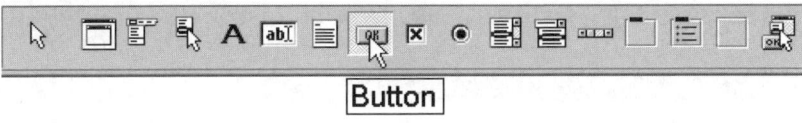

Brauchst du etwas Hilfestellung?

◆ Neue Komponenten bekommst du über die Komponentenleiste (Symbole BUTTON oder LABEL): Klicke darauf und ziehe jede Schaltfläche bzw. Anzeigefläche mit der Maus im Formular auf.

◆ Die Größe von Komponenten änderst du, indem du mit der Maus unten an der rechten Ecke ziehst.

◆ Eine Komponente verschiebst du, indem du mit der Maus darauf klickst und dann die Maus dorthin ziehst, wo die Komponente hin soll.

Kapitel 2 — Buttons und Labels

◆ Den Anzeigetext einer Komponenten trägst du im Objektinspektor hinter CAPTION ein.

◆ Gleiches gilt, wenn du andere Eigenschaften (z.B. Lage oder Größe) ändern willst. Auch das wird über den Objektinspektor erledigt.

Und das Ausrichten der Komponenten kannst du ebenfalls Delphi überlassen.

◆ Ziehe mit der Maus einen Rahmen um alle Buttons. Damit sind sie alle markiert. Du kannst sie auch nacheinander markieren, indem du sie bei gedrückter ⇧-Taste anklickst.

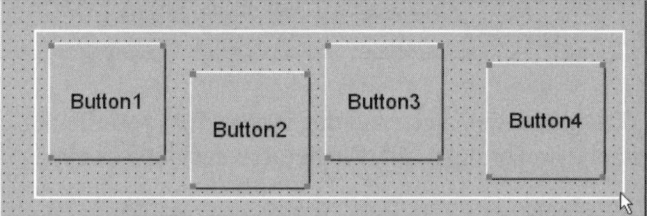

◆ Klicke mit der rechten Maustaste auf den markierten Bereich.

◆ Damit öffnest du das Kontextmenü. Das ist ein Menü, dessen Einträge von der aktuellen Situation abhängen. In diesem Menü klickst du auf POSITION und AUSRICHTEN.

◆ Im Dialogfeld AUSRICHTUNG aktivierst du z.B. für HORIZONTAL den Eintrag GLEICHER ABSTAND und für VERTIKAL den Eintrag ZENTRIEREN.

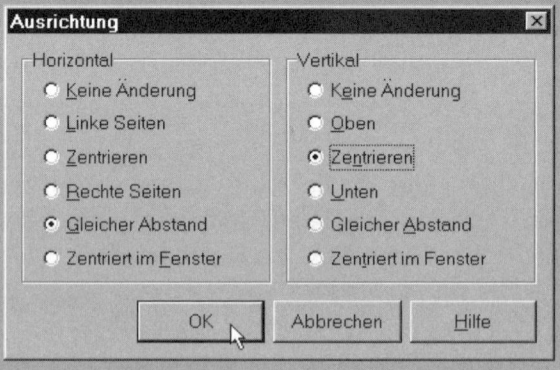

Willst du dein Projekt schon mal speichern?

≫ Dann klicke auf DATEI und PROJEKT SPEICHERN UNTER. Verwende die Namen RECHNEN1.PAS und MATHE1.DPR.

Zusammenfassung

Das war erst der Anfang unseres *Mathe*-Projekts. Trotzdem ist es Zeit für eine kleine Pause, ehe es dann im nächsten Kapitel richtig losgeht.

In diesem Kapitel haben wir noch mal »Hallo« gesagt und dann mit ein paar Labels und vielen Knöpfen hantiert. Dabei hast du schon wieder einiges von Delphi kennen gelernt und weißt schon wieder ein bisschen mehr über den Umgang mit Delphi:

Delphi starten	Klicke auf START/PROGRAMME/DELPHI/DELPHI
Neues Projekt erstellen	Klicke auf DATEI/NEUE ANWENDUNG
Projekt öffnen	Klicke auf ÖFFNEN
Letztes Projekt öffnen	Klicke auf DATEI/NEU ÖFFNEN
Projekt speichern	Klicke auf DATEI/ALLES SPEICHERN
Datei speichern	Klicke auf DATEI/SPEICHERN
Datei speichern unter	Klicke auf DATEI/SPEICHERN UNTER
Projekt speichern unter	Klicke auf DATEI/PROJEKT SPEICHERN UNTER
Verbindung zu Ereignis kontrollieren/ändern	Klicke im Objektinspektor auf das Register EREIGNIS, dann hinter den Ereignisnamen

Auch mit einigen weiteren Komponenten von Delphi hast du hier wiederholt oder neu Bekanntschaft gemacht:

Form	Das Formular (Typ TForm), in dem sich alle Komponenten des Programms befinden. Das Formular selbst ist die Hauptkomponente
Label	Eine Anzeigefläche (Typ TLabel), mit der man Text anzeigen kann
Button	Eine Schaltfläche (Typ TButton), auf die man mit der Maus klicken kann
OnClick	Dieses Ereignis wird bei einem Klick auf eine Komponente ausgelöst
ButtonClick	Diese Methode wird mit Mausklick auf eine Schaltfläche aktiviert
Height, Width	Höhe und Breite einer sichtbaren Komponente
Left, Top	Position der linken oberen Ecke einer sichtbaren Komponente

Ein paar Fragen ...

Frage 1: Welche Komponenten in Delphi kennst du schon?

Frage 2: Was bedeuten Ereignisse und Methoden in Delphi?

Frage 3: Wie lässt sich während des Programmlaufs die Aufschrift auf einem Button oder Label ändern?

... und eine Aufgabe

1. Erweitere das *Hallo*-Projekt auf mindestens vier Schaltflächen: Finde außer GUT und SCHLECHT noch ein paar weitere Knopfaufschriften. Und programmiere die passenden Antworten dazu.

3
Von Zahlen, Zeichen und Operatoren

Und weiter geht es mit unserem Mathematik-Projekt. Ein bisschen Rechnen ist in diesem Kapitel angesagt. Dabei erfährst du auch einiges über Zahlen und Zeichen und wie Delphi damit umgeht. Außerdem lassen wir uns hier vom Zufall etwas unter die Arme greifen.

Und so geht das kleine Spiel:

◆ Durch Klick auf das Label mit der Aufschrift »Klick dir zwei Zahlen« sollen in den anderen beiden Anzeigeflächen zwei zufällige Zahlen auftauchen.

◆ Wird dann auf einen der vier Knöpfe für die Rechenarten geklickt, werden diese Zahlen addiert, subtrahiert, multipliziert oder dividiert. Und das Ergebnis soll dann oben im Label angezeigt werden.

In diesem Kapitel lernst du

◉ wie man Variablen in Delphi vereinbart

◉ einige Datentypen und Operatoren kennen

◉ wie man in Delphi Zufallszahlen erzeugt

◉ wie man Zahlen in Zeichenketten umwandelt

◉ wie man Kommentare im Quelltext verwendet

Kapitel 3

Von Zahlen, Zeichen und Operatoren

Die passende Optik

Weil es vier Grundrechenarten gibt, brauchen wir für jede eine Schaltfläche. Ein Label dient der Information, was zu tun ist. Zwei weitere Labels sind für die beiden Zahlen, die jeweils verknüpft werden sollen.

Beschriftet werden nur die vier Schaltflächen, und auch der Titel des Formulars muss geändert werden. Wie, das zeigt dir diese Tabelle:

Komponente	Caption	Schriftgröße
Button1	+ (plus)	36
Button2	– (minus)	36
Button3	* (mal)	36
Button4	/ (durch)	36
Label1		36
Label2		36
Label3	Klick dir zwei Zahlen.	14
Form1	Rechenarten	

➢ Klicke auf jeden Button und ändere im Objektinspektor den Eintrag hinter CAPTION entsprechend.

➢ Klicke auf jedes Label und ändere im Objektinspektor jeweils die Einstellung AUTOSIZE auf FALSE um.

➢ Für jedes Label solltest du außerdem die Anzeige zentrieren. Dazu stellst du im Objektinspektor hinter ALIGNMENT jeweils TACENTER (für »Zentriert«) ein.

Mit den Labeln sind wir damit noch nicht fertig. Jetzt geht es nämlich um den Anzeigetext.

Die passende Optik

≫ Klicke nun auf das obere Label und trage im Objektinspektor hinter CAPTION ein: Klick dir zwei Zahlen.

≫ Lösche dann bei den anderen beiden Labels den Eintrag hinter CAPTION.

Nun sollte noch für jede Komponente die Schriftgröße geändert werden. Die Zahlen in der Tabelle sind nur Vorschläge. Du darfst natürlich auch andere Werte wählen. Wenn du willst, kannst du dir auch eine andere Schriftart aussuchen.

≫ Dazu musst du jedes Mal im Objektinspektor über TFONT das entsprechende Dialogfeld öffnen.

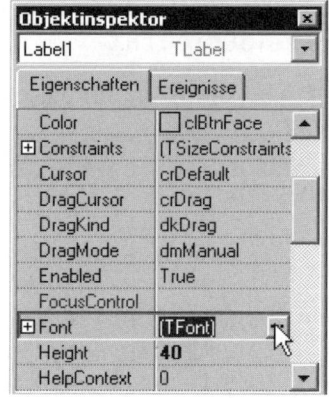

≫ Abschließend klickst du auf die Formularfläche und trägst im Objektinspektor hinter CAPTION Rechenarten ein.

Nach getaner Arbeit könnte das Ergebnis etwa so aussehen:

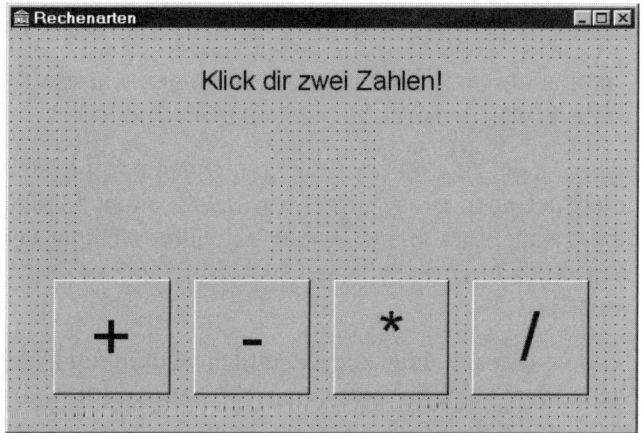

Kapitel

3

Von Zahlen, Zeichen und Operatoren

Zufallszahlen und Variablen

Jetzt haben wir ein schönes Formular für unser Rechenspiel erstellt. Funktionieren tut das Ganze freilich nur, wenn wir dem Computer nun auch die Spielregeln beibringen. Fangen wir mit den zwei zufälligen Zahlen an.

Doppelklicken auf das Label ganz oben im Formular wäre jetzt angesagt. Aber das klappt nicht. Tatsächlich gibt es für Labels kein Ereignis `actionPerformed` wie für Buttons. Was nun?

Schauen wir uns mal in der Ereignisliste um.

≫ Doppelklicke auf das obere Label mit dem Text »Klick dir zwei Zahlen«.

Im Editorfenster bietet Delphi dir eine Methode mit dem Namen `TForm1.Label3Click` an.

≫ Nun kannst du für diese Methode die folgenden Zeilen eintippen:

```
procedure TForm1.Label3Click(Sender: TObject);
begin
  randomize;
  Zahl1 := random (100);
  Zahl2 := random (100);
  Label1.Caption := IntToStr(Zahl1);
  Label2.Caption := IntToStr(Zahl2);
  Label3.Caption := 'Wähle die Rechenart!';
end;
```

> Wie du auch hier siehst, wird jede Anweisung mit einem **Semikolon** (;) abgeschlossen. Weil das so klein ist, wird es oft vergessen. Delphi nimmt so etwas sehr übel und beschwert sich darüber mit einer Fehlermeldung.

Klar, dass du jetzt auf einige Erläuterungen wartest. Also folgt nun Zeile für Zeile, was in dieser Methode passieren soll:

Mit `randomize` wird ein Zufallszahlengenerator gestartet. Der Computer berechnet nach einer Formel von Delphi einen zufälligen Startwert und nimmt dabei Datum und Uhrzeit zur Hilfe. Weil die sich dauernd ändern, entsteht dadurch auch bei jedem Aufruf von `randomize` ein neuer Startwert.

`random` erzeugt dann die eigentliche Zufallszahl, die zwischen 0 und einem Wert liegt, der hier durch 100 begrenzt wird. Das heißt also, dass irgendeine ganze Zahl zwischen 0 und 99 dabei herauskommt.

Zufallszahlen und Variablen

Weil wir zwei Zahlen brauchen, kommt `random` auch zweimal in dieser `LabelClick`-Methode vor. Damit der Computer sie aber auch irgendwo aufheben kann, benötigt er zwei Behälter. Mit *Zahl1* und *Zahl2* wird jeweils ein solcher Platz im Arbeitsspeicher deines PC bezeichnet.

> Falls du die runden Klammern nicht gleich findest: Versuchs mal mit ⇧+8 und mit ⇧+9.

Weil dort dann die beiden Zufallszahlen abgelegt werden, spricht man bei *Zahl1* und *Zahl2* auch von **Bezeichner** oder von **Variablen**.

> So genau weißt du nicht mehr, was **Variablen** sind? Aus dem Mathematikunterricht kennst du wahrscheinlich den Begriff **Platzhalter**. Platzhalter werden meist mit Buchstaben wie *x* oder *y* bezeichnet. Und weil diese Platzhalter in jeder Aufgabe einen anderen Wert annehmen können, also keinen von vornherein festgelegten Wert haben, nennt man so was Variablen (Das Fremdwort »variabel« heißt auf Deutsch so viel wie »veränderlich«).
>
> Im Gegensatz dazu gibt es natürlich in Delphi auch **Konstanten**. Die haben dann einen festgelegten Wert, der sich während des Programmlaufs nicht verändert. Und auch bei jedem neuen Programmstart behält eine Konstante ihren Wert. Beispiele sind diese beiden Texte, die das obere Label im Formular anzeigen soll:
>
> `"Klick dir zwei Zahlen!"`
> `"Wähle die Rechenart!"`
>
> Aber auch Zahlen wie z.B. 0, 1, –1, 3.14 lassen sich als Konstanten einsetzen (wie du noch sehen wirst).
>
> Schließlich sind da noch die **Parameter**, auch **Argumente** genannt. Das sind die Werte, die in Klammern gefasst z.B. einer Methode übergeben werden. Parameter können Variablen oder Konstanten sein – das hängt von der Methode ab.

Der Name für eine Variable ist eigentlich egal, aber er sollte schon erkennen lassen, wozu die Variable verwendet wird. Ich hätte wie die Mathematiker z.B. auch *x* und *y* nehmen können, aber *Zahl1* und *Zahl2* sind hier sicher aussagekräftiger.

Was geschieht mit den beiden Variablen? Schauen wir uns die entsprechenden Zeilen mal genauer an:

Kapitel 3 — Von Zahlen, Zeichen und Operatoren

```
Zahl1 := random (100);
Zahl2 := random (100);
```

Das sieht doch so ähnlich aus wie diese schrecklichen Gleichungen, mit denen dich dein Mathelehrer gequält hat.

> Jeder beliebige Name ist für Variablen ohnehin nicht erlaubt: So kommen alle Schlüsselwörter, die zur Sprache Delphi gehören, schon mal nicht in Frage. **Schlüsselwörter** sind z.B. `procedure`, `begin` und `end`. Außerdem darf ein Variablenname nicht mit einer Zahl anfangen. Am sichersten ist es, wenn du mit einem Buchstaben beginnst und weitgehend auf Sonderzeichen verzichtest.

Beginnen wir mit der Seite rechts von diesem Ding, das aus einem Doppelpunkt und einem Gleichheitszeichen zusammengesetzt ist (**:=**). Du kennst es bereits aus dem ersten Kapitel.

Mit `random (100)` wird eine zufällige Zahl zwischen 0 und 99 erzeugt. Dieser Wert wandert nun nach links und wird der Variablen *Zahl1* bzw. *Zahl2* zugewiesen.

Deshalb spricht man hier auch von einer **Zuweisung**. Demgemäß wird das Doppelzeichen »:=« in Delphi auch als **Zuweisungsoperator** bezeichnet.

Zeichenketten

Den Rest der Methode `Label3Click` bilden noch ein paar weitere Zuweisungen. Diese betreffen die Eigenschaft `Caption` der drei Anzeigeflächen *Label1*, *Label2* und *Label3*. Jede von ihnen bekommt etwas zugewiesen, das anschließend im Formular sichtbar werden soll:

```
Label1.Caption := IntToStr(Zahl1);
Label2.Caption := IntToStr(Zahl2);
Label3.Caption := 'Wähle die Rechenart!';
```

Wieder mal taucht hier der Punkt (**.**) auf, den du schon von den letzten beiden Kapiteln her kennst. Dieser **Zugriffsoperator** verbindet ein Objekt oder eine Klasse mit einer Methode.

Während die letzte Anweisung wohl ziemlich klar ist, muss ich die nächsten beiden etwas näher erklären. In allen drei Fällen wird für die Eigenschaft `Caption` keine Zahl, sondern ein Text erwartet. In Delphi und auch in anderen Programmiersprachen spricht man auch von **Zeichenkette** oder **String**.

Vereinbarungen sind nötig

Eindeutig funktioniert diese Anweisung:

```
Label3.Caption := 'Wähle die Rechenart!';
```

Der Satz »Wähle die Rechenart!« ist eindeutig ein String und wird als Anzeigetext für *Label3* akzeptiert. Bei *Label1* und *Label2* dagegen können *Zahl1* und *Zahl2* nicht einfach direkt übergeben werden. Für den Computer sind nun mal Zahlen nicht dasselbe wie Zeichenketten – ebenso wie für uns. Diese beiden Werte müssen also erst in einen Text umgewandelt werden. Das wird durch diese Aktionen erledigt:

```
Label1.Caption := IntToStr(Zahl1);
Label2.Caption := IntToStr(Zahl2);
```

Mit der Methode `IntToStr` wird aus einer ganzen Zahl wie z.B. 49 eine Zeichenkette mit den Ziffern 4 und 9, also '49'. `IntToStr` kommt von »Integer To String«, auf Deutsch »Ganzzahl in Zeichenkette (umwandeln)«. Diese Methode übernimmt eine ganze Zahl als Parameter und gibt einen String zurück.

Und nun können nach einem Klick auf die obere Anzeigefläche zwei zufällige Zahlen und ein neuer Text angezeigt werden.

≫ Starte das Projekt: Mit Klick auf START und noch mal START oder ▶. Drück auf die Taste `F9`. Du kannst aber auch auf das Symbol unter dem Menüeintrag SUCHEN klicken.

Vereinbarungen sind nötig

Beim Versuch von Delphi, deinem Computer das neue Programm beizubringen, scheint irgendetwas nicht zu klappen. Ganz unten erscheinen gleich zwei Fehlermeldungen:

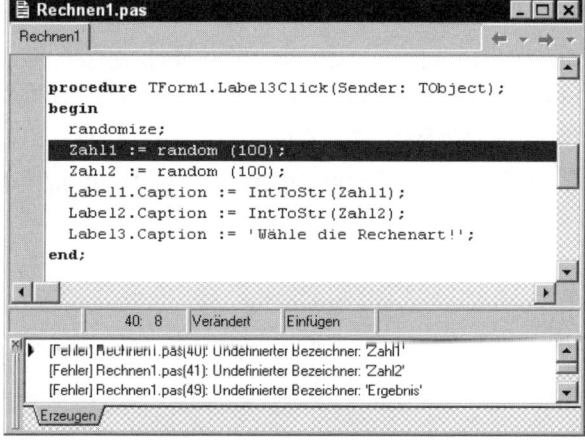

Kapitel 3 — Von Zahlen, Zeichen und Operatoren

Für Delphi ist die Variable *Zahl1* nicht definiert (»Undefinierter Bezeichner«). Das Gleiche gilt für *Zahl2*.

Da hab ich doch tatsächlich etwas übersehen! In Delphi kann man nicht einfach eine Variable benutzen, ohne vorher Bescheid zu sagen. In Delphi muss jede Variable erst einmal vereinbart werden! Erst dann wird im Arbeitsspeicher deines PC Platz für eine Zahl oder Zeichenkette bereitgestellt.

Speicherplatz für eine Zahl bereitstellen

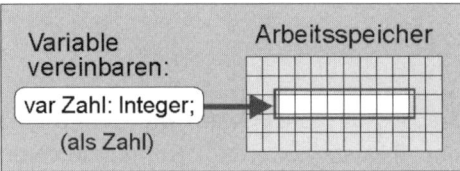

Für die Variablen *Zahl1* und *Zahl2* sieht das dann so aus:

```
var Zahl1, Zahl2: Integer;
```

Erst kommt der Name der Variablen. Sind es mehrere, werden sie durch Komma getrennt. Dann folgt ein Doppelpunkt und schließlich der **Datentyp**. Mit `Integer` ist hier eine ganze Zahl gemeint.

> Zahlen und Zeichenketten sind Daten. Mit **Datentyp** ist also der Typ bestimmter Daten gemeint. Das sind natürlich nicht alle Datentypen, die Delphi zu bieten hat. Aber die am meisten verwendeten.

Bei einer Zeichenkette könnte die Vereinbarung z.B. so aussehen:

```
var Txt: String;
```

Die Variable *Txt* ist damit vom Typ `String` (ein anderer Begriff für »Zeichenkette«).

Jetzt willst und musst du natürlich noch wissen, wo die Variablenvereinbarung eigentlich hin soll. Man kann sie ja nicht einfach mitten in irgendeine Methode schreiben.

≫ Wechsle zum Editorfenster und blättere dich dort nach oben. Suche diesen Eintrag:

```
var
  Form1: TForm1;
```

Vereinbarungen sind nötig

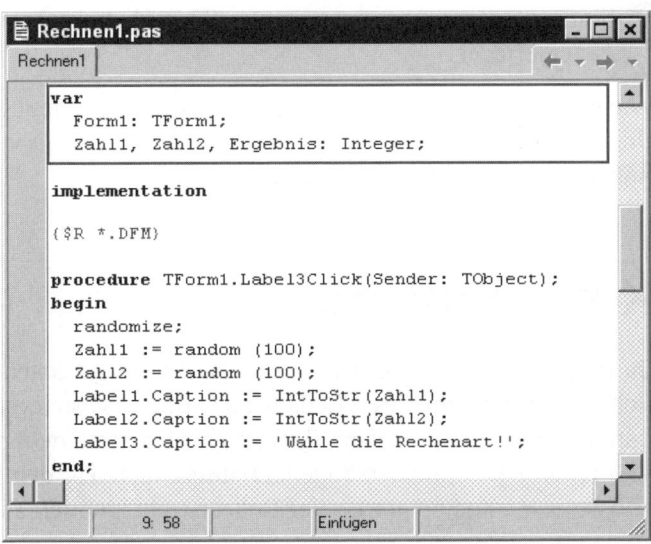

≫ Ergänze dann die Variablenvereinbarung um diese Zeile:

```
Zahl1, Zahl2: Integer;
```

Das var vor dieser Vereinbarung ist insgesamt nur einmal für alle Vereinbarungen nötig, die an einer Stelle aufgeführt sind.

> Solltest du mal nicht genau wissen, wohin eine Variablenvereinbarung soll, weil vor allem bei größeren Projekten ja auch der Quelltext immer umfangreicher wird, dann genügt folgende Faustregel:
>
> Eine Vereinbarung wie z.B. var Zahl1, Zahl2: Integer; muss auf jeden Fall immer **vor** der Methode stehen, in der die Variablen benutzt werden, hier also vor der Zeile procedure TForm1.Label3Click (Sender: TObject);.

> Das könnte dann auch so aussehen:
>
> ```
> var Zahl1, Zahl2: Integer;
> procedure TForm1.Label3Click(Sender: TObject);
> begin
>   randomize;
>   Zahl1 := random (100);
>   Zahl2 := random (100);
>   // weitere Anweisungen
> end;
> ```

Kapitel 3 — Von Zahlen, Zeichen und Operatoren

> Starte das Programm noch einmal. Dann klicke mehrmals auf die obere Anzeigefläche.

Wie du siehst, taucht nun bei jedem Mausklick ein neues Zahlenpaar auf. Und nach dem ersten Klick auf »Klick dir zwei Zahlen!« verändert sich der Anzeigetext in »Wähle die Rechenart!«.

Kommentare

Du möchtest wissen, was es mit den zwei Schrägstrichen (//) da oben auf sich hat? Man nennt dieses Gebilde auch Doppelslash (gesprochen: Slesch). Damit wird Delphi angezeigt: Das, was jetzt kommt, geht dich nichts an, es sind Kommentare, Bemerkungen, Erläuterungen. Für den Programmablauf selbst spielen Kommentare keine Rolle. Delphi ignoriert sie einfach.

Kommentare sind immer dann sinnvoll, wenn es um längere oder kompliziertere Anweisungen oder Formeln geht. Ich hätte z.B. in die Methode TForm1.Label3Click auch ein paar Kommentarzeilen einfügen können:

```
procedure TForm1.Label3Click(Sender: TObject);
begin
  // zwei Zufallszahlen zwischen 0 und 99 erzeugen
  randomize;
  Zahl1 := random (100);
  Zahl2 := random (100);
  // Zahlen umwandeln und Label zur Anzeige übergeben
  Label1.Caption := IntToStr(Zahl1);
  Label2.Caption := IntToStr(Zahl2);
  // neuen Infotext anzeigen
  Label3.Caption := 'Wähle die Rechenart!';
end;
```

Du musst einen solchen Kommentar nicht unbedingt in eine eigene Zeile schreiben, du kannst ihn auch irgendwo hinten dran hängen, z.B. so:

```
Zahl1 := random(100);                    // 1. Zufallszahl
Zahl2 := random(100);                    // 2. Zufallszahl
Label1.Caption := IntToStr(Zahl1);       // Anzeige links
Label2.Caption := IntToStr(Zahl2);       // Anzeige rechts
```

Plus oder Minus, Mal oder Durch

> Delphi stammt von Pascal ab bzw. benutzt Object Pascal als Basissprache. Deshalb hat es von dort auch eine andere Form von Kommentarzeichen übernommen, nämlich die geschweiften Klammern. Auch diese Zeilen wären ein Kommentar:
>
> { Lieber würde ich mir jetzt ein fetziges
> Actionspiel vornehmen, anstatt mich hier mit dem
> Programmieren herumzuquälen! }
>
> Kommentare können also mehrzeilig sein. Dazu benötigen sie allerdings jeweils eine geschweifte Klammer am Anfang und am Schluss. Natürlich kannst du den obigen Kommentar auch so darstellen:
>
> // Lieber würde ich mir jetzt ein fetziges
> // Actionspiel vornehmen, anstatt mich hier mit dem
> // Programmieren herumzuquälen!
>
> Bei Benutzung der ersten Delphi-Version (die sich ja auch auf der CD zu diesem Buch befindet) sind nur geschweifte Klammern erlaubt.

Plus oder Minus, Mal oder Durch

Damit auch gerechnet wird, müssen wir uns jetzt noch um die Methoden der vier Schaltflächen kümmern. Im Einzelnen sehen die so aus:

```
procedure TForm1.Button1Click(Sender: TObject);
begin
  Ergebnis := Zahl1 + Zahl2;
  Label3.Caption :=
    'Ergebnis der Addition: ' + IntToStr(Ergebnis);
end;
procedure TForm1.Button2Click(Sender: TObject);
begin
  Ergebnis := Zahl1 - Zahl2;
  Label3.Caption :=
    'Ergebnis der Subtraktion: ' + IntToStr(Ergebnis);
end;
```

Kapitel 3

Von Zahlen, Zeichen und Operatoren

```
procedure TForm1.Button3Click(Sender: TObject);
begin
  Ergebnis := Zahl1 * Zahl2;
  Label3.Caption :=
    'Ergebnis der Multiplikation: ' + IntToStr(Ergebnis);
end;
procedure TForm1.Button4Click(Sender: TObject);
begin
  Ergebnis := Zahl1 div Zahl2;
  Label3.Caption :=
    'Ergebnis der Division: ' + IntToStr(Ergebnis);
end;
```

Im Grunde genommen geschieht hier viermal das Gleiche. Nicht ganz, denn es handelt sich ja jedes Mal um eine andere Rechenart. In der ersten Zeile der Methode wird die jeweilige Rechenoperation durchgeführt:

```
Ergebnis := Zahl1 + Zahl2;
Ergebnis := Zahl1 - Zahl2;
Ergebnis := Zahl1 * Zahl2;
Ergebnis := Zahl1 div Zahl2;
```

Anschließend bekommt die Anzeigefläche *Label3* mal wieder neues Futter. Diesmal muss sie für die Anzeige des Rechenergebnisses herhalten – z.B.:

```
Label3.Caption :=
  'Ergebnis der Division: ' + IntToStr(Ergebnis);
```

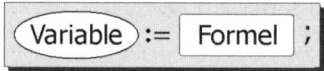

Beim Ermitteln des Ergebnisses ist wieder eindeutig zu erkennen, wie eine **Zuweisung** auszusehen hat. Rechts steht immer die Formel, nach der etwas berechnet oder eine Zeichenkette zusammengesetzt werden soll. Und links sitzt immer die Variable, die den Wert aufnehmen soll, der bei der Berechnung herausgekommen ist. Umgekehrt aber funktioniert es nicht. Eine Zuweisung muss also immer so aussehen.

Es stehen also in Delphi alle vier Grundrechenarten zur Verfügung. Allerdings unterscheiden sich die **Operatoren** für die Multiplikation und Division von denen, die du aus dem Matheunterricht oder vom Taschenrechner kennst:

Plus oder Minus, Mal oder Durch

	Mathe/Schule	Taschenrechner	Computer
Addition	+	+	+
Subtraktion	–	–	–
Multiplikation	•	X	*
Division	:	÷	/

Aber halt! So ganz stimmt das nicht. Denn im Quelltext da oben steht bei der Division doch kein Operationszeichen, sondern der Text div. Auch das ist ein Operator, allerdings nur für ganze Zahlen.

Weil wir in diesem Beispiel nur mit ganzen Zahlen arbeiten, muss das Ergebnis der Division in Delphi immer auch wieder eine ganze Zahl sein. Sozusagen also das abgerundete Ergebnis. Der Operator »/« aber ist für die Dezimalzahlen (oder »Kommazahlen«) reserviert. Auf die kommen wir noch.

> So ganz nebenbei hast du den Plus-Operator (+) noch in einer weiteren Rolle kennen gelernt. Er kann nämlich nicht nur Zahlen addieren, sondern auch Zeichenketten verknüpfen. Die anderen Operatoren dagegen funktionieren bei Strings nicht.

Wenn du das Programm nun erneut laufen lässt, erntest du wieder mal eine Fehlermeldung. Denn die neue Variable möchte Delphi schon gern kennen lernen, ehe sie verwendet werden darf.

≫ Ergänze die Variablenvereinbarungen so:

```
var
  Form1: TForm1;
  Zahl1, Zahl2, Ergebnis: Integer;
```

Oder auch so:

```
var Zahl1, Zahl2, Ergebnis: Integer;
```

◇ Speichere dein Projekt mit Klick auf DATEI und ALLES SPEICHERN. Hierzu genügt auch ein Klick auf das passende Symbol rechts unter dem Menüeintrag DATEI. Hast du 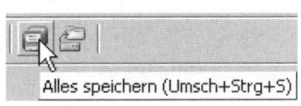 alles noch nie gespeichert, musst du noch die Namen MATHE1.DPR und RECHNEN1.PAS eingeben. (Unter diesen Namen findest du das Projekt auch auf der CD oder Festplatte im BUCH-Ordner.)

≫ Starte das Programm und probiere alle vier Rechenarten aus. (Was fällt dir nach längerem Experimentieren auf?)

Kapitel 3

Von Zahlen, Zeichen und Operatoren

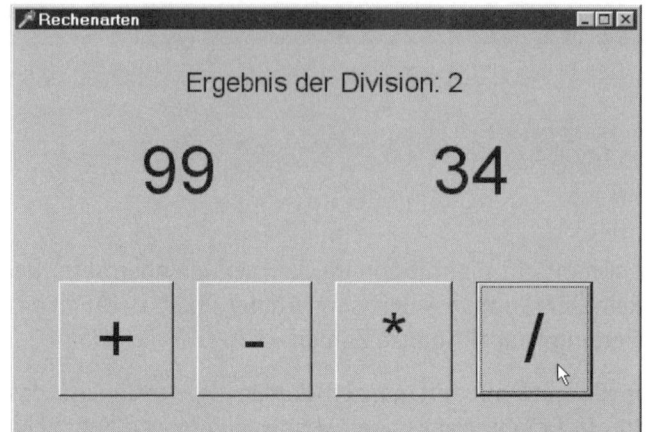

Ist einmal zufällig die zweite Zahl eine Null, geht die Division schief, denn durch Null darf ja bekanntlich nicht geteilt werden. Dann erscheint eine solche Meldung:

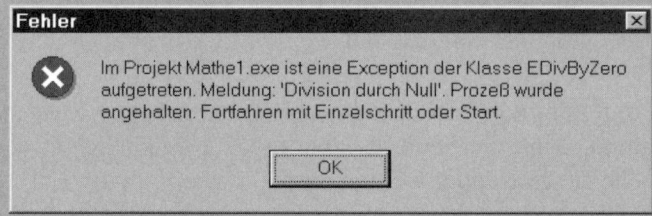

EDivByZero bedeutet »Division durch Null«. Unter Delphi wird das **Exception** genannt. Gemeint ist damit ein Ausnahmefehler, der nicht ständig auftritt.

◆ Klicke erst einmal auf OK, damit das Meldungsfenster wieder geschlossen wird.

Du siehst an der (blau) markierten Stelle im Quelltext, wo Delphi den Fehler vermutet. Das Programm wird nun von Delphi unterbrochen, ist aber noch nicht beendet.

Das musst du selbst erledigen, allerdings nicht über das Schließsymbol (das **X** oben rechts in der Fensterecke), sondern über das START-Menü von Delphi:

Plus oder Minus, Mal oder Durch

◆ Um ein Programm zu beenden, das durch einen Fehler unterbrochen wurde, klicke auf START und dann auf PROGRAMM ZURÜCKSETZEN. Oder du drückst die Tastenkombination [Strg] + [F2].

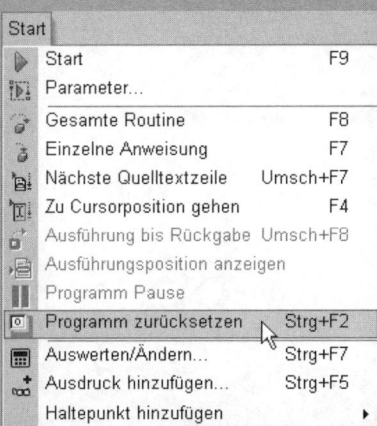

Du kannst diesen Mechanismus der Fehlerbehandlung auch abschalten.

◆ Dazu klickst du auf TOOLS und dann auf DEBUGGER-OPTIONEN.

◆ Klicke im Dialogfeld unter SPRACH-EXCEPTIONS auf BEI DELPHI-EXCEPTIONS STOPPEN, so dass das Häkchen davor verschwindet.

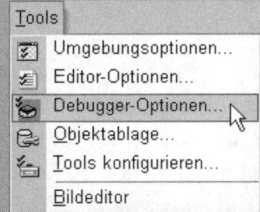

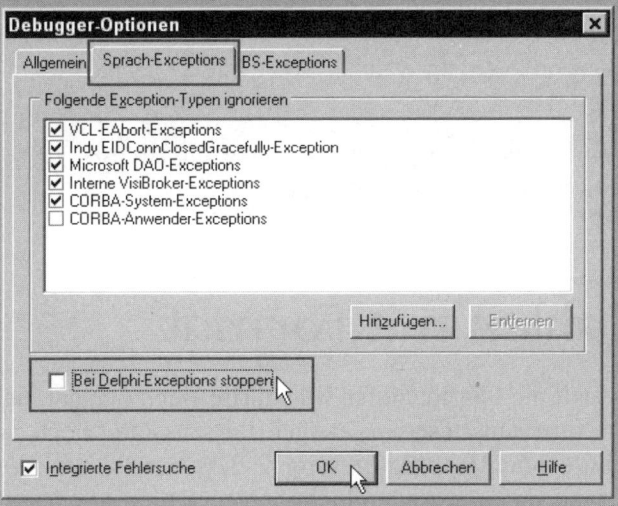

Kapitel 3

Von Zahlen, Zeichen und Operatoren

◆ Schließe das Feld wieder mit Klick auf OK.

Kommt beim nächsten Programmlauf wieder mal eine Division durch Null vor, so erhältst du nur ein kleines Meldefenster. Du kannst mit dem Programm aber fortfahren, sobald du die Meldung mit Klick auf **OK** bestätigt hast.

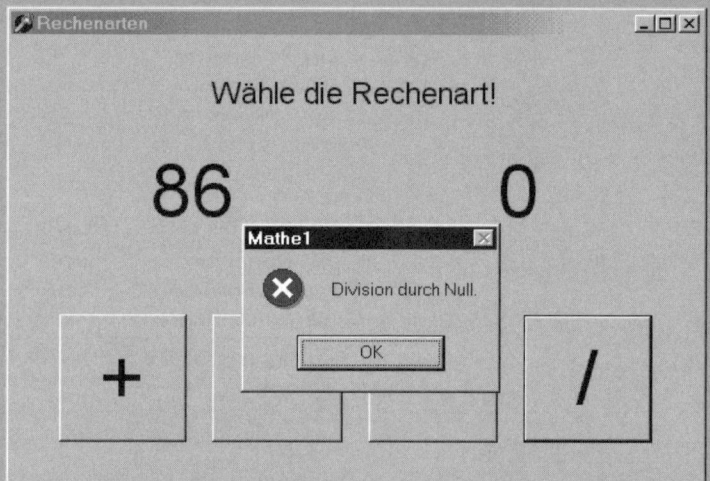

Das Abschalten der Exception-Kontrolle ist nicht ohne Risiko. Bei einem schwerwiegenden Fehler kann auch mal etwas »hängen bleiben«, das heißt: Der Computer reagiert möglicherweise nicht mehr und muss neu gestartet werden. Damit sind dann alle Daten deines Projekts verloren, wenn du sie nicht vorher gespeichert hast. Ist die Option BEI EXCEPTIONS ANHALTEN aber aktiviert, dann kannst du sicherer kontrollieren, an welcher Stelle ein Fehler in deinem Programm aufgetreten ist.

Wir werden aber schon bald Möglichkeiten kennen lernen, wie man mit Exceptions umgehen kann.

Zahlen mit Format

Das mit der Division durch Null dürfte eigentlich gar nicht passieren, lässt sich aber mit unserem jetzigen Wissensstand noch nicht ändern. Man könnte höchstens dafür sorgen, dass der PC als zweite Zahl keine 0 erzeugt, das würde allerdings dann auch für die anderen Rechenarten gelten. Durch diese Zeilen ließe sich das regeln:

Zahlen mit Format

```
// Zufallszahlen zwischen 1 und 99
Zahl1 := random(99) + 1;
Zahl2 := random(99) + 1;
```

Ansonsten ist unser kleines Matheprogramm gar nicht so schlecht. Natürlich gibt es da noch einiges zu verbessern. So wird z.B. immer eine ganze Zahl als Ergebnis angezeigt, obwohl doch bei der Division so manches Mal eine so genannte »Kommazahl« herauskommen müsste.

Denn mit `Integer` werden die Variablen *Zahl1* und *Zahl2* als ganze Zahlen vereinbart. Nur eine kleine Änderung der Vereinbarung aber bringt bei der Division die gewünschte »Kommazahl«:

≫ Ändere die Variablenvereinbarungen so um (du findest diese Änderung auch auf der CD zum Buch im gleichnamigen Ordner in der Projektdatei MATHE1A.DPR):

```
var Zahl1, Zahl2, Ergebnis: Real;
```

Mit `Real` werden so genannte Dezimalzahlen vereinbart, die einen Dezimalpunkt oder ein Komma haben können. Ebenso wie der Taschenrechner arbeitet der Computer mit einem Punkt, während in der Mathematik ja das Komma üblich ist. Allerdings hat Delphi die Eigenheit, bei der Anzeige wieder ein Komma zu benutzen. (Ich finde das ein bisschen verwirrend, aber im Moment muss dich das nicht stören, weil du ja keine »Kommazahlen« einzugeben hast.)

`Real` umfasst natürlich auch die ganzen Zahlen. Der Unterschied zu `Integer` besteht darin, dass dein PC mit Zahlen, die keine Ganzzahlen sind, umständlicher rechnen muss, da er ein eigenes Zahlensystem verwendet.

Weil es nun nicht mehr um die Umwandlung von Ganzzahlen geht, können wir mit der Methode `IntToStr` nichts mehr anfangen. Die Methode, die uns jetzt weiterhilft, heißt `FloatToStr`. Das kommt von »Float To String«, auf Deutsch in etwa »Dezimalzahl in Zeichenkette (umwandeln)«.

≫ Ersetze in allen `ButtonClick`-Methoden die `IntToStr` durch `FloatToStr`. Und vergiss nicht, auch den Operator `div` gegen ein »normales« Divisionszeichen (den Schrägstrich) auszutauschen:

```
procedure TForm1.Button1Click(Sender: TObject);
begin
  Ergebnis := Zahl1 + Zahl2;
  Label3.Caption :=
    'Ergebnis der Addition: ' + FloatToStr (Ergebnis);
end;
```

Kapitel 3

Von Zahlen, Zeichen und Operatoren

```
procedure TForm1.Button2Click(Sender: TObject);
begin
  Ergebnis := Zahl1 - Zahl2;
  Label3.Caption :=
    'Ergebnis der Subtraktion: ' + FloatToStr(Ergebnis);
end;
procedure TForm1.Button3Click(Sender: TObject);
begin
  Ergebnis := Zahl1 * Zahl2;
  Label3.Caption :=
    'Ergebnis der Multiplikation: ' + FloatToStr(Ergebnis);
end;
procedure TForm1.Button4Click(Sender: TObject);
begin
  Ergebnis := Zahl1 / Zahl2;
  Label3.Caption :=
    'Ergebnis der Division: ' + FloatToStr(Ergebnis);
end;
```

≫ Am besten, du speicherst das geänderte Programm noch einmal, wenn du willst unter neuem Namen. Dann lass es laufen und benutze dabei die Schaltfläche mit dem Symbol »/« (→ MATHE1A.DPR, RECHNEN1A.PAS).

Wie du siehst, bekommst du jetzt bei einer Division auch mal eine »Kommazahl«, allerdings oft mit recht vielen Stellen. Sollte die Anzeige nicht mehr ausreichen, musst du die Anzeigefläche so weit wie möglich nach links und rechts bis an den Rand des Formulars ausdehnen. Oder du machst auch das Formular noch etwas breiter.

Wenn dich aber die vielen Stellen hinter dem Komma stören, kann dir Delphi mit dieser Funktion weiterhelfen:

`FloatToStrF (Zahl, Format, Genauigkeit, Kommastellen)`

FloatToStrF ist eine Abkürzung für »Float To String (with) Format«, was zu Deutsch so viel wie »Dezimalzahl formatiert in String umwandeln« bedeutet.

Zusammenfassung

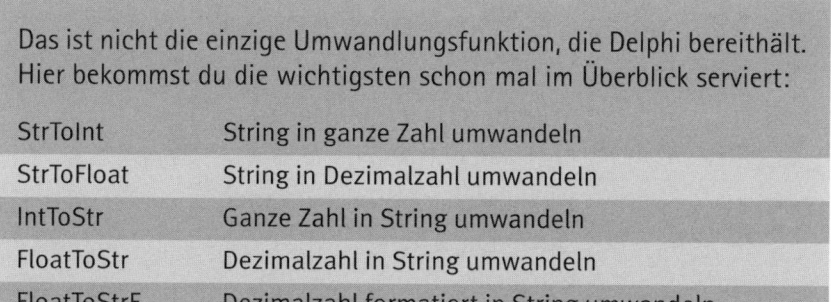

Das ist nicht die einzige Umwandlungsfunktion, die Delphi bereithält. Hier bekommst du die wichtigsten schon mal im Überblick serviert:

StrToInt	String in ganze Zahl umwandeln
StrToFloat	String in Dezimalzahl umwandeln
IntToStr	Ganze Zahl in String umwandeln
FloatToStr	Dezimalzahl in String umwandeln
FloatToStrF	Dezimalzahl formatiert in String umwandeln

Und so sieht die elegantere Version der `ButtonClick`-Methode für die Division aus:

```
procedure TForm1.Button4Click(Sender: TObject);
begin
  Ergebnis := Zahl1 / Zahl2;
  Label3.Caption :=
    'Ergebnis der Division: ' + FloatToStrF
    (Ergebnis, ffNumber, 8, 2);
end;
```

≫ Ändere das Mathe-Programm entsprechend um (→ MATHE1B.DPR).

Zusammenfassung

Nun hast du dein erstes *Mathe*-Projekt vollendet und dann hoffentlich auch mit den Zahlen herumgespielt. Dabei ist dein Delphi-Wortschatz schon wieder ein bisschen gewachsen:

`Integer`	Vereinbarung einer Variablen vom Datentyp Ganze Zahl
`Real`	Vereinbarung einer Variablen vom Datentyp Dezimalzahl
`String`	Vereinbarung einer Variablen vom Datentyp Zeichenkette
`randomize`	Zufallszahlengenerator starten
`random (Grenze)`	Eine Zufallszahl zwischen 0 und der Grenze -1 erzeugen
`StrToInt, StrToFloat`	Eine Zeichenkette (String) in eine Zahl umwandeln

Kapitel 3

Von Zahlen, Zeichen und Operatoren

`IntToStr, FloatToStr, FloatToStrF`	Eine Zahl in eine Zeichenkette (String) umwandeln
`;`	Abschluss einer Anweisung
`+, -, *, /, div`	Rechenoperatoren für Zahlen
`+`	Verknüpfung von Zeichenketten
`:=`	Zuweisungsoperator
`//, { }`	Kommentar
`( )`	runde Klammern umfassen die Parameter einer Methode
`.`	Gültigkeitsoperator/ Zugriffsoperator für Eigenschaften und Methoden

Keine Fragen ...

... aber ein paar Aufgaben

Frage 1: Erstelle ein *Horoskop*-Programm, das zu jedem eingegebenen Sternzeichen einen Button anbietet und bei Klick eine kurze Antwortmeldung ausgibt.

Frage 2: Ändere das *Mathe*-Programm in diese Anzeigeform:

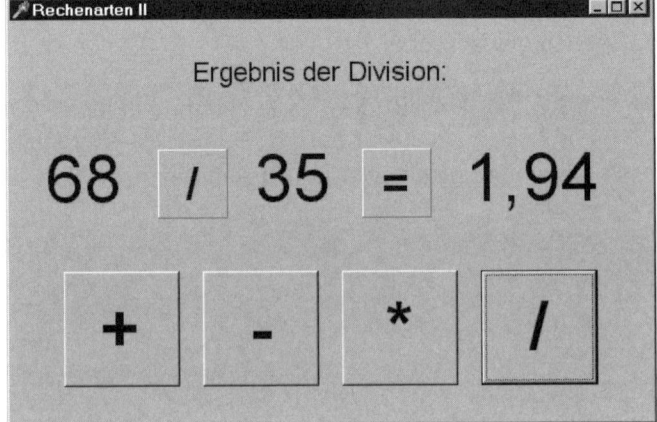

4 Bedingungen

Nicht für jeden sind Zeugnisse etwas Hässliches. Kommt einfach drauf an, was drin steht. Wenn du zu viele Fünfen oder gar Sechsen hast, bist du wahrscheinlich recht unzufrieden. Besser wären Zweien und Dreien und vielleicht auch mal eine Eins. In diesem Kapitel bestimmst du mit einem Zensurenprogramm die Noten selbst.

In diesem Kapitel lernst du

- die Komponente Edit kennen
- was eine Kontrollstruktur ist
- wie man Werte von Variablen vergleicht
- wie man Bedingungen verknüpft
- die Verwendung von if und then kennen
- wie man Fehler über try und except abfängt

Kapitel 4 — Bedingungen

Von 1 bis 6

Auf ein Neues! Dich erwartet nun schon dein drittes Projekt – nach dem *Hallo*- und dem *Mathe*-Programm.

Hast du im letzten Kapitel Delphi beendet, musst du es jetzt neu starten, indem du dich über START und PROGRAMME, dann über DELPHI zu noch mal DELPHI durchklickst.

➤ Klicke dann auf DATEI und auf NEU, dann auf ANWENDUNG.

Das Programm, das wir jetzt erstellen, soll dir eine Zensur ausgeben, wenn du die Punkte eingibst, die du z.B. in einem schriftlichen Test erreicht hast. Natürlich ist auch Mogeln erlaubt.

Damit es jetzt nicht zu kompliziert wird, beginnen wir mit einer einfachen Version, die zu jeder Zahl von 1 bis 6 die entsprechende Zensur als Text anzeigt. Später erweitern wir unser Projekt dann entsprechend.

Zuerst brauchen wir wieder eine Schaltfläche. Außerdem verwenden wir hier eine neue Komponente, damit du auch etwas eintippen kannst. So etwa soll unser Formular aussehen:

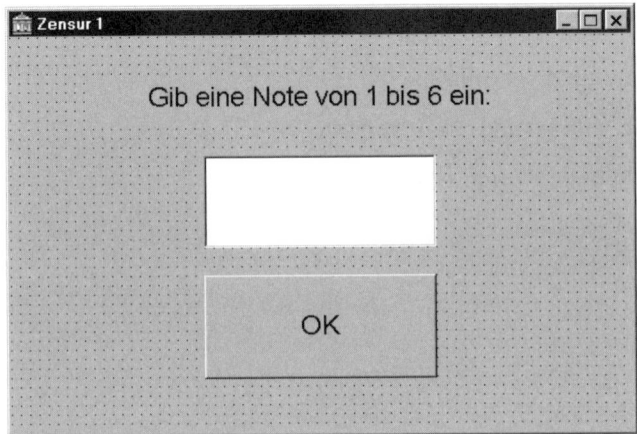

Von 1 bis 6

> Klicke auf das Symbol für LABEL. Dann ziehe die Anzeigefläche oben im Formular auf.

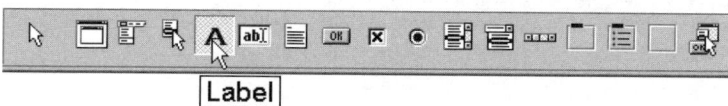

> Klicke auf das Symbol für BUTTON. Ziehe dann die Schaltfläche unten rechts im Formular auf.

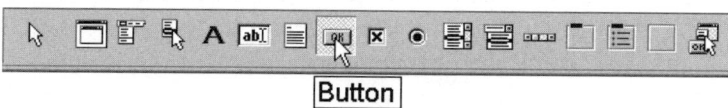

> Klicke auf die Fläche des Formulars und trage im Objektinspektor hinter CAPTION `Zensur 1` oder einen Titel deiner Wahl ein.

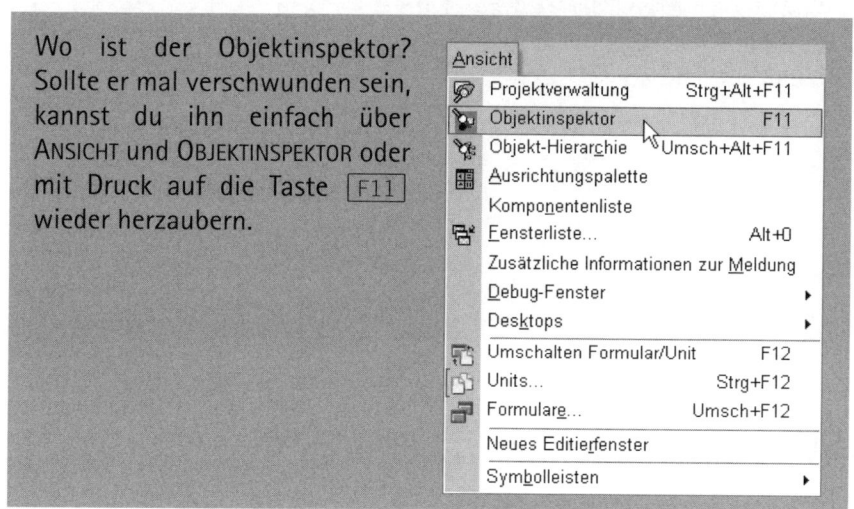

Wo ist der Objektinspektor? Sollte er mal verschwunden sein, kannst du ihn einfach über ANSICHT und OBJEKTINSPEKTOR oder mit Druck auf die Taste `F11` wieder herzaubern.

Was jetzt noch fehlt, ist eine **Eingabefläche** oder ein **Eingabefeld**. Dort sollst du später deine Note als Zahl eintippen. Der Typ für die Eingabefläche ist `TEdit`.

> Suche das Symbol für EDIT und klicke darauf. Ziehe dann das Eingabefeld im Formular links neben dem Button auf.

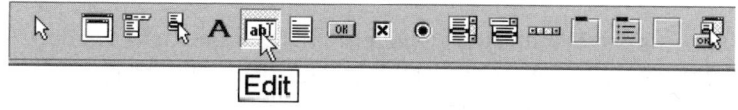

Kapitel 4 — Bedingungen

➢ Stelle im Objektinspektor die folgenden Werte für die Komponenten im Formular ein:

	Caption/Text	Font/Schriftgröße
Label1	Gib eine Note von 1 bis 6 ein:	14
Edit1	(leer)	36
Button1	OK	14

➢ Spendiere dem Label im Objektinspektor hinter ALIGNMENT noch ein taCENTER (für eine zentrierte Anzeige) und setze AUTOSIZE unbedingt auf FALSE, damit die Anzeigefläche sich nicht verkleinert.

Du suchst im Objektinspektor verzweifelt nach der Eigenschaft CAPTION für das Eingabefeld? Die gibt es gar nicht. Stattdessen steht der Eintrag »Edit1« hinter TEXT. Lösche diesen Eintrag, damit das Eingabefeld leer ist.

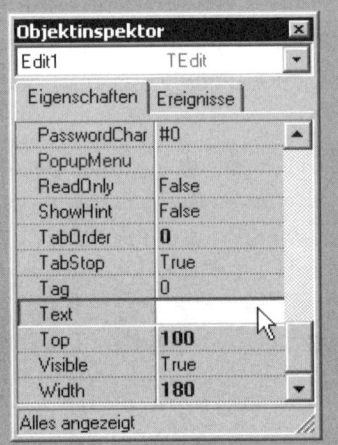

Wenn ... dann ...

Jetzt geht es ans Auswerten. Aber wie bringen wir das bloß dem Computer bei? Formulieren wir erst einmal in unserer Umgangssprache:

```
WENN Zensur = 1 DANN Anzeige := 'sehr gut';
WENN Zensur = 2 DANN Anzeige := 'gut';
WENN Zensur = 3 DANN Anzeige := 'befriedigend';
WENN Zensur = 4 DANN Anzeige := 'ausreichend';
WENN Zensur = 5 DANN Anzeige := 'mangelhaft';
WENN Zensur = 6 DANN Anzeige := 'ungenügend';
```

Daraus müssen nun Anweisungen in Delphi gemacht werden. Das Semikolon ist jedenfalls schon mal gesetzt. Eine Übertragung ins Englische beginnt mit einem if, dazu gesellt sich dann ein then:

Wenn ... dann ...

```
if Zensur = 1 then Label1.Caption := 'sehr gut';
if Zensur = 2 then Label1.Caption := 'gut';
if Zensur = 3 then Label1.Caption := 'befriedigend';
if Zensur = 4 then Label1.Caption := 'ausreichend';
if Zensur = 5 then Label1.Caption := 'mangelhaft';
if Zensur = 6 then Label1.Caption := 'ungenügend';
```

Diese Zeilen schauen wir uns später etwas näher an. Erst einmal müssen wir uns um die Variable *Zensur* kümmern. Mit

`var Zensur: Integer;`

ist die schnell vereinbart. Aber wie kommen wir zu der Note, die ausgewertet werden soll? Die liefert uns das Eingabefeld, natürlich erst, nachdem eine Zahl eingegeben wurde. Weil `Edit1.Text` ein String ist, muss der eigentlich für *Zensur* in eine Zahl umgewandelt werden. Das erledigt die Methode `StrToInt`:

`Zensur := StrToInt (Edit1.Text);`

`StrToInt` heißt eigentlich »String to Integer«, zu Deutsch also »String in Ganzzahl (umwandeln)«. Diese Methode übernimmt einen String als Parameter und gibt eine ganze Zahl zurück.

Nun willst du noch wissen, wo das alles hin soll? Na, wieder mal in die `ButtonClick`-Methode. Außer der Variablenvereinbarung. Die steht weiter oben.

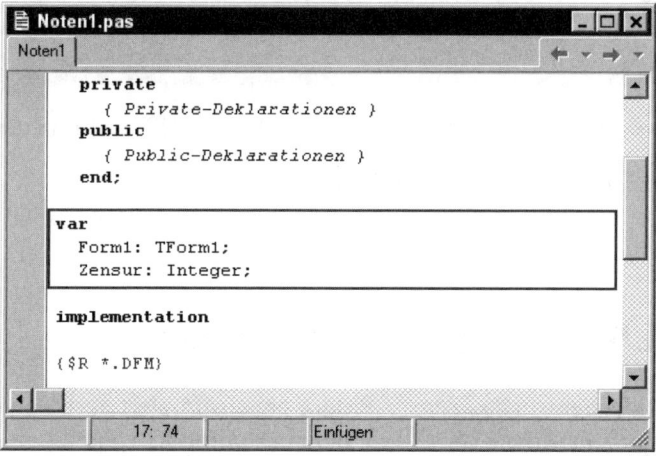

≫ Doppelklicke auf die Schaltfläche (Button) im Formular. Trage im Editorfenster den obigen Quelltext ein: zuerst die Zuweisung an *Zensur*, dann die `if`-Zeilen. Vergiss nicht, die Variable *Zensur* zu vereinbaren! (Wenn du keine Lust zum Tippen hast, findest du das Ganze auch unter

Kapitel 4 — Bedingungen

ZENSUR1.DPR auf deiner Festplatte oder auf der CD im Verzeichnis BUCH.)

Jedes Mal dieses Schreiben von `if` und `Label1.Caption` usw., muss das sein?

Nein, denn du kannst dir unnötiges Eintippen sparen, wenn du die Methoden zum Ausschneiden und Einfügen aus dem BEARBEITEN-Menü von Delphi benutzt:

- ◆ Erst muss der Text markiert werden. Das geschieht mit `Shift` und den Pfeiltasten oder der Maus bei gedrückter linker Maustaste.

- ◆ Über BEARBEITEN und AUSSCHNEIDEN kannst du den markierten Text ausschneiden und in die Zwischenablage von Windows einfügen. Oder du benutzt die Tastenkombination `Strg`+`X`.

- ◆ Über BEARBEITEN und KOPIEREN kannst du den markierten Text in die Zwischenablage von Windows kopieren. Oder du benutzt die Tastenkombination `Strg`+`C`.

- ◆ Über BEARBEITEN und EINFÜGEN kannst du etwas aus der Zwischenablage von Windows in deinen Text einfügen. Oder du benutzt die Tastenkombination `Strg`+`V`.

- ◆ Über BEARBEITEN und RÜCKGÄNGIG schließlich kannst du einen Bearbeitungsschritt wieder rückgängig machen. Oder du benutzt die Tastenkombination `Strg`+`Z`.

➤ Speichere das Projekt unter den Namen NOTEN1.PAS und ZENSUR1.DPR.

➤ Starte das Programm und gib verschiedene Zahlen ein. Bevor du etwas eintippen kannst, musst du in das Eingabefeld klicken.

Die If-then-Struktur

Nachdem du das *Zensur*-Programm ausprobiert hast, nehmen wir jetzt die ganze Struktur von Delphi genauer unter die Lupe:

Die If-then-Struktur

Zu Deutsch heißt das:

> WENN eine bestimmte Bedingung erfüllt ist,
> DANN soll der Computer einen Anweisungsblock ausführen.

Die **Bedingung**, das ist hier z.B.:

`Zensur = 1`

oder

`Zensur = 6`

Delphi verwendet als **Vergleichsoperator** ein einfaches Gleichheitszeichen (=), während der Zuweisungsoperator ja ein Doppelzeichen (:=) ist.

Im **Anweisungsblock** stehen die Anweisungen, in diesem Fall nur eine, z.B.:

`Label1.Caption := 'sehr gut';`

oder

`Label1.Caption := 'ungenügend';`

> Das heißt, dass in einem Anweisungsblock natürlich auch **mehr als eine** Anweisung stehen kann. Immerhin könnte es ja sein, dass der Computer gleich eine ganze Kette von Aktionen durchführen soll. Dann genügen oft auch ein paar Anweisungen nicht. Vielleicht soll dein PC ein Bild oder sogar einen kleinen Film anzeigen. Das kann er nicht alles mit einer einzigen Anweisung lösen. Hier aber genügt für den Anweisungsblock erst mal nur eine Anweisung. Größere Blöcke mit mehreren Anweisungen lernst du später noch kennen.

Kapitel 4 — Bedingungen

Das Ganze nennt man `if-then`-Struktur oder kürzer auch `if`-Struktur. Ein anderer Begriff ist **Kontrollstruktur**. Denn der Computer bekommt die Anweisung, etwas zu kontrollieren. Hier ist es das, was als *Zensur* eingegeben wird. Und davon abhängig reagiert er mit einer Anzeige im Formular.

Allerdings nur, wenn in unserem Beispiel eine ganze Zahl zwischen 1 und 6 eingegeben wurde. Vertippt man sich oder gibt irgendetwas anderes ein, dann tut der Computer nichts: Er überspringt den Anweisungsblock, weil die Bedingung nicht erfüllt wurde.

Die Sache mit try und except

Du hast aus Versehen einen Buchstaben ins Eingabefeld getippt? Das ist nicht so gut, denn damit erntest du eine solche Fehlermeldung:

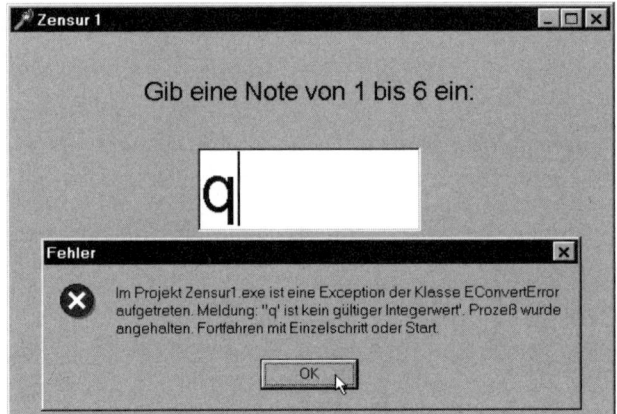

Nur ist es hier keine »Division durch Null«, sondern »kein gültiger Integerwert« (EConvertError).

Delphi bricht das Programm ab. Um das Programm weiter laufen zu lassen, das durch einen Fehler unterbrochen wurde, musst du es erst mal beenden.

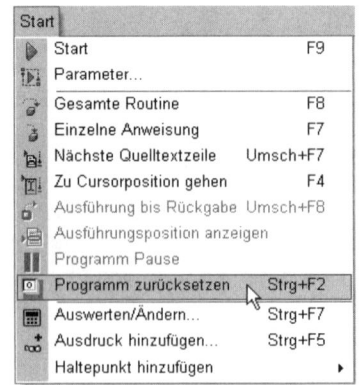

≫ Klicke auf **OK**, damit die Fehlermeldung verschwindet.

≫ Klicke dann auf START und PROGRAMM ZURÜCKSETZEN. Oder du drückst die Tastenkombination `Strg` + `F2`.

Die Sache mit try und except

Aber damit ist das Problem mit den falschen Eingaben nicht gelöst. Man kann zwar darauf achten, nur Zahlen einzugeben, trotzdem kann es immer wieder mal passieren, dass man sich einfach vertippt.

In einem solchen Falle lässt sich die Meldung auch abschalten, wie du aus dem letzten Kapitel weißt: Aber Delphi bietet für solche Exceptions einen nützlichen Mechanismus an, der es dir ermöglicht, selbst auf einen Fehler zu reagieren. Und so funktioniert es:

Ein bestimmter Abschnitt eines Programms wird sozusagen nur versuchsweise ausgeführt. Wenn es klappt, ist es gut. Wenn nicht, dann wird eine Aktion zur Fehlerbehandlung gestartet, die du selbst bestimmst.

Im *Zensur*-Programm könnte die Methode für den Knopfdruck dann so aussehen:

```
procedure TForm1.Button1Click(Sender: TObject);
begin
  try
    Zensur := StrToInt (Edit1.Text);
    if Zensur = 1 then Label1.Caption := 'sehr gut';
    if Zensur = 2 then Label1.Caption := 'gut';
    if Zensur = 3 then Label1.Caption := 'befriedigend';
    if Zensur = 4 then Label1.Caption := 'ausreichend';
    if Zensur = 5 then Label1.Caption := 'mangelhaft';
    if Zensur = 6 then Label1.Caption := 'ungenügend';
  except
    Label1.Caption := 'Quatsch!';
  end;
end;
```

≫ Ändere den Quelltext in `TForm1.Button1Click` entsprechend um (→ ZENSUR1A.DPR).

≫ Klicke auf TOOLS und DEBUGGER-OPTIONEN. Deaktiviere im Dialogfeld im Register SPRACH-EXCEPTIONS die Einstellung BEI EXCEPTIONS STOPPEN.

Kapitel 4 — Bedingungen

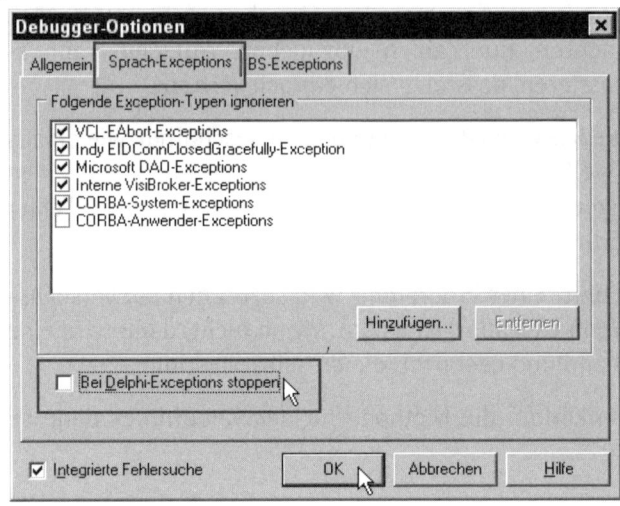

Damit übernimmst du als Programmierer das Abfangen von Ausnahmefehlern (Exceptions).

≫ Schließe das Feld wieder mit Klick auf **OK**.

≫ Starte das Programm und ärgere den PC mit der Eingabe von »Quatsch«.

> Auch hier könntest du ohne `try` und `except` auskommen, wenn du die Einstellung BEI EXCEPTIONS STOPPEN abgeschaltet hast. Dann gibt es ein Meldefenster zum Thema »ist kein gültiger Integerwert«. (So etwas kennst du ja aus dem letzten Kapitel.)
>
> Eleganter und auch sicherer ist es, Ausnahmefehler selbst abzufangen und zu behandeln – siehe oben. Denn Delphi kann sich natürlich nicht um alle möglichen Fehler kümmern, sondern nur um die »üblichen Verdächtigen«.

Es lohnt sich, das `try&except`-Pärchen einmal näher zu begutachten. Auch hier kann man von einer Kontrollstruktur sprechen:

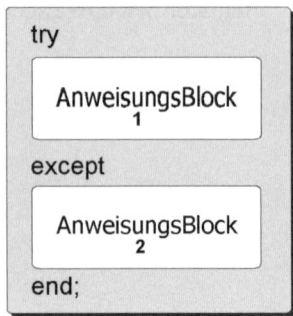

Punkt für Punkt

Zu Deutsch heißt das etwa so viel:

> VERSUCH erst mal, den ersten Anweisungsblock auszuführen, bei einem AUSNAHMEFEHLER führe den zweiten Anweisungsblock aus.

Zum Anweisungsblock für `try` gehören alle (bisherigen) Anweisungen der Methode `TForm1.Button1Click`.

```
try
  // hier stehen alle Anweisungen,
  // die "versuchsweise" ausgeführt werden sollen
```

Der Anweisungsblock für `except` umfasst dann die Anweisungen, die ersatzweise ausgeführt werden sollen:

```
except
  // hier stehen alle Anweisungen,
  // die einen Fehler auswerten oder auf ihn
  // hinweisen sollen
end;
```

> Der Anweisungsblock nach `try` wird dort begrenzt, wo das `except` auftaucht. Der Anweisungsblock nach `except` muss immer mit `end` abgeschlossen werden!

Punkt für Punkt

Die nächste Version unseres *Zensur*-Programms soll dir nun endlich die Möglichkeit geben, für eine eingegebene Punktzahl deine Zensur zu ermitteln. Ich orientiere mich dabei an dieser Aufteilung (und gehe dabei von ganzen Punktwerten aus):

Punkte von	Punkte bis	Zensur (Text)	Zensur (Zahl)
0	24	ungenügend	6
25	44	mangelhaft	5
45	64	ausreichend	4
65	79	befriedigend	3
80	94	gut	2
95	100	sehr gut	1

Kapitel 4 — Bedingungen

Du kannst natürlich diese Unterteilung nach Belieben ändern, wenn du willst. Ein neues Projekt ist nicht nötig. Wir bauen einfach das erste *Zensur*-Programm ein wenig um. Die hauptsächlichen Änderungen finden ohnehin nur in der Methode für den Knopfdruck (TForm1.Button1Click) statt.

Zuallererst aber muss ganz oben die neue Variable *Punkte* als Ganzzahl (Integer) vereinbart werden. Und nun fangen wir mal mit der miesesten Zensur an:

```
WENN die Punktzahl zwischen 0 und 24 liegt,
DANN zeige eine Sechs bzw. 'ungenügend' an.
```

Bequem wäre eine solche Lösung:

```
if (Punkte between 0 and 24) then
   Label1.Caption := 'ungenügend';
```

Leider gibt es Delphi so etwas wie between direkt nicht. Hier ist also schon wieder mal die Mathematik gefragt. Versuchen wir's mal so: Auf jeden Fall muss der Punktwert größer oder gleich 0 sein: Als Bedingung formuliert sieht das dann so aus:

```
Punkte >= 0
```

Außerdem sind es bei einer Sechs unter 25 Punkte. Das ergibt diese Bedingung:

```
Punkte < 25
```

Nun müssen wir beide noch miteinander verknüpfen. Das erledigt der Operator and, den es in Delphi wirklich gibt:

```
(Punkte >= 0) and (Punkte < 25)
```

> Die Klammern sind wichtig, damit Delphi genau erkennen kann, was zur ersten und was zur zweiten Bedingung gehört!

Und jetzt das Ganze noch mal – für alle anderen fünf Zensuren. Damit sieht die Methode TForm1.Button1Click bei mir jetzt so aus.

```
procedure TForm1.Button1Click(Sender: TObject);
begin
  try
    Punkte := StrToInt (Edit1.Text);
    if (Punkte >= 95) and (Punkte <= 100) then
      Label1.Caption := 'sehr gut';
```

Und und Oder, oder?

```
    if (Punkte >= 80) and (Punkte < 95) then
      Label1.Caption := 'gut';
    if (Punkte >= 65) and (Punkte < 80) then
      Label1.Caption := 'befriedigend';
    if (Punkte >= 45) and (Punkte < 65) then
      Label1.Caption := 'ausreichend';
    if (Punkte >= 25) and (Punkte < 45) then
      Label1.Caption := 'mangelhaft';
    if (Punkte >= 0) and (Punkte < 25) then
      Label1.Caption := 'ungenügend';
    if (Punkte > 100) or (Punkte < 0) then
      Label1.Caption := 'gemogelt!';
  except
    Label1.Caption := 'Quatsch!';
  end;
end;
```

» Ändere den Text in der ButtonClick-Methode entsprechend um (→ ZENSUR2.DPR).

> Viel Tipparbeit kannst du sparen, wenn du das BEARBEITEN-Menü zur Hilfe nimmst: Mit AUSSCHNEIDEN oder KOPIEREN und EINFÜGEN erzeugst du so viele neue if-Strukturen wie nötig. Dann musst du nur ein paar Werte ändern.

Und und Oder, oder?

Kriegst du alle Bedingungen zusammen? Wenn du genau hinsiehst, entdeckst du sogar neben dem ständigen and so ziemlich am Programmende noch ein or.

Name	Auf Deutsch	Bedeutung
and	UND	Hier müssen alle Bedingungen erfüllt sein, damit der zugehörige Anweisungsblock ausgeführt wird
or	ODER	Hier muss nur eine Bedingung erfüllt sein, damit der zugehörige Anweisungsblock ausgeführt wird

Kapitel 4 — Bedingungen

Klar ist, dass für alle Zensuren jeweils **beide** Bedingungen erfüllt sein müssen. Aber da ist ja noch eine weitere `if`-Anweisung:

```
if (Punkte > 100) or (Punkte < 0) then
  Label1.Caption := 'gemogelt!';
```

> Diese beiden Symbole werden als **Verknüpfungsoperatoren** bezeichnet. Wie der Name schon sagt, sind sie sozusagen der Klebstoff, mit dem man mehrere Bedingungen zusammenfügen kann. Man sagt dazu auch UND-Operator bzw. ODER-Operator. Dabei haben sie diese Bedeutung:

Die ist für den Fall, dass du bei der Eingabe deiner Punkte mal mogelst: Mehr als 100 Punkte sind nämlich nicht erlaubt, daher die Bedingung

```
Punkte > 100
```

Negative Zahlen sind ebenfalls nicht zulässig, denn du sollst dich ja auch nicht schlechter als »Ungenügend« machen! Deshalb diese Bedingung:

```
Punkte < 0
```

Eine von beiden kann ja nur gelten. (Oder kennst du eine Zahl, die negativ und größer als 100 ist?) Also ist hier das `and` fehl am Platz und muss dem `or` weichen.

> Da sind bei den verschiedenen Bedingungen einige Zeichen aufgetaucht, z.B. »<« oder »>«. Sie heißen ebenso wie das Gleichheitszeichen »=« **Vergleichsoperatoren**. Mit diesem Programm hast du nun fast alle kennen gelernt. Hier sind sie komplett auf einen Blick:
>
> | Operator | Bedeutung | Operator | Bedeutung |
> |---|---|---|---|
> | = | gleich | <> | ungleich |
> | < | kleiner | >= | größer oder gleich |
> | > | größer | <= | kleiner oder gleich |
>
> Dabei stehen immer die Operatoren in einer Zeile, von denen der linke jeweils das Gegenteil des rechten ist.

Und jetzt solltest du mal sehen, ob das Programm wirklich auch leistet, was es verspricht. Eine Kleinigkeit aber ist noch zu erledigen:

≫ Klicke auf die Anzeigefläche (Label) und ändere im Objektinspektor hinter CAPTION den Eintrag in `Gib deine Punkte (0 bis 100) ein`.

Zusammenfassung

≫ Speichere dein *Zensur*-Programm – wenn du willst unter den Namen NOTEN2.PAS und ZENSUR2.DPR.

> Du weißt nicht mehr genau, wie man alles unter neuem Namen speichert?
>
> ◇ Zuerst klickst du auf DATEI und SPEICHERN UNTER. Damit kannst du der Datei mit deinem Quelltext einen Namen geben (PAS).
>
> ◇ Dann klickst du DATEI und PROJEKT SPEICHERN UNTER. Nun kommt das Projekt selbst dran (DPR).

≫ Lass das Programm laufen und gib auch mal ein paar Mogelzahlen ein. Und sogar Quatsch ist als Eingabe erlaubt.

Zusammenfassung

Das war's erst mal wieder. Doch ehe du dir eine wohl verdiente Ruhepause gönnst, wollen wir erst mal sehen, was von alledem noch hängen geblieben ist.

Zuerst mal kennst du ein paar Aktionen, um dir besonders das Erstellen von größeren Textmengen zu erleichtern:

Funktion	Klicke auf	Drücke
Text ausschneiden (und merken)	BEARBEITEN/AUSSCHNEIDEN	Strg + X
Text (in Zwischenablage) kopieren	BEARBEITEN/KOPIEREN	Strg + C
Text (aus Zwischenablage) einfügen	BEARBEITEN/EINFÜGEN	Strg + V
Arbeitsschritt rückgängig machen	BEARBEITEN/RÜCKGÄNGIG	Strg + Z

Und deinen Delphi-Horizont hast du wieder um einiges erweitert:

if	WENN eine Bedingung erfüllt ist
then	DANN führe einen Anweisungsblock aus
try	VERSUCHE, einen Anweisungsblock auszuführen
except	Reagiere auf einen misslungenen Versuch (Exception) mit einem anderen Anweisungsblock
=	Testen, ob gleich

Kapitel 4 — Bedingungen

<>	Testen, ob ungleich
<	Testen, ob kleiner
<=	Testen, ob kleiner oder gleich
>	Testen, ob größer
>=	Testen, ob größer oder gleich
:=	Einer Variablen etwas zuweisen (nur zur Erinnerung)
and	Bedingungen verknüpfen (UND): Alle müssen erfüllt sein
or	Bedingungen verknüpfen (ODER): Eine muss erfüllt sein

Du weißt, dass bei try und except der zweite Anweisungsblock immer mit end abgeschlossen werden muss.

Außerdem ist eine weitere Komponente aufgetaucht:

Edit	Ein Eingabefeld (Typ TEdit), in dem man Text eingeben kann

Ein paar Fragen ...

Frage 1: Was ist der Unterschied zwischen »=« und »:=« ?

Frage 2: Was bewirkt diese Zuweisung:

```
Zensur := Random(6) + 1;
```

... und ein paar Aufgaben

1. Ändere das *Mathe*-Projekt aus dem letzten Kapitel so um, dass eine Division durch Null (mit try und except) abgefangen wird.
2. Schreibe ein weiteres *Mathe*-Programm, in dem dir eine Aufgabe gestellt wird und du diese über ein Eingabefeld (Edit) lösen musst.

5
Ein Ratespiel mit Zahlen

Wie wäre es jetzt mit einem Spielchen? Nichts mit 3D-Grafik und Stereosound, nur ganz einfach. Aber Spaß machen kann es trotzdem.

Worum geht es? Der Computer denkt sich eine Zahl aus – sagen wir zwischen 1 und 1000. Und du hast die Aufgabe, diese Zufallszahl mit möglichst wenigen Versuchen zu erraten. Auch dabei muss dein PC eigene Entscheidungen treffen, natürlich unter deiner Kontrolle.

In diesem Kapitel lernst du

◎ was ein Fokus ist und wie man ihn setzt

◎ die Erweiterung else kennen

◎ den Typ Boolean kennen

◎ wie man ein Formular auf Knopfdruck schließt

Kapitel 5 — Ein Ratespiel mit Zahlen

Zu groß, zu klein

Zuerst brauchen wir wieder ein frisches Formular. Wie man das bekommt, weißt du ja inzwischen. Deshalb die Anleitung in aller Kürze:

≫ Klicke auf DATEI und NEU und auf ANWENDUNG.

Nun hast du wieder ein leeres Formular vor dir. Dort fügst du jetzt zwei Anzeigeflächen (`Label`), ein Eingabefeld (`Edit`) und eine Schaltfläche (`Button`) ein. Das Ganze hat eine gewisse Ähnlichkeit mit dem letzten Projekt, dem *Zensur*-Programm.

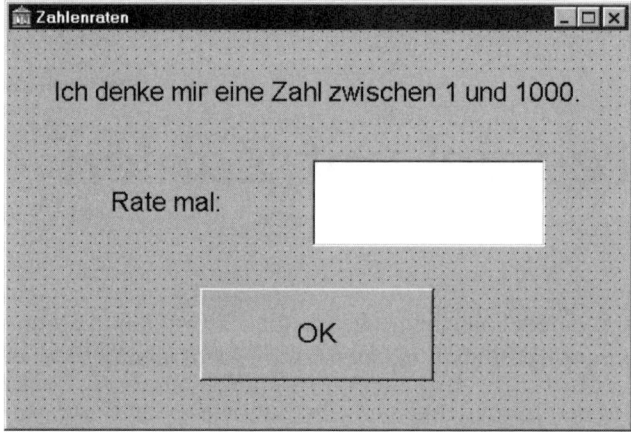

≫ Klicke in der Komponentenpalette auf die entsprechenden Symbole, ziehe im Formular die Komponenten auf. Dann orientiere dich an dieser Tabelle:

	Caption/Text	Font/Schriftgröße
Label1	Ich denke mir eine Zahl zwischen 1 und 1000.	14
Label2	Rate mal:	14
Edit1	(leer)	36
Button1	OK	14
Form1	Zahlenraten (oder Ratespiel)	

Weil mit Klick auf OK die Eingabe einer Zahl abgeschlossen werden soll, hat die Methode für die Schaltfläche wieder einiges zu tun.

≫ Doppelklicke auf den OK-Button.

Zu groß, zu klein

Es erscheint das Editorfenster mit der schon bekannten Methode TForm1.Button1Click.

≫ Tippe dort diesen Text ein:

```
procedure TForm1.Button1Click(Sender: TObject);
begin
  try
    Edit1.SetFocus;
    Eingabe := StrToInt (Edit1.Text);
    if Eingabe = Zufall then
      Label1.Caption := 'Richtig geraten!';
    if Eingabe < Zufall then
      Label1.Caption := 'Deine Zahl ist zu klein!';
    if Eingabe > Zufall then
      Label1.Caption := 'Deine Zahl ist zu groß';
  except
    Label1.Caption := 'Quatsch!';
  end;
end;
```

≫ Vergiss nicht, die Variablen *Eingabe* und *Zufall* zu vereinbaren:

```
var Eingabe, Zufall: Integer;
```

Auch in dieser ButtonClick-Methode habe ich das try-except-Paar eingesetzt, um »Quatsch-Eingaben« abzufangen. Außerdem erledigen wir gleich als Erstes ein Problem, das im *Zensur*-Programm ein bisschen lästig wurde. Vor jeder Eingabe musste erst ins Eingabefeld geklickt werden. Mit

```
Edit1.SetFocus;
```

wird der Fokus auf das Eingabefeld (Edit1) gesetzt. **Fokus** bedeutet hier, dass im Formular immer gerade eine Komponente die aktivierte ist. Hat z.B. die Schaltfläche für OK den Fokus, dann muss ich sie gar nicht anklicken, sondern kann sie mit einem Druck auf die ⏎-Taste aktivieren. Und besitzt das Eingabefeld den Fokus, dann erspare ich mir das Anklicken vor einer Eingabe.

Eine Kleinigkeit fehlt dann aber immer noch: Beim Start des Programms sollte der Fokus auch schon beim Eingabefeld sein. Das kannst du im Objektinspektor einstellen:

≫ Klicke auf die Fläche des Formulars.

≫ Klicke dann im Objektinspektor hinter ACTIVECONTROL auf den Knopf mit dem kleinen Dreieck und wähle EDIT1 aus.

Kapitel 5 — Ein Ratespiel mit Zahlen

≫ Und nun klicke auf START und noch mal START. Oder drücke F9.

So oft du auch rätst, es erscheint immer wieder eine Meldung, dass du die richtige Zahl noch nicht gefunden hast. Es sei denn, du gibst eine Null ein. Dann klappt es. Ein richtiges Spiel wird daraus jedoch nicht. Denn der Computer hat sich gar keine Zahl ausgedacht. Es ist also noch einiges zu tun. Offenbar lässt sich nicht alles auf Knopfdruck erledigen.

Es kann geraten werden

Irgendwo war doch da schon mal was mit Zufallszahlen. Richtig, im dritten Kapitel haben wir den Zufallszahlengenerator bemüht, um den Computer ein paar Matheaufgaben lösen zu lassen. Auch hier muss erst mal eine Zufallszahl erzeugt werden:

```
randomize;
Zufall = random(1000) + 1;
```

Bloß wohin damit? Ausgelöst werden soll das Erzeugen einer Zufallszahl ja nicht bei einem Klick auf die Schaltfläche. Denn dann würde sich der Computer bei jedem Rateversuch eine neue Zahl ausdenken. Die zu erratende Zahl muss also schon zur Verfügung stehen, ehe man mit dem Raten anfängt.

Also ist es sozusagen die Aufgabe des Formulars als Hauptkomponente, für das Erzeugen der Ratezahl zu sorgen:

≫ Doppelklicke auf die Fläche des Formulars. Das Editorfenster erscheint mit einer neuen Methode:

Es kann geraten werden

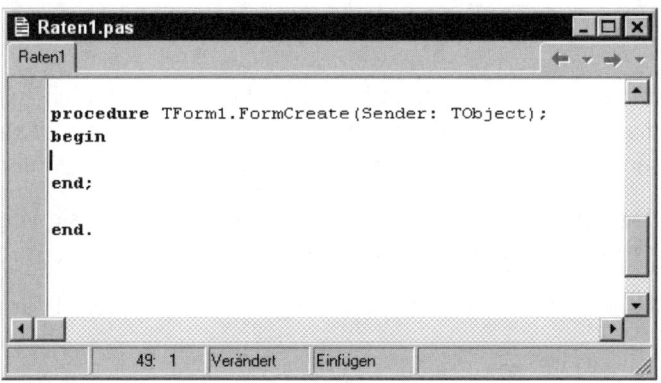

FormCreate heißt frei übersetzt »Formular erzeugen«. Diese Methode wird beim Programmstart durch das Ereignis OnCreate ausgelöst.

Über FormCreate lassen sich Startwerte initialisieren. Sie stehen dann kurz nach dem Programmstart zur Verfügung. Dort gehören unsere beiden Programmzeilen hin.

≫ Erweitere die Methode also entsprechend:

```
procedure TForm1.FormCreate(Sender: TObject);
begin
   randomize;
   Zufall := random(1000) + 1;
end;
```

Die Variable *Zufall* bereitet uns hier keine Probleme, denn die hast du ja bereits oben vereinbart.

> Du hast aus Versehen auf die Anzeigefläche mit dem Text ICH DENKE MIR EINE ZAHL ZWISCHEN 1 UND 1000 geklickt? Und im Editorfenster steht jetzt die Methode TForm1.Label1Click. Die können wir hier natürlich nicht gebrauchen. Das ist weiter kein Beinbruch, denn die Methode tut ja nichts, weil keine Anweisungen zwischen begin und end stehen. Deshalb keine Panik: Sie wird beim nächsten Speichern von Delphi automatisch wieder aus dem Quelltext entfernt.

≫ Speichere dein Projekt (→ RATEN1.PAS, ZRATEN1.DPR). Dann starte das Programm und rate mal. Und das ein paar Mal!

Kapitel 5

Ein Ratespiel mit Zahlen

Dein PC zählt mit

Mit einiger Übung (und Überlegung) dürfte es dir nicht schwer fallen, mit maximal 10 bis 15 Versuchen auszukommen. Um das zu kontrollieren, lassen wir jetzt den Computer deine Rateversuche mitzählen.

Dazu brauchen wir eine neue Variable, nennen wir sie *Versuche*. Die muss natürlich wieder vereinbart werden, und zwar als Integer.

Als Startwert erhält *Versuche* erst einmal den Wert 1 für das erste Mal:

```
Versuche := 1;
```

Mit jedem Rateversuch muss dieser Wert dann um 1 weitergezählt werden. Das könnte diese Zuweisung erledigen:

```
Versuche := Versuche + 1;
```

Dein PC holt sich den aktuellen Wert der Variablen *Versuche* und addiert dazu eine 1. Dann weist er das Ergebnis der Variablen *Versuche* wieder zu. Dadurch ist der neue Wert nun um 1 größer als der alte.

> Eine **Zuweisung** ist keine Gleichung, wie du sie aus dem Matheunterricht kennst! (Welche Zahl sollte das sein, für die Versuche := Versuche + 1 gilt?)
>
> Der Computer führt immer zuerst das aus, was rechts vom Zuweisungsoperator (:=) steht. Hier berechnet er die Formel
>
> Versuche + 1
>
> Dann geht er nach links und übergibt das Ergebnis als neuen Wert an die Variable. Vielleicht würde ein Pfeil diesen Vorgang besser erklären:
>
> Versuche ← Versuche + 1
>
> Nehmen wir an, *Versuche* hat den Startwert 1. Dann könnte das Ganze so aussehen:
>
> | Dein PC führt aus: | Das passiert: | Werte: |
> |---|---|---|
> | Zuweisen | Versuche 1 | 1 |
> | Berechnen | Versuche + 1 | 1 + 1 |
> | Zuweisen | Versuche Ergebnis | 2 |
>
> Der alte Wert von *Versuche* ist also durch einen neuen ersetzt worden. Beim nächsten Rateversuch wird aus der 2 dann eine 3 usw.

Dein PC zählt mit

Wir werden die Zuweisung Versuche := Versuche + 1 dennoch nicht benutzen. Delphi bietet uns nämlich eine kürzere Möglichkeit:

```
inc (Versuche);
```

Und so ist es auch nicht verwunderlich, dass auch das Herunterzählen möglich ist:

```
dec (Versuche);
// entspricht: Versuche := Versuche - 1;
```

> Unter Fachleuten spricht man beim Heraufzählen von **Inkrementieren**, und das Herunterzählen wird auch **Dekrementieren** genannt. Übrigens ginge das auch in größeren Schritten und würde dann z.B. so aussehen:
>
> ```
> inc (x, 2);    // Inkrementieren in  2er-Schritten
> dec (x,10);    // Dekrementieren in 10er-Schritten
> ```

Die kompletten Änderungen im *Raten*-Programm sehen jetzt so aus:

```
var
  Form1: TForm1;
  Eingabe, Zufall, Versuche: Integer;
```

```
procedure TForm1.Button1Click(Sender: TObject);
begin
  try
    Edit1.SetFocus;
    Eingabe := StrToInt (Edit1.Text);
    inc (Versuche);
    if Eingabe = Zufall then
      Label1.Caption := 'Richtig geraten!';
    if Eingabe < Zufall then
      Label1.Caption := 'Deine Zahl ist zu klein!';
    if Eingabe > Zufall then
      Label1.Caption := 'Deine Zahl ist zu groß';
  except
    Label1.Caption := 'Quatsch!';
  end;
end;
```

Kapitel 5

Ein Ratespiel mit Zahlen

```
procedure TForm1.FormCreate(Sender: TObject);
begin
  randomize;
  Zufall := random(1000) + 1;
  Versuche := 1;
end;
```

Auch die Methode `TForm1.FormCreate` hat etwas abgekriegt. Sie übernimmt es, *Versuche* auf den Startwert 1 zu setzen.

≫ Tipp den Kram ein und lass das Programm laufen (→ RATEN2.PAS und ZRATEN2.DPR).

Die If-then-else-Struktur

Was nützt das ganze Mitzählen, wenn man nichts davon zu sehen bekommt? Fehlt also noch eine zusätzliche Anzeige, etwa in dieser Art:

`Label2.Caption := IntToStr (Versuche) + '. Versuch:';`

Die Zahl Versuche wird hier in einen String umgewandelt und dann zusammen mit dem Text »Versuch« angezeigt.

Aber wenn dein PC schon mitzählt, dann sollte er auch ein Auge darauf haben, dass du nicht zu viel rätst. Alles muss seine Grenzen haben. Setzen wir zuerst ein Limit:

`const Max = 12;   // ein Dutzend ist genug`

Mit `const` wird eine **Konstante** vereinbart. *Max* erhält also einen festen Wert und der kann während des Programmlaufs nicht mehr geändert werden. Diese Vereinbarungszeile kommt dorthin, wo auch die Variablenvereinbarungen stehen.

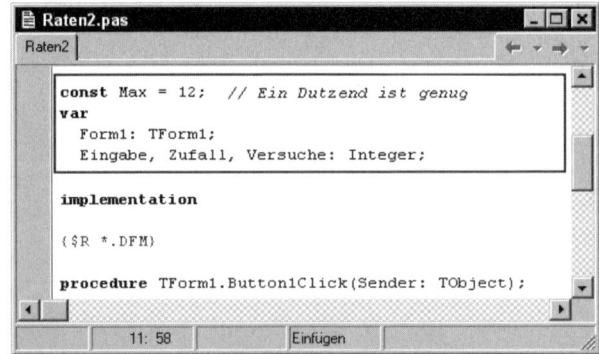

116

Die If-then-else-Struktur

Wenn dieser Grenzwert an Versuchen erreicht ist, soll eine entsprechende Anzeige erscheinen. Wenn du willst, kannst du dazu im Formular auch ein drittes Label aufziehen. Oder du bürdest wie ich alles der schon vorhandenen zweiten Anzeigefläche auf:

```
if Versuche <= Max then
   Label2.Caption := IntToStr (Versuche) + '. Versuch:'
else
   Label2.Caption := 'Es reicht!';
```

else ist das englische Wort für »sonst« (gesprochen: Els).

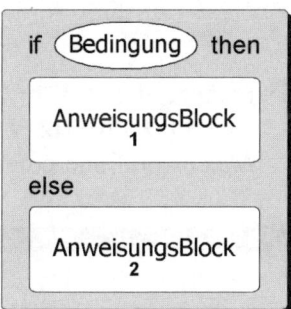

Und das bedeutet es:

> WENN eine bestimmte Bedingung erfüllt ist,
> DANN soll der Computer einen Anweisungsblock ausführen.
> WENN sie **nicht** erfüllt ist (= SONST)
> dann soll der Computer einen **anderen** Anweisungsblock ausführen.

Die **Bedingung** ist hier:

```
Versuche <= Max
```

Und im ersten **Anweisungsblock** steht die Zuweisung:

```
Label2.Caption := IntToStr (Versuche) + '. Versuch:'
```

Die führt dein PC aus, wenn die Bedingung erfüllt ist. Wenn **nicht**, kommt der zweite **Anweisungsblock** dran. Dort steht die Zuweisung:

```
Label2.Caption := 'Es reicht!';
```

Ebenso wie beim einfachen if spricht man auch hier von **Verzweigung**.

Ohne else müsste es so heißen:

```
if Versuche <= Max then
   Label2.Caption := IntToStr (Versuche) + '. Versuch:';
```

Kapitel 5

Ein Ratespiel mit Zahlen

```
if Versuche > Max then
  Label2.Caption := 'Es reicht!';
```

Die zweite Bedingung `Versuche > Max` ist genau das Gegenteil der ersten `Versuche <= Max`.

Der Teil `if Versuche > Max then` kann hier also einfach durch das Wörtchen `else` ersetzt werden.

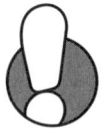

> Weil für Delphi `if-then-else` als eine Struktur zusammengehört, darf vor dem `else` **kein** Semikolon (**;**) sein! Die Anweisung, die eine Zeile **davor** steht, wird also nicht mit einem Semikolon abgeschlossen.

➤ Ergänze die `ButtonClick`-Methode im *Raten*-Programm entsprechend (➔ RATEN2.PAS, ZRATEN2.DPR). Vergiss die Vereinbarung von *Max* nicht. Dann probiere das Ganze noch mal aus.

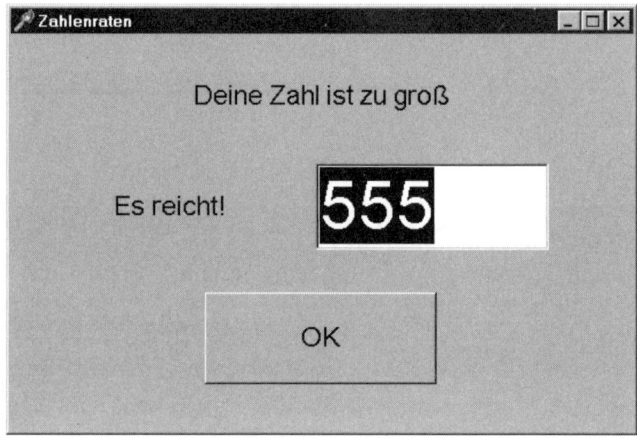

Neues Spiel oder wirklich Schluss?

Was mir an unserem Ratespiel noch nicht so recht passt, ist das Programmende. Es gibt nämlich nur die Möglichkeit, das Programmfenster über ⌈Alt⌉+⌈F4⌉ oder per Mausklick auf das **X** rechts oben zu schließen. Aber wenn man die Zahl geraten hat, wäre das Programm doch eigentlich zu Ende. Oder man bekommt die Möglichkeit, noch mal eine neue Zahl zu raten. Dieses Problem lässt sich durch eine Erweiterung der `Button-`

Neues Spiel oder wirklich Schluss?

Click-Methode und einen zweiten Button beheben. Beginnen wir mit der ersten Erweiterung:

```
if (Eingabe = Zufall) or (Versuche > Max) then
  Button1.Caption := 'Ende';
```

Ist das Spiel zu Ende, weil die richtige Zahl geraten wurde oder die Anzahl der Versuche über dem Maximum liegt, dann wird der OK-Button zum ENDE-Button.

Demnach brauchen wir einen weiteren Knopf, falls ein neues Spiel gewünscht wird. Dem geben wir einfach die Aufschrift NEU – wenn du willst z.B. auch NEUES SPIEL.

≫ Verschiebe den vorhandenen Knopf im Formular nach rechts und verkleinere ihn gegebenenfalls etwas. Klicke in der Komponentenpalette auf das Button-Symbol und ziehe links den zweiten Knopf auf.

≫ Gib im Inspektor für CAPTION Neu ein und für FONT 14 als Schriftgröße.

Damit könnte das Ganze so aussehen:

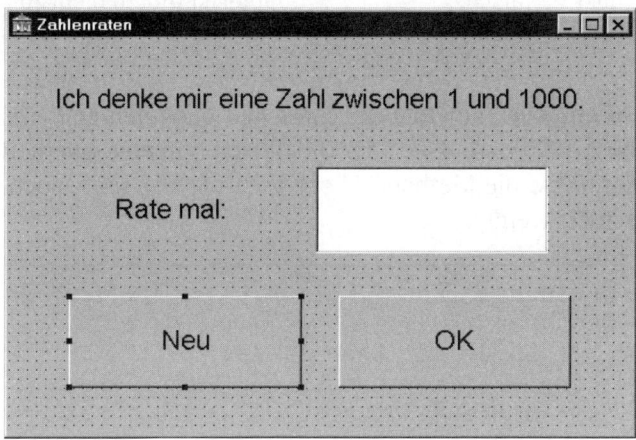

In die Methode für den NEU-Knopf gehören jetzt alle Anweisungen für ein neues Spiel:

```
procedure TForm1.Button2Click(Sender: TObject);
begin
  Edit1.SetFocus;
  // Wenn neues Spiel, Startwerte/Zufallszahl neu
  Label1.Caption := 'Ich denke mir eine neue Zahl!';
```

Kapitel 5 — Ein Ratespiel mit Zahlen

```
    Label2.Caption := 'Rate mal!';
    Button1.Caption := 'OK';
    Zufall := random(1000) + 1;
    Versuche := 1;
    SpielEnde := false;
  end;
```

Die Labelanzeigen werden neu gesetzt, der OK-Button bekommt seinen Namen zurück. Eine neue Zufallszahl wird erzeugt und *Versuche* beginnt wieder bei 1. Doch dann taucht eine neue Variable namens *SpielEnde* auf.

Diese Variable ist ein besonderer Datentyp und wird so vereinbart:

var SpielEnde: Boolean;

Variablen dieses Typs sind keine Zeichen oder Zahlen, sondern können nur zwei Werte haben:

Wert	Bedeutung	im Ratespiel
true	wahr, zutreffend	Spiel ist zu Ende (Ende-Button)
false	falsch, unzutreffend	Spiel ist (noch) nicht zu Ende (OK-Button)

Da mit Klick auf NEU das Spiel neu beginnen soll, erhält *SpielEnde* den Wert false. Und weil der OK-Button nun eine zweite Rolle übernommen hat, muss die Methode TForm1.Button1Click noch ein wenig aufgebessert werden:

```
procedure TForm1.Button1Click(Sender: TObject);
begin
  if SpielEnde then Close;
  try
    Edit1.SetFocus;
    Eingabe := StrToInt (Edit1.Text);
    inc (Versuche);
    // Versuche mitzählen und bei Max warnen
    if Versuche <= Max then
     Label2.Caption := IntToStr (Versuche) + '. Versuch:'
    else
      Label2.Caption := 'Es reicht!';
    // Eingabe auswerten ob zu klein oder zu groß
    if Eingabe = Zufall then
      Label1.Caption := 'Richtig geraten!';
```

Neues Spiel oder wirklich Schluss?

```
      if Eingabe < Zufall then
        Label1.Caption := 'Deine Zahl ist zu klein!';
      if Eingabe > Zufall then
        Label1.Caption := 'Deine Zahl ist zu groß';
      // Wenn richtig geraten oder zu viele Versuche
      if (Eingabe = Zufall) or (Versuche > Max) then
      begin
        Button1.Caption := 'Ende';
        SpielEnde := true;
      end;
    except
      Label1.Caption := 'Quatsch!';
    end;
  end;
```

Ganz zu Anfang steht nun die neue Zeile:

```
if SpielEnde then Close;
```

Mit der Methode `Close` verabschiedet sich das Formular und damit wird die Anwendung beendet. Die Bedingung `if SpielEnde` ist eine erlaubte Kurzform von `if SpielEnde = true`, weil auch eine Bedingung (nur) wahr oder falsch sein kann.

Damit ist die Rolle des ENDE-Buttons erfüllt. Wenn *SpielEnde* den Wert `false` hat, macht die `ButtonClick`-Methode weiter wie gehabt, denn das ist die Aufgabe des OK-Button. Das Spiel wird fortgesetzt, nur am Schluss ist noch eine Erweiterung nötig:

```
if (Eingabe = Zufall) or (Versuche > Max) then
begin
  Button1.Caption := 'Ende';
  SpielEnde := true;
end;
```

Wenn das Spielende dann erreicht ist, wird nicht nur die Aufschrift des Buttons geändert, sondern auch der Wert von *SpielEnde* auf `true` gesetzt. Dabei fällt auf, dass ein Anweisungsblock mit mehreren Anweisungen mit `begin` und `end` eingefasst werden muss.

> Erweitere die Methode `TForm1.Button1Click` entsprechend (→ RATEN3.PAS, ZRATEN3.DPR).

> Ergänze auch die Methode `TForm1.FormCreate` noch um die Zuweisung für *SpielEnde* (denn am Spielanfang sollte dieser Wert `false` sein):

Kapitel 5
Ein Ratespiel mit Zahlen

```
procedure TForm1.FormCreate(Sender: TObject);
begin
  randomize;
  Zufall := random(1000) + 1;
  Versuche := 1;
  SpielEnde := false;
end;
```

➢ Und dann mach ein neues Spiel, oder zwei, oder mehr. Mit Klick auf NEU lässt sich jederzeit neu anfangen (auch mittendrin). Und ein Klick auf ENDE macht mit dem Raten Schluss.

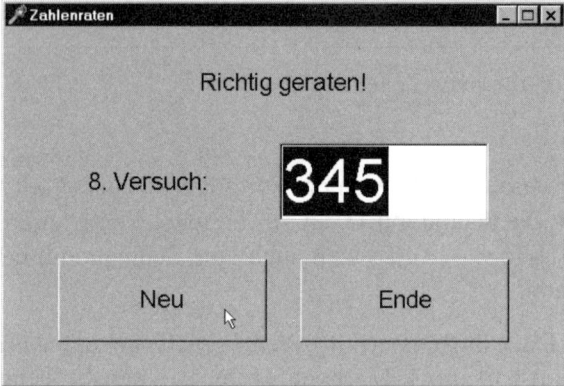

Zusammenfassung

Nun hast du dein erstes Spiel programmiert. An professionelle Produkte reicht es zwar nicht heran, doch es ist selbst gemacht – und das ist doch schon was!

Dabei hast du wieder ein paar neue Delphi-Wörter kennen gelernt bzw. einige alte wiedererkannt:

const	Konstantenvereinbarung
Boolean	Vereinbarung einer Variablen, die nur zwei Werte annehmen kann: true oder false
false	Wahrheitswert für Boolean
true	Wahrheitswert für Boolean
if	WENN eine Bedingung erfüllt ist
then	DANN führe einen Anweisungsblock aus
else	SONST führe einen anderen Anweisungsblock aus

Eine Frage ...

inc	Variablenwert heraufzählen (Inkrementieren)
dec	Variablenwert herunterzählen (Dekrementieren)

Du weißt, dass Anweisungsblöcke mit `begin` und `end` markiert werden müssen, wenn sie aus mehr als einer Anweisung bestehen.

Auch mit einigen Eigenschaften und Methoden von Komponenten hast du hier neu Bekanntschaft gemacht:

OnCreate	Dieses Ereignis wird beim Erzeugen eines Fensters bzw. Formulars ausgelöst.
FormCreate	Diese Methode initialisiert Startdaten für das Formular, die beim Benutzen des Programms zur Verfügung stehen sollen.
SetFocus	Diese Methode setzt den Fokus auf eine Komponente. Damit wird diese aktiviert.
Close	Diese Methode schließt das Formular. Damit lässt sich das Programm beenden.

Eine Frage ...

Frage 1: Was hältst du davon, im *Raten*-Programm den `else`-Zweig so zu verwenden:

```
if Eingabe < Zufall then
   Label1.Caption := 'Deine Zahl ist zu klein!'
else
   Label1.Caption := 'Deine Zahl ist zu groß!'
```

... und ein paar Aufgaben

1. Erzeuge im *Raten*-Programm eine Methode `Label1Click` für die erste Anzeigefläche. Dann programmiere diese Methode so, dass beim Klick auf die Anzeige ICH DENKE MIR EINE ZAHL... die Meldung ausgegeben wird: KLICK AUF DEN KNOPF!

2. Jetzt bist du dran: Erstelle ein *Raten*-Programm, bei dem der Computer deine Zahl raten muss. (Tipp: Zusätzliche Buttons lassen sich über die Eigenschaft `Visible` unsichtbar (`false`) oder wieder sichtbar (`true`) machen.)

6
Kontrollstrukturen

Vielleicht macht dir das Ratespiel aus dem letzten Kapitel Spaß, obwohl es nicht auf dem neuesten Stand der Technik ist und es auch nichts zu gewinnen gibt. Es wird ohnehin längst nicht jeder gleich beim ersten Gewinn zum Millionär. Aber wenn man das Geld irgendwo anlegt und ein paar Jahre warten kann, dann hat man vielleicht irgendwann die erste Million zusammen. Dein PC kann dir dabei helfen, diesen Zeitpunkt herauszufinden.

Auch das *Hallo*-Programm wird uns hier wieder begegnen – in aufgeblähter Form. Alles in allem springen ein paar weitere interessante Möglichkeiten heraus, die Ausführung deiner Programme zu kontrollieren.

In diesem Kapitel lernst du

◎ die Komponente ListBox kennen

◎ wie man Programmteile wiederholt

◎ die Verwendung von while und repeat kennen

◎ mit case eine weitere Kontrollstruktur kennen

Kapitel 6 — Kontrollstrukturen

Auf dem Weg zum Millionär

Reich werden kann man mit ein bisschen Programmieren nicht, aber man kann ja mal so tun als ob! Und so landen wir gleich beim nächsten Projekt.

≫ Klicke auf DATEI und auf NEU und ANWENDUNG.

Bleiben wir bei unserer bewährten Kombination aus Anzeigefläche (Label), Eingabefeld (Edit) und Schaltfläche (Button). Diesmal genügt wieder je ein Exemplar, das so angeordnet werden soll:

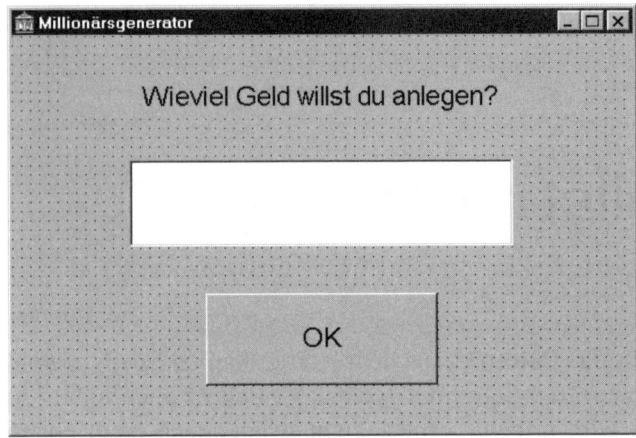

≫ Suche dir die betreffenden Komponenten aus und verteile sie im Formular. Dann passe die Eigenschaften im Objektinspektor so an:

	Caption/Text	Font/Schriftgröße
Label1	Wie viel Geld willst du anlegen?	14
Button1	OK	14
Edit1	(leer)	36
Form1	Millionärs-Generator (oder: Millionenspiel)	

In diesem Projekt geht es darum, dass du eine bestimmte Menge Geld anlegst und erfährst, wie lange es dauern kann, bis du mit dieser Investition zum Millionär wirst.

Die Hauptarbeit liegt auch hier wieder mal bei der Methode `TForm1.Button1Click`. Den Anfang machen wir aber mit den Vereinbarungen:

```
var
```

```
Kapital, Zinsen, Prozent: Real;
Nr, Laufzeit: Integer;
```

Eine ganze Menge an Variablen, die da auf dich zukommen. Weil es hier um Mark und Pfennig geht, sind *Kapital*, *Zinsen* und *Prozent* als `Real` vereinbart. Für *Laufzeit* genügt `Integer`, weil wir nur in ganzen Jahren rechnen.

Aber da ist noch eine Variable: *Nr* dient einfach nur dazu, die Eingaben mitzuzählen. Denn zuerst wird eingegeben, wie viel Geld du anlegen willst (*Kapital*). Dann muss der Computer auch noch wissen, wie hoch der Zinssatz ist (*Prozent*).

Erst jetzt können die *Zinsen* berechnet werden. Dazu ist jetzt ein bisschen Zinsrechnung nötig. Falls du das noch nicht im Matheunterricht gehabt (oder wieder vergessen) hast, ist das nicht weiter schlimm. Glaub mir einfach, dass es stimmt. Was passiert nun im Einzelnen?

Erst mal werden die Zinsen berechnet, die in einem Jahr anfallen:

```
Zinsen := Kapital * Prozent / 100;
```

Dann werden sie zum Kapital dazugezählt:

```
Kapital := Kapital + Zinsen;
```

Diese Anweisungen soll der Computer nun so lange wiederholen, bis er die Million erreicht hat. Und weil es bei jeder Wiederholung ein Jahr mehr wird, muss die Laufzeit dabei um 1 erhöht werden:

```
inc (Laufzeit);
```

while-do oder repeat-until

Was wir dazu brauchen, ist eine neue Struktur, denn mit den bisherigen Mitteln kriegen wir das nicht hin. Und so sieht eine Wiederholung in Delphi aus:

```
while Kapital < 1000000 do
begin
  Zinsen := Kapital * Prozent / 100;
  Kapital := Kapital + Zinsen;
  inc (Laufzeit);
end;
```

Nehmen wir das gleich mal unter die Lupe:

Kapitel 6 — Kontrollstrukturen

Zu Deutsch heißt das:

> SOLANGE eine bestimmte Bedingung erfüllt ist,
> soll der Computer einen Anweisungsblock WIEDERHOLEN.

Hier heißt die **Bedingung**:

```
Kapital < 1000000
```

Im **Anweisungsblock** stehen die Anweisungen zur Zins- und Kapitalberechnung. Und weil das hier gleich mehrere sind, müssen wir dem Computer klarmachen, wo der Anweisungsblock anfängt und wo genau er aufhört:

```
begin
   Zinsen := Kapital * Prozent / 100;
   Kapital := Kapital + Zinsen;
   inc (Laufzeit);
end;
```

> Das while zeigt dem Computer zwar, wo die Schleife beginnt, aber nicht, dass sie erst einige Anweisungen später aufhören soll. Dein PC nimmt dann an, dass nur die erste Anweisung hinter dem while zur Schleife gehört. Das ist vergleichbar mit der if-Struktur.
>
> Durch die Verwendung von begin und end wird eindeutig markiert, wo der Anweisungsblock beginnt und wo er endet.

Das Ganze nennt man while-do-Struktur oder kurz auch while-Struktur. Eine weitere **Kontrollstruktur** – und gleich kommt noch eine, dann erledigen wir das Thema in einem Abwasch:

```
repeat
   Zinsen := Kapital * Prozent / 100;
   Kapital := Kapital + Zinsen;
   inc (Laufzeit);
until Kapital >= 1000000;
```

while-do oder repeat-until

Ebenso wie bei while spricht man auch hier von einer **Schleife**. Man muss gar nicht genau hinsehen, um zu erkennen, dass diese Struktur sich von der while-Struktur unterscheidet.

Zu Deutsch heißt das:

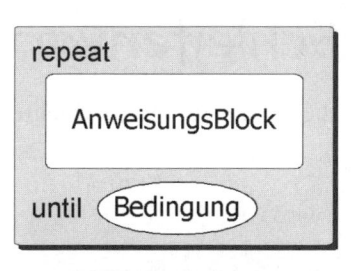

> Der Computer soll einen Anweisungsblock WIEDERHOLEN, BIS eine bestimmte Bedingung erfüllt ist.

Was ist denn nun der Unterschied? Schau dir mal diese kleine Tabelle an:

	while-do	repeat-until
Bedingung steht	am Anfang der Schleife	am Ende der Schleife
Bedingung erfüllt →	Schleife wird wiederholt	Schleife wird verlassen

Weil die Bedingung bei while am Schleifenanfang steht, ist es möglich, dass der Anweisungsblock in der Schleife gar nicht ausgeführt wird.

In unserer ersten Fassung vom *Million*-Programm ist das der Fall, wenn eine Zahl eingegeben wird, die eine Million oder mehr beträgt. Dann wird erst gar keine Berechnung durchgeführt, weil sie unnötig ist. Anders in der zweiten Version mit repeat-until, wie du beim Test des Programms sehen wirst. Dazu muss es aber erst einmal fertig sein.

Zu beachten ist, dass sich bei repeat-until die Bedingung gegenüber while-do nun umkehrt. In unserem Falle wird aus

```
while  Kapital <   1000000
until  Kapital >=  1000000
```

Es kann auch mal vorkommen, dass bei repeat-until eine Bedingung immer erfüllt wird. Dann steht es schlecht: Der Computer verläuft sich in einer so genannten **Endlosschleife**. Das geschieht nicht in unserem Falle, aber z.B. hier:

```
Laufzeit := 0;
repeat
  dec (Laufzeit);
  // weitere Anweisungen
until Laufzeit >= 0;
```

Kapitel 6 — Kontrollstrukturen

Schleifenvariationen

Hier ist der komplette Quelltext für die Methode `TForm1.Button1Click`:

```
procedure TForm1.Button1Click(Sender: TObject);
begin
  inc (Nr);
  if Nr = 1 then
  begin
    Kapital := StrToFloat(Edit1.Text);
    Label1.Caption := 'Wie hoch soll der Zinssatz sein?';
    Edit1.Text := '';
    Edit1.SetFocus;
  end;
  if Nr = 2 then
  begin
    Prozent := StrToFloat(Edit1.Text);
    Laufzeit := 0;
    while Kapital < 1000000 do
    begin
      Zinsen := Kapital * Prozent / 100;
      Kapital := Kapital + Zinsen;
      inc (Laufzeit);
    end;
    if Laufzeit > 0 then
      Label1.Caption := 'Dein Geld muss '
        + IntToStr(Laufzeit)
        + ' Jahre auf der Bank braten';
    else
      Label1.Caption :=
        'Willkommen im Club der Millionäre!';
  end;
end;
```

Die Methode `TForm1.FormCreate` nimmt sich dagegen doch sehr mager aus:

```
procedure TForm1.FormCreate(Sender: TObject);
begin
  Nr := 0;
end;
```

➤ Tippe den Text für die beiden Methoden im Editorfenster ein. Und vergiss nicht die Vereinbarung der Variablen *Nr*, *Laufzeit*, *Kapital*, *Prozent* und *Zinsen*! (→ KOHLE1.PAS, MILLION1.DPR)

Schleifenvariationen

≫ Teste das Programm mit den Werten 1, 1000 und 1000000 für *Kapital* (Zinssatz nach Belieben).

Wie du siehst, braucht es seine Zeit, wenn das Startkapital klein und der Zinssatz nicht sehr hoch ist. Und bei einem Einsatz von einer Million wirst du gleich im Club der Millionäre willkommen geheißen. Das regelt eine if-else-Struktur mit diesen Anweisungen:

```
if Laufzeit > 0 then
  Label1.Caption := 'Dein Geld muss '
    + IntToStr(Laufzeit) + ' Jahre auf der Bank braten';
else
  Label1.Caption :=
    'Willkommen im Club der Millionäre!';
end;
```

> Wieso ist für den Anweisungsblock von if Laufzeit > 0 eigentlich keine Klammerung nötig, obwohl das Ganze sich doch über mehrere Zeilen erstreckt? Wenn du genau hinschaust, siehst du, dass alles zusammen auch nur in einer Zeile stehen könnte. Allerdings bekommst du dann im Editorfenster nur noch einen Teil davon zu sehen (und in diesem Buch passt alles schon gar nicht in eine einzige Zeile). Daher ist es besser, einen so langen Parameter auf mehrere Zeilen zu verteilen. Insgesamt handelt es sich also um eine einzelne Anweisung! begin und end sind dabei nicht nötig – können aber auch nicht schaden.

Beachtenswert ist, dass offenbar innerhalb einer if-Struktur weitere if-Strukturen möglich sind. Man nennt das **Verschachtelung**.

≫ Ändere die while-do-Schleife in eine repeat-until-Struktur um. (→ MILLION1A.DPR)

Dann müsste der betreffende Teil so aussehen:

```
repeat
  Zinsen := Kapital * Prozent / 100;
  Kapital := Kapital + Zinsen;
  inc (Laufzeit);
until Kapital >= 1000000;
```

Beim Testen des Programms mit einer Million Startkapital (und z.B. 1% Zinssatz) kommt es zu dieser Anzeige:

Kapitel 6 — Kontrollstrukturen

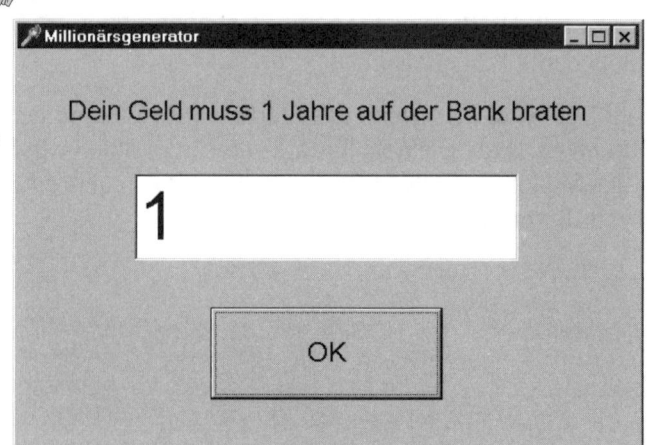

Ein bisschen blöd ist das schon: Wozu ein Jahr auf meine Kohle warten, wenn ich schon Millionär bin? Das Problem liegt in der `repeat-until`-Schleife. Die wird nämlich auf jeden Fall mindestens einmal durchlaufen. Dabei wird der Wert von Laufzeit um Eins erhöht. Das lässt sich nur durch ein vorgeschaltetes `if` verhindern:

```
if Kapital < 1000000 then inc (Laufzeit);
```

Dann läuft auch diese Version wie gewünscht. Insgesamt aber erscheint hier die `while`-Struktur geeigneter als eine Schleife mit `repeat` und `until`. Aber auf diese Weise hast du beide Möglichkeiten sowie ihre Unterschiede kennen gelernt.

Kleine Knopfparade

Wir verlassen jetzt das Millionärsspiel und kehren wieder auf den Boden der Tatsachen zurück. Dazu könnten wir die letzte Version des *Hallo*-Projekts (aus Kapitel 2) hervorkramen. Oder wir beginnen gleich mit einem neuen Projekt und schauen mal, was man damit alles anstellen kann.

≫ Klicke auf DATEI und NEU und ANWENDUNG.

Wir benötigen nun außer einem Label insgesamt sechs Schaltflächen. In der Tabelle findest du die Aufschriften für die Buttons und die zugehörigen Antwortsätze:

Kleine Knopfparade

Button	Diagnose	Font/Größe
Prima	Das ist ja toll!	12
Gut	Das freut mich!	12
Mäßig	Das geht ja noch.	12
Schlecht	Das tut mir Leid!	12
Miserabel	Das ist ja schlimm!	12
Sag ich nicht	Wenn du meinst ...	12

Da siehst du schon, wohin der Hase läuft: Das Ganze könnte sich zu einem kleinen Seelsorger für zu Hause entwickeln, weshalb ich dem Projekt auch großspurig den Titel »Seelenklempner« geben möchte.

Wie kriegen wir nun sechs Knöpfe in unserem Formular unter? Grundsätzlich gibt es da mehrere Möglichkeiten, von denen ich mich für diese entschieden habe:

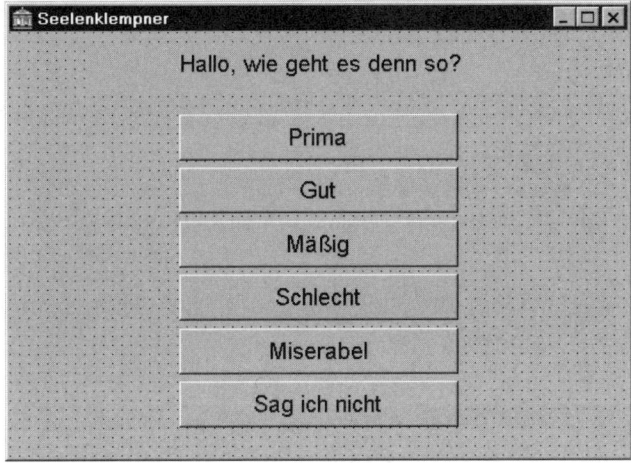

≫ Ziehe alle sechs Schaltflächen gleich groß unter der Anzeigefläche (Label) auf. Sehr wahrscheinlich musst du die Fläche des Formulars etwas nach unten vergrößern.

Kapitel 6 — Kontrollstrukturen

Breite und Höhe von Komponenten wie Labels und Buttons lassen sich auch im Objektinspektor hinter HEIGHT und WIDTH einstellen.

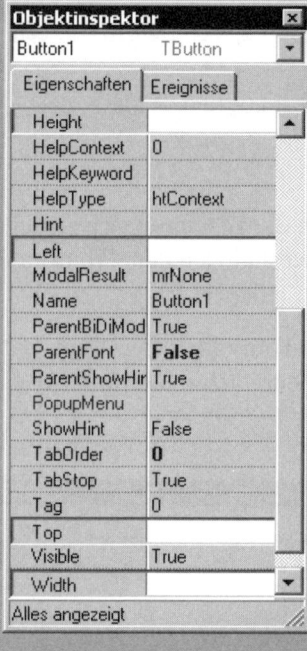

Und die Werte für die Position eines Objekts stehen in LEFT und TOP.

Für das Formular gibt es zusätzlich die Eigenschaften ClientWidth und ClientHeight, die die Breite und Höhe des nutzbaren Bereichs im Formular angeben.

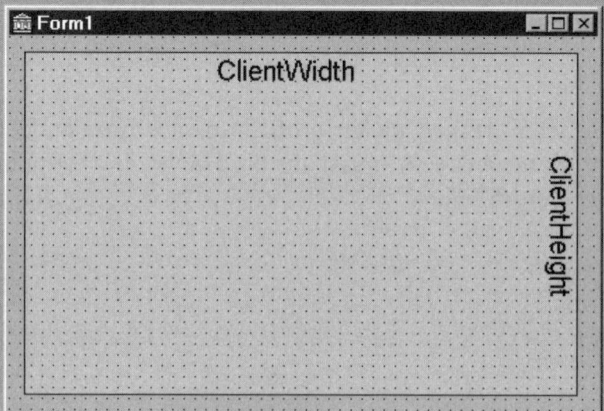

Kleine Knopfparade

≫ Verpasse im Objektinspektor dem Label den Anzeigetext Hallo, wie geht es denn so? (oder so ähnlich ...).

≫ Gib jedem neuen Button eine passende Aufschrift und ordne alles so wie oben in der Abbildung – oder wie du es gern hättest (→ KLEMP1.DPR).

Das Ausrichten der sechs Schaltflächen kannst du auch wieder Delphi überlassen:

◇ Ziehe mit der Maus einen Rahmen um alle Buttons. Damit sind sie alle markiert. (Oder du klickst sie bei gedrückter -Taste alle nacheinander an.)

◇ Klicke mit der rechten Maustaste auf den markierten Bereich.

◇ Damit öffnest du das passende Kontextmenü und klickst dort auf POSITION und AUSRICHTEN.

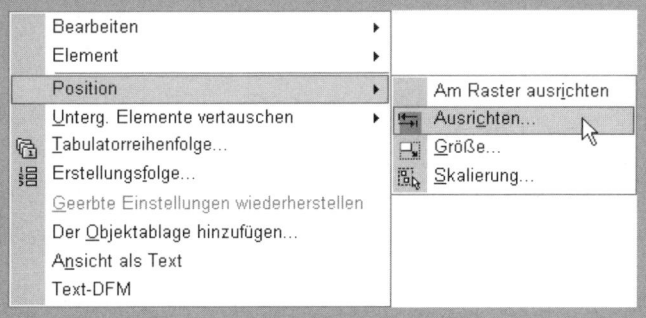

Kapitel 6 — Kontrollstrukturen

◆ Ein kleines Dialogfeld zeigt dir die Möglichkeiten für die Ausrichtung deiner Komponenten an. In diesem Fall könnte z.B. für HORIZONTAL der Eintrag ZENTRIEREN und für VERTIKAL der Eintrag GLEICHER ABSTAND passen.

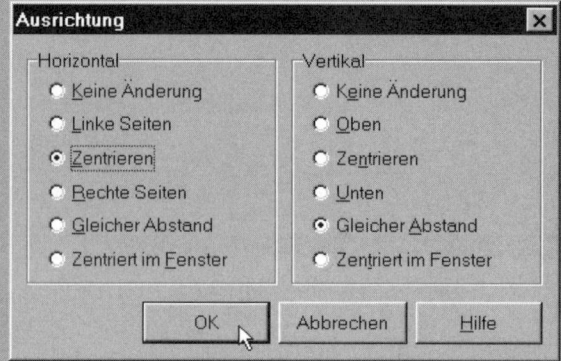

Wahrscheinlich aber musst du dieses Dialogfeld mehrmals benutzen, bis alles so geordnet ist, wie du es haben willst.

Diagnose auf Knopfdruck

Was jetzt noch fehlt, sind die passenden Antworten für die Meldungsfenster. Dazu musst du auf jeden Knopf einmal doppelklicken und die entsprechende Anweisung in den `ButtonClick`-Methoden ergänzen. Hier der ganze Text am Stück:

```
procedure TForm1.Button1Click(Sender: TObject);
begin
  Label1.Caption := 'Das ist ja toll!';
end;
procedure TForm1.Button2Click(Sender: TObject);
begin
  Label1.Caption := 'Das freut mich!';
end;
procedure TForm1.Button3Click(Sender: TObject);
begin
  Label1.Caption := 'Das geht ja noch.';
end;
procedure TForm1.Button4Click(Sender: TObject);
```

Listenwahl

```
begin
  Label1.Caption := 'Das tut mir Leid!';
end;
procedure TForm1.Button5Click(Sender: TObject);
begin
  Label1.Caption := 'Das ist ja schlimm!';
end;
procedure TForm1.Button6Click(Sender: TObject);
begin
  Label1.Caption := 'Wenn du meinst ...';
end;
```

≫ Ergänze diese Zuweisungen für Label1 im Editorfenster. (Achte darauf, dass Aufschrift und Meldungstext zusammenpassen!)

> Die Nummerierung der einzelnen Buttons (Button1 bis Button6) verläuft bei mir von oben nach unten. Falls du deine Schaltflächen in einer anderen Reihenfolge erzeugt hast, ändert sich natürlich diese Zählung. Richte dich einfach nach der Tabelle.

≫ Zu guter Letzt gib noch dem Formular den Titel »Seelenklempner«. Klicke dazu auf das Formular und trage den Titel im Objektinspektor hinter CAPTION ein.

Und nun wollen wir mal sehen, was unser Seelenklempner zu sagen hat. Zuvor aber soll das Ganze erst mal sicher untergebracht werden.

≫ Speichere den Quelltext über DATEI und DATEI SPEICHERN UNTER mit dem Namen HALLO3.PAS ab.

≫ Gib dann dem Projekt über DATEI und PROJEKT SPEICHERN UNTER den Namen KLEMP1.DPR.

≫ Starte das Programm und probier es aus.

Listenwahl

Auf der Suche nach Alternativen kramen wir jetzt noch ein bisschen in der Komponentenpalette. Schließlich willst du es nicht immer nur mit Knöpfen zu tun haben. Ganz ohne Schaltflächen könnte unser Seelenklempner funktionieren, wenn wir uns für eine Liste entscheiden, in der alle Aufschriften stehen, die du den Buttons verpasst hast.

Kapitel 6 — Kontrollstrukturen

Leider müssen wir dazu alle Schaltknöpfe entfernen. Und weil jetzt auch die ganzen `ButtonClick`-Methoden nicht mehr gebraucht werden, ist es hier am besten, gleich ein ganz neues Projekt zu beginnen. (Schon wieder ...)

≫ Schließe das Projekt *Klemp1* und erstelle über DATEI und NEUE ANWENDUNG ein weiteres.

≫ Erzeuge zuerst wieder ganz oben ein Label mit dem Text `Hallo, wie geht es denn so?`.

≫ Suche in der Komponentenpalette das Symbol für LISTBOX und klicke darauf.

≫ Ziehe die neue Komponente in der Mitte des Formulars auf. (Viel Platz hast du ja!)

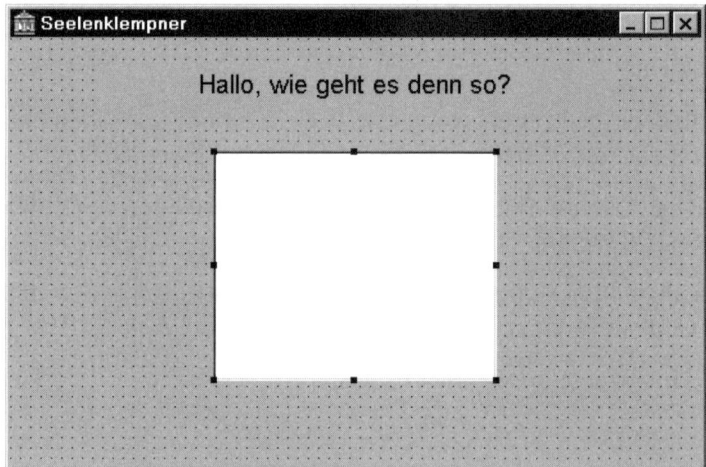

Die Komponente, die wir jetzt benutzen, heißt **Listenfeld**. Dort müssen nun alle sechs Texte untergebracht werden, die vorher auf den Knöpfen standen. Dazu brauchen wir wieder mal den Objektinspektor:

≫ Klicke auf das Listenfeld und suche im Objektinspektor nach dem Eintrag ITEMS. (Dahinter steht das Wort TSTRING in Klammern.)

Listenwahl

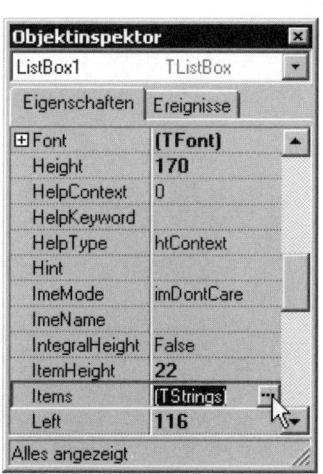

» Klicke auf das kleine Kästchen mit den drei Punkten (...) neben dem Eintrag (TSTRING).

Das Fenster, das sich nun öffnet, heißt **Stringlisten-Editor**. Dort kannst du deinen Text wie in einem normalen Editorfenster eintippen.

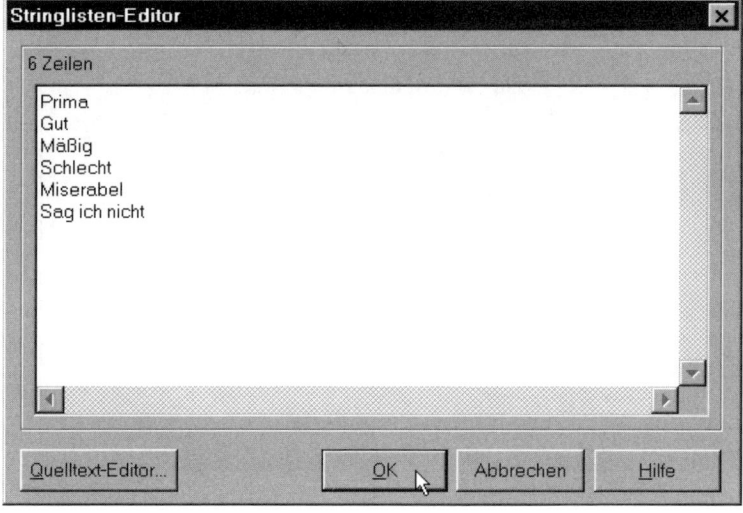

» Tippe die sechs Zeilen ein und beende die Eingabe mit Klick auf die Schaltfläche OK.

Kapitel 6 — Kontrollstrukturen

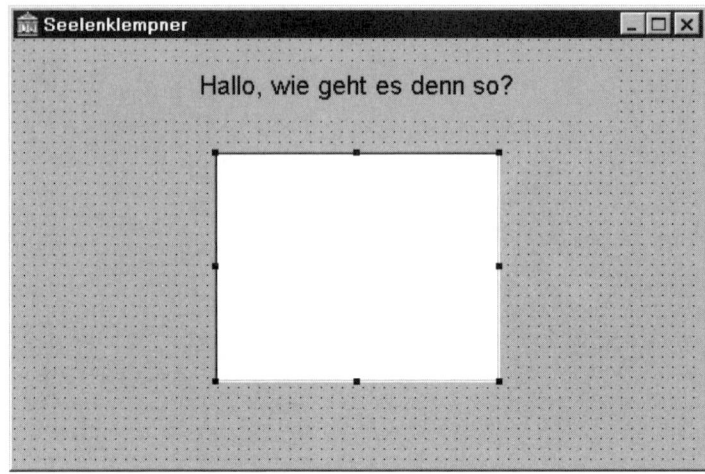

≫ Speichere das neue Projekt und den Quelltext unter den Namen KLEMP2.DPR bzw. HALLO4.PAS.

≫ Starte das Programm und schau dir die Liste an. Dann beende das Testprogramm.

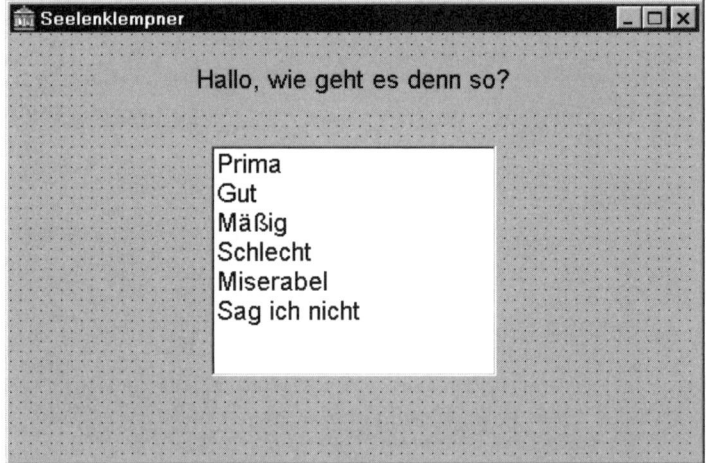

Natürlich geschieht erst mal gar nichts, wenn du auf einen Listeneintrag klickst. Die entsprechende Methode hat ja auch noch nichts zu tun. Dazu müssen wir sie erst mit den richtigen Anweisungen füllen.

≫ Doppelklicke auf das Listenfeld.

Und du landest in der Methode `TForm1.ListBox1Click`. Dort gehören auch die Anweisungen hin, mit denen reagiert werden soll, wenn man in

Listenwahl

das Listenfeld geklickt hat. Und zwar alle. Denn sämtliche Einträge stehen ja in einer einzigen Liste.

```
procedure TForm1.ListBox1Click(Sender: TObject);
begin
  if ListBox1.ItemIndex = 0 then
    Label1.Caption := 'Das ist ja toll!';;
  if ListBox1.ItemIndex = 1 then
    Label1.Caption := 'Das freut mich!';
  if ListBox1.ItemIndex = 2 then
    Label1.Caption := 'Das geht ja noch!';
  if ListBox1.ItemIndex = 3 then
    Label1.Caption := 'Das tut mir Leid!';
  if ListBox1.ItemIndex = 4 then
    Label1.Caption := 'Das ist ja schlimm!';
  if ListBox1.ItemIndex = 5 then
    Label1.Caption := 'Wenn du meinst...';
end;
```

➢ Füge diese Zeilen in der `ListBoxClick`-Methode ein (→ KLEMP2.DPR):

`ItemIndex` ist eine Eigenschaft der Komponente *ListBox1*, die nicht über den Objektinspektor erreichbar ist. Während des Programmlaufs erhältst du damit die Nummer des Eintrages in der Liste, der gerade aktiviert ist. Zu beachten ist dabei, dass die Zählung nicht bei 1, sondern bei 0 beginnt.

> Es ist wirklich nicht nötig, ähnlichen Text immer wieder zu schreiben. Darf ich hier an ein paar Bearbeitungshilfen erinnern?
>
> ◆ Text mit der Maus oder mit `Shift` und den Pfeiltasten markieren
>
> ◆ Text über BEARBEITEN/AUSSCHNEIDEN ausschneiden und in die Zwischenablage übernehmen
>
> ◆ Text über BEARBEITEN/KOPIEREN in die Zwischenablage kopieren
>
> ◆ Text über BEARBEITEN/EINFÜGEN aus der Zwischenablage einfügen
>
> ◆ Arbeitsschritt über BEARBEITEN/RÜCKGÄNGIG rückgängig machen

➢ Probier das Programm gleich aus und teste alle Antworten durch.

Kapitel 6

Kontrollstrukturen

Von Fall zu Fall

Je nach Klick erhältst du wie schon in der ersten Version eine mehr oder weniger passende Diagnose zu deiner Antwort auf die Frage »Hallo, wie geht es denn so?«

So manches Mal kann so ein ständiges if schon lästig werden, vor allem wenn man einen so langen Namen wie ListBox1.ItemIndex dauernd wiederholen muss. Wie gut, dass Delphi da eine Alternative bereit hält:

```
procedure TForm1.ListBox1Click(Sender: TObject);
begin
  case ListBox1.ItemIndex of
    0: Label1.Caption := 'Das ist ja toll!';
    1: Label1.Caption := 'Das freut mich!';
    2: Label1.Caption := 'Das geht ja noch!';
    3: Label1.Caption := 'Das tut mir Leid!';
    4: Label1.Caption := 'Das ist ja schlimm!';
    5: Label1.Caption := 'Wenn du meinst...';
  end;
end;
```

Das Ganze sieht aus wie eine Aufzählung. Eingeleitet wird sie durch das Wort case. Und wichtig ist, dass sie durch ein end abgeschlossen wird.

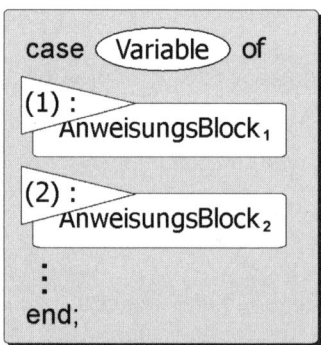

Zu Deutsch heißt das:

FALLS eine Variable oder Eigenschaft einen der folgenden Werte hat, soll der Computer einen zugehörigen Anweisungsblock ausführen.

Zusammenfassung

Diese Struktur ist auch wieder so eine **Kontrollstruktur**. Man spricht bei der `case`-Struktur auch von **Fallunterscheidung**.

Die Eigenschaft, die hier ausgewertet wird, heißt `ListBox1.ItemIndex`:

`case ListBox1.ItemIndex of`

Dann folgt die Liste aller Werte, die ausgewertet werden sollen, vom zugehörigen **Anweisungsblock** jeweils durch einen Doppelpunkt (:) getrennt. Auch hier könnten mehrere Anweisungen stehen, in diesem Fall ist es jeweils nur eine:

case..of	Label1.Caption
0:	'Das ist ja toll!'
1:	'Das freut mich!'
2:	'Das geht ja noch.'
3:	'Das tut mir Leid!'
4:	'Das ist ja schlimm!'
5:	'Wenn du meinst ...'

Und wichtig: Immer muss die ganze Fallunterscheidung mit einem `end` abschließen!

≫ Ändere das Programm entsprechend, indem du die `if`-Struktur durch die `case`-Struktur ersetzt. Dann starte das Programm und probier es aus (→ KLEMP2A.DPR).

Zusammenfassung

Wenn wir hier jetzt wieder mal innehalten, heißt das nicht, dass wir mit dem Seelenklempner schon am Ende sind. Das Thema wird uns schon noch eine Weile verfolgen. Aber jetzt geht es ans Zusammenfassen, denn da ist ja eine neue Komponente samt ein paar Methoden angefallen:

`ListBox`	Ein Listenfeld (Typ `TListBox`), in dem man einen von mehreren Einträgen aktivieren kann
`Items`	Eine Eigenschaft von `TListBox`: Enthält die Einträge, die ein Listen- oder Kombinationsfeld anzeigen soll
`ItemIndex`	Eine Eigenschaft von `TListBox`. Enthält die Nummer des Eintrages, der in einer Liste ausgewählt wurde

Kapitel 6 — Kontrollstrukturen

`ListBoxClick`	Diese Methode wird mit Mausklick auf einen Listeneintrag aktiviert
`Left, Top, Width, Height`	Position (Ecke links oben) und Maße (Breite, Höhe) einer sichtbaren Komponente
`ClientWidth, ClientHeight`	Nutzbare Breite und Höhe des Formulars

Und auch ein paar neue Delphi-Wörter haben sich wieder angesammelt:

`repeat`	WIEDERHOLE etwas (Anweisungsblock)
`until`	BIS eine Bedingung erfüllt ist (Schleifenende)
`while`	SOLANGE eine Bedingung erfüllt ist (Schleifenanfang)
`do`	WIEDERHOLE etwas (Anweisungsblock)
`case`	FALLS eine Variable einen entsprechenden Wert hat
`end`	Ende einer `case`-Struktur

Ein paar Fragen ...

Frage 1: Was passiert im *Million*-Programm bei einer Eingabe von Nullen für *Kapital* oder *Zinssatz*?

Frage 2: Wie ermittelt man in einem Listenfeld, welcher Eintrag ausgewählt worden ist?

... und ein paar Aufgaben

1. Ändere das *Million*-Projekt so um, dass eine Verarbeitung von Nullen verhindert wird.

2. Ersetze im *Horoskop*-Programm aus der ersten Aufgabe in Kapitel 3 (HOROSKOP.DPR) alle Schaltflächen (`Button`) durch ein Listenfeld (`ListBox`).

3. Erstelle ein Programm, dessen (einziger) Button »Drück mich« bei jedem Mausklick an eine andere Stelle im Formular hüpft.

7
Combo, Radio oder Check?

Jetzt kennst du ja bereits einige wichtige Komponenten, aber Delphi hat ja noch eine ganze Menge mehr zu bieten, wie du an der Komponentenpalette sehen kannst. Eigentlich könnte man doch im Formular auch mal ein paar dieser Dinger mischen. Das *Seelenklempner*-Projekt aus Kapitel 6 bietet dazu schon noch etwas Spielraum – wie du gleich sehen wirst.

In diesem Kapitel lernst du

◎ die Komponente ComboBox kennen

◎ den Unterschied zwischen Options- und Kontrollfeldern kennen

◎ was ein Gruppenfeld ist

◎ mit for noch eine Kontrollstruktur kennen

Kapitel

7

Combo, Radio oder Check?

Alles in einer Box

Gleich neben dem Symbol für ListBox findet sich in der Komponentenpalette ein weiteres interessantes Exemplar, die ComboBox. Sie ist eine Art aufklappbare Liste und bietet darüber hinaus noch ein Eingabefeld. Wegen dieser Kombination wird sie auch **Kombinationsfeld** genannt. In unserem *Seelenklempner*-Projekt aus dem letzten Kapitel soll jetzt das Listenfeld durch ein solches Kombinationsfeld ersetzt werden.

Wir könnten ein völlig neues Projekt anfangen. Aber warum sollten wir das nicht einfach in unserem letzten »Seelenklempner« direkt durch einen Austausch erledigen?

≫ Wenn du im letzten Kapitel dein Projekt geschlossen hast, öffne es jetzt wieder (→ KLEMP2A.DPR oder KLEMP2.DPR).

≫ Klicke im Formular auf das Listenfeld. Drücke dann die Taste Entf. Damit verschwindet erst einmal diese Komponente, während ihre Methode uns noch erhalten bleibt.

≫ Suche in der Komponentenpalette das Symbol für COMBOBOX und klicke darauf. Ziehe dann das Auswahlfeld im Formular auf.

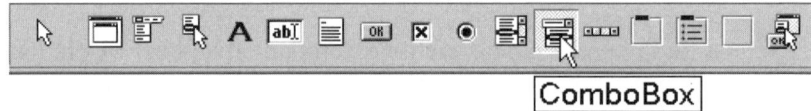

Nun kommt ein Kunstgriff, mit dem wir den Inhalt der ListClick-Methode ausschneiden und in der neuen Methode für ComboBox1 wieder einfügen wollen. Damit ersparen wir uns ein neues Projekt.

≫ Doppelklicke erst mal auf das Kombinationsfeld. Damit landest du im Editorfenster. Und da ist schon die neue Methode TForm1.ComboBox1Change.

Warum heißt diese Methode nicht auch ComboBox1Click? Die gibt es ebenfalls, aber hier geht es darum, dass die Methode bei einer Änderung (Change) des Eintrages reagiert. Und da ist ComboBoxChange genau richtig.

≫ Markiere in der Methode TForm1.ListBox1Click den gesamten Anweisungsteil zwischen begin und end.

≫ Dann klicke auf BEARBEITEN und AUSSCHNEIDEN. Oder drücke Strg + X.

Alles in einer Box

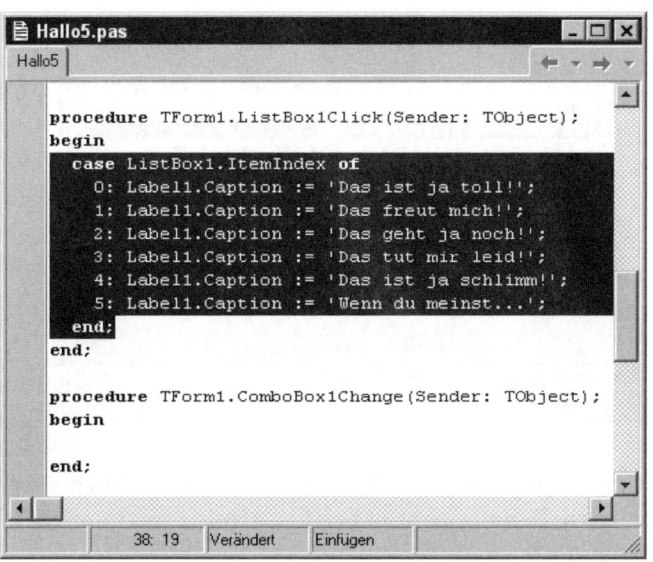

> Setze den Cursor in der Methode `TForm1.ComboBox1Change` zwischen `begin` und `end` und klicke dann auf BEARBEITEN und EINFÜGEN. Oder drücke [Strg]+[V].

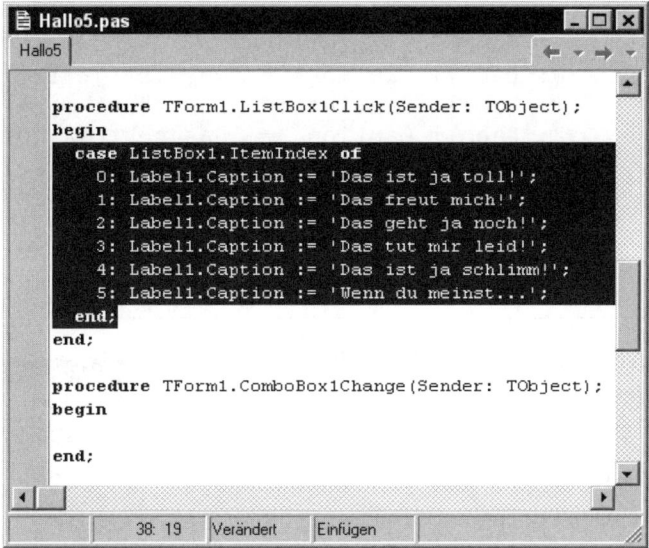

Nun ist die Methode `TForm1.ListBox1Click` leer, sie wird von Delphi automatisch entfernt.

Solltest du nun die neue *Klempner*-Version gleich ausprobieren wollen, dann erntest du eine Fehlermeldung.

Kapitel 7

Combo, Radio oder Check?

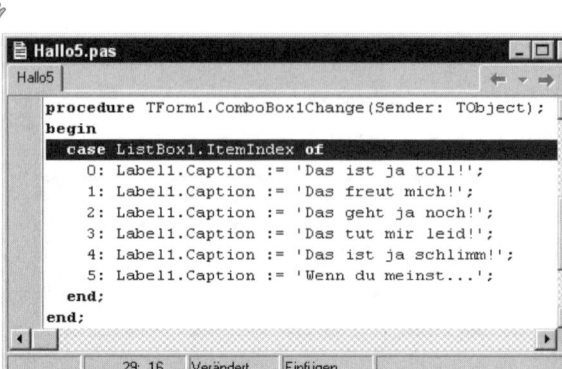

Klar ist, dass wir im Quelltext `ListBox1` durch `ComboBox1` ersetzen müssen. Denn es geht ja bei `ItemIndex` jetzt um die Einträge des Kombinationsfeldes.

≫ Passe den Quelltext entsprechend an. (→ KLEMP3.DPR)

Damit sieht die ganze Methode so aus:

```
procedure TForm1.ComboBoxChange(Sender: TObject);
begin
  case ComboBox1.ItemIndex of
    0: Label1.Caption := 'Das ist ja toll!';
    1: Label1.Caption := 'Das freut mich!';
    2: Label1.Caption := 'Das geht ja noch!';
    3: Label1.Caption := 'Das tut mir Leid!';
    4: Label1.Caption := 'Das ist ja schlimm!';
    5: Label1.Caption := 'Wenn du meinst...';
  end;
end;
```

Wo aber sind die Einträge des Auswahlfeldes? Die müssen wir jetzt erst eintippen. Das geht ebenso wie beim Listenfeld.

≫ Lösche für das Kombinationsfeld im Objektinspektor den Eintrag hinter TEXT.

Nun ist die angezeigte kleine Fläche im Kombinationsfeld leer. Du kannst natürlich auch irgendetwas eintippen. Dann wird das bei einem Programmlauf als Vorgabe angezeigt. Die eigentlich Liste des Kombinationsfeldes ist allerdings immer

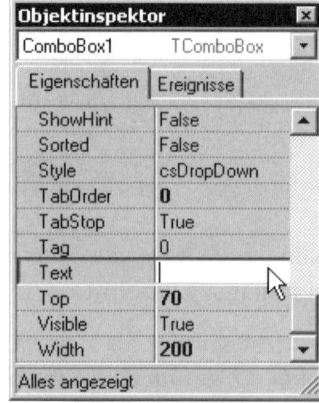

148

Alles in einer Box

noch leer. Deshalb müssen wir noch einmal den Stringlisten-Editor bemühen, diesmal für die Komponente *ComboBox1*.

≫ Suche im Objektinspektor nach dem Eintrag ITEMS.

≫ Klicke auf das kleine Kästchen mit den drei Punkten (...) neben dem Text (TSTRING).

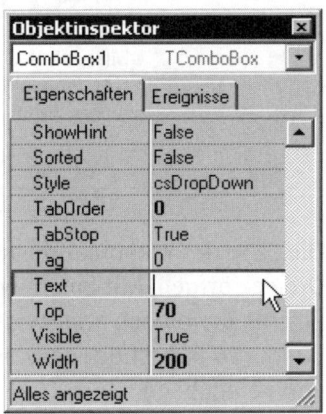

≫ Tippe im Stringlisten-Editor die gleichen sechs Zeilen wie beim Listenfeld ein (oder verwende andere Texte deiner Wahl). Beende die Eingabe mit Klick auf die Schaltfläche OK.

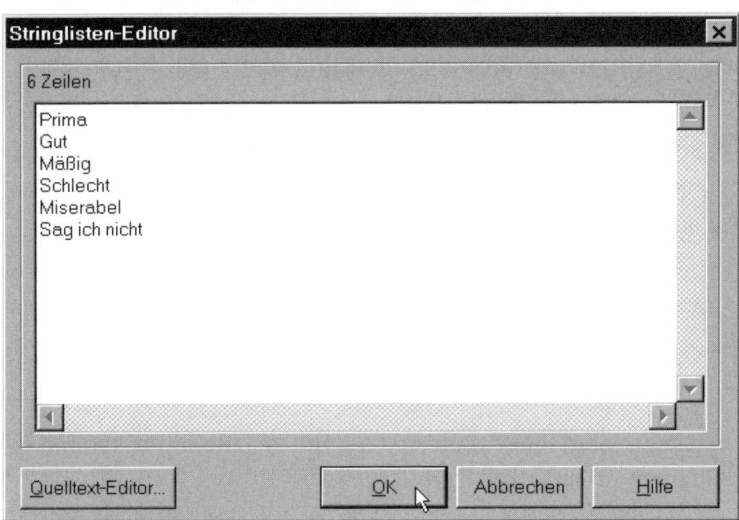

≫ Ehe du dann die neue Version des »Klempners« laufen lässt, kannst du sie unter HALLO5.PAS und KLEMP3.DPR speichern.

Kapitel 7 — Combo, Radio oder Check?

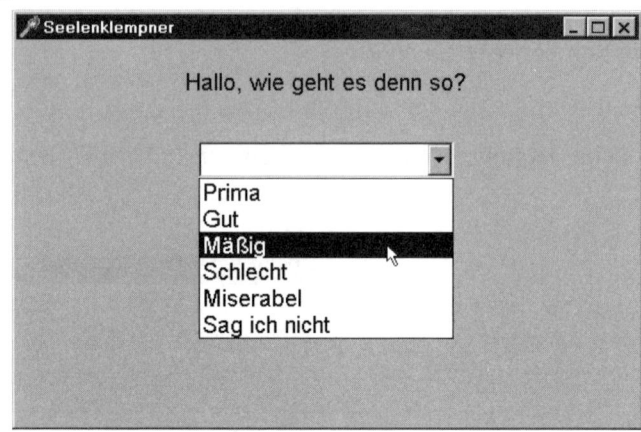

Die Liste des Kombinationsfeldes lässt sich mit einem Klick auf das kleine Dreieck öffnen. Mit einem weiteren Klick in die Liste wird der angeklickte Eintrag dann oben angezeigt. Außerdem gibt es eine entsprechende Meldung. (Du kannst übrigens auch einen eigenen Text in das kleine Fensterchen eingeben.)

Von Pünktchen ...

Auch die moderne Medizin des Westens hat inzwischen erkannt, dass es offenbar außer einem Körper noch einen Geist und eine Seele gibt. Berücksichtigen wir also den neuesten Stand der Wissenschaft auch bei unserem »Seelenklempner«.

> Schließe das aktuelle Projekt. Dann erzeuge über DATEI und NEU und ANWENDUNG ein neues:

> Ganz oben setzt du wieder eine Anzeigefläche (Label) mit dem schon bekannten Standardtext für die bisherigen Versionen unseres *Seelenklempner*-Projektes ein: Hallo, wie geht es denn so?

> Verpasse auch gleich dem Formular den richtigen Titel Seelenklempner.

Und jetzt fängt die Arbeit erst richtig an. Denn da kommt eine ganze Reihe von Arbeitsschritten auf dich zu.

> Suche in der Komponentenpalette das Symbol für RADIOGROUP und klicke darauf.

Von Pünktchen ...

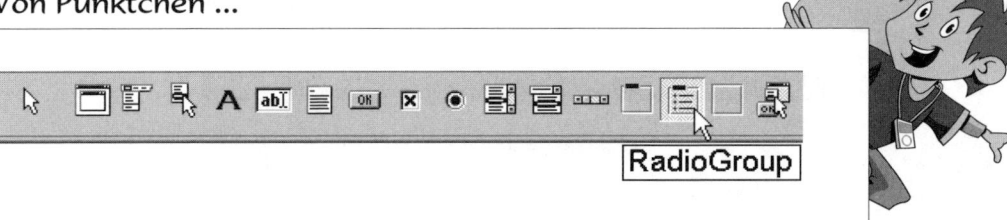

Die neue Komponente ist eigentlich eine Kombination von mehreren Komponenten des gleichen Typs, eine Gruppe von **Optionsfeldern**. Ein solches Feld hat als Symbol einen Kreis mit einem Punkt darin. Davon brauchen wir jetzt sechs Stück. Und die sollen in der linken Hälfte des Formulars platziert werden.

≫ Ziehe die Optionsfeldgruppe im Formular auf. (Achte darauf, dass rechts genügend Platz bleibt: Da sollen nachher noch andere Komponenten hin!)

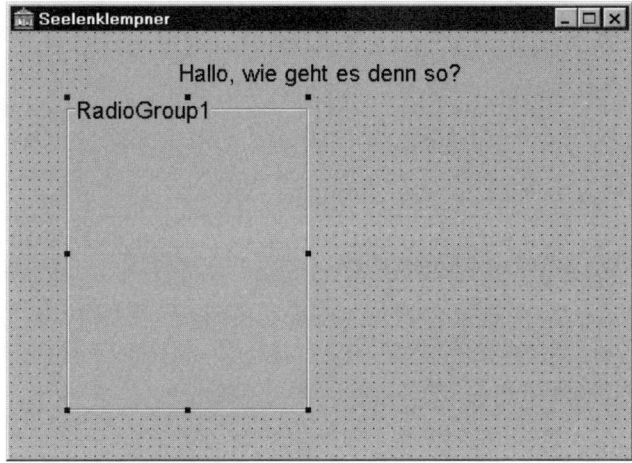

≫ Trage für *RadioGroup1* im Objektinspektor hinter CAPTION Befinden ein.

Tja, und nun muss jedes Optionsfeld den passenden Text erhalten. Das verläuft genau so, wie du es schon von Listenfeld und Kombinationsfeld her kennst:

≫ Klicke auf die Fläche der Optionsfeldgruppe. Öffne dann über die Eigenschaft ITEMS im Objektinspektor den Stringlisten-Editor und tippe dort sechs Antworten ein. Beende die Eingabe dann mit Klick auf die Schaltfläche OK.

Sobald du fertig bist, bekommst du im Formular auch die Optionsfelder zu sehen:

Kapitel

7

Combo, Radio oder Check?

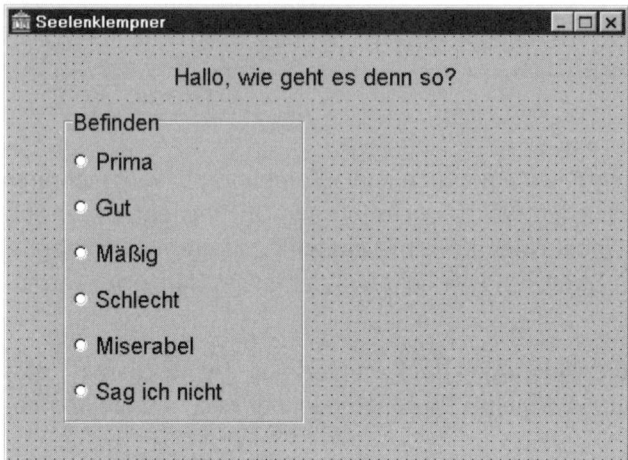

Ein Optionsfeld lässt sich auch einzeln erstellen. Dazu klickst du in der Komponentenpalette auf RADIOBUTTON.

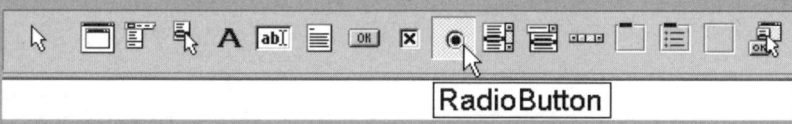

Die sechs Optionsfelder kannst du dann so im Formular einsetzen wie du es von den Buttons kennst. Nur gehören sie nicht in die Mitte, sondern möglichst weit nach links.

Eine Aufschrift erhält jedes Optionsfeld, indem du im Objektinspektor hinter CAPTION den entsprechenden Text einträgst.

... und Häkchen

Um die Methode für die Optionsfelder kümmern wir uns später. Erst möchte ich in der rechten Hälfte des Formulars noch ein paar neue Komponenten unterbringen. Die sind für die Bereiche Seele, Geist und Körper gedacht.

➢ Suche in der Komponentenpalette das Symbol für CHECKBOX und klicke darauf.

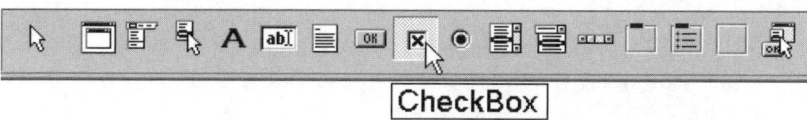

Die neue Komponente hat als Symbol ein Quadrat mit einem Häkchen drin. Sie heißt **Kontrollfeld**. Davon brauchen wir drei Exemplare. Die kommen jetzt ins Formular oben rechts.

➢ Ziehe das erste Kontrollfeld im Formular auf. Dann wiederhole das noch zweimal. (Auch hier ist zu beachten, dass darunter später noch eine Schaltfläche passen soll!)

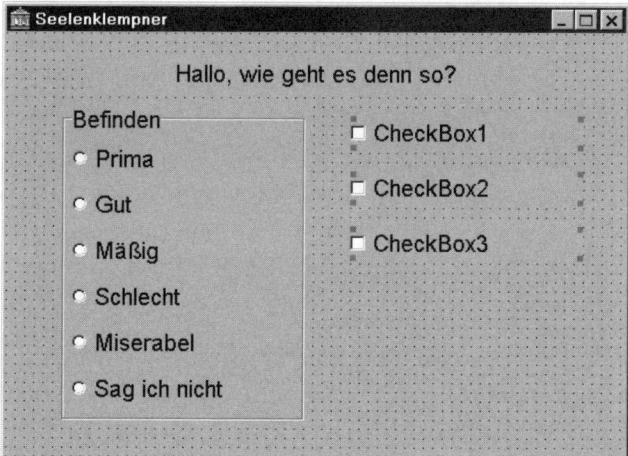

➢ Klicke auf jedes Kontrollfeld. Trage dann im Inspektor hinter CAPTION jeweils Seele, Geist und Körper ein.

Kapitel 7 — Combo, Radio oder Check?

Optionsfeld und Kontrollfeld, was genau ist denn da der Unterschied? Na gut, beim **Optionsfeld** ist da ein Kreis, in den man mit Mausklick ein Pünktchen setzen kann. Beim **Kontrollfeld** klickt man in ein Quadrat und erhält dafür ein Häkchen. Vielleicht verschafft dir diese Tabelle etwas Überblick:

Name	Funktion	Andere Namen	Symbol
Optionsfeld (Radio-Button, RadioGroup)	Bei einer Gruppe von zusammen-gehörenden Komponenten kann immer nur eine aktiviert sein	Schaltfeld, Schaltknopf, Options-schaltfeld	aktiviert = Punkt im Kreis
Kontrollfeld (Checkbox)	Bei einer Gruppe von zusammen-gehörenden Komponenten können beliebig viele aktiviert sein	Wahlfeld, Markie-rungs-feld, Kontrollkäst-chen	aktiviert = Häkchen im Quadrat

Da stehen auch gleich ein paar andere Namen, wie sie dir in der Hilfe von Delphi oder Windows begegnen können. Ich habe mich für die Namen in der ersten Spalte entschieden, weil man

◆ bei Optionsfeldern eine Option ein- oder ausschalten kann. »Schaltfeld« wäre auch gut, klingt aber zu stark nach »Schaltfläche«. Dabei ist das z.B. wie bei den Tasten eines Radios: Immer nur eine kann gedrückt sein. (Rate mal, woher der Name »RadioButton« kommt!)

◆ bei Kontrollfeldern eine Einstellung markieren (= abhaken) kann. Der Begriff »Wahlfeld« wäre auch nicht schlecht, kommt aber weder in der Hilfe von Delphi noch von Windows vor.

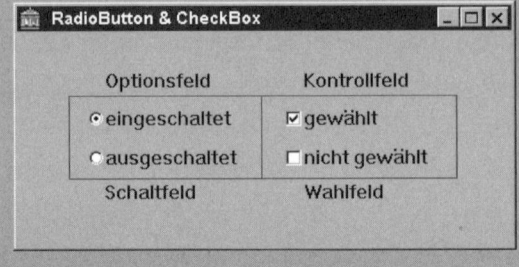

Der letzte Schliff

Damit sich die Komponentengruppen optisch ein bisschen mehr voneinander abheben, kannst du den Kontrollfeldern eine andere Schrift spendieren.

≫ Die lässt sich im Objektinspektor unter FONT auswählen. Außerdem kannst du bei der Gelegenheit auch den Schriftschnitt in KURSIV oder FETT (oder beides) ändern. Nach dem Einstellen klicke auf OK.

Damit es noch schöner wird, passen wir die Optik der Kontrollfelder der Optionsfeldgruppe an. Dazu nehmen wir eine Komponente zur Hilfe, die hier nichts anderes tut, als den Kontrollfeldern einen würdigen Rahmen zu geben.

≫ Suche in der Komponentenpalette das Symbol für GROUPBOX und klicke darauf.

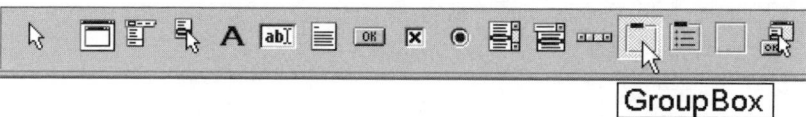

≫ Ziehe einen Rahmen um die drei Kontrollfelder.

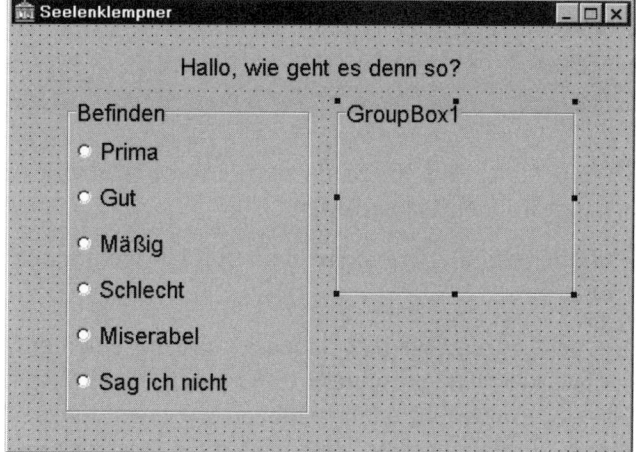

Wo sind die Kontrollfelder denn geblieben? Das **Gruppenfeld** hat sich einfach darüber ausgebreitet und verdeckt damit die Sicht auf Seele, Geist und Körper. Diese Lage lässt sich aber per Mausklick wieder ins Lot bringen.

≫ Klicke mit der rechten (!) Maustaste auf das Gruppenfeld.

Kapitel 7 — Combo, Radio oder Check?

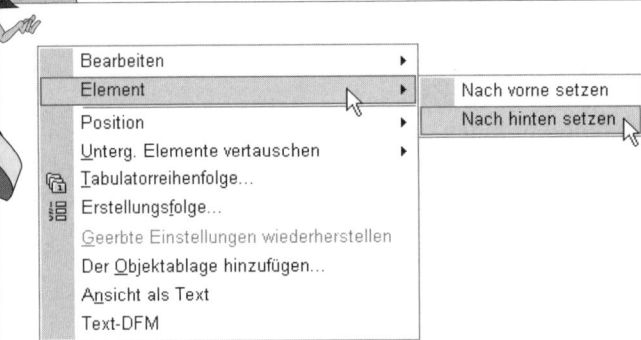

≫ Klicke im Kontextmenü auf ELEMENT und NACH HINTEN SETZEN.

Und schon hast du deine Kontrollfelder wieder.

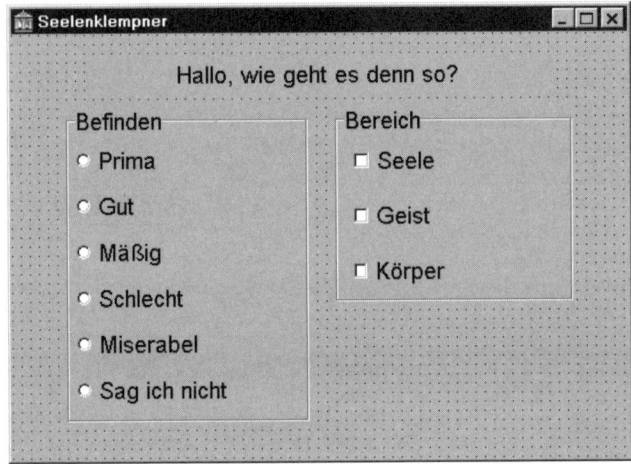

≫ Gegebenenfalls musst du noch Lage und Größe von Kontrollfeldern und Gruppenfeld anpassen.

≫ Ändere für das Gruppenfeld im Objektinspektor den CAPTION-Eintrag in `Bereich`.

Wie geht es jetzt weiter? Haben wir uns für eine der Optionen von PRIMA bis SAG ICH NICHT entschieden und einen bis alle Bereiche von SEELE bis KÖRPER ausgewählt, dann brauchen wir noch etwas, auf das wir klicken können, um anzuzeigen, dass wir für die Diagnose bereit sind. Das letzte Element im Formular muss also noch ein ganz normaler Button sein.

≫ Klicke in der Komponentenpalette auf das Symbol für BUTTON und ziehe die Schaltfläche im Formular unter den Kontrollfeldern auf.

≫ Gib dieser Schaltfläche über den Inspektor die Aufschrift (CAPTION) FERTIG. Auch hier kann eine andere Schrift (FONT) nicht schaden.

Antworten für die Optionsfelder

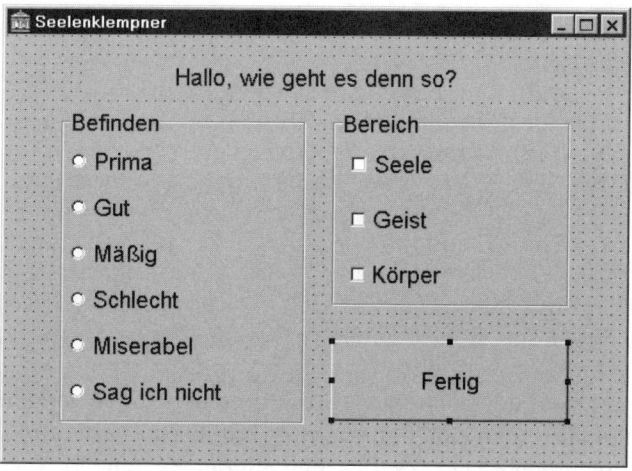

Antworten für die Optionsfelder

Sieht doch nicht übel aus, das Ganze – oder? Allerdings bringt uns das allein noch nicht allzu viel weiter. Damit auch etwas passieren kann, wenn du auf die verschiedenen Komponenten klickst, müssen die Methoden mit Leben gefüllt werden. So kommt jetzt einiges an Tipparbeit auf dich zu.

> Ehe wir aber wild in irgendwelche Methoden Anweisungen eintippen, muss uns erst einmal klar sein, wie das Programm denn ablaufen soll:
>
> ◇ Zuerst sucht man sich unter den Optionen eine Antwort aus. Die müsste in einer Textvariablen gespeichert werden. Nennen wir sie *Diagnose*.
>
> ◇ Dann aktiviert man eins, zwei oder alle der Kästchen von SEELE bis KÖRPER. Auch diese Werte müssen irgendwo gespeichert sein, damit sie bei der abschließenden Diagnose berücksichtigt werden können. Die Variable hierfür soll *Wahl* heißen.
>
> ◇ Mit Klick auf FERTIG schließlich wird ein Meldungsfenster geöffnet, das die Diagnose anzeigt.

Beginnen wir mit den Methoden für die Optionsfelder:

➢ Doppelklicke auf die Optionsfeldgruppe (links im Formular) und du landest im Editorfenster. Dort erwartet dich die Methode `TForm1.RadioGroup1Click`. Tippe dort den folgenden Quelltext ein:

```
procedure TForm1.RadioGroup1Click(Sender: TObject);
begin
  case RadioGroup1.ItemIndex of
    0: Diagnose := 'Das ist ja toll!';
    1: Diagnose := 'Das freut mich!';
    2: Diagnose := 'Das geht ja noch.';
    3: Diagnose := 'Das tut mir Leid!';
    4: Diagnose := 'Das ist ja schlimm!';
    5: Diagnose := 'Wenn du meinst ...';
  end;
end;
```

Das sieht doch den `case`-Strukturen der beiden vorigen Versionen verflixt ähnlich. Auch eine `RadioGroup` hat ihren `ItemIndex`. Innerhalb der Verzweigungen bekommt diesmal aber nicht `Label1.Caption` den passenden Antworttext, sondern der wird erst mal einer Variablen *Diagnose* zugewiesen.

≫ Ergänze die Vereinbarungen noch um diese:

```
var Diagnose: String;
```

Wirklich fertig?

Damit du endlich mal ausprobieren kannst, ob sich was tut, kommen wir direkt zur Schaltfläche mit der Aufschrift FERTIG. Um die Kontrollfelder machen wir uns dann später Sorgen.

≫ Doppelklicke auf die Schaltfläche und passe die Methode `TForm1.Button1Click` so an:

```
procedure TForm1.Button1Click(Sender: TObject);
begin
  Label1.Caption := Diagnose;
end;
```

≫ Speichere das ganze Projekt erst einmal (→ HALLO6.PAS, KLEMP4.DPR).

≫ Starte das Programm, klicke auf verschiedene Optionsfelder und anschließend auf FERTIG.

Immerhin sind wir damit in etwa auf dem Stand der zwei vorhergehenden Versionen unseres Seelenklempners.

Variablenfelder und Startwerte

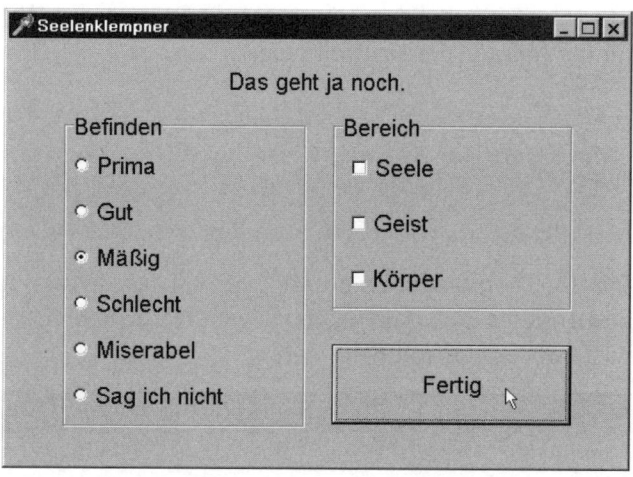

Variablenfelder und Startwerte

Nun sind da noch immer die Kontrollfelder, um die wir uns als Nächstes kümmern müssen. Wenn dort irgendwo etwas angewählt wird, dann muss das irgendwie im Formular sichtbar werden. Am besten wäre es, wenn wir den Titel so ändern:

Gewählt	Titel
Seele	Diagnose für Seele
Geist	Diagnose für Geist
Körper	Diagnose für Körper
alle drei	Diagnose für Seele für Geist für Körper
je zwei	Diagnose für ... (die zwei)

Dazu brauchen wir einige Variablen, in denen wir diese Texte unterbringen.

≫ Erweitere die Vereinbarungen entsprechend:

```
var
  Diagnose, Titel: String;
  Bereich: Array[1..3] of String;
  Wahl   : Array[1..3] of Boolean;
```

Neben *Diagnose* habe ich für die Zusammensetzung des Titels für unser Formular eine gleichnamige Variable vereinbart – ebenfalls vom Typ

Kapitel 7 — Combo, Radio oder Check?

String. Zusätzlich benötigen wir mit *Bereich* und *Wahl* je drei Variablen für die Abfrage der Kontrollfelder.

> Um die eckigen Klammern einzutippen, musst du die Tastenkombinationen [AltGr] + [8] und [AltGr] + [9] benutzen.

Mit Boolean taucht da ein weiterer Typ auf, den wir schon kennen. Variablen dieses Typs können nur zwei Werte haben. Hier zeigen sie den Zustand der Kontrollfelder an:

Wert	Bedeutung	bei Kontrollfeldern
true	wahr	gewählt, mit Häkchen
false	falsch	nicht gewählt, ohne Häkchen

> Du möchtest wissen, was es mit den eckigen Klammern und mit diesem Array auf sich hat? Wenn man mal mehrere Variablen desselben Typs benötigt, müsste man die eigentlich so vereinbaren:
>
> var Text1, Text2, Text3, Text4, Text5, Text6, Text7: String;
>
> Das kann ganz schön lästig sein, besonders wenn man eine größere Anzahl von solchen Variablen braucht – sagen wir 100? Da vereinbart man in Delphi mit
>
> var Text: Array[1..7] of String;
>
> gleich ein ganzes Feld von Variablen in einem Rutsch. In den eckigen Klammern ([ ]) steht der Bereich für die nötige Zahl von Variablen (hier sieben). Die Zählung könnte aber auch z.B. so aussehen:
>
> var Text: Array[-3..3] of String;
>
> Nun steht in den eckigen Klammern die Anzahl der Elemente, aus denen ein solches **Variablenfeld** besteht. Oft wird hier übrigens auch der englische Ausdruck **Array** direkt als Bezeichnung gebraucht (gesprochen: Errey).
>
> Angesprochen bzw. benutzt werden die einzelnen Variablen eines Feldes ebenfalls über eckige Klammern:

Damit die neuen Variablenfelder auch einen Startwert haben, müssen wir die folgenden Zuweisungen irgendwo unterbringen:

Die richtige Wahl

	x: Array[1..9] of Integer;	
x[1]		x[9]

In Delphi beginnt die erste Feldvariable hier mit *x[1]*, und mit *x[7]* ist das siebte Element des Feldes gemeint. Was in den eckigen Klammern steht, nennt man **Index**. Außer konstanten Werten sind dort auch Variablen möglich.

```
Bereich[1] := ' für Seele ';   Wahl[1] := false;
Bereich[2] := ' für Geist ';   Wahl[2] := false;
Bereich[3] := ' für Körper ';  Wahl[3] := false;
```

So hätten die drei Zeichenketten des Feldes *Bereich* ihren Text. (Die Leerzeichen haben ihren Sinn!)

Und die drei Variablen von *Wahl* wären auf `false` gesetzt, was bedeutet, dass hier noch kein Kontrollfeld angewählt wurde.

Wo gehören diese Zuweisungen hin? Am besten doch in die Methode, mit der das Formular erzeugt wird.

≫ Doppelklicke auf das Formular und tippe in der Methode `TForm1.FormCreate` die Zuweisungen für *Bereich* und *Wahl* ein.

≫ Speichere mal wieder Dein Projekt (→ KLEMP4.DPR).

Die richtige Wahl

Was immer noch fehlt, sind die drei Methoden für die Kontrollfelder. Da geht es um den Status der Kästchen, ob sie mit einem Häkchen versehen sind (`true`) oder nicht (`false`). Dazu passt unser vereinbartes Variablenfeld *Wahl*, das ebenfalls `Boolean` ist. Informationen über den Status gibt die Eigenschaft `Checked`.

Und so müssen dann die `Click`-Methoden für die drei Kontrollfelder aussehen:

≫ Doppelklicke auf jedes der drei Kontrollfelder und tippe dann die Zuweisungen in den passenden Prozeduren ein.

Kapitel 7

Combo, Radio oder Check?

```
procedure TForm1.CheckBox1Click(Sender: TObject);
begin
  Wahl[1] := CheckBox1.Checked;
end;

procedure TForm1.CheckBox2Click(Sender: TObject);
begin
  Wahl[2] := CheckBox2.Checked;
end;

procedure TForm1.CheckBox3Click(Sender: TObject);
begin
  Wahl[3] := CheckBox3.Checked;
end;
```

In jeder der drei CheckBoxClick-Methoden wird die zugehörige *Wahl*-Variable mit dem aktuellen Zustandswert des Kontrollfeldes gefüllt.

Damit aber dann auch endlich etwas davon rüberkommt, was in den Feldern *Bereich* und *Wahl* steht, muss nun noch in der ButtonClick-Methode etwas nachgeholfen werden:

```
procedure TForm1.Button1Click(Sender: TObject);
var Nr: Integer;
begin
  Caption := 'Diagnose';
  for Nr := 1 to 3 do
    if Wahl[Nr] then Caption := Caption + Bereich[Nr];
  Label1.Caption := Diagnose;
end;
```

≫ Doppelklicke auf die Schaltfläche FERTIG und erweitere die ButtonClick-Methode entsprechend (→ HALLO6.PAS, KLEMP4.DPR).

Die For-do-Struktur

Und schon wieder hat sich da was eingeschlichen, das dir neu ist. Ich meine das Wörtchen for.

Wenn du dich an while-do und repeat-until aus dem letzten Kapitel erinnerst, dann weißt du ja noch, was eine Schleife ist. Mit der for-do-Struktur, kurz auch for-Struktur lernst du jetzt eine weitere Möglichkeit kennen, in Delphi etwas zu wiederholen.

Die For-do-Struktur

Zu Deutsch heißt das:

> FÜR eine bestimmte Anzahl, die von einem Startwert bis zu einem Zielwert zählt, soll der Computer einen Anweisungsblock WIEDERHOLEN.

Als **Startwert** steht hier eine 1. Dort fängt das Zählen an. Und der **Zielwert** ist hier 3. Dort hört das Zählen auf. Damit wird dieser **Anweisungsblock** dreimal ausgeführt:

```
if Wahl[Nr] then Caption := Caption + Bereich[Nr];
```

Wenn ein oder mehrere Kontrollfelder angewählt wurden, dann wird der entsprechende Text (»für Seele, Geist, Körper«) zum neuen Titeltext (»Diagnose«) hinzugefügt.

Weil hier gezählt wird, spricht man auch von **Zählschleife**. Dabei gibt es in Delphi diese zwei Möglichkeiten:

◆ Ist der Startwert **größer** als der Zielwert, wird mit to heraufgezählt.

◆ Ist der Startwert **kleiner** als der Zielwert, wird mit downto heruntergezählt.

Gezählt wird immer in Einerschritten. Und so genannte »Kommazahlen« sind als Zählvariablen nicht erlaubt, sondern nur Ganzzahlen.

> Die Bedingung (Wahl[Nr]) kann einfach so ohne Vergleichsoperator (wie z.B. »=«) stehen bleiben, denn auch eine Bedingung nimmt wie eine Variable vom Typ Boolean nur einen der beiden Werte true oder false an. Man kann also sagen: Bedingungen sind vom Typ Boolean.

Ist dir aufgefallen, wo ich die Vereinbarung von *Nr* untergebracht habe?

```
procedure TForm1.Button1Click(Sender: TObject);
var Nr: Integer;
```

Kapitel 7 — Combo, Radio oder Check?

Sie sitzt im Block von TForm1.Button1Click, direkt unter dem Methodennamen. Eigentlich gehört sie doch zu den anderen Vereinbarungen – oder?

> Vereinbarungen von Variablen innerhalb einer Methode nennt man **lokal**. Das bedeutet, dass eine lokale Variable auch nur unmittelbar in dem Bereich gilt, wo sie vereinbart wurde. *Nr* ist also in den anderen Methoden unbekannt. Das macht aber auch nichts, denn dort werden sie ja nicht mehr benötigt.
>
> Im Gegensatz dazu gelten Variablen und Konstanten, die weiter oben außerhalb jeder Methode vereinbart wurden, als **global**. Das heißt, globale Variablen sind überall im gesamten Programmblock gültig. Das gilt also hier für *Diagnose*, *Titel*, *Bereich* und *Wahl*.

Übrigens könnte man die for-Schleife auch schon in der Methode TForm1.FormCreate einsetzen, um dem gesamten Variablenfeld *Wahl* den Wert false zu verpassen:

```
procedure TForm1.FormCreate(Sender: TObject);
var Nr: integer;
begin
  Bereich[1] := ' für Seele ';
  Bereich[2] := ' für Geist ';
  Bereich[3] := ' für Körper ';
  for Nr := 1 to 3 do Wahl[Nr] := false;
end;
```

➢ Speichere dein Projekt noch einmal. Dann lass es endlich laufen.

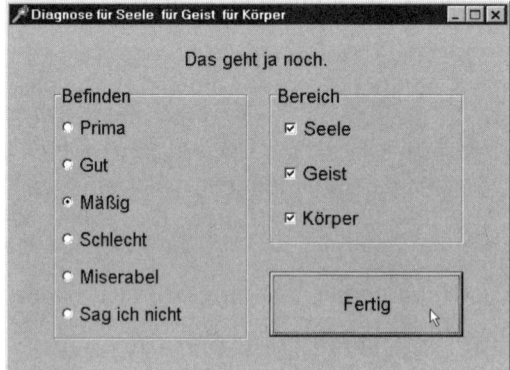

Zusammenfassung

Damit beenden wir dieses Kapitel. War ja auch einige Mühe nötig, um vor allem das letzte *Seelenklempner*-Projekt fertig zu stellen. Dabei hast du eine Reihe neuer Komponenten, Eigenschaften und Methoden kennen gelernt:

ComboBox	Eine Kombination aus Eingabefeld und Listenfeld (Typ TComboBox), in dem man etwas eingeben oder einen von mehreren Einträgen aktivieren kann
CheckBox	Ein Kontrollfeld (Typ TCheckBox), mit dem man Einstellungen anwählen kann (in einer Gruppe von Kontrollfeldern sind mehrere Aktivierungen möglich)
RadioButton	Ein Optionsfeld (Typ TRadioButton), mit dem man Optionen ein/ausschalten kann (in einer Gruppe von Optionsfeldern ist nur eine Aktivierung möglich)
RadioGroup	Dasselbe noch mal, als Optionsfeldgruppe zusammengefasst (Typ TRadioGroup)
GroupBox	Ein Gruppenfeld, das Komponenten (wie z.B. Kontrollfelder) zusammenfasst
ComboBoxChange	Diese Methode wird aktiviert, wenn sich ein Eintrag im Eingabefeld eines Kombinationsfeldes ändert
CheckBoxClick	Diese Methode wird mit Mausklick auf ein Kontrollfeld aktiviert
RadioGroupClick, RadioButtonClick	Diese Methode wird mit Mausklick auf eine Optionsfeldgruppe bzw. ein Optionsfeld aktiviert
Items	Hier stehen die Einträge, die ein Listenfeld, ein Kombinationsfeld oder eine Optionsfeldgruppe anzeigen soll
ItemIndex	Hier steht die Nummer des Eintrages, der aus einer Liste von TListBox, TComboBox oder TRadioGroup ausgewählt wurde
Checked	Eine Eigenschaft von TCheckBox und TRadioButton. Hat den Wert true, wenn ein Kontrollfeld angewählt wurde (= Häkchen/Punkt), sonst den Wert false
Font	Eine Eigenschaft, über die alle Komponenten verfügen, bei denen es auch um Text geht: Hier werden u.a. Schriftart und Schriftgröße eingestellt

Und auch zum Wortschatz von Delphi ist wieder ein bisschen dazugekommen:

for	FÜR eine bestimmte Anzahl von Schritten
to	zum Aufwärts-Zählen
downto	zum Abwärts-Zählen
do	WIEDERHOLE etwas (Anweisungsblock)
Boolean	Ein Typ, der nur die Werte false (= falsch) oder true (= wahr) annehmen kann
Array	Ein Feld von Variablen (der Bereich steht in eckigen Klammern dahinter)
[]	Eckige Klammern für Variablenfelder (Anzahl und Index)

Nur eine Frage ...

Frage 1: Was ist der Unterschied zwischen einem Optionsfeld und einem Kontrollfeld?

... und ein paar Aufgaben

1. Ersetze im *Horoskop*-Programm aus dem zweiten Kapitel (HOROSKOP.DPR) alle Schaltflächen (Button) durch Optionsfelder (RadioGroup).

2. In der Komponentenpalette gibt es auch eine Komponente RadioButton. Ersetze in der letzten Version des »Seelenklempners« (*Klemp4*) die Optionsfeldgruppe durch sechs einzelne Optionsfelder (und ein weiteres Gruppenfeld). Beachte, dass es statt einer Methode RadioGroupClick nun sechs einzelne RadioButtonClick-Methoden gibt!

8
Aktion Seelenklempner

Eigentlich furchtbar, dieser ganze Stress in Schule und Beruf. Dann diese Hektik überall. Nur vor dem eigenen PC findet man mal ein paar Takte Ruhe – bis einen das Programmier- oder Spielfieber wieder gepackt hat.

Das schreit ja geradezu nach einer Therapie, die einen wieder ins Lot bringt. Doch weshalb einen Haufen Geld zum Psychiater tragen? Denn wozu lernst du eigentlich programmieren? Warum bastelst du dir nicht deinen eigenen Therapeuten?

In diesem Kapitel lernst du

◎ die Komponenten Panel und ScrollBar kennen

◎ Objekte vom Typ TStringList kennen

◎ wie man vom Programm aus eine Textdatei öffnet und speichert

Kapitel 8

Aktion Seelenklempner

Zwei Buttons und ein paar Gruppenfelder

Hier geht es also weiter mit dem Seelenklempner. Allerdings nun in einer neuen, verbesserten Auflage, die diesen Namen noch mehr verdient. Die ersten Versionen (von *Klemp1* bis *Klemp4*) haben ja nun wirklich nicht mehr als ein nettes Kurzgespräch geboten. Und das kriegt man ja auch kostenlos im Bäckerladen oder beim Friseur.

≫ Wenn du Delphi nicht neu gestartet hast, sorge mit Klick auf DATEI und auf NEU und ANWENDUNG dafür, dass du mit einem neuen Projekt anfangen kannst.

≫ Und nun versuche das Formular so auszufüllen:

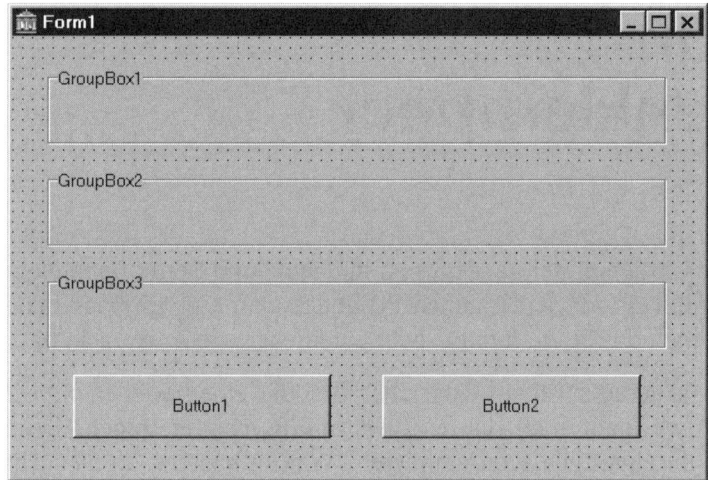

Erst mal brauchst du zwei Schaltflächen (Buttons). Außerdem wird hier gleich dreimal ein Gruppenfeld (GroupBox) benötigt.

Aus dem letzten Kapitel weißt du, dass ein **Gruppenfeld** eigentlich nur ein Rahmen ist, der aber einen Titel haben kann. Deshalb könnte man auch von einem **Rahmenfeld** sprechen.

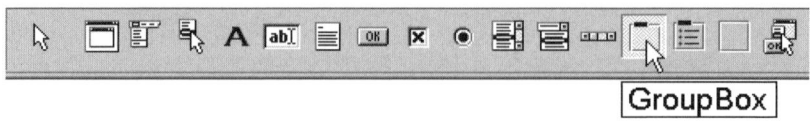

Damit alle Gruppenfelder schon mittig im Formular liegen, kannst du sie auch ausrichten.

Zwei Buttons und ein paar Gruppenfelder

≫ Klicke dazu mit der rechten Maustaste auf jedes Gruppenfeld. Ein kleines Menü öffnet sich. Klicke dort auf POSITION und AUSRICHTEN.

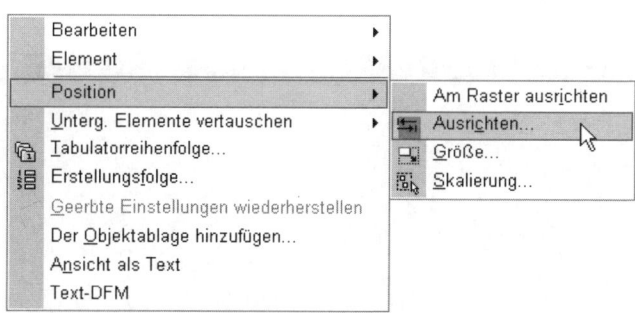

≫ Im Dialogfeld Ausrichtung kannst du auf der linken Seite unter HORIZONTAL den Eintrag ZENTRIERT und bei VERTIKAL den Eintrag GLEICHER ABSTAND wählen.

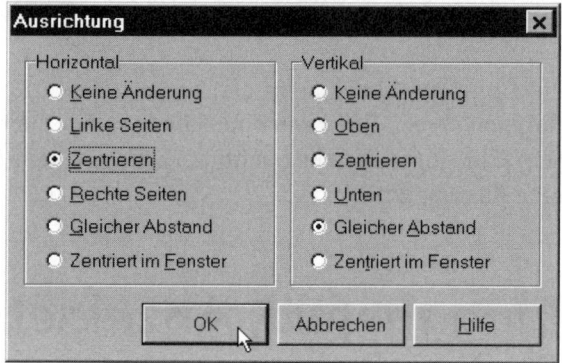

≫ Dann klicke auf OK.

Nun sollen die Komponenten gleich passend beschriftet werden:

Komponente	Beschriftung (Caption)
GroupBox1	Das sagst du mir
GroupBox2	Das sag ich dir
GroupBox3	Diagnose-Manipulator
Button1	Neu
Button2	Fertig
Form1	Seelenklempner II

Kapitel 8 — Aktion Seelenklempner

➤ Trage die Texte aus der Tabelle jeweils im Objektinspektor hinter CAPTION ein. (Wenn du willst, kannst du bei den Texten für die Gruppenfelder jeweils davor und dahinter ein Leerzeichen setzen.)

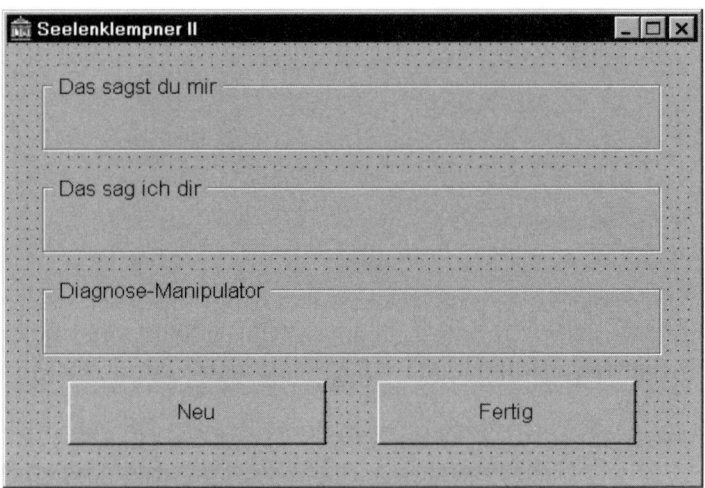

Ein Gruppenfeld bekommt erst einen tieferen Sinn, wenn auch etwas im Rahmen steckt. Das kann eine, können aber auch mehrere Komponenten sein. Für unser Projekt benötigen wir in jedem Gruppenfeld nur jeweils eine Komponente.

Eingabefeld, Anzeigetafel und Bildlaufleiste

Fangen wir ganz oben mit dem ersten Gruppenfeld an. Dort steht als Titel DAS SAGST DU MIR. Also benötigen wir jetzt eine Komponente für die Eingabe von Text.

➤ Suche in der Komponentenpalette das Symbol EDIT und klicke darauf.

In diesem Eingabefeld sollst du später deinen Satz eintippen, den du dem »Seelenklempner« anvertrauen willst.

Eingabefeld, Anzeigetafel und Bildlaufleiste

≫ Ziehe das Eingabefeld im ersten Gruppenfeld mit dem Titel DAS SAGST DU MIR auf.

≫ Damit es auch schön in der Mitte liegt, musst du es ausrichten. Klicke mit der rechten Maustaste auf das Eingabefeld. Klicke im Menü auf AUSRICHTEN. Aktiviere unter HORIZONTAL das Optionsfeld ZENTRIERT IM FENSTER. Dann klicke auf OK.

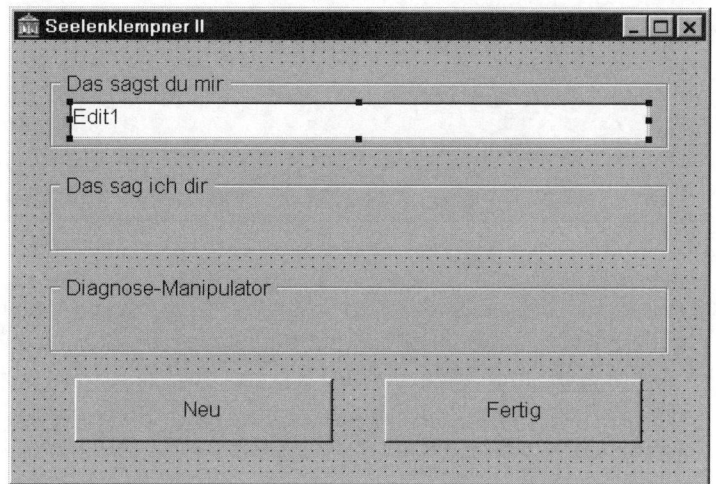

Ein Feld für die Eingabe

≫ Als Nächstes suche in der Komponentenpalette das Symbol PANEL und klicke darauf.

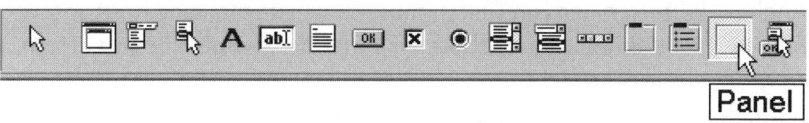

Mit **Panel** (gesprochen: Pennl) bietet Delphi neben **Label** ein weiteres Feld für eine Anzeige an. Allerdings handelt es sich hier nicht um eine einfache Anzeigefläche, sondern diese Komponente kann verschiedene plastische Formen annehmen.

Um den Namen besser vom Label unterscheiden zu können, nehmen wir die deutsche Übersetzung von Panel und bezeichnen diese Komponente als Tafel oder **Anzeigetafel**. In diesem Anzeigefeld steht später der Satz, mit dem der Seelenklempner dir Trost spenden will.

≫ Ziehe im zweiten Gruppenfeld mit dem Titel DAS SAG ICH DIR die Anzeigetafel auf.

≫ Zentriere die Anzeigetafel über AUSRICHTEN und ZENTRIERT IM FENSTER (unter HORIZONTAL).

Kapitel 8

Aktion Seelenklempner

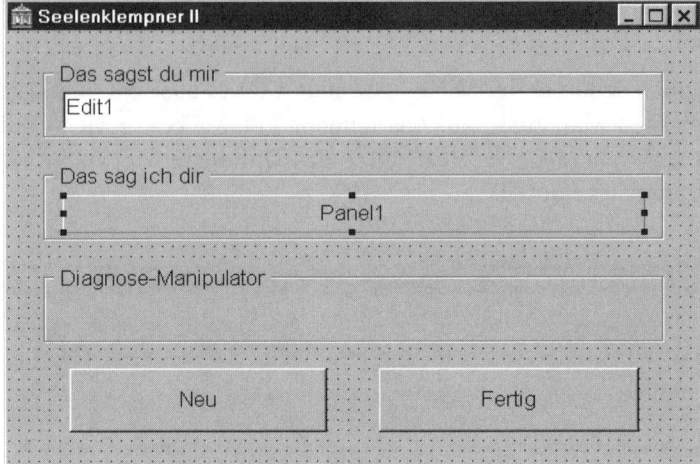

Ein Feld für die Ausgabe

Wie schon bei anderen Komponenten, so gibt es auch hier ein paar andere Namen. Die möchte ich dir nicht vorenthalten: Für **GroupBox** könnte man auch Gruppierungsfeld oder Gruppierungselement sagen, ein **Panel** darf auch Bedienungsfeld oder gar Bedienungstafel genannt werden.

Und nun zum nächsten Neuling in unserer Komponentensammlung. Es handelt sich um eine so genannte **Bildlaufleiste**, wie du sie z.B. aus einer Textverarbeitung kennst. Manchmal hört man auch den Begriff Rollbalken.

Auch im Editorfenster von Delphi gibt es zwei davon, eine horizontale und eine vertikale Bildlaufleiste. Damit kannst du in einem Text blättern, der so groß ist, dass er nicht in die Fensterfläche passt. So eine Komponente brauchen wir jetzt auch noch als Schieberegler:

≫ Suche in der Komponentenpalette das Symbol SCROLLBAR und klicke darauf.

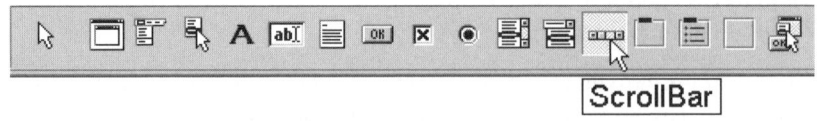

Mit der **ScrollBar** bzw. Bildlaufleiste können wir später noch ein bisschen nachhelfen, wenn uns die Diagnose nicht so recht passt.

≫ Ziehe im dritten Gruppenfeld mit dem Titel DIAGNOSE-MANIPULATOR die Bildlaufleiste auf.

Eingabefeld, Anzeigetafel und Bildlaufleiste

» Auch hier kannst du die Bildlaufleiste über AUSRICHTEN und ZENTRIERT IM FENSTER (unter HORIZONTAL) zentrieren.

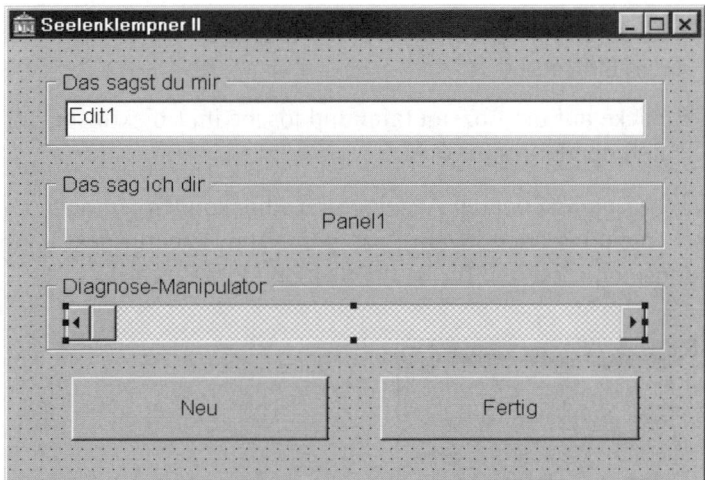

Ein Schieber für alle Fälle

Das Eingabefeld, die Anzeigetafel oder die Bildlaufleiste – eine Komponente ist verschwunden. Da ist nur noch ein Gruppenfeld zu sehen. Das kann einfach daran liegen, dass die Fläche des Gruppenfeldes die andere Komponente verdeckt: Das Gruppenfeld liegt über der verschwundenen Komponente.

◆ Klicke mit der **rechten** Maustaste auf das betroffene Gruppenfeld.

◆ Klicke im Menü auf ELEMENT und NACH HINTEN SETZEN.

Und schon müsste die Komponente wieder über dem Gruppenfeld liegen. Wenn nicht, dann ist die Komponente wirklich weg. Und du musst eine neue erstellen.

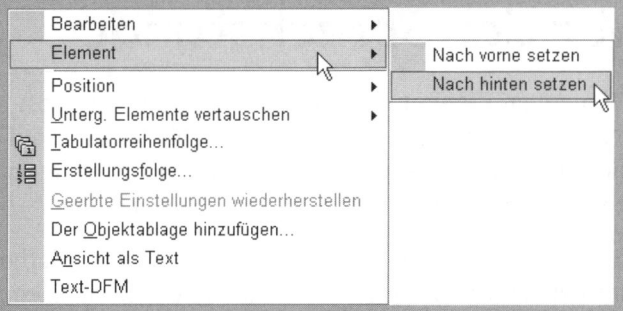

Kapitel 8

Aktion Seelenklempner

Damit beim Programmstart die beiden Flächen unter DAS SAGST DU MIR und DAS SAG ICH DIR erst mal frei sind, müssen wir die Vorgabewerte für das Eingabefeld (Edit) und die Anzeigetafel (Panel) entfernen.

➢ Klicke auf das Eingabefeld und lösche im Objektinspektor hinter TEXT den Eintrag `Edit1`.

➢ Klicke auf die Anzeigetafel und lösche im Objektinspektor hinter CAPTION den Eintrag `Panel1`.

Wo wir gerade bei der Anzeigetafel sind, können wir noch an deren Aussehen ein bisschen feilen: Dazu gibt es im Objektinspektor einige Einstellungsmöglichkeiten für BEVELOUTER und BEVELINNER.

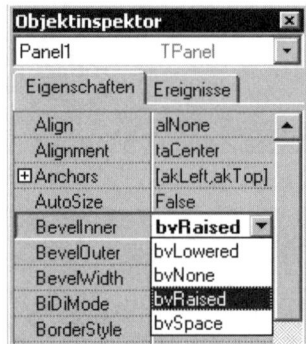

Die Begriffe **Bevel-Inner** und **Bevel-Outer** bedeuten so viel wie das Kanteninnere und das Kantenäußere der Anzeigetafel. Experimentiere ruhig ein bisschen mit den verschiedenen Einstellungen.

➢ Speichere das Projekt unter dem Namen KLEMP5.DPR bzw. BEFUND1.PAS.

Vor der Sprechstunde

Würde dein Programm jetzt gestartet, dann könntest du im Eingabefeld etwas eintippen, die Bildlaufleiste bedienen und auf die zwei Schaltflächen klicken. Ansonsten aber würde nichts weiter passieren: Der Seelenklempner hat offenbar noch keine Sprechstunde.

Kein Wunder, denn es gibt ja auch für die Methoden noch nichts Besonderes zu tun. Erst mal benötigt der Seelenklempner ein bisschen Diagnosematerial. Und weil das gleich beim Programmstart zur Verfügung stehen soll, ist das eine Aufgabe für die Prozedur `FormCreate`:

Bereit zur Diagnose

```
procedure TForm1.FormCreate(Sender: TObject);
begin
  randomize;
  Diagnose[1]  := 'Hm...';
  Diagnose[2]  := 'Das ist ein Ding!';
  Diagnose[3]  := 'Sieh mal an!';
  Diagnose[4]  := 'Was soll ich sagen?';
  Diagnose[5]  := 'Tatsächlich?';
  Diagnose[6]  := 'So geht es dir also.';
  Diagnose[7]  := 'Du hast Probleme.';
  Diagnose[8]  := 'Das kann ich verstehen.';
  Diagnose[9]  := 'Ich bin sprachlos.';
  Diagnose[10] := 'Na ja...';
end;
```

Zuerst wird der Zufallsgenerator gestartet, dann wird ein Feld (Array) von Textvariablen mit mehr oder weniger sinnigen Antwortsätzen gefüllt.

≫ Doppelklicke auf das Formular und tippe dann die Zuweisungszeilen im Editorfenster ein (→ BEFUND1.PAS, KLEMP5.DPR). Du kannst auch deine eigenen Diagnosesätze eingeben, wenn dir meine Vorschläge nicht gefallen.

Natürlich muss das Variablenfeld *Diagnose* vereinbart werden. Dazu kommt mit *Max* eine Konstante für den Maximalwert und mit *Nr* eine Variable als Zähler:

≫ Ergänze den Vereinbarungsteil im Editorfenster so:

```
const
  Max = 10;

var
  Form1: TForm1;
  Diagnose: Array[1..Max] of String;
  Nr: Integer;
```

Bereit zur Diagnose

Damit du bei Klick auf die Schaltfläche FERTIG etwas von den Diagnosesätzen sehen kannst, muss die zugehörige `ButtonClick`-Methode entsprechend erweitert werden.

≫ Doppelklicke auf den rechten Button (FERTIG) und tippe dann die folgenden Anweisungen ein (→ BEFUND1.PAS).

Kapitel 8

Aktion Seelenklempner

```
procedure TForm1.Button2Click(Sender: TObject);
begin
  Nr := random (Max) + 1;
  Panel1.Caption := Diagnose[Nr];
end;
```

Erst wird eine zufällige Zahl zwischen 1 und 10 (dem vereinbarten Maximum) erzeugt. Dann bekommt `Panel1.Caption` den entsprechenden Satz aus dem *Diagnose*-Feld zugewiesen.

≫ Starte das Programm.

Nun kannst du nach einem Programmstart etwas im Eingabefeld eintippen. Mit einem Klick auf die Schaltfläche FERTIG erhältst du einen zufälligen Satz aus dem Diagnosewortschatz deines Seelenklempners.

Willst du dieses Spiel mehrmals wiederholen, wird es etwas umständlich: Um einen neuen Satz eintippen zu können, müsstest du zuerst den alten komplett löschen. Diese Arbeit kann dir auch der Button NEU abnehmen:

```
procedure TForm1.Button1Click(Sender: TObject);
begin
  Panel1.Caption := '';
  Edit1.Text     := '';
  Edit1.SetFocus;
end;
```

Die ersten beiden Zuweisungen löschen die Anzeige und den Eingabetext. Und die Methode `SetFocus` sorgt dafür, dass das Eingabefeld wieder den Fokus erhält.

Mit `SetFocus` wird während der Programmlaufzeit im Formular der Fokus auf eine Komponente gesetzt. Klicke ich auf eine andere Komponente, dann bekommt die den Fokus.

Damit das Eingabefeld schon beim Programmstart den Fokus hat, kannst du das auch gleich im Objektinspektor einstellen:

≫ Klicke auf das Formular und dann auf die Schaltfläche mit dem kleinen Dreieck hinter ACTIVECONTROL.

≫ Klicke dort im Menü auf den Eintrag EDIT1.

≫ Speichere das Projekt noch einmal. Dann starte das Programm. Probiere aus, was ein Klick auf die Schaltflächen NEU und FERTIG bewirkt.

Schiebereien

Jetzt möchtest du sicher wissen, was es mit der Bildlaufleiste auf sich hat. Was ist eigentlich ein »Diagnose-Manipulator«?

Je nach Stellung des kleinen Schiebers auf der Bildlaufleiste soll eine bestimmte Diagnose auf der Anzeigetafel erscheinen. Weil du damit die Diagnose durch Verschieben selbst in der Hand hast, kann man hier von Manipulation sprechen. Und so wird eine Bildlaufleiste zum Diagnose-Manipulator.

Wie erwecken wir jetzt den Manipulator zum Leben? Indem wir der Methode eine passende Anweisung spendieren, die auf eine Verschiebung des Schiebers reagiert:

➢ Doppelklicke auf die Bildlaufleiste und ergänze dann die Methode ScrollBar1Change so (→ BEFUND1.PAS):

```
procedure TForm1.ScrollBar1Change(Sender: TObject);
begin
  Panel1.Caption := Diagnose[ScrollBar1.Position];
end;
```

Hier heißt die betreffende Methode wieder mal nicht Click, sondern ScrollBar1Change. Es geht ja auch nicht um einen Mausklick, sondern um eine Veränderung an der Bildlaufleiste (englisch: Change, gesprochen Tscheyndsch).

Die Eigenschaft ScrollBar1.Position speichert die aktuelle Position des Schiebers auf der Bildlaufleiste. So lässt sich eine Nummer für den Diagnosetext ermitteln, der dann an die Anzeigetafel (Panel) überwiesen wird.

Kapitel 8 — Aktion Seelenklempner

Damit der Wert von `ScrollBar1.Position` auch im richtigen Bereich liegt, müssen noch die unterste und die oberste Grenze für den Schieber bestimmt werden:

```
ScrollBar1.Min := 1;
ScrollBar1.Max := Max;
```

So beginnt der Bereich für die Position des Schiebers bei 1 und endet bei dem Wert, den wir mit der Konstante *Max* festgelegt haben (hier 10). Dazu sind die Eigenschaften `ScrollBar.Min` und `ScrollBar.Max` da.

≫ Füge die beiden Zuweisungen in die Methode `TForm1.FormCreate` ein.

≫ Speichere dein Projekt und starte es dann.

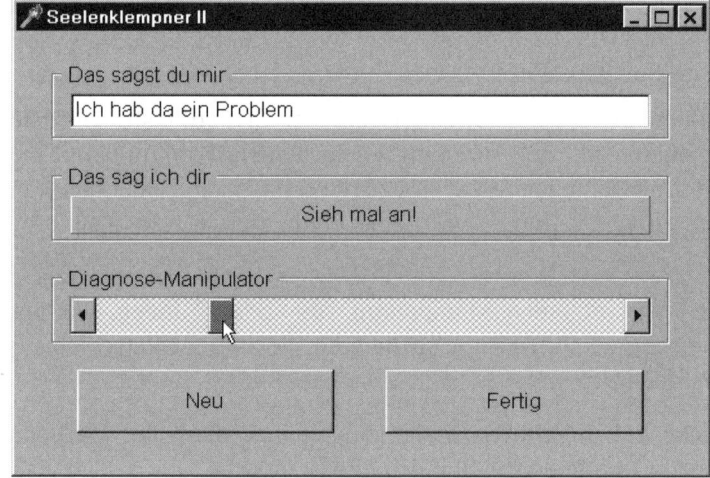

Noch mehr Diagnosen?

Passen dir die Texte für die Diagnose nicht mehr, lassen sie sich jederzeit leicht ändern. Erhöhst du den Wert der Konstanten *Max*, dann kannst du deine Diagnosetexte auch selbst vermehren.

Mit der Zeit aber wirst du dir einen komfortableren Weg wünschen, um auch an größere Mengen von Text für den Seelenklempner zu gelangen.

Wie wäre es, wenn man seine Texte einfach mit einem Editor oder Textprogramm eingibt und als normale Textdatei speichert? Und der Seelen-

Noch mehr Diagnosen?

klempner sammelt alle Sätze aus dieser Datei und baut sie in seinen Diagnosekasten ein?

Dazu müssen wir allerdings einiges von der aktuellen Version über Bord werfen. Beginnen wir mit der Methode `FormCreate`, die jetzt soweit schrumpft:

```
procedure TForm1.FormCreate(Sender: TObject);
begin
  randomize;
  Diagnose := TStringList.Create;
  Diagnose.LoadFromFile (DateiName);
  ScrollBar1.Min := 0;
  ScrollBar1.Max := Diagnose.Count - 1;
end;
```

Die Zuweisungen an das *Diagnose*-Feld sind verschwunden. Stattdessen bekommt die Variable *Diagnose* nun offenbar einiges zu tun. Das erscheint zwar seltsam, ist aber leicht zu erklären: Ich habe hier einfach auf das mit `Array` vereinbarte Stringfeld verzichtet und an seiner Stelle ein neues Objekt vereinbart. Und dem habe ich den (frei gewordenen) Namen *Diagnose* verpasst:

`var Diagnose: TStringList;`

Mit `TStringList` bietet Delphi uns eine sehr bequeme Klasse an: Eine **Stringliste** ist nämlich genau das, was wir hier gebrauchen können. Im Grunde genommen ähnlich wie ein Stringfeld, nur viel flexibler zu handhaben.

Allerdings ist es mit der Vereinbarung allein nicht getan. Erst mit dieser Zuweisung (in der `FormCreate`-Methode) bekommt die Liste auch den Platz, der ihr zusteht:

`Diagnose := TstringList.Create;`

Das erledigt die Methode `Create` (gesprochen etwa: Krieyt, zu Deutsch »erzeugen«). Damit ist gewährleistet, dass die Texte, die in diese Liste aufgenommen werden, auch problemlos im Arbeitsspeicher des Computers abgelegt werden können.

In der nächsten Anweisung können wir auch gleich den Komfort erleben, den das Objekt *Diagnose* bietet:

`Diagnose.LoadFromFile (DateiName);`

Was sonst nur mit einer ganzen Reihe von Anweisungen funktioniert, erledigt die Methode `LoadFromFile` in einem Abwasch.

Aktion Seelenklempner

Der Dateiname lässt sich als Konstante im Vereinbarungsteil festlegen:

```
const DateiName = 'Diagnose.txt';
```

Das ist der Name der Datei, in die wir später unsere Diagnosesätze schreiben. Du kannst natürlich auch einen anderen Namen verwenden. Aber ich kann dir eine Datei mit diesem Namen anbieten, in der schon eine ganze Reihe von Diagnosetexten steht. Du findest diese Datei im Ordner BUCH.

> Wenn du wissen willst, wie das Hantieren mit Dateien im traditionellen (Object) Pascal abläuft, kannst du dir mal die Projekte KLEMP6B.DPR und KLEMP6C.DPR ansehen.

Strings aus der Liste

Eine Konstante *Max* wird jetzt für die Stringliste nicht mehr benötigt. Weil TStringList seine Zählung bei null beginnt, müssen wir die Grenzen beim Schieber von Scrollbar entsprechend anpassen:

```
ScrollBar1.Min := 0;
ScrollBar1.Max := Diagnose.Count - 1;
```

Mit Count wird die aktuelle Anzahl der Strings in der Stringliste *Diagnose* angezeigt. (Die letzte Nummer ist demnach Count-1!)

Weitere Änderungen betreffen auch die Methoden TForm1.Button2-Click und TForm1.ScrollBar1Change:

```
procedure TForm1.Button2Click(Sender: TObject);
begin
  Nr := random (Diagnose.Count);
  Panel1.Caption := Diagnose.Strings[Nr];
end;
```

```
procedure TForm1.ScrollBar1Change(Sender: TObject);
begin
  Panel1.Caption := Diagnose.Strings[ScrollBar1.Position];
end;
```

Dass der Zufallswert für *Nr* nun über Diagnose.Count statt über *Max* erzeugt werden muss, war klar. Denn Count hat ja die Konstante *Max* aus der letzten Version des Seelenklempners ersetzt.

Strings aus der Liste

Da ein Zugriff auf die Stringliste *Diagnose* über einen Indexwert nicht möglich ist, muss uns die Eigenschaft `Strings` aus der Klemme helfen: Mit

`Strings[Nr]`

erhalten wir genau den String aus der Liste, der durch *Nr* als Index bezeichnet wird. Das Gleiche geschieht in der `ScrollBarChange`-Methode. Dort wird der Index durch die Position des `ScrollBar`-Schiebers bestimmt:

`Strings[ScrollBar1.Position]`

≫ Passe den Quelltext aller Methoden außer `TForm1.Button1Click` an (→ KLEMP6.DPR).

≫ Wenn du willst, kannst du dein neues Projekt auch jetzt schon speichern (unter BEFUND2.PAS und unter KLEMP6.DPR).

≫ Und nun starte das Programm und begib dich in die Obhut des Seelenklempners.

So richtig hast du noch nicht kapiert, wie der Seelenklempner jetzt funktionieren soll?

◊ Im **Eingabefeld** kannst du eintippen, was du willst. Dabei musst du kein Blatt vor den Mund nehmen, denn eine Zensur findet nicht statt.

◊ Anschließend klickst du auf FERTIG und erhältst in der Anzeigetafel unter DAS SAG ICH DIR einen Antwortsatz, der natürlich nicht unbedingt immer zu deinem eingegebenen Text passen muss.

◊ Mit einem Klick auf NEU wird dein alter Satz im Eingabefeld gelöscht, und du kannst etwas Neues eingeben. Das kann eine Bemerkung zur Diagnose sein oder irgendetwas anderes.

◊ Wenn dir die Antworten des Seelenklempners unpassend erscheinen, kannst du dir mit der **Bildlaufleiste** eine andere Antwort suchen.

◊ Geht dir der Seelenklempner total auf die Nerven, dann weißt du ja, wie man ein Programm beendet.

Kapitel 8

Keine Sprechstunde?

Zu verbessern gibt es sicher noch eine ganze Menge am Seelenklempner. Und wenn ein Problem dich sehr belastet, wäre ein menschlicher Therapeut vielleicht doch besser. Aber welcher Programmierer hat eigentlich noch Freunde?

> Nun hast du eine ganze Menge Auswahl an Diagnosesätzen, die aus einer Textdatei geladen werden. Wenn du ein Textprogramm benutzt und dort die Datei DIAGNOSE.TXT öffnest, kannst du selbst beliebig viele Sätze ändern, löschen oder eigenen Text hinzufügen.
>
> Der Vorteil dabei ist, dass wir dazu nur ein einfaches Textprogramm brauchen – wie z.B. den Editor von Windows (NOTEPAD.EXE). Wichtig ist, den Text anschließend als einfache Textdatei wieder zu speichern (Dateityp mit der Kennung TXT).
>
> Möchtest du die Datei DIAGNOSE.TXT aber so lassen, wie sie ist, und lieber eine oder einige weitere Dateien dieser Art selbst erstellen? Nur zu! Speichern kannst du diese Textdatei ja in demselben Verzeichnis – nur unter einem anderen Namen.
>
> Der Name deiner neuen Datei muss für einen Testlauf mit deinen eigenen Diagnosetexten allerdings in der Konstanten *DateiName* stehen, z.B.:
>
> ```
> const DateiName = 'MeinKram.txt';
> ```

Eine Sache könnten wir der aktuellen Version auf jeden Fall noch spendieren: Sollte eine Diagnosedatei nicht vorhanden sein, würde das Programm mit einer Fehlermeldung abgebrochen. Besser wäre es, da wieder auf eine Kontrollstruktur zurückzugreifen, die wir bereits aus einigen vorhergehenden Kapiteln kennen:

```
try
  Diagnose.LoadFromFile (DateiName);
except
  Diagnose.Add ('Keine Sprechstunde');
end;
```

Über `try` wird nun zuerst mal versucht, die Datei zu laden. Sollte das nicht klappen, dann tritt der `except`-Teil in Aktion:

Mit der Methode `Add` wird ein einziger Text in die Stringliste eingefügt, der »Keine Sprechstunde« heißt. Du könntest aber auch z.B. »Praxis geschlossen« oder etwas anderes dafür einsetzen.

Keine Sprechstunde?

Der Vorteil ist, dass das Programm trotzdem lauffähig bleibt. Wenn du willst, kannst du sogar mehr als einen Diagnosetext zuweisen, damit sozusagen eine Notsprechstunde stattfinden kann, z.B.:

```
Diagnose.Add ('Keine Sprechstunde');
Diagnose.Add ('Praxis geschlossen');
Diagnose.Add ('Hilf dir selbst!');
```

Die **TStringList-Eigenschaft** Count wird automatisch entsprechend höher gesetzt.

≫ Erweitere die Methode TForm1.FormCreate um die try-catch-Struktur-Zeilen (→ KLEMP6A.DPR bzw. BEFUND2A.PAS). Dann müsste der Quelltext so aussehen:

```
procedure TForm1.FormCreate(Sender: TObject);
begin
  randomize;
  Diagnose := TStringList.Create;
  try
    Diagnose.LoadFromFile (DateiName);
  except
    Diagnose.Add ('Keine Sprechstunde');
    Diagnose.Add ('Praxis geschlossen');
    Diagnose.Add ('Hilf dir selbst!');
  end;
  ScrollBar1.Min := 0;
  ScrollBar1.Max := Diagnose.Count - 1;
end;
```

≫ Zum Testen kannst du den Dateinamen vorübergehend z.B. in Diagnosy.txt umbenennen.

Wichtig ist, dass unter OPTIONEN und DEBUGGER-OPTIONEN die Einstellung BEI EXCEPTIONS ANHALTEN ausgeschaltet ist.

Kapitel 8 — Aktion Seelenklempner

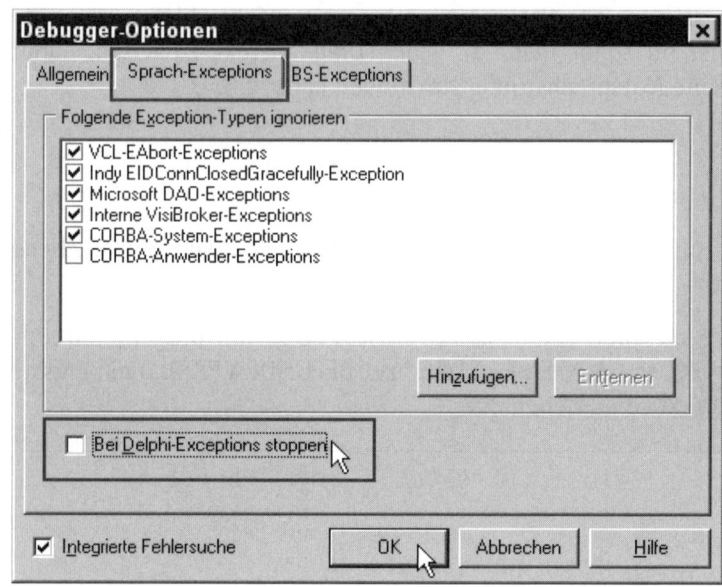

Therapieprotokoll

Damit du nun auch noch die Möglichkeit kennen lernst, wie man Strings aus einer Liste wieder in einer Datei speichert, erweitern wir unseren Seelenklempner noch ein bisschen. Dazu brauchen wir als Erstes noch eine weitere Stringliste. Gleichzeitig vereinbaren wir auch schon eine Konstante für den Namen der neuen Datei:

```
const SammelName = 'PsychoX.txt';
var Psycho: TStringList;
```

Die Liste *Psycho* soll all das, was du dem Seelenklempner über das Eingabefeld mitteilst, sammeln und am Schluss der Therapiesitzung in der Datei PSYCHOX.TXT speichern. Für das »X« kannst du auch eine Zahl einsetzen, falls du mehrere dieser Dateien sammeln willst. (Weißt du einen besseren Namen? Dann nimm den!)

In der `FormCreate`-Methode muss *Psycho* auch ebenso wie *Diagnose* entsprechend eingeführt werden. Das erledigt diese Zeile:

```
Psycho := TstringList.Create;
```

Damit deine Eingabetexte gesammelt werden, ist noch eine Erweiterung der Methode `TForm1.Button2Click` nötig. Die Anweisung

```
Psycho.Add (Edit1.Text);
```

Therapieprotokoll

sorgt dafür, dass bei Klick auf den FERTIG-Knopf jeder Eingabetext zur Stringliste hinzugefügt wird. (Auch wenn im Eingabefeld nichts steht, dann ist dieser String eben leer.)

≫ Ergänze den Vereinbarungsteil und die Methoden `TForm1.Button2-Click` und `TForm1.FormCreate` entsprechend.

Nun muss die Stringliste noch auf deine Festplatte gebracht werden. Das geschieht am besten ganz am Schluss, wenn du auf das **X** ganz oben rechts im Formular klickst, also das Formular schließt. Da tritt die Methode `FormClose` in Aktion. Wenn du darin noch eine eigene Anweisung verstaust, wird die auch ausgeführt, ehe sich das Programm verabschiedet.

≫ Klicke auf die Fläche des Formulars und schalte dann im Objektinspektor auf die Anzeige für EREIGNISSE um.

≫ Doppelklicke dort in das Feld hinter dem Ereignisnamen ONCLOSE.

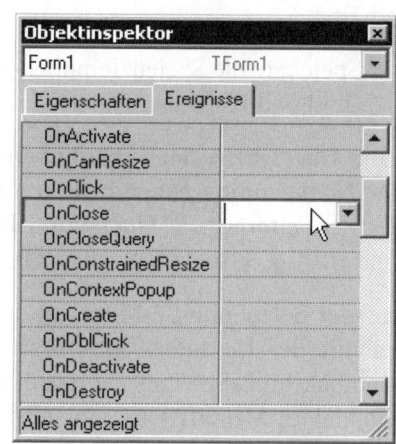

Sofort erscheint daneben der Name der zugehörigen Methode `FormClose`. Zusätzlich steht dir `TForm1.FormClose` auch gleich im Editorfenster zur Verfügung.

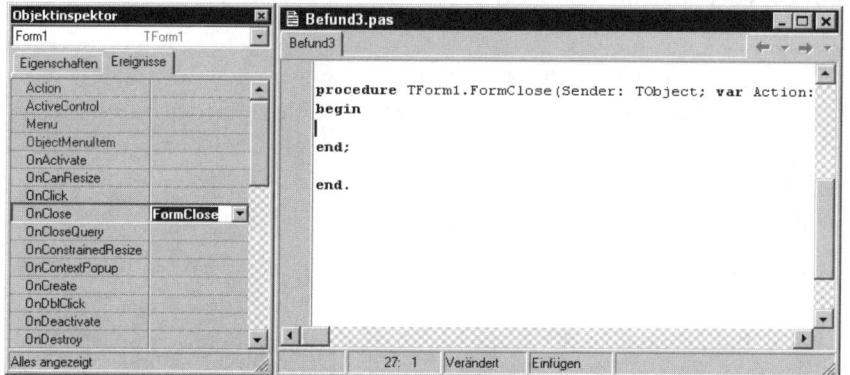

≫ Tippe dort diesen Quelltext ein (→ KLEMP7.DPR):

Kapitel 8 — Aktion Seelenklempner

```
procedure TForm1.FormClose
          (Sender: TObject; var Action: TCloseAction);
begin
  try
    Psycho.SaveToFile (SammelName);
  except
    ShowMessage ('Fehler beim Speichern der Datei!');
  end;
end;
```

Mit der Methode `SaveToFile` wird der Inhalt einer Stringliste in einer Datei auf der Festplatte untergebracht. Sollte das nicht klappen, sorgt der `try-except`-Mechanismus dafür, dass du eine entsprechende Meldung erhältst.

≫ Speichere die Seelenklempner-Version (als BEFUND3.PAS bzw. KLEMP7.DPR) und teste sie.

Zum Überprüfen der Fehlerbehandlung in `FormClose` kannst du *SammelName* vorübergehend z.B. um den Laufwerknamen zu `x:\PsychoX.txt` erweitern. (Die Einstellung BEI EXCEPTIONS ANHALTEN unter OPTIONEN und UMGEBUNGSOPTIONEN sollte ausgeschaltet sein!)

Bei der Gelegenheit erfährst du auch, was es mit der Methode `ShowMessage` auf sich hat. Im Falle eines Fehlers öffnet sich ein kleines Meldefenster, das dich auf das Problem hinweist und sich per Mausklick auf OK wieder schließen lässt.

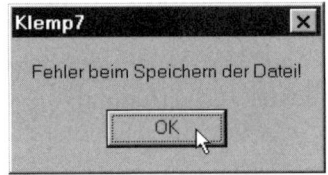

Übrigens gibt es ebenso wie `Create` zum Erzeugen eines Objekts mit `Free` auch eine Methode, mit der sich ein Objekt wieder rückstandslos entfernen lässt. Dabei wird auch der belegte Speicherplatz wieder freigegeben. So hätten wir hier die `FormClose`-Methode auch so ergänzen können:

```
Diagnose.Free;
Psycho.Free;
```

Weil Delphi aber dafür sorgt, dass am Programmende alle Objekte entfernt und der benutzte Speicher wieder zur Verfügung steht, brauchen wir diese Zeilen hier nicht.

Zusammenfassung

Wohl aber, wenn ein Objekt mitten im Programm verschwinden soll. (Es kann allerdings auch nicht schaden, wenn man es zum Prinzip macht, alle mit Create erzeugten Objekte am Ende auch wieder per Free abzuräumen.)

Zusammenfassung

Also jetzt ist erst mal wieder eine Pause fällig! Man sieht ja vor lauter Komponenten den Quelltext nicht mehr:

FormClose	Diese Methode führt Aktionen aus, die noch direkt vor dem Schließen des Formulars erledigt werden müssen/sollen
OnClose	Dieses Ereignis wird kurz vor dem Schließen eines Formulars ausgelöst
SetFocus	Diese Methode setzt den aktuellen Fokus auf eine Komponente
ActiveControl	Eigenschaft von TForm. Enthält den Namen der Komponente, die beim Programmstart den Fokus hat
Panel	Eine Anzeigetafel (Typ TPanel), mit der man einen Text anzeigen kann. Die Anzeigetafel kann erhöht oder vertieft dargestellt werden (Bevel)
ScrollBar	Eine Bildlaufleiste (Typ TScrollBar), mit der man u.a. Inhalte eines Fensters verschieben kann. Sie lässt sich aber auch zum Einstellen von Werten durch Verschieben benutzen
ScrollBarChange	Diese Methode wird durch Bewegen des Schiebers oder Klick auf die Pfeilflächen einer Bildlaufleiste aktiviert
StringList	Eine Liste von Zeichenketten (Typ TStringList)
Create	Eine Stringliste erzeugen und entsprechend Speicherplatz reservieren/verwalten
Free	Eine Stringliste entfernen, den von ihr belegten Speicherplatz wieder freigeben
LoadFromFile	Hier: Eine vorhandene Textdatei öffnen und in die Stringliste laden

SaveToFile	Hier: Eine Stringliste in einer Textdatei speichern
Count	Eigenschaft von TstringList. Enthält die Anzahl der Strings in der Liste
Strings[Index]	Eigenschaft von TstringList. Enthält den String, der durch einen Indexwert bezeichnet ist
Add	Diese Methode von TstringList fügt einen neuen String zur Liste hinzu (und sorgt für den nötigen Speicherplatz)
ShowMessage	Methode zum Anzeigen einer (einfachen) Meldebox

Ein paar Fragen ...

Frage 1: Was ist der Unterschied zwischen einem Anzeigefeld (Label) und einer Anzeigetafel (Panel)?

Frage 2: Was bedeutet es, wenn eine Komponente den Fokus besitzt?

Frage 3: Wie kann man Textdateien vom Programm aus öffnen und speichern?

Frage 4: Welche Schritte sind nötig, um ein neues Objekt verwenden zu können?

... und ein paar Aufgaben

1. Erstelle ein Programm, das einen Wert zwischen 0 und 100 anzeigt, der sich mit einer Bildlaufleiste einstellen lässt.

2. Erweitere eine Version des »Seelenklempners II« so, dass sowohl deine Eingaben (Edit1.Text) als auch die zufälligen Antworten dazu (Panel1.Caption) gemeinsam in einer Liste zusammengefasst und als Gesamtdatei gespeichert werden.

9
Menüs und Dialoge

Die Möglichkeit des Seelenklempners aus dem letzten Kapitel, Text zu laden und zu speichern, ist ja ganz nett. Aber man kann eben nur eine bestimmte *Diagnose*-Datei öffnen und seine Psycho-Ergüsse nur in einer ganz bestimmten Datei speichern. Mir genügt das nicht – ich will mehr!

Weil du mit mir einer Meinung bist, lass uns den Seelenklempner jetzt so erweitern, dass du selbst bestimmst, welche Datei geöffnet bzw. unter welchem Namen deine Eingabetexte gespeichert werden sollen.

In diesem Kapitel lernst du

◎ wie man Menüs in ein Programm einbindet

◎ die Dialogfelder `OpenDialog`, `SaveDialog` und `PrintDialog` kennen

◎ wie man beliebige Textdateien öffnet oder speichert

◎ die Komponente `RichEdit` kennen

◎ wie man Texte ausdruckt

Kapitel | Menüs und Dialoge

9 Ein Menü für den Klempner

Zuerst brauchen wir ein Menü, in dem wir auswählen können, ob wir etwas öffnen oder speichern wollen. Dazu verschieben wir alle Komponenten gemeinsam ein bisschen nach unten, damit oben mehr Platz für die Menüleiste ist.

≫ Vergrößere das Formular ein wenig nach unten.

≫ Ziehe mit der Maus einen Rahmen um alle (!) Komponenten. Damit sind sie markiert. Nun klicke auf eine der Komponenten, halte die Maustaste gedrückt und ziehe alles etwa nach unten.

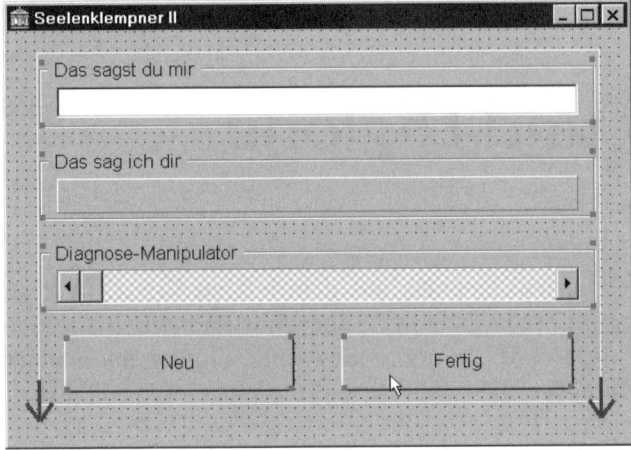

≫ Suche in der Komponentenpalette das Symbol für MAINMENU und klicke darauf.

≫ Klicke irgendwo auf die Fläche des Formulars. Dort erscheint dasselbe Symbol noch mal.

Damit hast du erst mal nur eine Verbindung zu einem Menü auf dem Formular abgelegt. Deshalb ist da auch nur ein kleines Symbol zu sehen. Das Menü selbst müssen wir erst mit eigenen Einträgen füllen.

Ein Menü für den Klempner

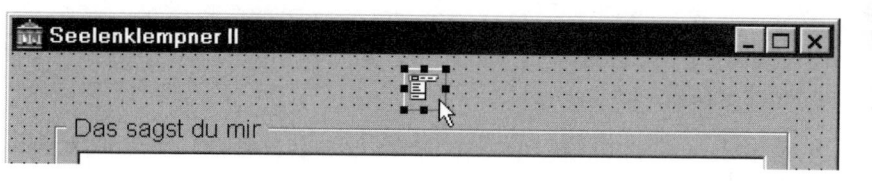

≫ Doppelklicke auf das Symbol im Formular.

Damit öffnest du den **Menüeditor**.

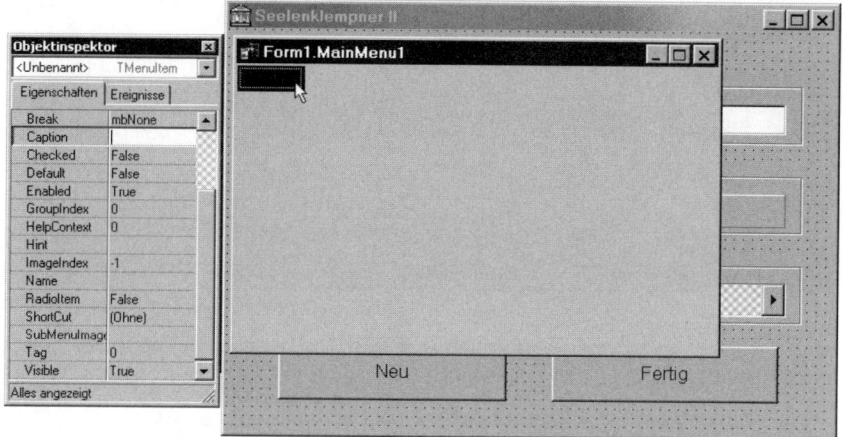

≫ Tippe ein: Datei und bestätige das, indem du auf die ⏎-Taste drückst.

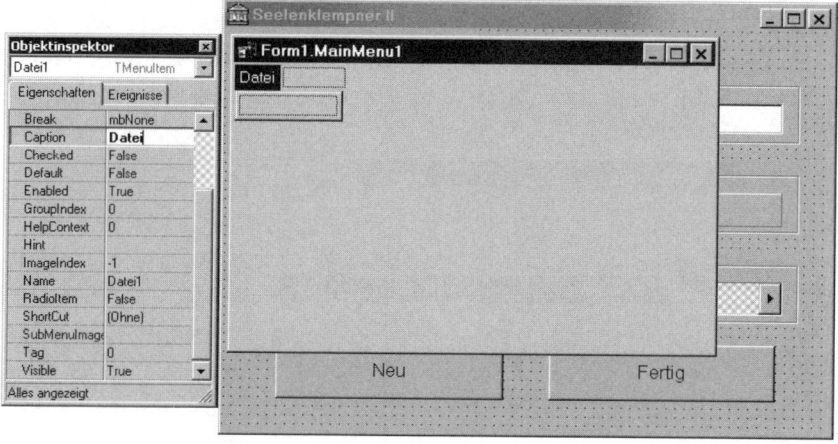

Nun steht im Menüeditor der erste Eintrag DATEI. Auch im Objektinspektor hat sich etwas getan. Dort taucht dieser Eintrag hinter CAPTION auf. Und

Kapitel 9 — Menüs und Dialoge

der Name dieses Menüpunktes heißt `Datei`. (Und wenn du ganz oben hinschaust, dann siehst du, dass dort als Typ für `Datei` `TMenuItem` angegeben ist.)

≫ Vervollständige das Menü um diese Einträge: ÖFFNEN, SPEICHERN, DRUCKEN, ENDE.

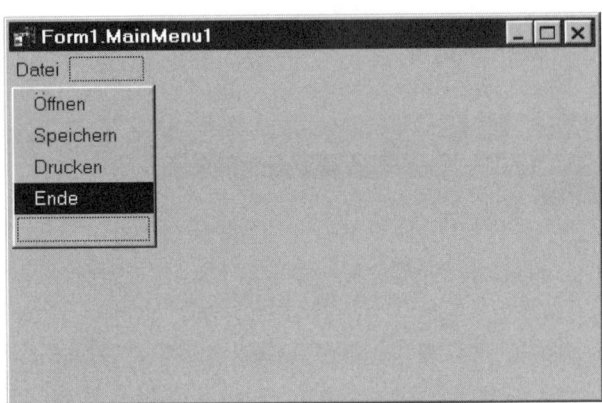

Du hast etwas Falsches oder einen Eintrag zu viel eingetippt? Dann lässt sich das so wieder beheben:

◇ Klicke auf den Eintrag.

◇ Wenn du den Eintrag löschen willst, drücke `Entf`.

◇ Willst du den Eintrag korrigieren, ändere ihn im Objektinspektor hinter CAPTION.

Und wenn du nachträglich etwas einfügen willst, klicke mit der rechten Maustaste auf den Eintrag, vor dem eingefügt werden soll.

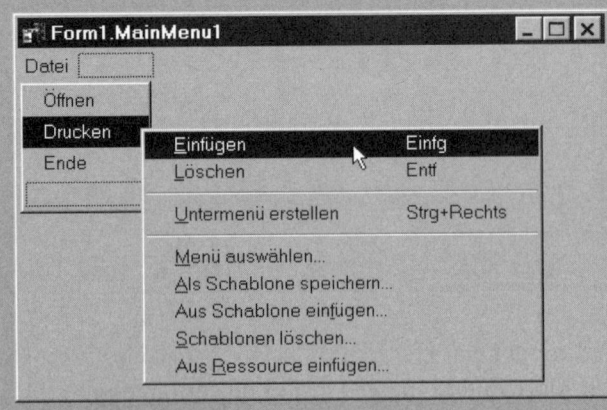

Ein Menü für den Klempner

Im Menü klicke auf EINFÜGEN. Nun ist Platz zum Eintippen eines neuen Eintrags.

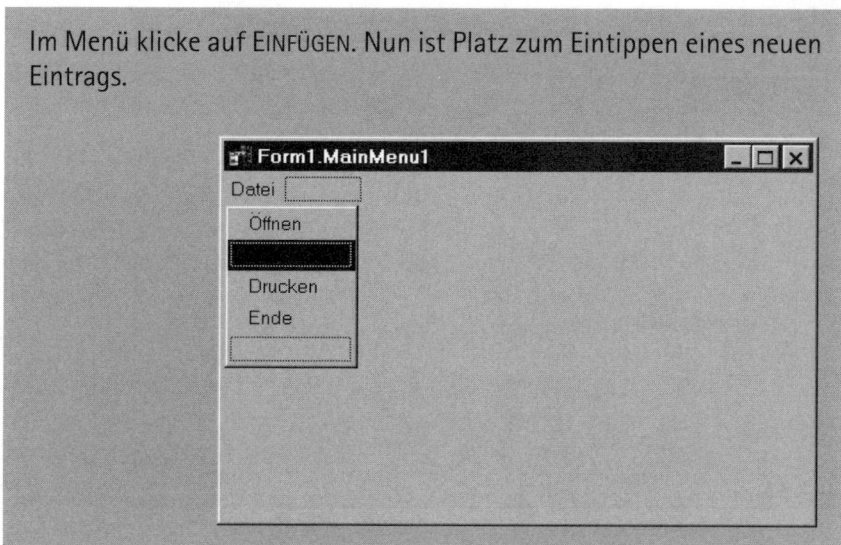

Bist du fertig mit deinem Menü? Dann kannst du den Editor wieder schließen:

≫ Klicke auf das **X** ganz rechts oben.

Nun siehst du auch im Formular ein bisschen mehr von deinem Menü. Direkt unter der Titelleiste findest du den Eintrag DATEI – ganz einsam und allein. Und nebenan im Objektinspektor steht ganz oben für MainMenu1 als Typ TMainMenu.

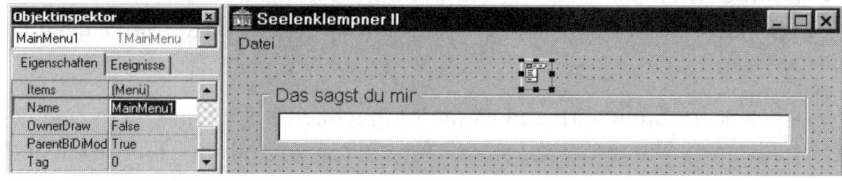

≫ Speichere dein Projekt (als KLEMP8.DPR bzw. BEFUND4.PAS). Dann lass das Ding mal laufen.

Kapitel 9

Menüs und Dialoge

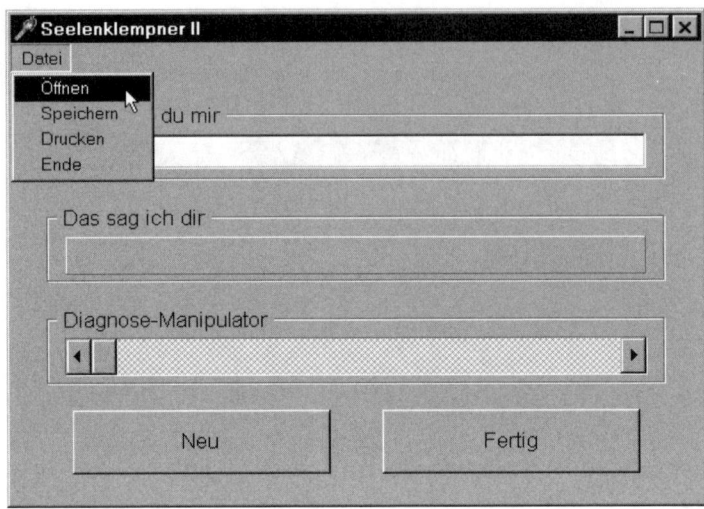

Nun kannst du das Menü öffnen, darin herumklicken, aber das ist auch schon alles. Was fehlt, sind die Methoden, die auf die `OnClick`-Ereignisse reagieren.

Zwei Dialogfelder

Beginnen wir mit den Optionen ÖFFNEN und SPEICHERN. Was soll geschehen?

◇ Beim **Öffnen** soll sich erst ein Dialogfeld auftun, in dem wir uns eine Textdatei auswählen können. Anschließend soll diese Datei geladen werden.

◇ Auch beim **Speichern** soll es die Möglichkeit geben, in einem Dialogfeld einen Namen einzugeben. Anschließend soll die Datei gesichert werden.

Das mit den Dialogfeldern klingt nach viel Aufwand. Ist es aber nicht, wenn wir uns von Delphi verwöhnen lassen. Delphi hat nämlich zwei komplette Objekte zu bieten, die uns die ganze Arbeit abnehmen:

`OpenDialog` und `SaveDialog` – so heißen die beiden netten Helfer. Wir müssen sie bloß aufstöbern und ins Formular einsetzen.

➢ Klicke in der Komponentenpalette auf den Eintrag DIALOGE, um auf eine andere Seite umzuschalten.

Die neue Palettenseite bietet dir eine ganze Reihe von Komponenten für Standarddialoge, z.B. für das Drucken, das Suchen und Ersetzen von Text, aber auch für das Öffnen und Speichern von Dateien.

Zwei Dialogfelder

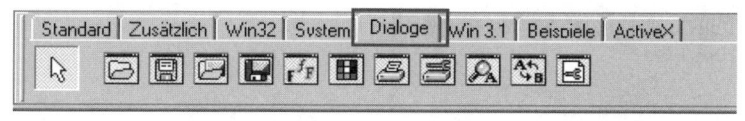

≫ Suche das Symbol für OPENDIALOG und klicke darauf. Dann klicke ins Formular (z.B. neben das Menü-Symbol).

≫ Suche das Symbol für SAVEDIALOG und klicke darauf. Dann klicke ins Formular.

Nun gibt es im Formular je eine Verbindung zu einem Objekt des Typs `TOpenDialog` bzw. `TSaveDialog`.

Wenn wir die Methoden für die Menüeinträge ÖFFNEN und SPEICHERN erstellen, können wir damit auch im Editorfenster auf die entsprechenden Dialogfelder zugreifen.

Zuerst jedoch sind ein paar Einschränkungen nötig, damit dort nur Textdateien angezeigt werden.

≫ Klicke auf das `OpenDialog`-Symbol im Formular.

≫ Klicke im Objektinspektor auf den kleinen Button hinter dem Eintrag FILTER.

Kapitel  Menüs und Dialoge

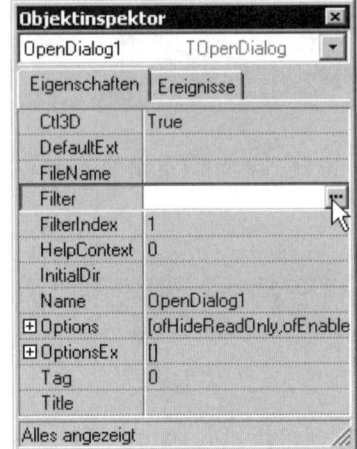

Damit öffnest du den **Filtereditor**.

≫ Trage dort auf der linken Seite Textdateien (*.txt) ein. Auf die rechte Seite kommt der Filter *.txt. Damit werden im Dialogfeld ÖFFNEN nur Dateien mit der Kennung .TXT angezeigt.

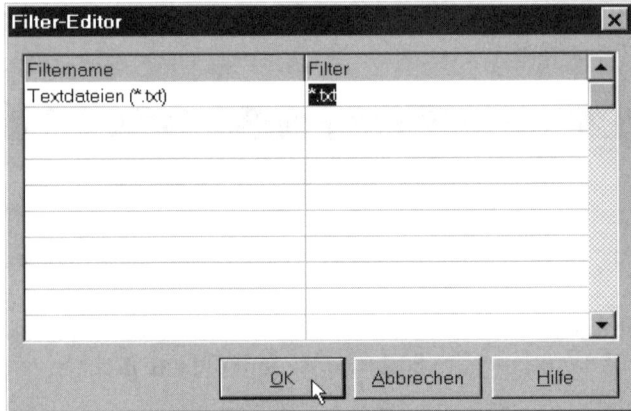

Und jetzt das Ganze noch mal für das Dialogfeld SPEICHERN:

≫ Klicke auf das SaveDialog-Symbol im Formular. Dann klicke im Objektinspektor auf den kleinen Button hinter dem Eintrag FILTER.

≫ Trage im Filtereditor auf der linken Seite Textdateien (*.txt) und rechts *.txt ein. Damit werden im Dialogfeld SPEICHERN UNTER nur Dateien mit der Kennung .TXT angezeigt.

Und nun müssen unsere beiden Dialog-Objekte noch in den passenden Menü-Methoden untergebracht werden.

Zwei Dialogfelder

≫ Klicke im Formular auf den Menüeintrag DATEI (ganz oben links). Dann klicke auf ÖFFNEN.

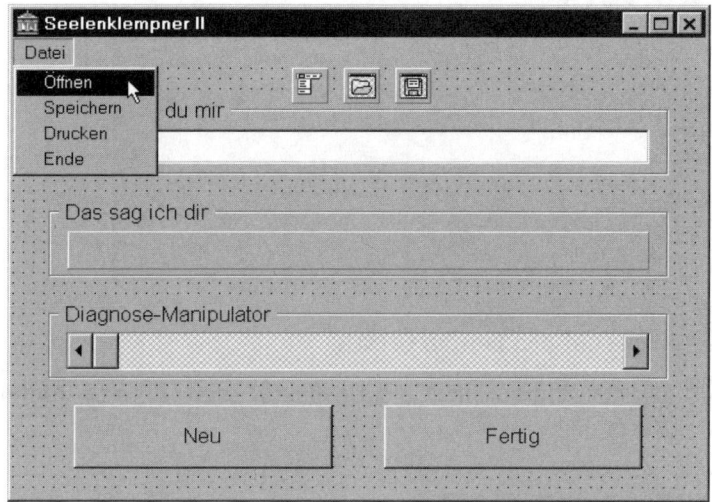

Und schon landest du im Editorfenster mitten in der richtigen Methode. Doch halt: Irgendwie sieht der Name etwas verstümmelt aus: `TForm1.ffnen1Click` heißt das Ding. Das »Ö« hat Delphi offenbar einfach verschluckt.

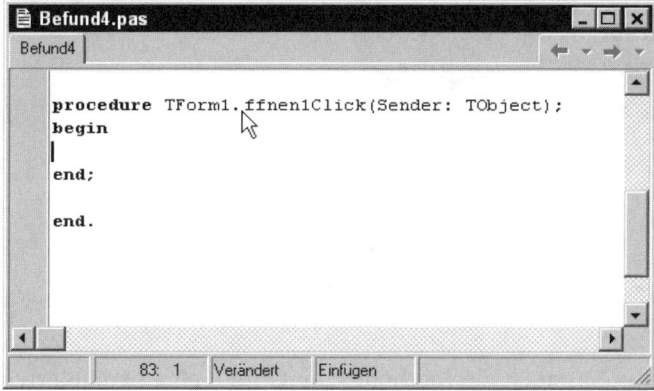

Tatsächlich kann Delphi nichts mit den deutschen Umlauten anfangen, wenn es z.B. um Namen von Variablen, Objekten und Methoden geht.

≫ Wechsle zum Formular und doppelklicke dort auf das Menü-Symbol. Der Menüeditor öffnet sich.

Kapitel 9 — Menüs und Dialoge

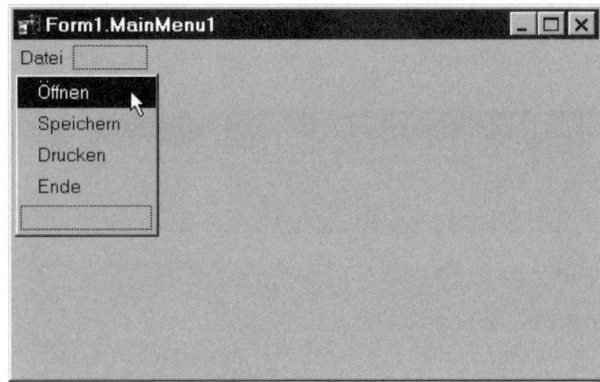

> Klicke auf den Eintrag ÖFFNEN.

> Vervollständige im Objektinspektor den Eintrag hinter NAME in `Oeffnen1`.

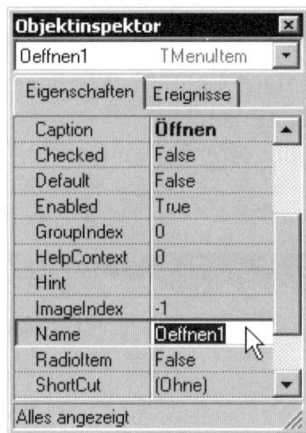

Öffnen und Speichern

Nun hat auch die Methode zum Öffnen einen kompletten Namen:

```
procedure TForm1.Oeffnen1Click(Sender: TObject);
begin
  OpenDialog1.Execute;
  Diagnose.LoadFromFile (OpenDialog1.FileName);
  ScrollBar1.Max = Diagnose.Count - 1;
end;
```

Öffnen und Speichern

Zuerst wird der Dialog zum Öffnen aktiviert:

`OpenDialog1.Execute;`

Mit `Execute` wird nicht nur eine Dialogbox angeboten, sondern auch der Dateiname aufgenommen, den du auswählst. Der ist dann in `Open-Dialog1.FileName` gespeichert und kann als Parameter an die Methode `LoadFromFile` übergeben werden:

`Diagnose.LoadFromFile (OpenDialog1.FileName);`

Nachdem dann die Datei geladen wurde, kann der Wert von `Scroll-Bar1.Max` angepasst werden:

`ScrollBar1.Max = Diagnose.Count - 1;`

Die nächste Methode ist die zum Speichern unserer Eingabedaten:

```
procedure TForm1.Speichern1Click(Sender: TObject);
begin
  SaveDialog1.Execute;
  Psycho.SaveToFile (SaveDialog1.FileName);
end;
```

Zuerst wird der Dialog zum Speichern aktiviert:

`SaveDialog1.Execute;`

Dann wird der Inhalt der Stringliste unter dem gewünschten Dateinamen gespeichert:

`Psycho.SaveToFile (SaveDialog1.FileName);`

Das wäre eigentlich schon alles. Aber ganz so einfach wollen wir es uns nicht machen. Zwei Punkte sollten wir doch noch berücksichtigen:

◆ Was ist, wenn keine Datei ausgewählt wurde?

◆ Was ist, wenn eine Datei nicht geöffnet bzw. gespeichert werden kann?

Wir haben ja unsere Kontrollstrukturen `if` und `then` bzw. `try` und `except`. Und die kommen auch jetzt wieder mal zum Zuge. Dann plustern sich unsere beiden Methoden so auf:

```
procedure TForm1.Oeffnen1Click(Sender: TObject);
begin
  try
    if OpenDialog1.Execute then
      Diagnose.LoadFromFile (OpenDialog1.FileName);
```

Kapitel 9 — Menüs und Dialoge

```
      ScrollBar1.Max := Diagnose.Count - 1;
   except
      ShowMessage ('Fehler beim Öffnen der Datei!');
   end;
end;
```

```
procedure TForm1.Speichern1Click(Sender: TObject);
begin
  try
    if SaveDialog1.Execute then
      Psycho.SaveToFile (SaveDialog1.FileName);
  except
    ShowMessage ('Fehler beim Speichern der Datei!');
  end;
end;
```

Mit einem Mal sind die Execute-Methoden von OpenDialog und SaveDialog zu Bedingungen für die if-then-Struktur geworden. Möglich ist das, weil Execute einen Wert zurückgibt, der entweder true oder false ist. Wurde ein Dateiname eingegeben oder ausgewählt, so ist der Rückgabewert der Execute-Methode true. Ansonsten wird false zurückgegeben.

Damit lässt sich das also in einem Rutsch erledigen:

```
if OpenDialog1.Execute then
  Diagnose.LoadFromFile (OpenDialog1.FileName);
if SaveDialog1.Execute then
  Psycho.SaveToFile (SaveDialog1.FileName);
```

Und sollte an dem Dateinamen oder der Datei »etwas faul« sein, dann gibt es zusätzlich noch die try-except-Klammerung.

≫ Klicke im Formular auf DATEI und ÖFFNEN. Dann tippe den Quelltext für TForm1.Oeffnen1Click ein (→ KLEMP8.DPR).

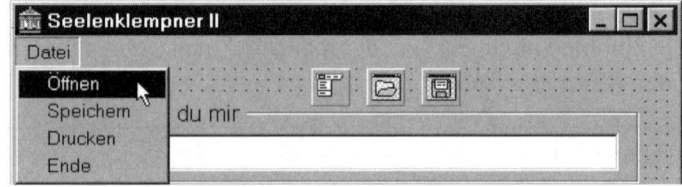

≫ Klicke im Formular auf DATEI und SPEICHERN. Dann tippe den Quelltext für TForm1.Speichern1Click ein (→ KLEMP8.DPR).

Abmagerungserscheinungen

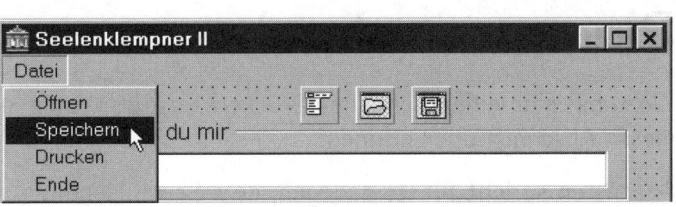

Abmagerungserscheinungen

Dadurch, dass das Öffnen der Diagnosedatei in die Methode `TForm1.Oeffnen1Click` verlagert wurde, wird `TForm1.FormCreate` nun wieder etwas magerer:

```
procedure TForm1.FormCreate(Sender: TObject);
begin
  randomize;
  Diagnose := TStringList.Create;
  Psycho   := TstringList.Create;
  Diagnose.Add ('Keine Sprechstunde');
  ScrollBar1.Min := 0;
  ScrollBar1.Max := Diagnose.Count - 1;
end;
```

Das bedeutet, dass am Anfang der Sitzung so lange keine Sprechstunde ist, bis du über das DATEI-Menü deines Programms einen Diagnosetext geöffnet hast. Auch am Programmende wird eigentlich das automatische Speichern nun überflüssig. Die entsprechenden Zeilen sind ja in die Methode `TForm1.Speichern1Click` gewandert. Damit kann die Methode `TForm1.FormClose` sogar wieder ganz verschwinden.

≫ Ändere die `FormCreate`-Methode entsprechend (→ BEFUND4.PAS).

≫ Lösche nur die Zeilen zwischen den beiden geschweiften Klammern, nicht die ganze `FormClose`-Methode! Das Entfernen der Methode selbst erledigt Delphi zuverlässig, wenn nichts mehr zwischen den Klammern steht, die Methode also leer ist.

≫ Und nun kannst du das Ganze unter KLEMP8.DPR bzw. BEFUND4.PAS speichern.

≫ Und dann lass das Programm laufen.

Wenn du deine Eingaben gespeichert hast, kannst du sie auch als Diagnosetexte wieder öffnen. Dann bekommst du das als Antworten vorgesetzt, was du in der letzten Therapiesitzung von dir gegeben hast.

Kapitel 9

Menüs und Dialoge

Diagnosen drucken

Wozu hat man eigentlich einen Drucker? Hast du keinen, dann kannst du diesen Abschnitt überspringen.

Ansonsten spricht nichts dagegen, dem Seelenklempner auch noch das Drucken beizubringen. Dann hast du deine Therapien sogar schwarz auf weiß. Auch hier bedienen wir uns beim Komponentenangebot von Delphi:

≫ Sorge dafür, dass die Komponentenpalette für die DIALOGE eingestellt ist. Suche das Symbol für PRINTDIALOG und klicke darauf. Dann klicke ins Formular (z.B. neben das Symbol für die anderen Dialoge).

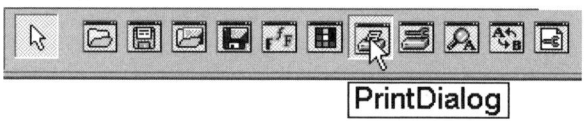

≫ Klicke im Formular auf den Menüeintrag DATEI und dann auf DRUCKEN.

Was soll nun in der Click-Methode für das Drucken stehen? Zunächst eine Zeile, die den Druckerdialog aufruft:

```
PrintDialog1.Execute;
```

Von der Dialogbox zum Drucken aus kannst du auch deinen Drucker einstellen. (Dazu musst du die Schaltfläche EIGENSCHAFTEN benutzen.)

Ansonsten haben die Einstellungen im Dialogfeld DRUCKEN selbst keine weiteren Auswirkungen. Gedruckt wird nachher immer alles, was in der Diagnosedatei drin ist. Und immer nur eine Kopie. (Natürlich lässt sich das auch im Programm regeln, aber für unsere Zwecke reichen die Vorgaben.)

Aber wie wird denn jetzt gedruckt? Dein Drucker ist angeschaltet und bereit, Papier ist auch da. Zum Drucken aber ist das Objekt PrintDialog1 nicht in der Lage.

Leider kennt auch *Diagnose* vom Typ TStringList keine Methode zum Drucken. Also müssen wir uns ein Objekt suchen, das einen Text aufnehmen und ihn an den Drucker schicken kann. Du hast gleich an TEdit gedacht? Gar nicht mal schlecht, aber leider verkraftet ein Objekt vom Typ

Diagnosen drucken

TEdit nur eine einzige Textzeile und mehr als die weitergeben kann diese Komponente auch nicht.

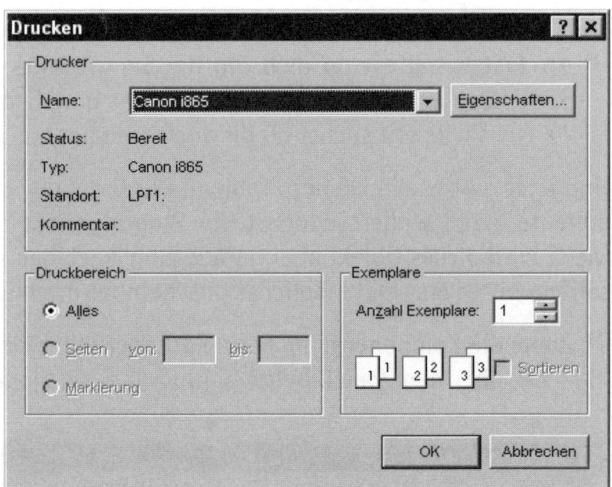

Es gibt aber tatsächlich aus dieser Familie eine Klasse, die genau das kann, was wir jetzt brauchen: Mit TRichEdit werden wir fündig, wenn wir die Komponentenpalette durchsuchen.

Eine RichEdit-Komponente ist ein Windows-**Textfeld**, das ganz normale Strings und sogar Text in einem bestimmten Format aufnehmen und anzeigen kann. Das Format heißt »Rich Text Format« und die Dateien werden mit der Kennung .RTF gespeichert. Deshalb kann man diese Komponente auch als **RTF-Feld** bezeichnen.

Die meisten Textverarbeitungsprogramme können mit diesem Textformat etwas anfangen. Also eine praktische Sache, so ein RichEdit-Objekt. Damit ließen sich sogar Texte z.B. von Word anzeigen. Wir kommen darauf später noch mal zurück.

≫ Klicke in der Komponentenpalette auf den Eintrag WIN32, um auf eine andere Palettenseite umzuschalten.

Die Palette bietet dir hier einige neue Komponenten, darunter auch die von uns gesuchte.

≫ Klicke auf das Symbol für RICHEDIT.

Kapitel 9

Menüs und Dialoge

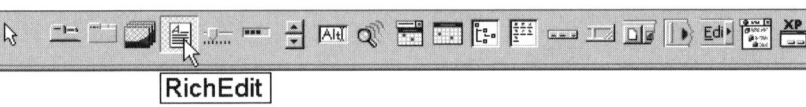

RichEdit

> Als Erstes solltest du dich um die Schrift (fürs Drucken) kümmern. Stelle also im Objektinspektor über FONT eine Schriftgröße von 10 bis 12 ein. Vielleicht suchst du dir auch eine andere Schriftart aus?

Und jetzt gibt es ein kleines Problem. Wir brauchen die RichEdit-Komponente zwar, wollen jedoch beim Programmlauf davon nichts sehen. Meist wird dieses Objekt aber gerade zum Anzeigen von Text benutzt. So sollten wir es erst mal möglichst unscheinbar irgendwohin setzen:

> Ziehe die Komponente im Formular innerhalb eines Gruppenfeldes auf – z.B. über dem Panel. Achte darauf, dass sie klein genug ist!

> Klicke mit der **rechten** Maustaste auf die RTF-Komponente.

> Klicke im Menü auf ELEMENT und **NACH HINTEN SETZEN**.

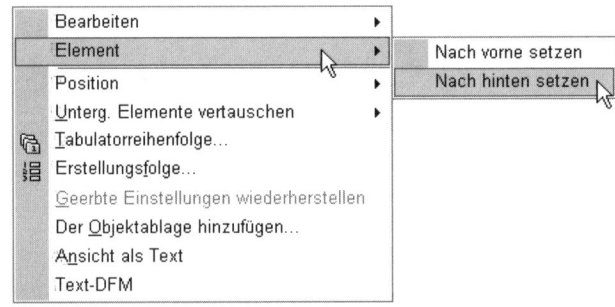

Sicherheitsabfrage ...

Und schon müsste die Komponente hinter dem Gruppenfeld verschwinden – wenn sie nicht zu groß gewählt wurde.

Mit zwei Anweisungen lässt sich nun der Ausdruck unserer Diagnosetexte in Gang bringen:

```
RichEdit1.Text := Diagnose.Text;
RichEdit1.Print ('Diagnose');
```

In der ersten Zeile nimmt die Eigenschaft `Text` von `RichEdit1` den Inhalt der gesamten Stringliste auf. Und in der zweiten Zeile wird mit der `Print`-Methode dann dieser Text an den Drucker geschickt. Als Parameter kann `Print` den Namen des Textes oder einen Titel übernehmen, den du dem Ganzen geben willst. (Ausgedruckt wird der aber nicht.)

Ja, und damit hätten wir eigentlich alles zusammen für unsere Druck-Methode. Auch hier packen wir die `Execute`-Funktion wieder als Bedingung für eine `if`-Struktur ein – für den Fall, dass du du nicht drucken und daher im Dialogfeld auf ABBRECHEN oder das Schließ-Symbol klicken willst. Ergänzend käme auch noch die `try-except`-Struktur hinzu – für alle Fälle.

➢ Trage für die Methode `TForm1.Drucken1Click` folgenden Quelltext ein (→ BEFUND5.PAS):

```
procedure TForm1.Drucken1Click(Sender: TObject);
begin
  try
    if PrintDialog1.Execute then
    begin
      RichEdit1.Text := Diagnose.Text;
      RichEdit1.Print ('Diagnose');
    end;
  except
    ShowMessage ('Fehler beim Drucken der Datei!');
  end;
end;
```

➢ Speichere alles unter BEFUND5.PAS bzw. KLEMP9.DPR. Dann lass das Programm laufen. Und öffne, speichere, lade und drucke.

Sicherheitsabfrage ...

Ein Eintrag unseres DATEI-Menüs ist noch unbesetzt: Der für das Programmende. Es sollte schon eine Möglichkeit geben, das Programm anders zu

Kapitel 9 — Menüs und Dialoge

beenden als nur durch das Schließen des Formulars. Was den Profiprogrammen recht ist, sollte auch uns billig sein.

Eigentlich wäre es mit einer einfachen `Close`-Anweisung getan:

```
procedure TForm1.Ende1Click(Sender: TObject);
begin
  Close;
end;
```

Doch ein bisschen mehr Komfort sollten wir uns doch noch leisten: Es wäre nett, wenn uns das Programm vor seinem Ableben noch einmal fragen würde, ob wir noch etwas zu speichern haben.

Zuerst brauchen wir eine Variable vom Typ `Boolean`:

`Var Sicher: Boolean;`

Beim Start bekommt *Sicher* den Wert `false`. Das bedeutet, dass die aktuellen Eingabedaten noch nicht gesichert wurden. Also kommt diese Anweisung in die `FormCreate`-Methode:

`Sicher := false;`

Nach jedem Speichervorgang wird *Sicher* dann auf `true` gesetzt. Das geschieht im `if`-Zweig der Methode `TForm1.Speichern1Click`. Und sollte das Speichern aus irgendeinem Grund nicht klappen, muss *Sicher* den Wert `false` haben. Das steht dann im `except`-Teil derselben Methode, die inzwischen also diese Form annimmt:

```
procedure TForm1.Speichern1Click(Sender: TObject);
begin
  try
    if SaveDialog1.Execute then
    begin
      Psycho.SaveToFile (SaveDialog1.FileName);
      Sicher := true;
    end;
  except
    ShowMessage ('Fehler beim Speichern der Datei!');
    Sicher := false;
  end;
end;
```

Außerdem wird *Sicher* jedes Mal auf `false` gesetzt, wenn mit Klick auf FERTIG eine neue Eingabe bestätigt wurde. In `TForm1.Button2Click`

Sicherheitsabfrage ...

muss also auch noch eine solche Zuweisung stehen. Damit wächst auch diese Methode ein bisschen an:

```
procedure TForm1.Button2Click(Sender: TObject);
begin
  Nr := random (Diagnose.Count);
  Panel1.Caption := Diagnose.Strings[Nr];
  Psycho.Add (Edit1.Text);
  Psycho.Add (Panel1.Caption);
  Sicher := false;
end;
```

Nun wimmelt es nur so von Zuweisungen an die Variable *Sicher*. Einen Sinn hat der ganze Aufwand aber nur, wenn wir in die Click-Methode für den ENDE-Eintrag auch eine Möglichkeit zum Sichern einbauen:

```
procedure TForm1.Ende1Click(Sender: TObject);
var Knopf: Integer;
begin
  if not Sicher then
  begin
    Knopf := Application.MessageBox
      ('Alle Eingaben (noch mal) speichern?', '',3+32);
    if Knopf = IDYES then Speichern1Click (Sender);
  end;
  if Knopf <> IDCANCEL then Close;
end;
```

Zuerst vereinbaren wir eine lokale Variable *Knopf*. Mit der Methode ShowMessage können wir hier nichts anfangen. Deshalb benutzen wir die komfortablere Version MessageBox, sozusagen die große Schwester.

Allerdings gehört die zum Objekt Application. Damit ist das Programm gemeint, das du gerade bearbeitest. Unter Windows nennt man ein Programm auch **Applikation**. Die Methode benötigt gleich drei Parameter.

`Application.MessageBox (Text, Titel, Modus);`

Der erste Parameter ist der Text, der als Meldung erscheint. In unserem Beispiel heißt der »Alle Eingaben (noch mal) speichern?«. Dann folgt der Titel, den das Fenster haben soll. Weil zwischen den Anführungsstrichen nichts steht, gibt es hier auch keinen Titel. Man nennt zwei Anführungsstriche (' ') ohne etwas dazwischen übrigens eine Leerkette.

Kapitel 9 — Menüs und Dialoge

Unter anderem für die Schaltflächen in der Meldebox ist der letzte Parameter zuständig. Er besteht aus einer Zahl. Die kann auch als Summe zweier Zahlen gebildet werden. Dabei haben die Werte diese Bedeutung:

Wert	Schaltflächen	Wert	Symbole
0	OK		
1	OK und Abbrechen	16	Warnkreuz
2	Beenden, Wiederholen, Ignorieren	32	Fragezeichen
3	Ja, Nein, Abbrechen	48	Ausrufezeichen
4	Ja, Nein	64	Infozeichen (i)
5	Wiederholen, Abbrechen		

Mit der Zuweisung

```
Knopf := Application.MessageBox
  ('Alle Eingaben (noch mal) speichern?', '', 3+32);
```

wird der Wert des angeklickten Knopfes an die Variable *Knopf* übergeben. Wir benutzen hier die Knöpfe JA, NEIN und ABBRECHEN. In Delphi gibt es dafür vordefinierte Konstanten mit den Namen `IDYES`, `IDNO` und `IDCANCEL`. Und das soll passieren:

◆ bei JA soll gespeichert und anschließend das Programm beendet werden

◆ bei NEIN soll das Programm ohne Speichern beendet werden

◆ bei ABBRECHEN läuft das Programm (ohne Speichern) weiter

Die ganze Abfrage über `Application.MessageBox` erfolgt aber nur, wenn direkt zuvor nicht gesichert wurde:

```
if not Sicher
```

Eigentlich hast du so etwas erwartet wie:

```
if Sicher = false
```

Das habe ich hier auf `not Sicher` verkürzt, weil *Sicher* vom Typ `Boolean` ist. Der Operator `not` (englisch für »nicht«, gesprochen »nott«) kehrt eine Bedingung oder den Wert einer `Boolean`-Variablen einfach in ihr Gegenteil um. Man spricht hier vom **Umkehroperator** oder `NICHT`-Operator.

Bemerkenswert ist noch, dass hier auch mal eine Methode aufgerufen wird, die sonst nur auf ein Ereignis reagiert:

```
if Knopf = IDYES then Speichern1Click (Sender);
```

Wenn du am Schluss gefragt wirst »Alle Eingaben (noch mal) speichern?« und auf JA klickst, bekommst du noch einmal ein Dialogfeld, um dort den

... und Schluss

Namen auszuwählen oder einzugeben, unter dem deine Eingabedaten gespeichert werden sollen.

≫ Und nun klicke im Formular auf den Menüeintrag DATEI und dann auf ENDE.

≫ Fülle die Methode `TForm1.Ende1Click` mit dem obigen Quelltext (→ BEFUND6.PAS, KLEMP10.DPR).

≫ Dann spendiere den Methoden `TForm1.FormCreate`, `TForm1.Button2Click` und `TForm1.Speichern1Click` ihre *Sicher*-Zuweisungen.

... und Schluss

Nun sind wir ja fast fertig, aber eben nicht ganz: Denn wenn sich jemand entschließt, das Programm nicht über den Menüeintrag ENDE, sondern über das Schließsymbol zu verlassen, dann war das Ganze leider umsonst. Wir brauchen also dasselbe noch mal für die `FormClose`-Methode.

Nun könnten wir einfach alles mal eben markieren und rüberkopieren. Aber ein bisschen anders ist der Quelltext für `FormClose` doch. Und außerdem wäre ein bloßes Verdoppeln unsinnig.

Zuerst müssen wir den Rahmen für die `FormClose`-Methode im Editorfenster erzeugen:

≫ Klicke auf die Fläche des Formulars. Schalte dann im Objektinspektor auf die Anzeige für EREIGNISSE um und doppelklicke dort auf das Ereignis ONCLOSE.

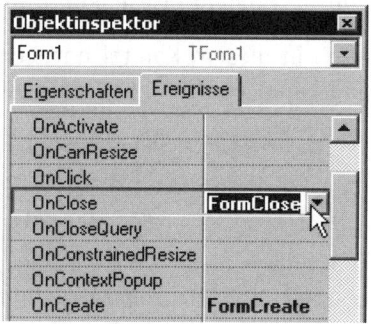

≫ Tippe für `TForm1.FormClose` diesen Quelltext ein:

Kapitel 9

Menüs und Dialoge

```
procedure TForm1.FormClose
         (Sender: TObject; var Action: TCloseAction);
var Knopf: Integer;
begin
  if not Sicher then
  begin
    Knopf := Application.MessageBox
      ('Alle Eingaben (noch mal) speichern?', '',4+32);
    if Knopf = IDYES then Speichern1Click (Sender);
  end;
end;
```

Die Meldungsbox braucht hier einen Knopf weniger (ABBRECHEN ist überflüssig, weil anschließend das Programm auf jeden Fall beendet wird). Außerdem entfällt die Zeile mit dem Aufruf von Close, denn der erfolgt hier ja automatisch.

≫ Bevor du das *Seelenklempner*-Projekt auf Herz und Nieren testest, speichere alles noch mal unter einem neuen Namen (BEFUND6.PAS bzw. KLEMP10.DPR). Nun kannst du experimentieren, so viel du willst. Und sicher wird dir dabei noch die eine oder andere Verbesserung einfallen.

Zusammenfassung

Eine ganze Menge an neuen Komponenten hatte dieses Kapitel zu bieten. Nicht, dass das Programm jetzt perfekt wäre. Aber zumindest für den Augenblick kannst du dich zurücklehnen und die Früchte deiner Arbeit genießen. Immerhin bist du nun schon ein richtiger Delphi-Baumeister (mit bestandener Gesellenprüfung).

Auch in diesem Kapitel hat sich wieder einiges an Objekten, Methoden und Eigenschaften angesammelt:

MainMenu	Ein Menüsystem aus Menüleiste und Untereinträgen (Typ TMainMenu)
MenuItem	Einzelner Menüeintrag in einem Menüsystem (Typ TMenuItem)
OpenDialog	Ein Dialogfeld (Typ TOpenDialog) für das Öffnen einer Datei
SaveDialog	Ein Dialogfeld (Typ TSaveDialog) für das Speichern einer Datei

Ein paar Fragen ...

PrintDialog	Ein Dialogfeld (Typ TPrintDialog) für das Drucken einer Datei
Execute	Ein Dialogfeld öffnen. Gibt true zurück, wenn der Benutzer etwas ausgewählt und auf OK geklickt hat, und false, wenn der Dialog abgebrochen wurde.
FileName	Eigenschaft von TOpenDialog und TSaveDialog: Enthält den kompletten Pfadnamen einer Datei
RichEdit	Ein Textfeld (Typ TRichEdit) für normale Texte und das RichText-Format (RTF)
Text	Eigenschaft einer Stringliste bzw. eines Eingabefeldes: Enthält den kompletten Text.
Print	Diese Methode von TRichEdit übergibt den kompletten Text an den Drucker.
Application	Die Applikation als Objekt (also das Hauptprogramm)
MessageBox	Methode (von Application) zum Anzeigen einer Meldebox mit eigenem Titel, verschiedenen Schaltflächen und Symbolen

Und sogar ein weiterer Delphi-Operator ist noch dazugekommen:

not	Bedingung umkehren (NICHT: Bedingung wird zum Gegenteil)

Ein paar Fragen ...

Frage 1: Wie bindet man ein Menü ins Formular ein und wie erstellt man die Methoden für die Menüeinträge?

Frage 2: Woran erkennt man bei Objekten vom Typ TOpenDialog, TSaveDialog oder TPrintDialog, ob ein Dialog mit OK beendet oder abgebrochen wurde?

Frage 3: Welche Unterschiede siehst du in Objekten vom Typ TStringList und TRichEdit?

... aber keine Aufgabe

10
Grafik mit Canvas

Bisher hast du viel Text gesehen. Obwohl wir uns doch ständig in Windows, einer grafischen Oberfläche, aufhalten. Kann man denn in Delphi überhaupt zeichnen und malen? Und ob. Hier lernst du ein einfaches Objekt kennen, das für dich recht hübsche Grafiken auf das Formular zaubert. Dabei hängt es aber auch von dir ab, wie du die vorgestellten Methoden weiter verwendest.

In diesem Kapitel lernst du

◎ einige der grafischen Möglichkeiten von Delphi kennen

◎ mit dem Objekt Canvas umzugehen

◎ wie man die Zeichen-, Mal- oder Schriftfarbe ändert

◎ wie man Text in der Formfläche anzeigt

Kapitel 10

Grafik mit Canvas

Von Punkten und Koordinaten

Wenn wir von Grafik sprechen wollen, müssen wir auch vom Koordinatenkreuz reden. Da denkst du gleich an deine Mathelehrer, wie sie sich da vorn an der Tafel abgemüht haben oder abmühen, dir etwas von x-Achse und y-Achse zu erzählen. Deshalb sollte ich lieber nicht voraussetzen, dass du weißt, wovon ich rede.

Alles, was du auf deinem Monitor zu sehen bekommst, besteht aus vielen kleinen Pünktchen, **Pixel** genannt. Die Anzahl dieser Bildpunkte nennt man **Auflösung**. Hier eine Tabelle mit heute üblichen Auflösungen:

Breite × Höhe	Anzahl der Farben
640 × 480	256 bis 16 Millionen
800 × 600	256 bis 16 Millionen
1024 × 768	256 bis 16 Millionen
1280 × 960	256 bis 16 Millionen
1280 × 1024	256 bis 16 Millionen

Damit man etwas von einer Grafik zu sehen bekommt, steckt in jedem Computer eine so genannte Grafikkarte. Dort befindet sich eine komplette Schaltung für Grafik mit bis zu mehreren Millionen Farben. Welche Auflösung du auf deinem Bildschirm zu sehen bekommst, hängt nicht nur von der Grafikkarte ab. Der Bildschirm muss natürlich auch groß genug sein, um eine hohe Auflösung darzustellen.

Wie ein unsichtbares Gitter ist die Anzeigefläche aufgeteilt. So weiß der Computer, wohin auf den Bildschirm er einen Punkt setzen soll, wenn er etwas darstellt. Jeder Punkt wird durch zwei Zahlen beschrieben. Die geben den Abstand von einem festen Ausgangspunkt an. Der liegt in Delphi (und auch für die meisten Grafikprogramme) in der linken oberen Ecke der Bildschirmfläche.

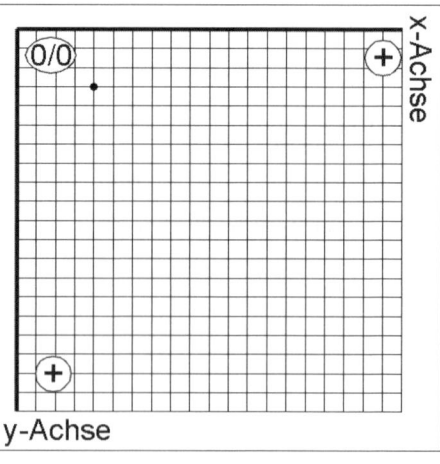

Dieser Punkt wird auch **Ursprung** genannt und hat die Koordinaten x=0 und y=0. Wenn man vom Ursprung aus auf dem Bildschirm nach rechts

Von Punkten und Koordinaten

weiter zählt, bewegt man sich auf der **x-Achse**. Man könnte auch horizontale oder waagerechte Achse sagen. Aber weil die Mathematiker das Ding x-Achse genannt haben, sind auch die Computerleute (= Informatiker) dabei geblieben.

Geht man vom Ursprung aus nach unten, so wandert man die **y-Achse** entlang. Auch die hätte man vertikale oder senkrechte Achse nennen können, aber – du sagst es: Den Mathematikern passte y-Achse eben besser.

Auf einmal erinnerst du dich an den Matheunterricht. Da sah doch so ein Koordinatenkreuz mit x und y ganz anders aus? Da war doch der so genannte Ursprung genau in der Mitte, wo sich x-Achse und y-Achse gekreuzt haben (deshalb Koordinaten-Kreuz).

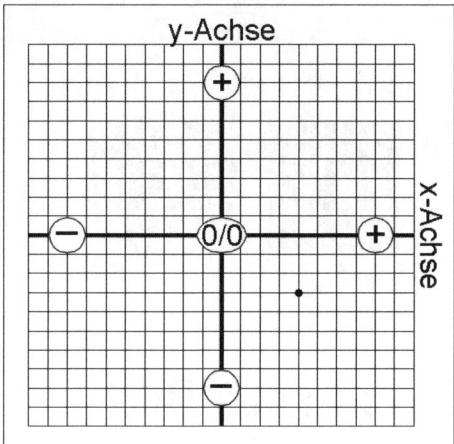

Tja, und hier haben es eben die Computerleute anders gemacht als die Mathematiker. Sie haben gesagt, wozu brauchen wir negative Zahlen? Und überhaupt kam es ihnen viel logischer vor, ein Bild dort anfangen zu lassen, wo wir auch mit dem Schreiben beginnen: Links oben.

Wie beim Koordinatenkreuz aus dem Matheunterricht wird der x-Wert größer, wenn du nach rechts gehst. Im Gegensatz zum Matheunterricht wird der y-Wert nicht größer, wenn du nach oben, sondern nach unten gehst.

Übrig geblieben ist also vom Koordinatenkreuz eigentlich nur ein umgedrehtes »L« (manche sagen dazu auch Galgen).

Kapitel 10 — Grafik mit Canvas

Du hast Recht, wenn du meinst, es gäbe auch eine **z-Achse**. Die ist für die Tiefe zuständig. Wo gibt es denn bei der Bildschirmanzeige eine Tiefe? Das gerade ist das Problem mit der z-Achse: Alle Bilder sind zweidimensional, haben also nur Breite (x) und Höhe (y). Überall, wo wir uns aufhalten oder bewegen, gibt es aber noch eine dritte Dimension, die Tiefe (z).

Damit wir Bilder erhalten, die so aussehen, als wären sie dreidimensional, gibt es Programme, die ausrechnen, wie die dritte Dimension in einem Bild auszusehen hat. Und die neuesten 3D-Grafikkarten sorgen dafür, dass das möglichst gut und schnell auf den Bildschirm kommt. So sehen heute z.B. bei Autorennspielen die Straßen wirklich so aus, als gäbe es eine Tiefe, und bei jeder Lenkbewegung passt sich die Anzeige auf dem Bildschirm sofort an.

Das erste Bild

Jetzt bist du lange genug mit Theorie gequält worden, nun ist es wirklich Zeit für die Praxis! Also hier gleich das erste Grafikprogramm. Genauer gesagt nur die Methode `TForm1.Button1Click`, mit der du das Zeichnen der Grafik auf Knopfdruck auslösen kannst:

```
procedure TForm1.Button1Click(Sender: TObject);
begin
  // Rechteck und Ellipse
  Canvas.Rectangle (10, 10, ClientWidth-10, ClientHeight-10);
  Canvas.Ellipse (20, 20, ClientWidth-20, ClientHeight-20);
  // Kreuz
  Canvas.MoveTo (0, ClientHeight div 2);
  Canvas.LineTo (ClientWidth, ClientHeight div 2);
  Canvas.MoveTo (ClientWidth div 2, 0);
  Canvas.LineTo (ClientWidth div 2, ClientHeight);
end;
```

Das erste Bild

≫ Erstelle ein neues Projekt mit dem Titel Grafik 1 und setze mitten ins Formular eine Schaltfläche. Beschrifte sie mit Mal mal!

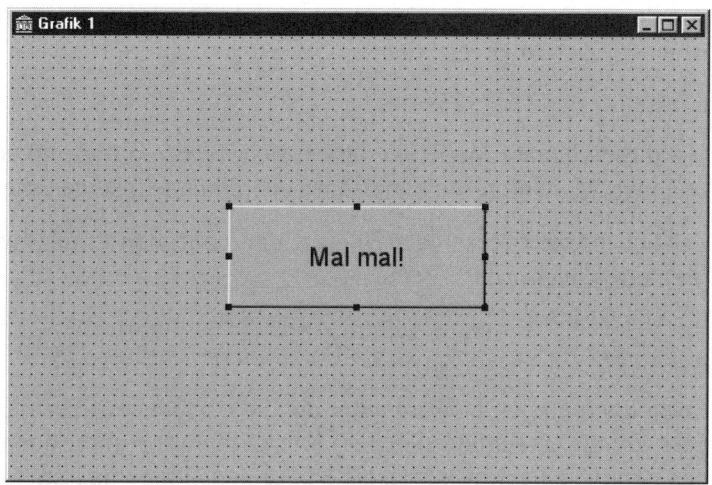

≫ Doppelklicke auf den Button und tippe für die ButtonClick-Methode den obigen Quelltext ein (→ LINIEN1.PAS bzw. GRAFIK1.DPR).

≫ Starte das Programm und klicke auf die Schaltfläche.

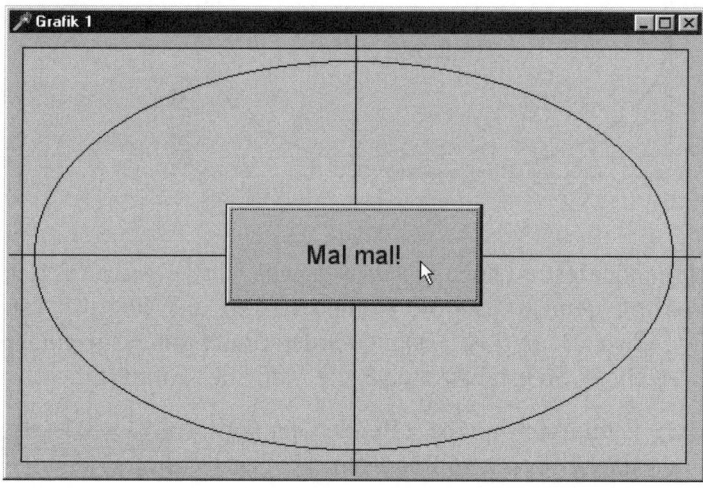

Und nun schauen wir uns genauer an, was für Gebilde das Programm zustande bringt. Da sind ein Rechteck, eine Ellipse und zwei Linien, die sich kreuzen. All das erledigt ein Objekt, das in Delphi Canvas genannt wird. Darunter versteht man hier eine Zeichenfläche vom Typ TCanvas, die mit einer ganzen Reihe Zeichen- und Malmethoden ausgestattet ist. Welche Aktionen wodurch ausgelöst werden, kannst du fast selbst erraten:

Kapitel 10 — Grafik mit Canvas

Den Zeichenstift steuerst du unsichtbar mit der `MoveTo`-Methode:

`MoveTo (x, y);`

Von dort aus kannst du mit der `LineTo`-Methode dann eine gerade Linie zu einem Zielpunkt zeichnen:

`LineTo (xZiel, yZiel);`

Mit diesen beiden Methoden lassen sich nahezu alle Arten von Grafiken zeichnen. Manchmal muss man dazu allerdings sehr kurze Linien benutzen.

Geht es um Rechtecke oder Ellipsen, dann hat man es mit zwei weiteren Methoden leichter:

```
Rectangle (xLinks, yOben, xRechts, yUnten);
Ellipse   (xLinks, yOben, xRechts, yUnten);
```

Beide übernehmen als Parameter die linke obere sowie die rechte untere Ecke. Damit berechnen sie einen (unsichtbaren) rechteckigen Bereich, in den dann das Rechteck bzw. die Ellipse genau hineinpasst.

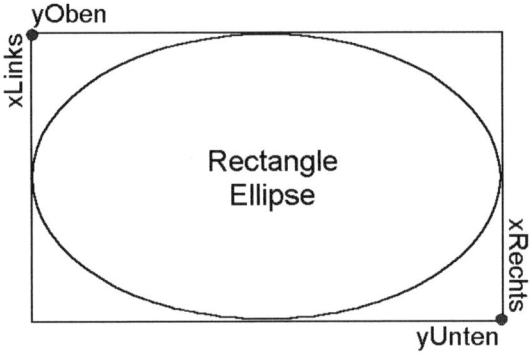

Nun möchtest du noch mal wissen, was mit `ClientWidth` und `ClientHeight` gemeint ist. Die Namen `Width` und `Height` kommen dir ja irgendwie bekannt vor: Damit werden Breite und Höhe einer Komponente bezeichnet. So erfährst du z.B. die Maße des Formulars.

Dazu kommt der nutzbare Bereich der Formularfläche. Der wird eben mit `ClientWidth` (= nutzbare Breite) und `ClientHeight` (= nutzbare Höhe) bezeichnet. Nutzbar heißt hier, dass `Canvas` nur in diesem Bereich zeichnen kann. Alles, was darüber hinausgeht, ist nicht mehr sichtbar.

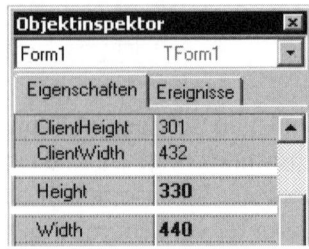

Jetzt wird's bunt

Innerhalb dieser Fläche beginnt ebenso wie beim Bildschirm die linke obere Ecke mit x=0 und y=0. Und wenn man einen der beiden Werte durch 2 teilt, bekommt man eben mit der Hälfte genau die Mitte dieser Breite bzw. Höhe. Und so entsteht dann ein Kreuz:

```
Canvas.MoveTo (0, ClientHeight div 2);
Canvas.LineTo (ClientWidth, ClientHeight div 2);
Canvas.MoveTo (ClientWidth div 2, 0);
Canvas.LineTo (ClientWidth div 2, ClientHeight);
```

(Du erinnerst dich, dass div der Operator für das Dividieren von ganzen Zahlen ist.)

Jetzt wird's bunt

Lass uns ein bisschen mit den Methoden von Canvas experimentieren, die wir bis jetzt kennen. Dazu brauchen wir allerdings etwas Farbe und nehmen auch den Zufall zur Hilfe. Für das neue Projekt eignet sich das alte, wir müssen bloß die ButtonClick-Methode ändern.

➢ Doppelklicke auf den Button MAL MAL! und gib diesen Quelltext neu ein bzw. passe den alten entsprechend an (→ LINIEN2.PAS, GRAFIK2.DPR):

```
procedure TForm1.Button1Click(Sender: TObject);
var i: Integer;
begin
  // Bunte Strahlen
  for i := 0 to 88 do
  begin
    Canvas.Pen.Color := Farbe[random(FMax)];
    Canvas.MoveTo (0, i*4);
    Canvas.LineTo (ClientWidth, ClientHeight-i*4);
    Canvas.MoveTo (i*6, 0);
    Canvas.LineTo (ClientWidth-i*6, ClientHeight);
  end;
end;
```

Bei Zählschleifen benutzt man häufig nur einen kurzen Namen für die Zählvariablen. Am beliebtesten sind einzelne Buchstaben. Der Buchstabe »i« steht als Abkürzung für den Begriff **Index**. Gemeint ist damit eine Messzahl z.B. für eine Nummerierung. Man könnte aber auch z.B. wieder mal den Namen Nr oder einen anderen Buchstaben für die for-Schleife verwenden.

Kapitel 10 — Grafik mit Canvas

Die `for`-Schleife verheißt eine ganze Menge Durchläufe und damit entsprechend viele Linien. Ich denke, dass du aus den Methoden `MoveTo` und `LineTo` selber schlau wirst, sobald du nachher die Grafik gesehen hast.

Hier schauen wir uns mal die erste Anweisung in der Schleife näher an:

```
Canvas.Pen.Color = Farbe[random(FMax)];
```

`Pen` ist der Zeichenstift von `Canvas`, und `Color` ist die Farbe dieses Stiftes. Mit `random` wird irgendein Zufallswert bis zu einem Maximum erzeugt. Und der bestimmt dann die Farbe.

Aber das ist nicht ganz einfach. Denn unter Windows sind bis über 16 Millionen Farben möglich, die Delphi natürlich unterstützt. Deshalb nehmen wir uns die Standardfarben heraus, für die Delphi eine Konstante definiert hat, und packen alle in ein Feld:

```
const
  FMax = 16;
  Farbe: Array[0..FMax-1] of TColor =
    (clBlack, clMaroon, clGreen, clNavy, clTeal, clPurple,
     clOlive, clGray, clSilver, clRed, clLime, clBlue,
     clAqua, clFuchsia, clYellow, clWhite);
```

Weil es 16 Farbnamen sind, wird eine Ganzzahlkonstante auf diesen Wert festgelegt. Das Feld *Farbe* ist vom Typ `TColor`, der unter Delphi bereits vereinbart ist. Der Name jeder Farbkonstanten beginnt mit »cl« (einer Abkürzung für »color«).

Damit sucht sich der Computer für das Zeichnen der Linien jedes Mal aufs Neue eine dieser Farben aus:

Farbname in Delphi	Farbe	Farbname in Delphi	Farbe
clBlack	Schwarz	clSilver	Helles Grau
clMaroon	Dunkles Rot, Rotbraun	clRed	Helles Rot
clGreen	Dunkles Grün	clLime	Helles Grün
clNavy	Dunkles Blau	clBlue	Helles Blau
clTeal	Dunkles Türkis	clAqua	Helles Türkis
clPurple	Dunkles Lila	clFuchsia	Helles Lila
clOlive	Dunkles Gelb, Olivgrün	clYellow	Helles Gelb
clGray	Dunkles Grau	clWhite	Weiß

≫ Gib die Vereinbarungen im Editorfenster ein – etwas oberhalb der Vereinbarung `var Form1: TForm1;`.

Eckig und rund

≫ Und damit der Zufallszahlengenerator auch gestartet wird, doppelklicke auf das Formular und fülle die `FormCreate`-Methode so aus:

```
procedure TForm1.FormCreate(Sender: TObject);
begin
  randomize;
end;
```

≫ Und nun steht einem Programmlauf nichts mehr im Wege. Klicke dabei ruhig ein paar Mal mehr auf MAL MAL! – dann hast du sogar eine kleine Animation. (Du kannst auch einige Werte oder Formeln ändern und zuschauen, was mit den Linien passiert.)

Am Monitor sieht's besser aus.

Eckig und rund

Auch für das nächste Programm kannst du direkt das vorhergehende weiterverwenden. Geändert werden muss nur die `ButtonClick`-Methode.

≫ Gib folgenden Quelltext neu ein bzw. ändere den alten um (→ LINIEN3.PAS bzw. GRAFIK3.DPR):

Kapitel 10

Grafik mit Canvas

```
procedure TForm1.Button1Click(Sender: TObject);
var i: Integer;
begin
  for i := 0 to 66 do
  begin
    Canvas.Pen.Color := Farbe[random(FMax)];
    Canvas.Rectangle
      (i*3, i*2, ClientWidth-i*3, ClientHeight-i*2);
  end;
end;
```

Hier verschachteln sich die Rechtecke, weil bei jedem Durchlauf der `for`-Schleife die Ecken entsprechend geändert werden.

≫ Um zu verstehen, wie das vor sich geht, probier einfach mal aus, was geschieht, wenn du einige Werte änderst.

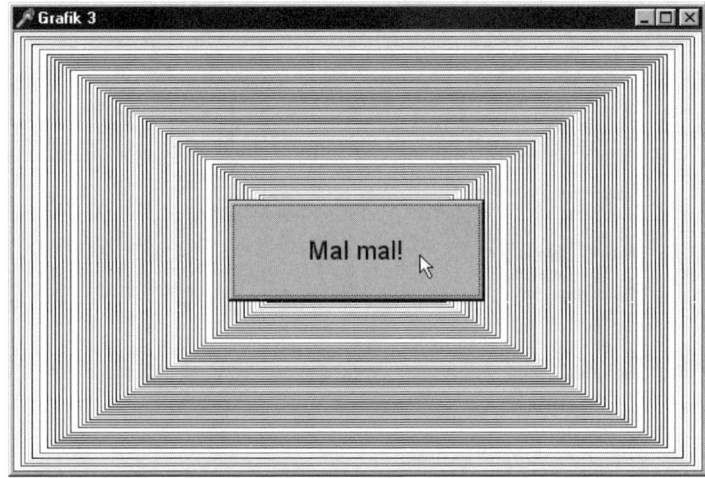

Und damit du gar nicht erst zum Ausruhen kommst, gleich die nächste Version. Wieder betrifft es nur die Methode für den Knopfdruck.

≫ Tippe diesen Quelltext neu ein oder passe den vorigen entsprechend an (→ LINIEN4.PAS, GRAFIK4.DPR):

```
procedure TForm1.Button1Click(Sender: TObject);
var i: Integer;
begin
  for i := 0 to 66 do
```

Mit Text geht's auch

```
    begin
      Canvas.Pen.Color := Farbe[random(FMax)];
      Canvas.Ellipse
        (i*3, i*2, ClientWidth-i*3, ClientHeight-i*2);
    end;
end;
```

Und wieder steuert die Zählvariable *i* nacheinander einen Wert zwischen 0 und 66 an. Dabei wird die jeweilige Ellipse immer kleiner.

≫ Probieren ist auch hier angesagt: Ändere einfach ein paar Werte. Versuch auch mal zu erreichen, dass die Ellipsen die ganze Anzeigefläche im Formular füllen.

Mit Text geht's auch

Das Objekt Canvas kann nicht nur zeichnen. Du kannst ihm auch deine Strings übergeben und es bitten, sie anzuzeigen. Bisher haben wir unseren Text ja immerzu an irgendwelche Komponenten geschickt, damit die die Anzeige übernehmen. Und das Formular bekam nur ein bisschen Futter für seine Titelleiste. Mit Canvas ist es möglich, Text irgendwo auf die Fläche des Formulars zu setzen. Wie das geht, zeigt unsere nächste Version des Grafikprogramms.

Kapitel 10

Grafik mit Canvas

```
procedure TForm1.Button1Click(Sender: TObject);
var i: Integer;
begin
  for i := 0 to 100 do
  begin
    Canvas.Font.Color := Farbe[random(FMax)];
    Canvas.Font.Height := random(50)+10;
    Canvas.TextOut
      (random (ClientWidth),random (ClientHeight),'Hallo');
  end;
end;
```

Ebenso wie schon bei `Canvas.Pen` die Zeichenfarbe lässt sich auch über `Canvas.Font` die Farbe der Schrift über die Eigenschaft `Color` einstellen. Außerdem soll sich auch die Schriftgröße von Mal zu Mal zufällig ändern. Dazu ist die Eigenschaft `Height` da.

Mit der Methode `TextOut` wird dann eine Zeichenkette (vom Typ String) ausgegeben. Die Position der Anzeige wird durch die ersten beiden Parameter bestimmt:

`TextOut (x,y, Text);`

≫ Lösche den alten Quelltext in der `ButtonClick`-Methode und gib die neuen Anweisungen ein (→ TEXTOUT1.PAS, GRAFIK5.DPR). Wenn du willst, kannst du für den Button den Eintrag hinter CAPTION in `Schreib mal` ändern. Dann starte das Programm.

Wenn du ein bisschen in Programmbeispielen aus den letzten Kapiteln herumkramst, dann findest du sicher einige, in denen sich der eine oder

Farbtupfer

andere Eintrag für CAPTION auch in einer TextOut-Anweisung unterbringen lässt.

Farbtupfer

Mit Canvas kann man natürlich nicht nur farbig zeichnen, sondern Objekte auch bunt ausmalen. Auch hier ist es in erster Linie die Button-Click-Methode, in der die Hauptsache abläuft. Eine Änderung betrifft nun aber auch die FormCreate-Methode. Und mit der fangen wir an:

```
procedure TForm1.FormCreate(Sender: TObject);
begin
  randomize;
  Color := Farbe[random(FMax div 2)];
end;
```

Mit Color ist hier die Farbe der Fläche des Formulars gemeint. Damit die Sterne richtig funkeln können, bevorzugen wir hier eine (zufällige) dunkle Farbgebung als Hintergrundhimmel (also den Bereich von »Black« bis »Gray«).

Die Schaltfläche soll dem bunten Schauspiel möglichst wenig im Weg sein, deshalb machen wir sie hier etwas schlanker und verlegen sie nach ganz unten an den Rand des Formulars. Auch eine andere Beschriftung könnte dem Button nicht schaden.

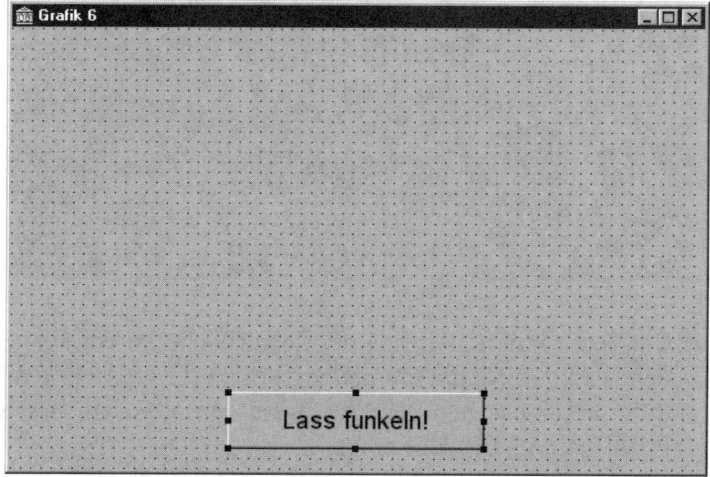

Nun zur Methode TForm1.Button1Click. Die for-Schleife bleibt uns weiterhin erhalten. In ihr werden 500-mal drei neue Zufallswerte für *x, y*

Grafik mit Canvas

und *Dicke* erzeugt, die dann Position und Durchmesser der Kreise bestimmen, die mit `Ellipse` gezeichnet werden:

```
procedure TForm1.Button1Click(Sender: TObject);
var i,x,y,Dicke: Integer;
begin
  for i := 1 to 500 do
  begin
    x := random(ClientWidth);
    y := random(ClientHeight);
    Dicke := random(20);
    // mit Farbe gefüllte Kreise zeichnen
    Canvas.Brush.Color := Farbe[random(FMax)];
    Canvas.Ellipse (x,y,x+Dicke,y+Dicke);
  end;
end;
```

Neu ist hier, dass die Zufallsfarbe nicht vom Zeichenstift (`Pen`) übernommen wird, sondern von einem weiteren Element, das du hier kennen lernst:

`Brush` ist der Malpinsel von `Canvas`, und `Color` ist jetzt die Farbe dieses Pinsels.

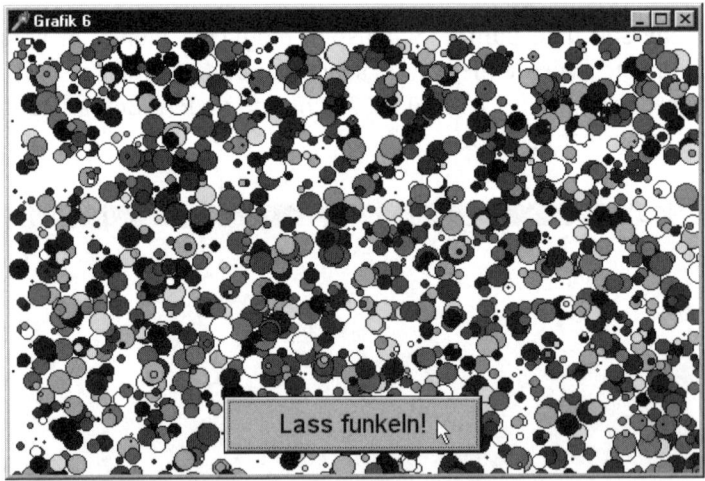

≫ Und jetzt ändere die Lage der Schaltfläche im Formular. Dann tippe den Quelltext für die Methoden `TForm1.FormCreate` und `TForm1.Button1Click` neu ein bzw. passe den alten entsprechend an (→ PUNKTE1.PAS, GRAFIK6.DPR).

≫ Starte dein Programm gleich mehrere Male.

Dimensionen

Und nun lass uns mal auf den Punkt kommen. Besser gesagt, viele, viele Punkte. Das Formular soll zu einem kleinen Sternenhimmel werden, an dem Tausende von winzigen Pünktchen flimmern. Wir nutzen jetzt die Möglichkeit von Canvas, die Pixel eines Bildes einzeln zum Leuchten zu bringen.

Dazu können wir die letzte Version des *Grafik*-Programms übernehmen und müssen (wieder mal) nur die ButtonClick-Methode ändern. Die for-Struktur muss nun deutlich mehr Runden laufen. Hier bestimmen zwei Zufallswerte für *x* und *y*, wo der Punkt liegt, der eine neue Farbe erhalten soll:

```
procedure TForm1.Button1Click(Sender: TObject);
var i,x,y: Integer;
begin
  for i := 1 to 10000 do
  begin
    x := random(ClientWidth);
    y := random(ClientHeight);
    Canvas.Pixels[x,y] := Farbe[random(FMax)];
  end;
end;
```

Interessant dürfte die Canvas-Eigenschaft Pixels sein. Sie bezieht sich auf ein Feld mit zwei Dimensionen. Das von uns vereinbarte Feld *Farbe* dagegen ist eindimensional. Auch das Array für Pixels ist ebenso wie *Farbe* vom Typ TColor:

```
Pixels : Array[1..Anzahl1][1..Anzahl2] of TColor;
Farbe  : Array[1..Anzahl1] of TColor;
```

Alle Werte von Pixels innerhalb des Formulars sind die der Eigenschaft Color, wie sie beim Programmstart in der FormCreate-Methode erzeugt wurde:

```
Color := Farbe[random(Fmax div 2)];
```

Durch die Zuweisung

```
Canvas.Pixels[x,y] := Farbe[random(FMax)];
```

wird einem zufälligen Punkt eine zufällige Farbe zugeordnet. (Das kann übrigens – ebenfalls zufällig – auch die Farbe sein, die das Formular gerade hat.)

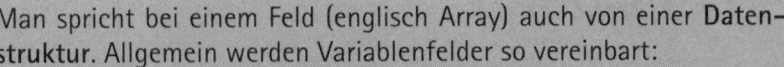

Man spricht bei einem Feld (englisch Array) auch von einer **Datenstruktur**. Allgemein werden Variablenfelder so vereinbart:

```
Feld1D: Array[1..xMax] of Typ;
```

In den eckigen Klammern steht die Anzahl der Elemente, die ein solches Feld hat. Angesprochen bzw. benutzt werden die einzelnen Variablen eines solchen Feldes ebenfalls über die eckigen Klammern, z.B. wird so ein ganzes Feld mit einem Startwert gefüllt:

```
for i := 1 to xMax do Feld1D[i] := Wert;
```

Die meisten Felder sind **eindimensional**. Aber wie das Beispiel Pixels zeigt, gibt es auch **mehrdimensionale** Felder. Dann sieht eine Vereinbarung so aus:

```
Feld2D: Array[1..xMax,1..yMax] of Typ;
// z.B. Fläche
Feld3D: Array[1..xMax,1..yMax,1..zMax] of Typ;
// z.B. Körper
```

Deshalb muss nun auch beim Zugriff mehrmals ein Index angegeben werden, z.B. wenn alle Punkte auf einen Wert gesetzt werden sollen:/
/ 2-dimensionales Array

```
for i := 1 to xMax do
   for j := 1 to yMax do Feld2D[i][j] := Wert;
// 3-dimensionales Array
for i := 1 to xMax do
   for j := 1 to yMax do
      for k := 1 to zMax do Feld3D[i][j][k] := Wert;
```

Wenn du eine solche Schleifenvielfalt auf einem Haufen in Aktion sehen willst, dann schau mal in das kleine Projekt FELDTEST.DPR.

≫ Ändere den Quelltext für die Methode TForm1.Button1Click (→ PUNKTE2.PAS, GRAFIK7.DPR). Dann starte dein Programm und klicke ein paar Mal auf den Startknopf (LASS ES FUNKELN).

Zusammenfassung

Ganz schön bunt ging es hier zu. Du hast ja auch eine Menge mit Grafik hantiert. Dabei ist eine ganze Reihe neuer Methoden und Eigenschaften aufgetaucht:

Ein paar Fragen ...

Canvas	Eine Zeichenfläche (Typ TCanvas) für das Erstellen von Grafiken
MoveTo	Den Grafikcursor (unsichtbar) an einen Punkt verschieben
LineTo	Eine Linie bis zu einem Punkt zeichnen (= den Grafikcursor sichtbar verschieben)
Rectangle	Ein Rechteck (ein Quadrat) zeichnen
Ellipse	Eine Ellipse (einen Kreis) zeichnen
TextOut	Einen Text anzeigen
Pixels	Die Farbe eines Punktes (ändern)
Pen	Eigenschaft von TCanvas: Enthält Eigenschaften für das Zeichnen von Objekten
Brush	Eigenschaft von TCanvas: Enthält Eigenschaften für das Ausmalen von Objekten
Font	Eigenschaft von TCanvas: Enthält Eigenschaften für die Schrift
Color	Eigenschaft vieler Objekte: Enthält z.B. die aktuelle Zeichen-, Mal- oder Schriftfarbe

Ein paar Fragen ...

Frage 1: Was genau ist der Unterschied zwischen MoveTo und LineTo?

Frage 2: Für welche Objekte oder Eigenschaften kennst du die Untereigenschaft Color?

... und ein paar Aufgaben

1. Ersetze im Programm *Grafik6* die bunten Kreise durch bunte Quadrate.
2. Wie wäre es mal mit einem kleinen Haus?

11

Eine eigene Klasse

Nun hast du es in den ersten zehn Kapiteln mit dem Delphi doch recht weit gebracht. Dabei tauchte immer mal wieder ein Wort auf: Objekt. Irgendwie ist offenbar nahezu alles, was da in Delphi herumschwirrt, ein Objekt.

Einige Objekte strotzen nur so von Eigenschaften, wie man im Objektinspektor sehen kann. Und sie haben auch einiges an Methoden zu bieten. Da wächst der Anreiz, mal selber so etwas herzustellen. Du willst also deine eigenen Objekte haben? Na gut, basteln wir uns so ein Ding zusammen.

In diesem Kapitel lernst du

◉ was eine Klasse ist und wie man sie vereinbart

◉ was ein Konstruktor ist

◉ den Unterschied zwischen Funktionen und Prozeduren kennen

Kapitel 11 — Eine eigene Klasse

Und es bewegt sich doch

Wenn man sieht, was man mit Komponenten und Objekten wie z.B. Canvas alles anstellen kann, dann reizt es einen schon, auch mal selber »so etwas« zustande zu bringen. Natürlich ist das in Delphi möglich, denn alle Komponenten, mit denen du bisher gearbeitet hast, gehören genauso wie das Objekt Canvas nicht zum Standard-Wortschatz von Delphi. Alles, was Delphi zu bieten hat, also auch die Entwicklungsumgebung selbst, ist in Delphi programmiert. (Ein ausgezeichneter Beweis dafür, wie gut Delphi funktioniert!)

Na ja, wenn man sich das Angebot von Delphi so anschaut, dann muss man sich schon fragen: Was soll man da noch selber machen – außer die Komponenten ins Formular zu setzen und ein paar Zeilen Quelltext zu schreiben?

Wir können ja mal klein anfangen, damit wir die Denkweise verstehen, die hinter dem Programmieren von Objekten, der so genannten **Objektorientierten Programmierung** steckt. Dazu nehmen wir uns ein einfaches grafisches Gebilde, den Kreis. Der soll im Formular auf Knopfdruck erscheinen, sich bewegen und wieder verschwinden.

≫ Zuerst brauchst du eine Form mit drei Schaltflächen, die unten am Bildrand liegen sollten:

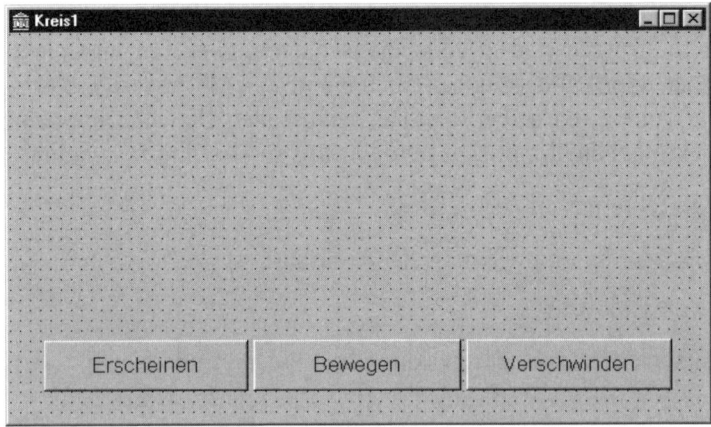

≫ Beschrifte die Schaltflächen mit Erscheinen, Bewegen und Verschwinden.

Und los geht's mit der FormCreate-Methode. Hier werden die Maße für den Kreis festgelegt:

Und es bewegt sich doch

```
procedure TForm1.FormCreate(Sender: TObject);
begin
  x := 30;
  y := 30;
  Dicke := 180;
end;
```

Die Variablen *x* und *y* bezeichnen die linke obere Ecke des Quadrats, in das der Kreis (= eine Ellipse mit gleicher Breite und Höhe) hineinpassen soll. Und mit *Dicke* ist der Durchmesser des Kreises gemeint. Alle drei Variablen werden als ganze Zahlen vereinbart:

```
var x, y, Dicke: Integer;
```

In der Methode TForm1.Button1Click benötigen wir nur eine einzige Anweisung:

```
procedure TForm1.Button1Click(Sender: TObject);
begin
  Canvas.Ellipse (x, y, x+Dicke, y+Dicke);
end;
```

Damit bringen wir links ins Formular einen Kreis.

≫ Tippe den Quelltext für die Methoden TForm1.FormCreate und TForm1.Button1Click ein (→ RUND1.PAS bzw. KREIS1.DPR).

≫ Wenn du willst, kannst du das Programm schon mal starten und auf ERSCHEINEN klicken.

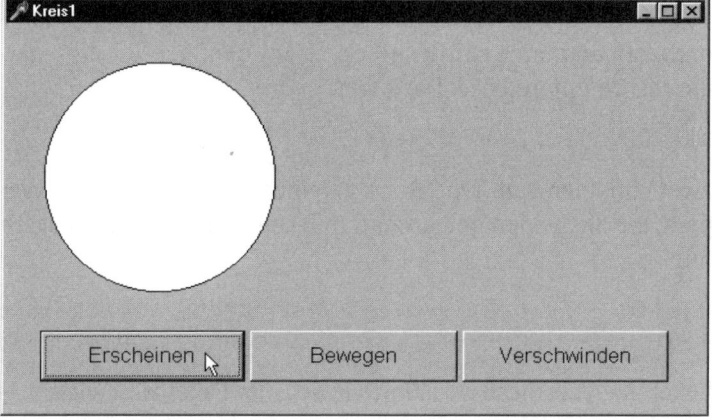

Kapitel 11 — Eine eigene Klasse

Dieser Kreis soll nun mit Klick auf den Button BEWEGEN nach rechts wandern. Die ButtonClick-Methode für die zweite Schaltfläche bekommt also schon einiges mehr zu tun:

```
procedure TForm1.Button2Click(Sender: TObject);
var i: Integer; Quelle, Ziel: TRect;
begin
  for i := x-5 to ClientWidth-Dicke-x-5 do
  begin
    Quelle := Rect(i,   y-5, i+Dicke+5, y+Dicke+5);
    Ziel   := Rect(i+1, y-5, i+Dicke+6, y+Dicke+5);
    Canvas.CopyRect (Ziel, Canvas, Quelle);
    sleep (10);
  end;
end;
```

Damit sich etwas bewegen kann, muss der Kreis horizontal verschoben werden. Das lässt sich mit dieser Methode erledigen:

`Canvas.CopyRect(Ziel, Canvas, Quelle);`

Eigentlich dient CopyRect dazu, einen Bildausschnitt aus einer anderen in die aktuelle Zeichenfläche zu kopieren. Weil wir aber etwas innerhalb derselben Zeichenfläche kopieren wollen, steht in der Mitte mit Canvas auch der Name der aktuellen Zeichenfläche.

Logischerweise sollte an erster Stelle die Quelle (von der kopiert wird) und an letzter das Ziel (an das kopiert wird) stehen. Hier ist es aber umgekehrt – frag nicht mich, frag die Entwickler von Windows, warum das so ist.

Quelle und *Ziel* müssen natürlich genauer bestimmt werden. Die CopyRect-Methode (eine Abkürzung für »Copy Rectangle«) verlangt als Quell- und Zielparameter ein Rechteck. Dabei genügen ihr die linke obere und die rechte untere Ecke. Dazu werden mit

`var Quelle, Ziel: TRect`

zwei Variablen vom Typ TRect vereinbart. Die können vier Werte aufnehmen, die die beiden gewünschten Ecken eines Rechtecks bestimmen. Und mit

```
Quelle := Rect(i,   y-5, i+Dicke+5, y+Dicke+5);
Ziel   := Rect(i+1, y-5, i+Dicke+6, y+Dicke+5);
```

bekommen sie diese vier Werte jeweils im Paket zugewiesen. Weil das *i* in einer for-Schleife seinen Wert jedes Mal um 1 erhöht, verschieben sich das Quellrechteck und das Zielrechteck jeweils um 1 Pixel nach rechts:

`for i := x-5 to ClientWidth-Dicke-x-5 do`

Und es bewegt sich doch

Der Zielwert `ClientWidth-Dicke-x-5` ist so entstanden: Weil das Ganze auf der linken Seite bei `x-5` beginnt, soll der Kreis seine Bewegung auch rechts im gleichen Abstand vom Rand wieder beenden. Dazu kommt die Breite des bewegten Kreises (`Dicke`). All das zusammen wird dann von `ClientWidth` abgezogen.

Weil die `CopyRect`-Methode sehr schnell arbeitet, müsste man beim Bewegen mehr von einem Sprung reden. Es sieht fast so aus, als würde der Kreis links verschwinden und rechts wieder auftauchen – je nach Geschwindigkeit des Computers, auf dem dieses Programm läuft.

Die Methode `sleep` sorgt für die nötige Verzögerung: In dieser Zeit kann der Kreis einen Moment verschnaufen. Insgesamt wird so die Bewegung etwas abgebremst. Und man kann deutlich sehen, dass der Kreis wirklich von links nach rechts wandert.

Als Parameter übernimmt `sleep` eine Zeit in Millisekunden. Welche Zahl du verwendest, hängt auch von deiner Geduld ab.

Nun bleibt noch die dritte Schaltfläche. Da machen wir es uns jetzt einfach, indem wir die ganze Zeichnung von der Fläche des Formulars löschen. Das erledigt die `Refresh`-Methode:

```
procedure TForm1.Button3Click(Sender: TObject);
begin
  Refresh;
end;
```

≫ Tippe des gesamten Quelltext für die drei Methoden der Buttons ERSCHEINEN, BEWEGEN und VERSCHWINDEN ein.

≫ Speichere alles unter RUND1.PAS bzw. KREIS1.DPR ab. Dann starte das Programm, lass einen Kreis erscheinen, laufen und verschwinden.

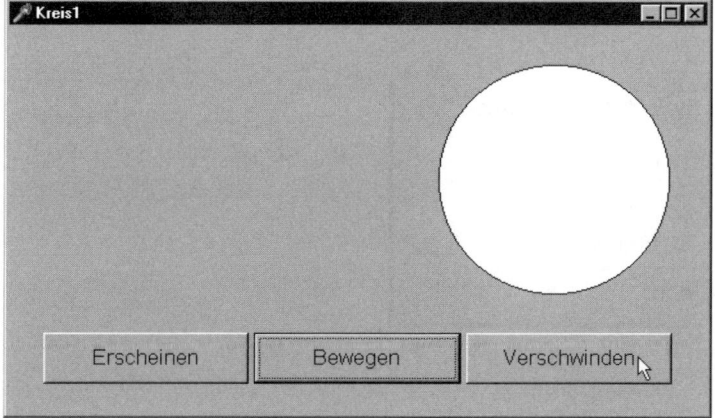

> Probiere das Programm auch mal aus, nachdem du vor die Brems-Methode das Kommentarsymbol »//« (zwei Schrägstriche) gesetzt hast. Und experimentiere ruhig mal mit verschiedenen Zahlen für die sleep-Zeit. (Bei zu großen Werten aber kann die Bewegung schier endlos werden!)

Eine neue Klasse

Was haben wir jetzt? Einen Kreis, der im Formular erscheinen, sich darin bewegen und auch wieder verschwinden kann. Na und? Was ist besonderes daran? Nichts. Aber trotzdem gibt es schon etwas zu bemerken:

Die Eigenschaften x, y und Dicke nämlich gehören ebenso wie die Verfahren zum Erscheinen, Bewegen und Verschwinden zusammen. Sie alle könnten die Eigenschaften und die Methoden eines Kreises bilden – wenn der ein Objekt wäre.

Was hindert uns daran, ein solches Objekt zu erschaffen? Aber wie soll das Ding aussehen? Versuchen wir's mal mit dieser Vereinbarung:

```
type
  TKreis = class
    x,y, Dicke: Integer;
    constructor Create (xx,yy,dd: Integer);
    procedure Erscheinen;
    procedure Bewegen;
    procedure Verschwinden;
  end;
```

Alles, was ein Kreis braucht?

Damit wird alles zu einer **Klasse** TKreis. In einem sehr frühen Kapitel habe ich davon schon mal gesprochen, was eine Klasse ist. Schon zu lange her? Na, dann noch mal:

```
type Name = class
    Eigenschaften
    Methoden
end;
```

Eine neue Klasse

Wie im richtigen Leben auch kann es in Delphi mehrere Objekte eines Typs geben. Ein solcher **Objekttyp** wird in Delphi auch Klasse genannt. Denk nur mal an die vielen Buttons: Das sind alles Objekte, die wir von der Klasse TButton abgeleitet haben. Bei einem Objekt spricht man auch von der **Instanz** einer Klasse. Du warst und bist eine Instanz der Klasse Mensch, klar. Inzwischen aber bist du auch zu einer Instanz der Klasse Programmierer geworden. (Oder anders gesagt: ein Objekt vom Typ Programmierer.)

Eingeleitet wird jede Klassenvereinbarung zunächst mit type. Dann folgt der Name der Klasse. Er beginnt in der Regel mit einem »T« (für Typ). Nach dem Gleichheitszeichen (=) kommt mit class die eigentliche Typbezeichnung:

```
type TForm = class
type TButton = class
type TKreis = class
```

Die folgenden Zeilen umfassen dann die Namen sämtlicher **Eigenschaften** und **Methoden**, über die die Klasse verfügen soll. Das sind bei unserer Klasse TKreis diese Elemente:

Name	Bedeutung
x	Eigenschaft: x-Wert links (entspricht LEFT im Objektinspektor)
y	Eigenschaft: y-Wert links (entspricht TOP im Objektinspektor)
Dicke	Eigenschaft: Durchmesser (= Breite und Höhe) (entspricht WIDTH und HEIGHT im Objektinspektor)
Erscheinen	Methode: Kreis wird gezeichnet
Bewegen	Methode: Kreis wird über Zeichenfläche bewegt
Verschwinden	Methode: Kreis wird unsichtbar
Create	Methode: Kreis wird initialisiert (Konstruktor)

Abgeschlossen wird diese Typ-Vereinbarung mit einem end.

Kapitel **11**  Eine eigene Klasse

Eigenschaften, Methoden und ein Konstruktor

Die Bedeutung der drei Eigenschaften dürfte eigentlich klar sein. Damit wird der Kreis eindeutig beschrieben – wenn x, y und Dicke entsprechende Werte haben. Aber wie verfahren wir mit den Methoden? Einfach nur die Namen vereinbaren genügt doch wohl nicht:

```
procedure Erscheinen;
procedure Bewegen;
procedure Verschwinden;
```

Die Methoden Erscheinen, Bewegen und Verschwinden müssen natürlich noch genauer definiert werden. Darauf kommen wir aber erst später.

Erst mal schauen wir, was es mit der allerletzten Methode auf sich hat, die seltsamerweise nicht mit dem Begriff procedure eingeleitet wird:

```
constructor Create (xx,yy,dd: Integer);
```

Das ist die Methode, die die Eigenschaftswerte initialisiert. Der Kreis ist erst mal nichts, denn die Werte für x, y und Dicke sind bestenfalls Nullen.

Ein komisches Ding, so ein Kreis, der bei x=0 und y=0 anfängt und einen Durchmesser von 0 hat! Selbst mit einem Mikroskop ist der nicht zu erkennen. Die Methode Create sorgt dafür, dass aus dem Kreis ein Kreis wird. Daher hier auch die Parameter:

```
xx,yy,dd: Integer
```

Du kannst dir wohl denken, dass die drei Eigenschaften x, y und Dicke die Werte dieser drei Parameter erhalten müssen. Das ist Aufgabe der Methode Create, die auch **Konstruktor** genannt wird. Gleich weißt du auch, warum statt procedure dort constructor steht:

Der Konstruktor hat allgemein die Aufgabe, einem Objekt bei seiner Entstehung zu helfen. Dabei tut er also auch einiges, was nicht zwischen begin und end steht. Er sorgt dafür, dass das ganze Objekt z.B. vom Typ TKreis genügend Speicherplatz bekommt und nachher auch funktionstüchtig ist.

Und so wird der Konstruktor definiert:

```
constructor TKreis.Create (xx,yy,dd: Integer);
begin
   x := xx; y := yy; Dicke := dd;
end;
```

Vereinbaren und initialisieren

Das sieht den Gebilden sehr ähnlich, die wir dauernd benutzt haben. Nur hießen die z.B. TForm1.FormCreate, TForm1.Button1Click oder so.

> Den Punkt (.) hast du schon oft gesehen. Das ist der **Gültigkeitsoperator**. Er zeigt hier an, für welche Klasse eine Methode gültig ist.

Weil diese Methode als Konstruktor vereinbart ist, würde sie auch etwas tun, wenn sie keinerlei Anweisungen hätte:

```
constructor TKreis.Create (xx,yy,dd: Integer);
begin
end;
```

Das Objekt wird bei einem Aufruf von Create trotzdem erzeugt. Nur würdest du vom Kreis nichts zu sehen bekommen (eben weil seine Maße x, y, und Dicke erst mal einen sinnvollen Wert haben müssen).

Vereinbaren und initialisieren

Damit du auch weißt, wo die Klassenvereinbarung von TKreis stehen soll, schauen wir erst noch mal in den Quelltext der ersten Version des *Kreis*-Programms.

```
    private
       { Private-Deklarationen }
    public
       { Public-Deklarationen }
    end;

var
    Form1: TForm1;
    x, y, Dicke: Integer;

implementation

{$R *.DFM}
```

Dort steht die Vereinbarung

Kapitel 11 — Eine eigene Klasse

```
var
  Form1: TForm1;
```

wie wir sie aus jedem Programm kennen, das wir bisher erstellt haben. Direkt darunter steht die Vereinbarung der globalen Variablen, also der Variablen, die überall im Programm gelten sollen:

```
x, y, Dicke: Integer;
```

```
type
  TForm1 = class(TForm)
    Button1: TButton;
    Button2: TButton;
    Button3: TButton;
    procedure FormCreate(Sender: TObject);
    procedure Button1Click(Sender: TObject);
    procedure Button2Click(Sender: TObject);
    procedure Button3Click(Sender: TObject);
  private
    { Private-Deklarationen }
  public
    { Public-Deklarationen }
  end;

var
  Form1: TForm1;
```

Wenn du im Quelltext weiter nach oben blätterst, dann stößt du zuerst auf die Vereinbarung der Klasse TForm1. Da sollten wir kurz reinschauen. (Am Schluss habe ich ein paar Zeilen weggemogelt – die sind aber hier wirklich nicht von Bedeutung.)

```
type
  TForm1 = class(TForm)
    Button1: TButton;
    Button2: TButton;
    Button3: TButton;
    procedure FormCreate(Sender: TObject);
    procedure Button1Click(Sender: TObject);
    procedure Button2Click(Sender: TObject);
    procedure Button3Click(Sender: TObject);
  end;
```

Vereinbaren und initialisieren

Eingeleitet wird das Ganze mit type, dann kommt ganz zu Anfang die Typbezeichnung class. Ganz am Ende steht das abschließende end, das ebenso wie z.B. bei der case-Struktur wichtig ist. Genauso ist es auch bei unserer neuen Klasse TKreis.

Trotzdem gibt es offenbar einige Unterschiede. So scheint hier der Konstruktor ganz zu fehlen. Außerdem sind als Eigenschaften nur drei Buttons aufgeführt. Aber da steht ja noch etwas in Klammern – direkt hinter dem Wort class. Das bedeutet, dass TForm1 mit TForm verwandt ist. Was das genau zu bedeuten hat, erfährst du erst später.

Jetzt genügt es zu wissen, dass die Vereinbarung einer eigenen Klasse wie z.B. TKreis (fast) ebenso aufgebaut ist wie eine Formular-Klasse.

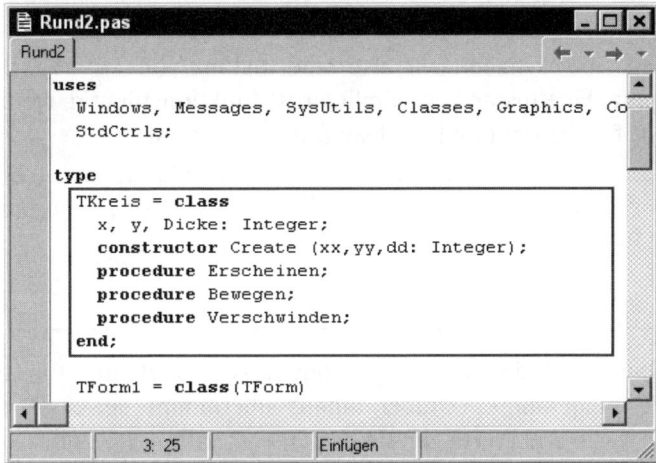

Arbeitest du dich im Quelltext noch ein bisschen weiter nach oben, dann weißt du, wohin ich die Vereinbarung von TKreis gepackt habe. (Wie du siehst, ist das Wörtchen type nur einmal nötig, wenn mehrere Klassen direkt untereinander vereinbart werden.)

Nun sind die drei Variablen *x*, *y* und *Dicke* zu Eigenschaften der neuen Klassenvereinbarung geworden.

Was fehlt, ist die Vereinbarung eines Objekts vom Typ TKreis. Die setzen wir direkt unter die Vereinbarung von Form1:

```
var
  Form1: TForm1;
  Kreis: TKreis;
```

Kapitel 11 — Eine eigene Klasse

```
private
  { Private-Deklarationen }
public
  { Public-Deklarationen }
end;

var
  Form1: TForm1;
  Kreis: TKreis;

implementation

{$R *.DFM}
```

Mit Kreis haben wir also eine Instanz von TKreis. Das heißt, nicht ganz: Eine Instanz ist nämlich erst funktionstüchtig, wenn der Konstruktor für die richtige Initialisierung gesorgt hat:

```
procedure TForm1.FormCreate(Sender: TObject);
begin
  Kreis := TKreis.Create (30,30,180);
end;
```

Damit wird dem Objekt der angemessene Platz im Arbeitsspeicher deines PC eingeräumt. Darüber hinaus übernimmt der Konstruktor TKreis.Create drei Werte, um sie den Eigenschaften x, y und Dicke zuzuweisen.

> Wie du siehst, lässt sich der Konstruktor offenbar nicht einfach so aufrufen, wie du es sonst von Methoden kennst, sondern muss dem Objekt **zugewiesen** werden. Statt beispielsweise nur TKreis.Create oder gar Kreis.Create heißt es beim Aktivieren eines Konstruktors eindeutig Kreis := TKreis.Create.

Die Anweisung zur Erzeugung des Objekts Kreis ersetzt in der FormCreate-Methode nun diese drei Zuweisungen:

```
x := 30; y := 30; Dicke := 180;
```

Direkt unter die Vereinbarung von Form1 und Kreis und dem Wort implementation kannst du dann die Definition des Konstruktors eintippen.

Erscheinen, Bewegen und Verschwinden

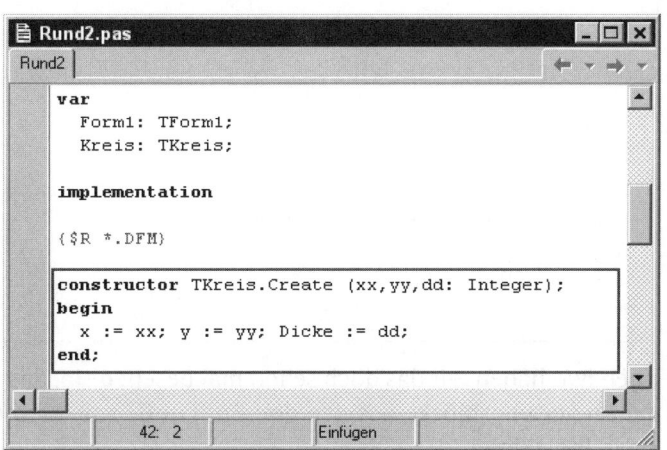

Sicher willst du wissen, was implementation bedeutet. Im nächsten Kapitel erfährst du es.

➢ Ehe wir uns um die anderen Methoden kümmern, solltest du das alles erst mal eintippen. Grundlage ist die alte Version des *Kreis*-Programms. Zuvor ist es besser, diese schon mal unter neuen Namen zu speichern (RUND2.PAS und KREIS2.DPR).

Erscheinen, Bewegen und Verschwinden

Die anderen Methodendefinitionen kommen gleich hinter dem Konstruktor. Und hier sind sie am Stück:

```
procedure TKreis.Erscheinen;
begin
   Form1.Canvas.Ellipse (x, y, x+Dicke, y+Dicke);
end;

procedure TKreis.Bewegen;
var i: Integer; Quelle, Ziel: TRect;
begin
   for i := x-5 to Form1.ClientWidth-Dicke-x-5 do
   begin
      Quelle := Rect(i,   y-5, i+Dicke+5, y+Dicke+5);
```

Kapitel 11 — Eine eigene Klasse

```
      Ziel   := Rect(i+1, y-5, i+Dicke+6, y+Dicke+5);
      Form1.Canvas.CopyRect(Ziel, Form1.Canvas, Quelle);
      sleep (10);
    end;
end;

procedure TKreis.Verschwinden;
begin
  Form1.Refresh;
end;
```

Irgendwo haben wir das doch schon mal gesehen! Ja, das sind tatsächlich die Anweisungsblöcke aus den drei `ButtonClick`-Methoden des ersten *Kreis*-Projekts.

> Wenn du es dir einfach machen willst, kannst du jeden Block markieren, ausschneiden und in die entsprechenden Methoden von `TKreis` einfügen (→ RUND2.PAS, KREIS2.DPR). Ansonsten kannst du sie auch neu eintippen.

Aber so ganz genau das Gleiche ist das wohl doch nicht! Beim näheren Hinsehen entdecken wir an verschiedenen Stellen ein vorangestelltes `Form1`:

`Form1.Canvas`
`Form1.ClientWidth`
`Form1.Refresh`

Das hat folgenden Grund: Solange diese Eigenschaften oder Methoden direkt von `Form1` benutzt wurden, wusste Delphi, dass es sich um eigene Methoden handelte. So gehört z.B. `Canvas` ebenso wie z.B. `Refresh` zur Klassenvereinbarung von `TForm` (bzw. `TForm1`).

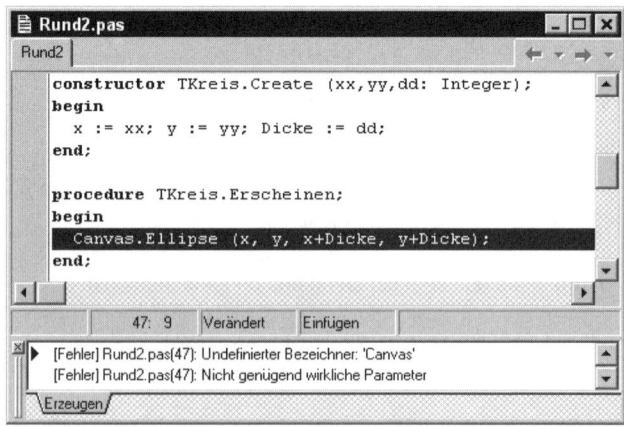

Erscheinen, Bewegen und Verschwinden

Benutzen wir diese Methoden oder Eigenschaften aber nun in unserer neu vereinbarten Klasse TKreis, so steht Delphi vor einem Rätsel. Weil diese Wörter offensichtlich nicht zur Klasse TKreis gehören, muss Delphi mit einigen Fehlermeldungen passen.

Und auch wenn Delphi nun nach diesen Methoden und Eigenschaften bei anderen Klassen suchen würde, wäre das nicht ergiebig: Denn es könnte mehrere oder sogar unzählige Klassen mit diesen Eigenheiten geben. (Denk nur mal an Caption: Welches Objekt hat diese Eigenschaft eigentlich nicht – außer z.B. TKreis?)

> Ergänze den Quelltext um die nötigen Form1-Zusätze.

Nun aber sind die ButtonClick-Methoden völlig verwaist. Damit ist das Programm ziemlich witzlos geworden. Denn neue Klasse hin, frisches Objekt her – bei einem Mausklick auf eine der drei Schaltflächen passiert rein gar nichts. Also muss unser Objekt auch aktiviert werden, indem wir die entsprechenden Methoden aufrufen:

```
procedure TForm1.Button1Click(Sender: TObject);
begin
  Kreis.Erscheinen;
end;

procedure TForm1.Button2Click(Sender: TObject);
begin
  Kreis.Bewegen;
end;

procedure TForm1.Button3Click(Sender: TObject);
begin
  Kreis.Verschwinden;
end;
```

> Ergänze die drei ButtonClick-Methoden um diese drei Anweisungen. Gegebenenfalls musst du zuerst auf die drei Buttons doppelklicken, weil die (leeren) Methoden von Delphi wieder gelöscht wurden (→ RUND2.PAS und KREIS2.DPR).

> Wenn du es beim Eintippen gemütlich angehen lässt, taucht Unterstützung auf. Delphi hat unsere neue Klasse bereits angenommen. Wie schon bei den vorhandenen Objekten werden dir auch hier in einer kleinen Liste die Eigenschaften und Methoden von TKreis angeboten. (Dass dabei offenbar auch ein paar weitere dir unbekannte Methoden sind, solltest du jetzt nicht weiter beachten. Darauf komme ich im nächsten Kapitel zurück.)

Kapitel 11 — Eine eigene Klasse

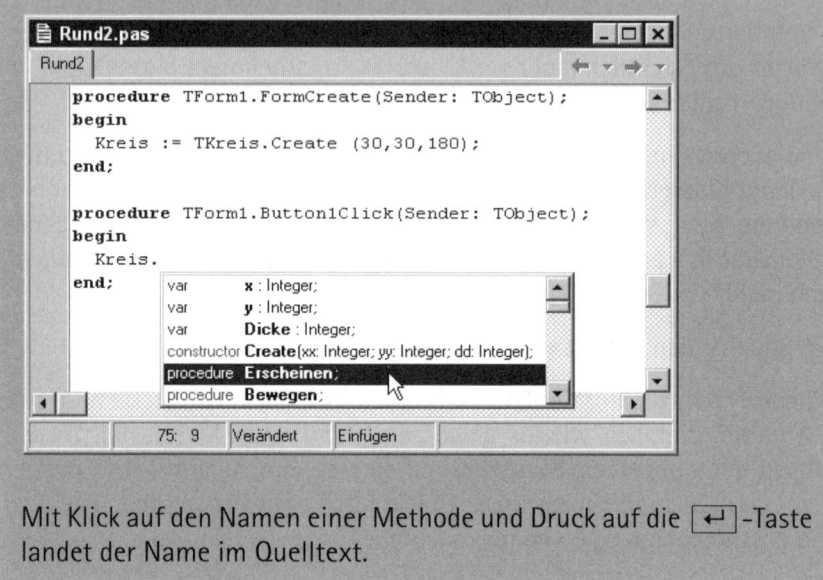

Mit Klick auf den Namen einer Methode und Druck auf die ⏎-Taste landet der Name im Quelltext.

Auch bei unserem selbst vereinbarten Objekt verwenden wir den **Zugriffsoperator**, ebenso wie der Gültigkeitsoperator ein Punkt (.). Damit sagen wir unserem Objekt Kreis, welche Methode es aktivieren soll.

≫ Probiere das Programm mehrmals aus. Ändere auch mal die Parameter beim Aufruf des TKreis-Konstruktors in der FormCreate-Methode.

Funktion oder Prozedur

Nun komme ich zu einer Sache, die ich vielleicht hätte schon früher mal klären sollen. Wer Turbo Pascal kennt, kann auch etwas mit den Begriffen **Prozedur** und **Funktion** anfangen.

Wir haben bis jetzt immerzu nur von Methoden gesprochen. Dabei gibt es wichtige Unterschiede: Methode ist nicht gleich Methode. Ein Beispiel ist der Konstruktor. Das ist aber nicht alles. Denn es gibt außerdem auch Prozeduren und Funktionen.

Diese können sogar völlig frei in einem Quelltext herumschwirren, ohne an ein Objekt gebunden zu sein. Du hast auch schon mit einem Pärchen Bekanntschaft gemacht, das sich um Zufälligkeiten kümmert:

Funktion oder Prozedur

```
randomize;                       // Prozedur
Zufall := random (Grenzwert);    // Funktion
```

Während die Prozedur randomize einfach nur etwas tut und sich dann zur Ruhe setzen darf, muss die Funktion random nach getaner Arbeit einen Wert zurückgeben (z.B. an eine Variable mit dem Namen *Zufall*).

Um dir das mit den Prozeduren und Funktionen klarzumachen, habe ich die Mühe nicht gescheut, zur Vereinbarung von TKreis noch zwei Methoden hinzuzufügen, die den Flächeninhalt und Umfang des Kreises berechnen.

≫ Zuerst muss die Klassenvereinbarung etwas aufgebläht werden:

```
type
  TKreis = class
    x, y, Dicke: Integer;
    constructor Create (xx,yy,dd: Integer);
    procedure Erscheinen;
    procedure Bewegen;
    procedure Verschwinden;
    function Flaeche: Single;
    function Umfang: Single;
  end;
```

Damit sind die beiden neuen Methoden deklariert. Delphi weiß, dass sie zur Klasse TKreis gehören.

≫ Nun folgen die genauen Definitionen:

```
function TKreis.Flaeche: Single;
begin
  Flaeche := Pi*(Dicke/2)*(Dicke/2);
end;

function TKreis.Umfang: Single;
begin
  Umfang := Pi*Dicke;
end;
```

Mit Pi bietet Delphi eine Funktion an, die den Wert der gleichnamigen Zahl zurückgibt.

Solltest du die Formeln für Flächeninhalt und Umfang eines Kreises nicht (mehr) kennen, macht das nichts. Glaub mir einfach. Es kommt hier nicht mal darauf an, ob sie stimmen. Wichtiger ist die Zuweisung der Formel an den Namen der Funktion. Damit ist am Schluss der Methode ein Rückgabewert vorhanden. So wird die Methode zur **Funktion**. Bei einer **Prozedur** dagegen gibt es diese Schlusszuweisung nicht, es wird also nichts zurückgegeben.

Diese beiden Methoden übernehmen als Mitglied von `TKreis` keine Parameter, weil sie freien Zugriff auf die benötigte Eigenschaft `Dicke` haben. Würde man diese Funktionen außerhalb der Klasse `TKreis` definieren, dann müssten sie so aussehen und würden damit auch einen Parameter benötigen:

```
function Flaeche (Dicke: Integer): Single;
begin
   Flaeche := Pi*(Dicke/2)*(Dicke/2);
end;
function Umfang (Dicke: Integer): Single;
begin
   Umfang := Pi*Dicke;
end;
```

Eine Zuweisung innerhalb des Funktionsblocks an den Funktionsnamen ist unbedingt nötig, da die Funktion sonst einen undefinierten (sinnlosen) Wert zurückgibt!

Eine Frage des Formats?

Was ist mit `Single` – schon wieder ein neuer Datentyp? Du hast Recht: Damit werden so genannte Dezimalzahlen vereinbart, die einen Dezimalpunkt oder ein Komma haben können. Irgendwo hast du das doch schon mal gelesen. Es ist schon einige Kapitel her, da habe ich dir dasselbe vom Typ `Real` erzählt.

Aber hätte dann nicht dieser Typ gereicht? Bevor ich weiterrede, solltest du dir erst einmal die folgende Tabelle anschauen:

Typ	Wertebereich	»Nachkommastellen«	Größe in Byte
Real	2.9×10^{-39} bis 1.7×10^{38}	11-12	6
Single	1.5×10^{-45} bis 3.4×10^{38}	7-8	4
Double	5.0×10^{-324} bis 1.7×10^{308}	15-16	8
Extended	3.4×10^{-4932} bis 1.1×10^{4932}	19-20	10

Eine Frage des Formats?

Ohne viel zu erklären sage ich dir einfach, dass dem Prozessor in deinem PC die Typen Single, Double und Extended von der Verarbeitungsgeschwindigkeit am meisten liegen.

Und wenn du dir die Rückgabewerte von Funktionen wir z.B. Pi oder StrToFloat anschaust, findest du eigentlich selten eine vom Typ Real. Dieser Typ wurde auch nur früheren Versionen von Object Pascal und Turbo Pascal zuliebe beibehalten. Wir verwenden also künftig in der Regel Single oder Double für unsere Gleitpunktzahlen. (Und soll es ganz besonders genau sein, dann kommt auch mal Extended zum Einsatz.)

≫ Damit du die Funktionen auch testen kannst, solltest du z.B. die Button1Click-Methode so ändern (→ RUND3.PAS, KREIS3.DPR):

```
procedure TForm1.Button1Click(Sender: TObject);
begin
  Kreis.Erscheinen;
  Canvas.TextOut (60,100, 'Fläche = '
    + FloatToStrF(Kreis.Flaeche, ffNumber, 8, 2));
  Canvas.TextOut (60,120, 'Umfang = '
    + FloatToStrF(Kreis.Umfang, ffNumber, 8, 2));
end;
```

An die Funktion FloatToStr kannst du dich vielleicht düster, an FloatToStrF noch dunkler erinnern? Hier noch mal kurz die Bedeutung:

FloatToStr	Eine Dezimalzahl umwandeln, zurückgegeben wird ein String
FloatToStrF	Eine Dezimalzahl formatieren und umwandeln, zurückgegeben wird ein String
StrToFloat	Einen String umwandeln, zurückgegeben wird eine Dezimalzahl vom Typ Extended

Wie du mehrmals gesehen hast, wird offenbar jede Methode gewissermaßen zweimal vereinbart. Das eine nennt man **Deklaration**: Der Name wird einfach nur aufgeführt, die Prozedur oder Funktion in der Klassenvereinbarung sozusagen angekündigt:

```
procedure MethodenName (Parameter);
function MethodenName (Parameter): Typ;
```

Weiter unten erfolgt dann die **Definition**, die eigentliche Erklärung, was genau die Methode zu tun hat:

Kapitel 11 — Eine eigene Klasse

```
procedure KlassenName.MethodenName (Parameter);
begin
  // Anweisungsblock
end;
function KlassenName.MethodenName (Parameter);
begin
  // Anweisungsblock
  MethodenName := Ausdruck;   // <- wichtig!
end;
```

Zusammenfassung

Das war's für dieses Kapitel. Du hast deine erste eigene Klasse vereinbart und ein eigenes Objekt geschaffen. Wie Gott solltest du dich allerdings nicht fühlen (denn die Entstehung von Objekten der Klasse Mensch ist doch um einiges aufwändiger).

Schauen wir mal, was du Neues von Delphi weißt:

CopyRect	Einen Bildausschnitt kopieren
Refresh	Methode von TForm: Die aktuelle Anzeige im Formular auffrischen
TRect	Datentyp zur Aufnahme von Daten eines Rechtecks
Rect	Funktion zur Übernahme von Rechteckdaten
type	Damit lassen sich eigene Typen vereinbaren
class	Damit werden Klassen vereinbart
. (Punkt)	Klassennamen und Methodennamen bei der Definition verknüpfen (Gültigkeitsoperator)
. (Punkt)	Objektnamen und Methodennamen beim Aufruf verknüpfen (Zugriffsoperator)
Sleep	eine Pause machen (in Millisekunden)

Und hier noch mal im Überblick, was es nun an verschiedenen Methoden-Typen gibt:

Funktion	Vereinbarung mit function, gibt immer einen Wert zurück, wird zugewiesen
Prozedur	Vereinbarung mit procedure, gibt keinen Wert zurück, wird aufgerufen
Konstruktor	Vereinbarung mit constructor, initialisiert ein Objekt, wird zugewiesen

Nur eine Frage ...

Nur eine Frage ...

Frage 1: Was ist der Unterschied zwischen einer Klassenvereinbarung und einer Objektvereinbarung?

... und eine Aufgabe

1. Mach aus der Klasse TKreis eine Klasse TQuadrat und lass ein farbiges (!) Objekt über den Bildschirm wandern.

12
Kapselung und Vererbung

Was ist eigentlich das Wesentliche eines Objekts? Du benutzt es, und dabei muss es dich nicht interessieren, dass Daten und Code unter einem Dach vereint sind.

Bei den **Daten** handelt es sich z.B. um Werte, die die Eigenschaften eines Objekts ausmachen. Das können Zahlen, Zeichenketten, Bilder oder auch Dateien sein, die ein Objekt benutzt.

Und unter dem etwas unanständig klingenden Wort **Code** versteht man alles, was an Vereinbarungen und Anweisungen in einem Quelltext steht. Deshalb kann man statt von Quelltext auch von Quellcode reden.

In diesem Kapitel lernst du

◎ was OOP ist

◎ was Kapselung bedeutet

◎ was man unter einer Unit versteht

◎ wie man eine andere Klasse beerbt

Kapitel 12

Kapselung und Vererbung

Alles unter einem Hut

Möglichst einfach ausgedrückt kann man sagen, dass alles, was zusammengehört, sozusagen in eine Schachtel eingepackt wird. Das nennt man **Kapselung** (englisch encapsulation, gesprochen enkepsjuleyschn). Und was dabei herauskommt, ist eine **Klasse**.

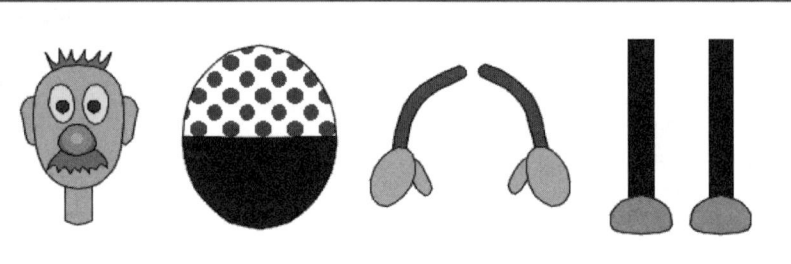

Kapselung

Und daraus lassen sich dann beliebig viele Objekte erstellen. Jedes Objekt hat seine eigenen Daten. Und um diese zu bearbeiten, benutzt das Objekt die Methoden, die es bei der Erstellung von seiner Klasse erhalten hat. Dabei ist jedes Objekt unabhängig von den anderen.

> Die Instanz einer Klasse besitzt alle Eigenschaften der Klasse und kann über ihre Methoden frei verfügen. Mit welchen Daten diese Eigenschaften gefüllt und wann und wie die Methoden benutzt werden, entscheidet das Objekt.
>
> Wichtig ist bei Klasse und Objekt die folgende Unterscheidung. Bei einer Klasse werden alle ihre Methoden so definiert:
>
> ```
> MethodenTyp KlassenName.MethodenName (Typ Parameter);
> ```
>
> Wurde ein Objekt als Instanz dieser Klasse vereinbart, kann man eine Methode nur so benutzen:
>
> ```
> ObjektName.MethodenName (Parameter);
> ```
>
> Voraussetzung ist diese Vereinbarung:
>
> ```
> var Objekt: Klasse;
> ```
>
> Und ganz wichtig ist die Initialisierung:
>
> ```
> Objekt := Klasse.Konstruktor (Parameter);
> ```
>
> Nun lässt sich das Objekt nach Belieben einsetzen.

Alles unter einem Hut

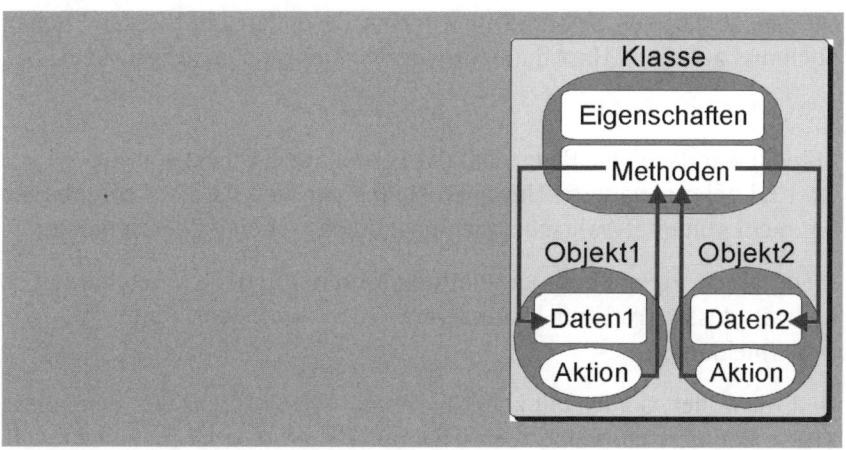

Mit Objekten arbeitetest du jetzt schon seit dem ersten Kapitel. Grundlage war immer das Formular, ein Objekt vom Typ TForm. Darauf haben sich dann jede Menge Schaltflächen als Instanzen der Klasse TButton und viele, viele weitere Komponenten getummelt.

Das Schöne daran: Man klickt auf ein Symbol, setzt das Objekt ins Formular und landet mit Doppelklick in einer Methode, die sich z.B. auf Knopfdruck aktivieren lässt. Aber jetzt kommt der Haken: Das alles gilt nur für Komponenten, die ein Symbol in der Komponentenpalette haben – oder?

Bei unserem Objekt Kreis aus dem letzten Kapitel jedenfalls hatten wir diesen Komfort nicht. Da war von Anfang bis Ende Handarbeit im Editorfenster angesagt. Aber immerhin: Unser eigenes Geschöpf konnte sich sehen lassen, über das Formular huschen und wieder verschwinden. (Allerdings hat es sich dabei vor allem bei Methoden von Canvas bedient.)

Wie du im letzten Kapitel also gesehen hast, kannst du dir eine Klasse selbst erstellen. Im Prinzip könntest du das sogar unabhängig von Delphi tun. Du musst dazu nur die Spielregeln von Delphi beachten. Bei sehr komplexen Objekten kann es aber eine Menge Arbeit und Probleme bedeuten, alles selbst zu programmieren.

Sieht man sich ein bisschen unter den Objekten um, die Delphi zu bieten hat, dann fragt man sich, ob man da nicht wenigstens mal was ausleihen kann. Warum nicht? Immerhin haben wir doch die ganze Zeit mit solchen »Leihgaben« gearbeitet. Bloß müsste man wissen, wie man die Klassen von Delphi anzapft.

Schauen wir mal genauer auf eine Vereinbarung, die in jedem Programmtext steht, den wir bis jetzt bearbeitet haben.

```
var Form1: TForm1;
```

Kapitel 12
Kapselung und Vererbung

Du kannst da beim besten Willen nichts Besonderes entdecken? Schau doch mal auf die 1. Hast du nicht eigentlich eher so etwas erwartet:

```
var Form1: TForm;
```

Ständig war davon die Rede, dass das Formular ein Objekt vom Typ `TForm` ist. Und beim genaueren Hinsehen stellen wir fest, dass das offenbar so gar nicht stimmt. (Wahrscheinlich hast du das schon vorher bemerkt.)

Wenn du dir irgendein Programm herausgreifst und die Vereinbarung so änderst, dass `Form1` zur Instanz von `TForm` wird, dann erntest du eine Fehlermeldung.

Und wir wollen ja auch gar kein Objekt vom Typ `TForm` haben. Denn diese Klasse definiert ein völlig leeres Formular – ohne jeden Inhalt wie z.B. Buttons oder Labels. Was wir wollen (und bisher auch immer verwendet haben), ist eine Formular-Klasse, die um einige Komponenten und auch Methoden erweitert wurde.

Es gibt was zu erben

Der Typ `TForm1` bietet also auch ein Formular, aber eines, das wir uns je nach Programm selbst zusammengebastelt haben.

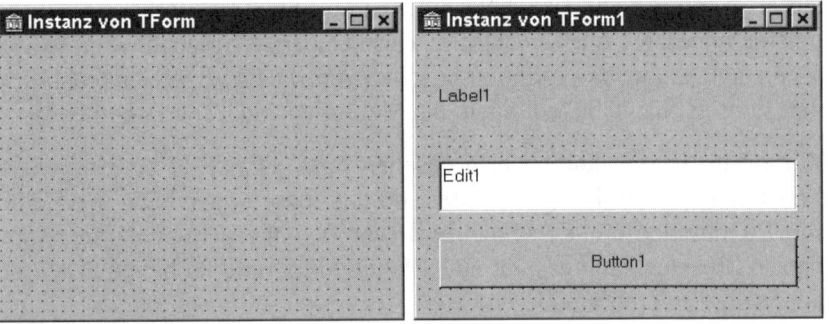

Alles, was `TForm` hat, bietet auch `TForm1`. Offenbar gibt es in Delphi einen Mechanismus, mit dem eine neue Klasse eine schon vorhandene beerben kann. Doch wo steht das?

Schon im letzten Kapitel haben wir einen Blick auf die Vereinbarung der Klasse `TForm1` (mit der 1) geworfen. Dabei habe ich dir einfach unterschlagen, dass da hinter `class` etwas Wichtiges in Klammern steht:

Es gibt was zu erben

```
type
  TForm1 = class(TForm)
    Button1: TButton;
    Button2: TButton;
    Button3: TButton;
    procedure FormCreate(Sender: TObject);
    procedure Button1Click(Sender: TObject);
    procedure Button2Click(Sender: TObject);
    procedure Button3Click(Sender: TObject);
  end;
```

Alles, was TForm1 hat, bietet auch TForm. Offenbar gibt es in Delphi einen Mechanismus, mit dem eine neue Klasse eine schon vorhandene beerben kann. Damit kommen wir zu dem, was in dieser Vereinbarungszeile wie eine Art Parameter aussieht:

TForm1 = class(TForm)/

Das »Anhängsel« in Klammern ist also dafür zuständig, dass die neue Klasse TForm1 von einer bereits vorhandenen Klasse TForm etwas erbt. Entscheidend ist, dass sich aus einer bereits vorhandenen Klasse eine neue ableiten lässt, die offenbar viele (oder alle?) Eigenschaften und Methoden der »Mutter« übernimmt.

Damit haben wir neben der Kapselung eine weitere wichtige Eigenschaft der Objektorientierten Programmierung (OOP). Durch **Vererbung** (englisch inheritance, gesprochen inheritens) ist es möglich, neue Klassen zu erstellen und dabei bereits vorhandene zu nutzen, indem man deren Eigenschaften und Methoden übernimmt.

Allgemein sieht das Vereinbarungsgerüst so aus:

```
type
  KindName class (MutterName)
  //
  end;
```

Man kann hier also von einem verwandtschaftlichen Verhältnis sprechen: Die neue Klasse ist das Kind, die von einer Mutter (oder einem Vater) gute wie schlechte Eigenschaften und Gewohnheiten erbt. (So ähnlich wie du von deinen Eltern einiges oder eine ganze Menge abbekommen hast.)

Kapitel 12 — Kapselung und Vererbung

Vererbung

Alles, was nun in der neuen Vereinbarung zwischen der class-Zeile und end steckt, sind nur Eigenheiten der neuen Klasse. Die alte hat damit nichts zu tun.

> **Noch mal: Was ist OOP?**
>
> Das ist die Abkürzung für »Objektorientierte Programmierung« (bzw. englisch »Object Oriented Programming«).
>
> **Objekte** haben **Eigenschaften** und **Methoden**, um mit diesen Eigenschaften umzugehen. Statt Eigenschaften könnte man auch Daten sagen. Dann dienen die Methoden dazu, die Daten zu bearbeiten.
>
> Um alle Merkmale von gleichartigen Objekte zusammenzufassen, gibt es **Klassen**. In denen ist alles zusammengepackt, was ein Objekt ausmachen kann. Das nennt man **Kapselung**.
>
> Damit man nicht immerzu Klassen neu erfinden muss, kann man bereits vorhandene benutzen: Man baut deren Eigenschaften und Methoden einfach in eine neue Klasse ein. Das nennt man **Vererbung**.
>
> Dann erweitert man die neue Klasse um beliebige Eigenschaften und Methoden. Das alles lässt sich natürlich wiederum an neue Klassen vererben und so fort. Dadurch entsteht eine (große) Familie an Klassen und Objekten. Man spricht von **Klassenhierarchie**.

Projekt und Unit

Wo wir schon mal dabei sind, befassen wir uns doch mal mit dem Quelltext, der von Delphi automatisch erzeugt wird, sobald wir ein neues Projekt erstellen:

```
unit Unit1;

interface

uses
  Windows, Messages, SysUtils, Classes, Graphics, Controls,
  Forms, Dialogs;

type
  TForm1 = class(TForm)
  private
    { Private-Deklarationen }
  public
    { Public-Deklarationen }
  end;

var
  Form1: TForm1;

implementation

{$R *.DFM}

end.
```

Die Klasse TForm1 hat hier (noch) nicht mehr zu bieten als ihre Mutter TForm. Um dir eine Vorstellung von einer etwas »dickeren« Klassenvereinbarung zu machen, solltest du mal eins der *Seelenklempner*-Projekte öffnen, dir dort den Quelltext einer Unit ansehen und ihn mit diesem vergleichen (z.B. KLEMP10.DPR, BEFUND6.PAS).

Aber nehmen wir jetzt das »Drumrum« mal unter die Lupe: Ganz oben steht der Begriff unit mit einem Namen. So heißt wohl das ganze Paket. Also z.B. *Hallo1* wie bei einem unserer ersten Projekte oder *Rund3* wie zuletzt. Oder wenn du noch keinen Namen vergeben hast, einfach nur *Unit1*.

Kapitel 12 — Kapselung und Vererbung

Und so ist unser Paket aufgebaut:

```
unit Name;
interface
// Importieren der benötigten Units (Bibliotheken)
// Vereinbarung einer (neuen) Formularklasse
// Vereinbarung eines Formulars
implementation
// Definition der Klassenmethoden
end.
```

Es gibt in einem solchen Modul zwei wesentliche Blöcke:

◆ Der erste Block wird mit `interface` eingeleitet. Hier ist alles aufgeführt, was dir dieses Modul zur Verfügung stellt: Das können alle möglichen Typvereinbarungen sein, aber hier stehen auch Variablen und Objekte. Das ist der **Deklaration**steil.

◆ Mit `implementation` folgt dann der zweite Block der Unit. Hier werden die Methoden genauer definiert, die im `interface`-Teil deklariert wurden. Das ist der **Definition**ssteil.

> In Delphi kann man Programmteile zu einem geschlossenen Programm-Modul (= Unit, gesprochen: junit) zusammenfassen und als Quelltextdatei speichern. Ein größeres Projekt lässt sich dann aus fast beliebig vielen Units zusammensetzen. Jede Unit ist also eine in sich abgeschlossene Einheit, eben ein Baustein oder ein Modul. Ein anderer Begriff ist Bibliothek, weil eine Unit ja auch eine Erweiterung des Wortschatzes von Delphi ist.

Mit der Zeile `{$R *.DFM}` weißt du gar nichts anzufangen? Die dient nur zur internen Erinnerung an Delphi, dass das Formular zum Projekt gehört.

Was das `uses` unter dem `interface` bedeutet, möchtest du nun auch noch wissen: Damit werden Units (bzw. Bibliotheken) in ein anderes Modul eingebunden. `uses` heißt zu Deutsch soviel wie »gebraucht wird« oder »gebraucht werden (folgende Units)«.

Würdest du die `uses`-Zeilen weglassen, dann wüsste Delphi z.B. nicht, was der Typ `TForm` bedeutet. Denn die Klasse `TForm` ist (wie auch `TButton`, `TLabel` usw.) in einer Unit definiert, die von Delphi automatisch unter `uses` eingefügt wird, wenn du ein neues Projekt erstellst. Es gibt aber auch Units, die extra mit aufgeführt werden müssen. Delphi baut nämlich erst mal nur die Units ein, die standardmäßig in (fast) jedem Projekt benötigt werden könnten.

Ein neues Baby?

Ob die Vermutung richtig ist, dass wir auch eigene Units vereinbaren dürfen, werden wir schon bald sehen.

Ein neues Baby?

Das Kreisprojekt aus dem letzten Kapitel hatte einige entscheidende Nachteile. So verwendet TKreis viele Methoden anderer Objekte (wie z.B. des Formulars oder dessen Zeichenfläche Canvas). Eine Instanz dieser Klasse ist also überhaupt nicht eigenständig, wie es ein Objekt eigentlich sein sollte.

Lass uns also jetzt einmal ein Objekt erschaffen, das völlig unabhängig von anderen Objekten in Delphi arbeitet. Hier ist das Vereinbarungsgerüst einer solchen Klasse:

```
type
  TZins = class
    Kapital,
    Prozent,
    Zinsen: Single;
  end;
```

Wie du am Namen von TZins siehst, soll es hier um (die einfache) Zinsrechnung gehen. Ein Objekt dieses Typs soll die Werte für Kapital, Zinssatz und Zinsen übernehmen und daraus einen anderen Wert berechnen können. Zunächst gibt es nur die drei Eigenschaften Kapital, Prozent und Zinsen. Was noch fehlt, sind die Methoden für die Zinsrechnung.

Ein Objekt dieses Typs würde mit seinen Zinsformeln wohl unabhängig genug funktionieren. Aber es gibt einen guten Grund, unsere neue Klasse besser von einer anderen Klasse abzuleiten:

Gemeint ist die Klasse TObject, die sozusagen die Urmutter aller Klassen in Delphi ist. In ihr sind die Grundlagen vereinbart, die alle anderen Klassen bis hin zu TForm oder TButton auch bieten. Das betrifft unter anderem Prozesse für die Erzeugung und die Verwaltung eines Objekts durch Delphi.

Wir sollten es uns von nun an grundsätzlich zu Eigen machen, alle selbst vereinbarten Klassen zumindest von TObject abzuleiten. Damit gehören sie alle dann automatisch zur großen Klassenfamilie von Delphi.

Das könnte man nachträglich auch noch für TKreis tun, aber es würde an den oben genannten Nachteilen nichts ändern. Aber war da nicht im letzten Kapitel etwas?

Kapitel 12 — Kapselung und Vererbung

Vielleicht kannst du dich erinnern, dass Delphi dir beim gemütlichen Eintippen eines Objektnamens mit einem kleinen Menü zur Seite steht, das alle verfügbaren Eigenschaften und Methoden auflistet. Wenn du neugierig genug warst, hast du dir diese Liste mal genauer angeschaut und festgestellt, dass da eine ganze Reihe von Methoden aufgeführt waren, die wir niemals für TKreis vereinbart hatten.

Tatsächlich gibt Delphi jeder Klasse, die wir frei vereinbaren, automatisch die Klasse TObject als Mutter an die Hand. Eigentlich wäre demnach eine vereinbarte Vererbung nicht mehr (unbedingt) nötig – wenn TObject die Mutter sein soll. Aber schaden kann es grundsätzlich nicht. Und so können wir unsere Klasse TZins komplettiert dann so vereinbaren:

```
type
  TZins = class (TObject)
    Kapital,
    Prozent,
    Zinsen: Single;
    constructor Create;
    procedure SetKapital (Txt: String);
    procedure SetProzent (Txt: String);
    procedure SetZinsen  (Txt: String);
    function  GetKapital: String;
    function  GetProzent: String;
    function  GetZinsen:  String;
  end;
```

Ein neues Baby?

Der eingeklammerte Zusatz TObject zeigt jetzt an, dass unsere Klasse TZins das Kind der Basisklasse TObject von Delphi ist, und damit alle deren Methoden als Erbschaft übernimmt.

Nun zu den Methoden von TZins: Die drei Set-Methoden übernehmen jeweils einen String, z.B. von einer Edit-Komponente. Den wandeln sie dann in eine Dezimalzahl um und weisen diese der jeweiligen Eigenschaft Kapital, Prozent oder Zinsen zu. Die drei Get-Methoden berechnen aus zwei Eigenschaften den Wert der dritten – nach den üblichen Formeln der Zinsrechnung.

> Eigenschaften hat TObject keine, aber eine ganze Reihe von Methoden – wie du sehen kannst, wenn du auf das Wort TObject klickst und über F1 das Hilfesystem von Delphi aufrufst. Sie alle garantieren eine (zumindest meistens) reibungslose Verarbeitung auch deiner eigenen Objekte durch Delphi. Du musst nur jede deiner Klassen zu einem Kind von TObject (oder einem seiner Kinder) machen.

Bevor wir uns der Definition dieser Methoden widmen, kümmern wir uns zuerst um das passende Formular:

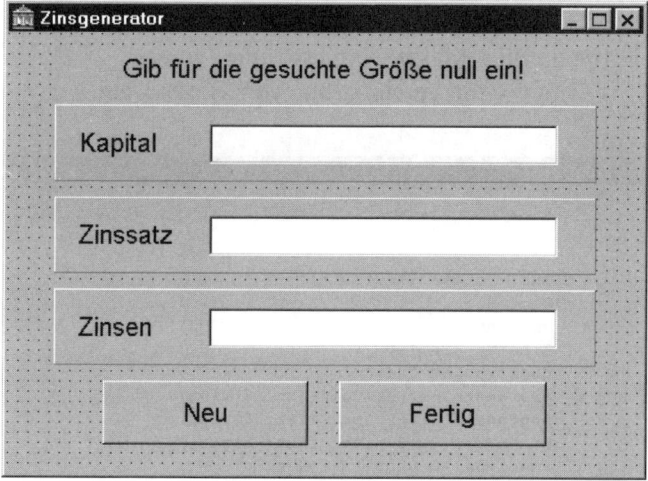

≫ Erzeuge über DATEI und NEUE ANWENDUNG ein neues Projekt. Füge in das Formular eine Anzeigefläche, je drei Anzeigetafeln und Eingabefelder, und zusätzlich zwei Schaltflächen ein. Orientiere dich an der Abbildung und der Tabelle, wie das Ganze aussehen soll.

Kapitel 12
Kapselung und Vererbung

	Caption/Text	Font/Schriftgröße
Label1	Gib für die gesuchte Größe eine Null ein!	12
Panel1	Kapital:	12
Panel2	Zinssatz:	12
Panel3	Zinsen:	12
Edit1	(leer)	12
Edit2	(leer)	12
Edit3	(leer)	12
Button1	Neu	12
Button2	Fertig	12

≫ Setze die Ausrichtung der Anzeige der Panels im Objektinspektor über ALIGNMENT auf TALEFTJUSTIFY.

≫ Setze vor Kapital, Zinssatz, Zinsen jeweils ein paar Leerzeichen, damit sie nicht so unschön am linken Rand kleben.

≫ Tippe die Klassenvereinbarung von TZins vor die Vereinbarung von TForm1 ein.

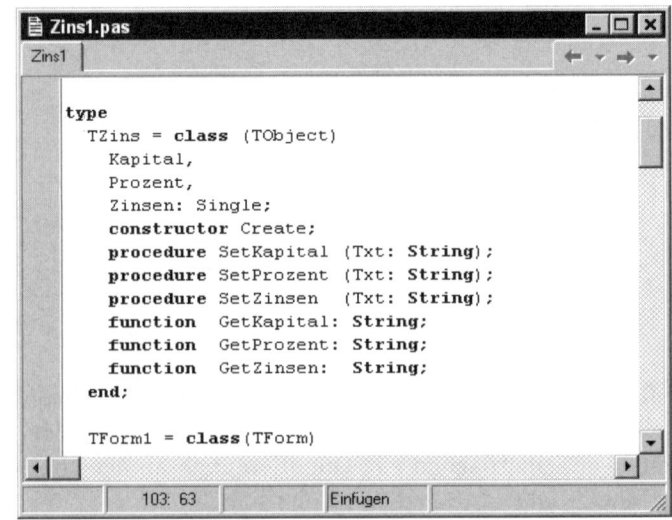

≫ Speichere das Projekt dann erst mal unter den Namen ZINS1.PAS bzw. MATHE4.DPR.

Ein Handvoll Set und Get

Damit ein Objekt wie Zins auch etwas von den Methoden der Klasse TZins hat, folgen jetzt die Definitionen. Wo genau sollen die hin? Alle in den implementation-Teil.

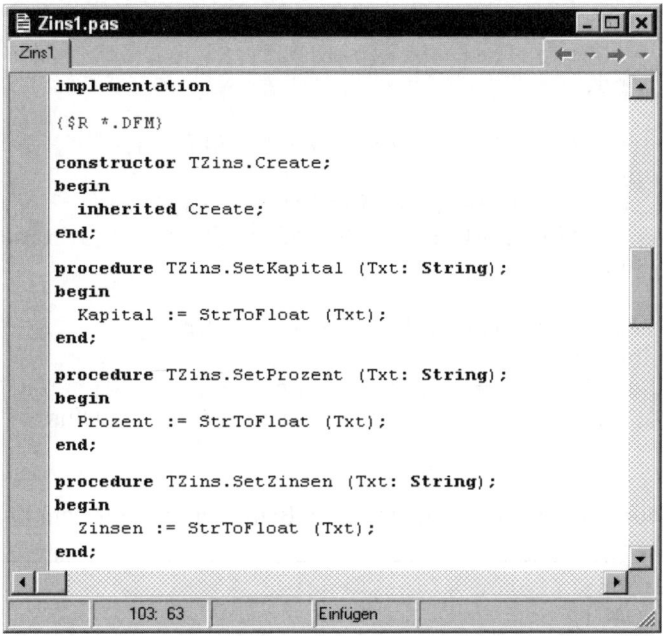

≫ Wechsle zum Editorfenster und tippe dann diesen (langen) Quelltext ein (→ MATHE4.DPR, ZINS1.PAS):

```
constructor TZins.Create;
begin
  inherited Create;
end;

procedure TZins.SetKapital (Txt: String);
begin
  Kapital := StrToFloat (Txt);
end;

procedure TZins.SetProzent (Txt: String);
begin
  Prozent := StrToFloat (Txt);
end;
```

Kapitel 12 — Kapselung und Vererbung

```
procedure TZins.SetZinsen (Txt: String);
begin
  Zinsen := StrToFloat (Txt);
end;

function TZins.GetKapital: String;
begin
  Kapital := Zinsen * 100 / Prozent;
  GetKapital := FloatToStrF(Kapital,ffNumber,8,2);
end;

function TZins.GetProzent: String;
begin
  Prozent := Zinsen * 100 / Kapital;
  GetProzent := FloatToStrF(Prozent,ffNumber,8,2);
end;

function TZins.GetZinsen:  String;
begin
  Zinsen := Kapital * Prozent / 100;
  GetZinsen := FloatToStrF(Zinsen,ffNumber,8,2);
end;
```

Nun gibt es einiges zu erklären. Beginnen wir mit dem Konstruktor:

```
constructor TZins.Create;
begin
  inherited Create;
end;
```

Wie du siehst, steht zwischen begin und end nur der Aufruf einer anderen Methode mit demselben Namen Create. Vermutlich handelt es sich dabei ebenfalls um einen Konstruktor. Denn TZins hat mit allen Methoden natürlich auch den Konstruktor von TObject geerbt. Und weil es für TZins selbst nichts Neues zu initialisieren gibt, kann das genauso gut auch der geerbte Konstruktor erledigen.

inherited bedeutet so viel wie »ererbt«. Damit weiß Delphi, dass nicht der gleichnamige Konstruktor von TZins, sondern der von Mutter TObject aktiviert werden soll.

Und weiter geht es mit den Set-Methoden. Diese Prozeduren übernehmen alle einen String als Parameter und sorgen nur dafür, dass der in eine Dezimalzahl umgewandelt und an Kapital, Prozent bzw. Zinsen weitergereicht wird:

Ein Zinsobjekt mit lauter Nullen

```
Kapital := StrToFloat (Txt);
Prozent := StrToFloat (Txt);
Zinsen  := StrToFloat (Txt);
```

Wenn du dich an ein bisschen Zinsrechnen aus der Schule erinnerst, dann verstehst du auch die drei `Get`-Methoden. Zuerst wird jeweils mit Hilfe der anderen beiden Größen der Wert von `Kapital`, `Prozent` bzw. `Zinsen` berechnet:

```
Kapital = Zinsen * 100 / Prozent;
Prozent = Zinsen * 100 / Kapital;
Zinsen  = Kapital * Prozent / 100;
```

Anschließend sorgen die Zuweisungen dafür, dass die Funktionen einen sinnvollen Rückgabewert erhalten:

```
GetKapital := FloatToStrF(Kapital,ffNumber,8,2);
GetProzent := FloatToStrF(Prozent,ffNumber,8,2);
GetZinsen  := FloatToStrF(Zinsen,ffNumber,8,2);
```

Und mit `FloatToStrF` kommt dabei auch ein ansehnliches Format als String heraus. Der lässt sich dann z.B. in einer Anzeigefläche oder einem Eingabefeld weiter verwenden.

Ein Zinsobjekt mit lauter Nullen

Bevor unser *Zins*-Objekt in Aktion treten kann, muss es zuerst einmal vereinbart und initialisiert werden. Die Vereinbarung setzen wir direkt dem *Form*-Objekt unter die Nase:

```
var
  Form1: TForm1;
  Zins : TZins;
  Modus: Integer;
```

Dazu geschmuggelt habe ich noch eine weitere Variable, die wir später benötigen.

Das Erzeugen des Objekts geschieht dann (wieder) in der `FormCreate`-Methode:

```
procedure TForm1.FormCreate(Sender: TObject);
begin
  Zins := TZins.Create;
  SetZero;
end;
```

Kapitel 12 — Kapselung und Vererbung

SetZero ist eine Methode, die eine ganze Menge Startwerte setzen soll. Delphi kennt sie natürlich noch nicht. Aber gleich werden wir die Klasse TForm1 um diese Methode erweitern.

➤ Ergänze die Klassenvereinbarung von TForm1 um diese Zeilen:

```
type
  TForm1 = class(TForm)
  // bisherige Eigenschaften und Methoden
  private
    { Private-Deklarationen }
   procedure SetZero;
  public
    { Public-Deklarationen }
  end; //
end;
```

Es kommt hier nicht darauf an, wo genau du die Deklaration von SetZero hinsetzt – ob über oder unter private oder public. (Und über diese beiden Begriffe erfährst du auch in diesem Kapitel noch nichts. Aber wir kommen bestimmt darauf zurück!)

So wie es aussieht, erlaubt uns Delphi, bei Vereinbarungen, die von ihm automatisch erstellt wurden, auch selbst Hand anzulegen und eigene Methoden einzubauen.

Natürlich muss diese neue Methode auch definiert werden – am besten direkt über der FormCreate-Methode.

```
procedure TForm1.SetZero;
begin
  Zins.Kapital := 0;
  Zins.Prozent := 0;
  Zins.Zinsen  := 0;
  Edit1.Text := '0';
  Edit2.Text := '0';
  Edit3.Text := '0';
  Modus := 0;
end;

procedure TForm1.FormCreate(Sender: TObject);
begin
  Zins := TZins.Create;
  SetZero;
end;
```

Kapital, Prozent und Zinsen

≫ Tippe auch diesen Quelltext ein (→ ZINS1.PAS):

```
procedure TForm1.SetZero;
begin
  Zins.Kapital := 0;
  Zins.Prozent := 0;
  Zins.Zinsen  := 0;
  Edit1.Text := '0';
  Edit2.Text := '0';
  Edit3.Text := '0';
  Modus := 0;
end;
```

Eigentlich nichts Außergewöhnliches: Die Werte von `Kapital`, `Prozent` und `Zinsen` werden auf null gesetzt. Passend dazu zeigen auch die drei Eingabefelder eine Null. Und die Variable *Modus*, die wir oben schon vereinbart haben, wird ebenfalls »genullt«.

Kapital, Prozent und Zinsen

Wozu aber sitzen die ganzen Nullen in einer Extra-Methode, wo sie doch eigentlich in `TForm1.FormCreate` gehören? Ganz einfach: Gleich in der ersten `ButtonClick`-Methode kommt die ganze Zuweisungspalette noch mal vor:

```
procedure TForm1.Button1Click(Sender: TObject);
begin
  SetZero;
  Label1.Caption :=
    'Setze nur die gesuchte Größe auf null!';;
end;
```

Der Anweisungsblock in `TForm1.Button1Click` gerät jetzt angenehm kurz – dank der `SetZero`-Vereinbarung.

Die Methode für die FERTIG-Schaltfläche dagegen muss nun den Löwenanteil übernehmen:

Kapitel 12

Kapselung und Vererbung

```
procedure TForm1.Button2Click(Sender: TObject);
begin
  Label1.Caption := 'Das ist das Ergebnis';
  Zins.SetKapital (Edit1.Text);
  if Edit1.Text = '0' then inc (Modus);
  Zins.SetProzent (Edit2.Text);
  if Edit2.Text = '0' then inc (Modus,10);
  Zins.SetZinsen (Edit3.Text);
  if Edit3.Text = '0' then inc (Modus,100);
  case Modus of
    1  : Edit1.Text := Zins.GetKapital;
    10 : Edit2.Text := Zins.GetProzent;
    100: Edit3.Text := Zins.GetZinsen;
    else
      Label1.Caption := 'Keine oder zu viele Nullen!';
  end;
  Modus := 0;
end;
```

Hier siehst du nun endlich, welche Rolle die Variable *Modus* bzw. neue Eigenschaft von TForm1 spielt:

```
if Edit1.Text = '0' then inc (Modus);
if Edit2.Text = '0' then inc (Modus,10);
if Edit3.Text = '0' then inc (Modus,100);
```

Je nach Fall wird aus der Null eine Eins, eine Zehn oder eine 100. Und nur diese drei Werte sind auch bei der folgenden case-Abfrage gültig. Je nachdem, wo die Null stand, werden Kapital, Zinssatz oder Zinsen berechnet und dann sofort an das entsprechende Eingabefeld weitergeleitet:

```
Edit1.Text := Zins.GetKapital;   // Modus =   1;
Edit2.Text := Zins.GetProzent;   // Modus =  10;
Edit3.Text := Zins.GetZinsen;    // Modus = 100;
```

Sollte aber irgendwo eine zweite (oder dritte) Null auftauchen, erhält *Modus* einen »falschen« Wert und das Objekt Zins bleibt untätig. Denn dann ist nicht eindeutig, was berechnet werden soll.

Deshalb gibt es bei dieser case-Struktur noch einen else-Zweig :

```
else
  Label1.Caption := 'Keine oder zu viele Nullen!';
```

Der entspricht dem else-Zweig bei der if-Struktur: Wenn alle anderen case-Möglichkeiten nicht in Frage kommen, wird der Anweisungsblock ausgeführt, der im else-Zweig steht.

Zusammenfassung

Am Schluss wird *Modus* wieder auf null gesetzt. (Das sieht zwar im ersten Moment wie »doppelt gemoppelt« aus, ist aber nötig, falls der Button NEU nicht vor einer Neueingabe angeklickt wird!)

> Ergänze die `ButtonClick`-Methoden der *Zins1*-Unit um den obigen Quelltext.

> Dann speichere alles noch mal (→ ZINS1.PAS, MATHE4.DPR).

> Nun kannst du dein Programm laufen lassen.

Dabei gilt diese Regel:

Willst du eine bestimmte Größe berechnen lassen, dann gib für die anderen beiden einen Wert ein und für die gesuchte Größe eine Null. Beispiel: Nach Eingabe von 2000 (€) für KAPITAL und 4,5 für den ZINSSATZ erhältst du nach einem Klick auf FERTIG 90 € Zinsen. (Vorausgesetzt, bei ZINSEN stand vorher eine Null!) Bei mehreren Nullen wird nichts berechnet, bei Klick auf NEU wird alles auf den Startwert Null gesetzt.

Zusammenfassung

Nun haben wir ein neues Objekt erschaffen. Wahrscheinlich hast du Lust auf mehr bekommen. Deshalb leiten wir als Nächstes ein Objekt von einem anderen ab, das schon einiges zu bieten hat, und geben ihm noch ein paar Zutaten in die Wiege.

Kapitel 12 — Kapselung und Vererbung

In diesem Kapitel hast du wieder eine ganze Reihe Neuwörter kennen gelernt:

TObject	Die Basisklasse (fast) aller Objekte in Delphi
unit	Hiermit werden Module vereinbart
interface	Hier beginnt eine Liste mit allen Klassen, Eigenschaften und Methoden (Prozeduren/ Funktionen), die in der Unit vereinbart werden (Deklarationsteil)
implementation	Hier beginnen die genauen Vereinbarungen aller Methoden (Prozeduren und Funktionen) der Unit (Definitionsteil)
end.	Hier endet die Unit (hinter dem Punkt)
uses	Damit wird eine Unit in ein Projekt (oder eine andere Unit) eingebunden
case	FALLS eine Variable einen entsprechenden Wert hat (zur Wiederholung)
else	FALLS eine Variable keinen entsprechenden CASE-Wert hat

Ein paar Fragen ...

Frage 1: Was bedeutet Kapselung?

Frage 2: Erkläre den Begriff Vererbung.

... und ein paar Aufgaben

1. Ändere die Klasse im *Mathe4*-Projekt so um, dass nur Zahlwerte übergeben (get) und übernommen (set) werden.

2. Erweitere das *Mathe4*-Projekt so, dass in den set-Methoden von TZins die Übergaben von Strings abgefangen werden, die sich nicht in eine Zahl umwandeln lassen.

13
Eigene Komponenten

Am Ende der letzten beiden Kapitel ist eigentlich nicht allzu viel Aufsehen Erregendes herausgekommen: Ein schmächtiger Kreis, der über das Formular wandert, und ein Objekt, das über Zahlen in Erscheinung tritt. Mal sehen, ob wir nicht ein bisschen mehr zustande bringen. Vor allem werden wir uns hier noch etwas weiter in die Gefilde der Objektorientierten Programmierung (abgekürzt: **OOP**) hinein wagen.

In diesem Kapitel lernst du

◎ wie man eine vorhandene Klasse beerbt

◎ wie man eine eigene Komponente erzeugt

◎ wie man die Komponente installiert

◎ wie man ein Symbol für die Komponente erstellt

Kapitel Eigene Komponenten

13

Endlich ein Bild

Nicht übel wäre ein richtiges Bild oder z.B. eine Figur, die sich sogar bewegen kann. Lass uns also (wieder mal) ein ganz neues Projekt beginnen. Die Klasse, die wir darin vereinbaren, soll einiges von einer geeigneten Mutter erben. Die müssen wir uns in der großen Familie der Klassen von Delphi suchen.

Beim Durchstöbern der Komponentenpalette fällt mir eine Komponente aus der Klasse `TImage` auf.

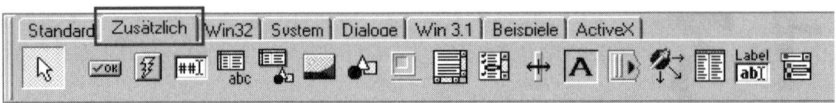

Probieren wir erst mal aus, was `Image` kann. Für das Symbol für diese Komponente müssen wir uns diesmal beim Register ZUSÄTZLICH bedienen.

≫ Suche das Symbol für IMAGE und klicke darauf.

≫ Ziehe die Komponente in der Mitte des Formulars auf.

≫ Gib dem Formular den Titel `Movie1`.

Nun dürfte das Ganze etwa so aussehen:

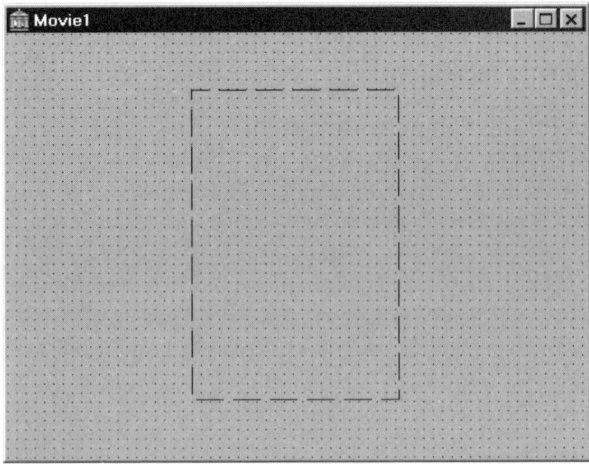

Endlich ein Bild

Damit wir gleich beim Start des Programms ein Bild bekommen, gehört der folgende Quelltext komplett in die Methode `TForm1.FormCreate`:

```
procedure TForm1.FormCreate(Sender: TObject);
begin
  try
    Image1.Picture.LoadFromFile('Bilder\Figur01.bmp');
  except
    Caption := 'Kein Bild';
  end;
end;
```

In diesem Fall befindet sich die Bilddatei FIGUR01.BMP im Unterordner BILDER. Sollte das Programm das Bild nicht finden, so muss der komplette Pfad angegeben werden. z.B.

```
// wenn die Dateien auf der Festplatte sind
const Pfad = 'c:\Delphi\Buch\Bilder\';
```

oder

```
// wenn die Dateien auf der CD sind
// (ggf. anderer CD-Buchstabe)
const Pfad = 'd:\Buch\Bilder\';
```

Womit der Parameter der Methode `LoadFromFile` sich dann so ändert:

```
LoadFromFile (Pfad+'Figur01.bmp');
```

> Häufig ist es sinnvoll, Pfadnamen und Dateinamen als Konstanten (mit `const`) zu vereinbaren, vor allem, wenn in einem größeren Projekt dieser Name mehrmals vorkommt. Dann nämlich muss nur eine Stelle angepasst werden, falls sich am Pfad mal etwas ändert.

≫ Doppelklicke auf das Formular und tippe im Editorfenster den Quelltext für `TForm1.FormCreate` ein (→ OOP1.DPR, BILD1.PAS).

≫ Speichere das Projekt und lass es laufen.

Kapitel 13 — Eigene Komponenten

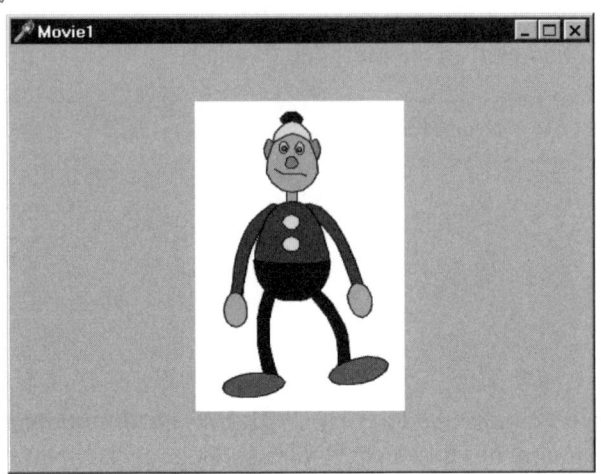

Ein Kind von TImage

Wie du siehst, scheint TImage als Mutter unserer neuen Klasse ganz brauchbar zu sein. Denn mit seiner Hilfe lassen sich recht einfach Bilder im Formular anzeigen. Aber das ist nicht alles:

Weil eine Instanz von TImage eine Komponente ist, die du auch über die Komponentenpalette erzeugen kannst, erbt dieses Merkmal auch unsere neue Klasse.

Außerdem besitzt sie die Objekte Canvas und Picture als Eigenschaften. Canvas kennst du bereits aus den vergangenen Kapiteln als Eigenschaft von TForm. Damit kann man (über Methoden) Bilder selbst zeichnen. Im Gegensatz oder in Ergänzung dazu bietet Picture die für uns wichtige Möglichkeit, z.B. mit einem Grafikprogramm erstellte Bilder zu öffnen und anzuzeigen (LoadFromFile).

Auch wenn wir die Möglichkeiten von Canvas hier wohl nicht benötigen, auf das meiste andere aus dem Angebot von TImage aber möchte ich nicht verzichten. (Außerdem wissen wir ja jetzt noch nicht, ob und wie wir unser Projekt später weiter ausbauen.)

Wie soll unsere neue Klasse heißen? Hier ist das erste Vereinbarungsgerüst:

```
type
  TMovie = class (TImage)
  end;
```

Ein Kind von TImage

Weil es ja auch darum geht, dass sich etwas bewegt, möchte ich die Klasse TMovie nennen. Die soll nun gleich die (alte) Mutter TImage ersetzen.

Wenn wir nun einfach im Quelltext bei allen betreffenden Wörtern Image durch Movie ersetzen, dürfte das doch genügen – oder? Probieren wir's einfach mal aus.

≫ Tippe die Vereinbarung für die Klasse TMovie in den Quelltext ein.

Damit gibt es eine neue Klasse mit denselben Eigenschaften und Methoden von TImage.

≫ Setze den Textcursor ganz oben an den Anfang des Quelltexts. Klicke dann auf SUCHEN und ERSETZEN.

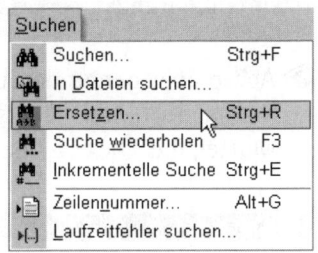

≫ Gib hinter SUCHEN NACH Image und hinter ERSETZEN DURCH Movie ein. Achte darauf, dass vor der Option MIT BESTÄTIGUNG ein Häkchen und vor der Option TEXTANFANG ein Pünktchen steht. Dann klicke auf ALLES ERSETZEN.

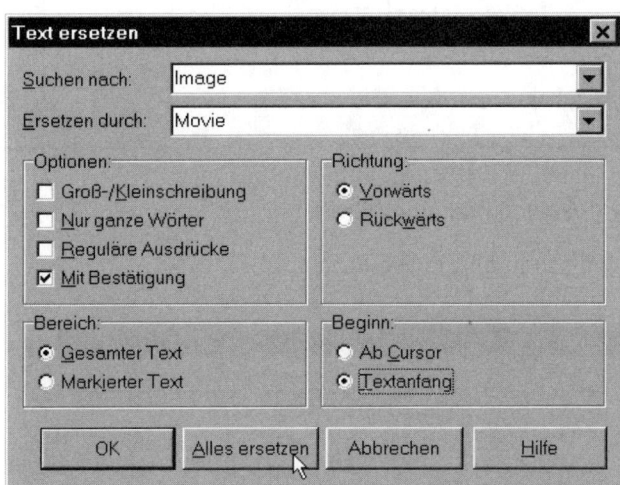

Kapitel 13 — Eigene Komponenten

≫ Klicke zur Bestätigung jedes Mal auf JA.

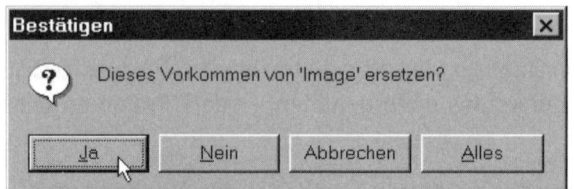

Wenn du auf ALLES klickst, wird ohne Rückfrage ersetzt. Das sollte man nur tun, wenn man sicher ist, dass alle Wörter, in denen das Gesuchte vorkommt, ersetzt werden sollen. Dabei kann manchmal auch etwas schief gehen: Ersetzt man z.B. »und« durch »oder«, dann wird aus »Rund« und »Wunder« »Roder« und »Woderer«.

≫ Achte aber genau darauf, was ersetzt wird: So muss z.B. TImage in Klammern hinter class so stehen bleiben! Das ist ja der Name der Mutter, die TMovie beerbt.

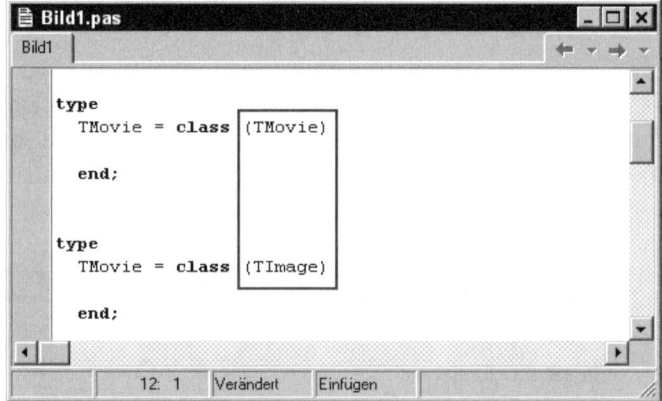

≫ Versuch mal einen Start.

Und schon gibt es ein Problem.

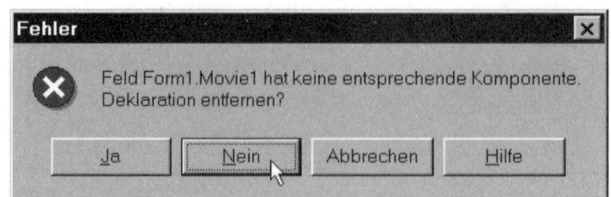

Eine neue Unit

Zu `Movie` gibt es im Formular keine Komponente. Die stammt nämlich von `Image`. Also genügt ein einfacher Austausch der Namen nicht, um unsere neue Klasse Delphi schmackhaft zu machen.

Beißen wir in den sauren Apfel und entfernen wir die Deklaration von `Movie` wieder.

≫ Klicke dazu auf JA.

≫ Entferne die Vereinbarung von `TMovie` wieder aus dem Quelltext.

≫ Lösche auch die `Image`-Komponente aus dem Formular, so dass es ganz leer ist.

Damit hätten wir den alten Zustand wiederhergestellt – fast: Denn die vertauschten Namen gibt es immer noch. Die lassen wir erst mal so, denn wir sind ja fest entschlossen, unsere Klasse `TMovie` zu erstellen.

Eine neue Unit

Wir müssen nun einen anderen Weg gehen. Während wir bisher immer unseren Quelltext in derselben Unit bearbeitet haben, in der auch die neuen Methoden von `TForm1` stehen, erstellen wir jetzt unsere eigene Unit.

≫ Wenn du willst, kannst du vorher das Projekt noch mal unter neuem Namen speichern (z.B. BILD1A.PAS bzw. OOP1A.DPR).

≫ Klicke auf DATEI und NEU und dann auf WEITERE.

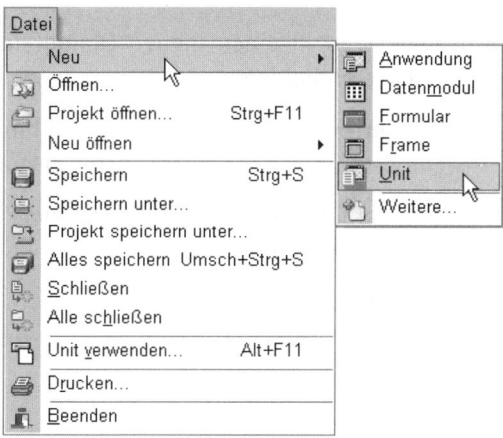

Damit öffnest du ein Dialogfeld mit einer ganzen Sammlung von Einträgen, auch Schablonen genannt.

Kapitel 13 — Eigene Komponenten

> Suche das Symbol für KOMPONENTE und klicke darauf. Dann bestätige deine Wahl mit OK.

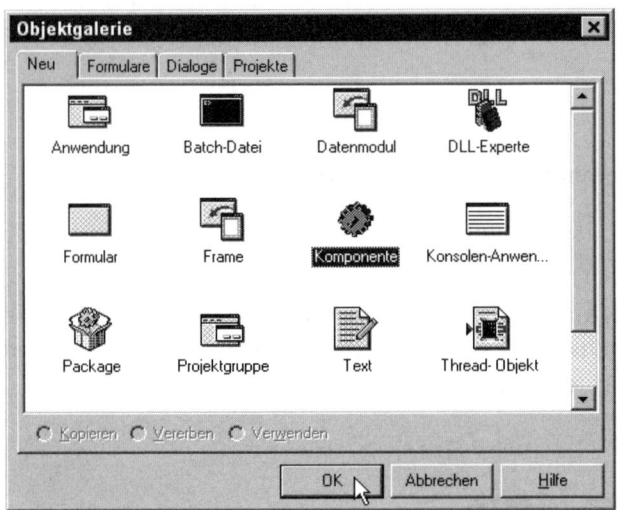

> Oder du klickst direkt auf KOMPONENTE und dann auf NEUE KOMPONENTE.

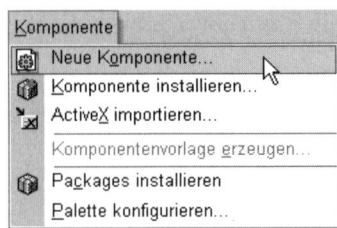

Nun landest du in einem neuen Dialogfeld. Dort musst du deine neue Komponente anmelden.

> Tippe hinter VORFAHRTYP `TImage` und hinter KLASSENNAME `TMovie` ein. Stelle den Eintrag hinter PALETTENSEITE auf ZUSÄTZLICH.

> Achte darauf, dass der DATEINAME anders lautet als der Name deiner Unit zum aktuellen Projekt.

> Dann klicke auf OK.

Eine neue Unit

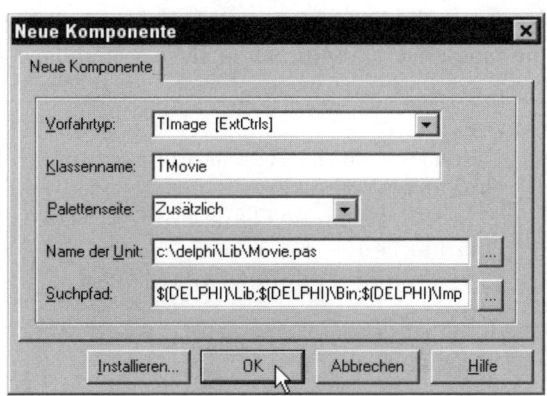

Wenn du willst, kannst du jetzt mal einen Blick in die neue Unit werfen und dir anschauen, was Delphi da alles hinein gepackt hat:

```
unit Movie;

interface

uses
  Windows, Messages, SysUtils, Classes, Graphics, Controls,
  Forms, Dialogs, ExtCtrls;

type
  TMovie = class(TImage)
  private
    { Private-Deklarationen }
  protected
    { Protected-Deklarationen }
  public
    { Public-Deklarationen }
  published
    { Published-Deklarationen }
  end;

procedure Register;

implementation

procedure Register;
begin
  RegisterComponents('Zusätzlich', [TMovie]);
end;

end.
```

Movie.pas

Kapitel 13 — Eigene Komponenten

Nachdem du dich vom ersten Schock erholt hast, picken wir uns erst mal die Klassenvereinbarung von TMovie heraus:

```
type
  TMovie = class(TImage)
  private
    { Private-Deklarationen }
  protected
    { Protected-Deklarationen }
  public
    { Public-Deklarationen }
  published
    { Published-Deklarationen }
  end;
```

Eigentlich steht hier zwischen dem anfänglichen type und den class-Zeilen und dem end am Schluss nichts richtig Sinnvolles – oder?

Das schlucken wir erst mal weg und schauen etwas tiefer zur Deklaration und Definition einer Prozedur namens Register.

```
procedure Register;
begin
  RegisterComponents('Zusätzlich', [TMovie]);
end;
```

Darüber musst du nur so viel wissen: Diese Methode kümmert sich darum, dass deine Klasse als Erzeuger einer Komponente ordentlich in Delphi eingepasst und registriert wird. So ähnlich ist es, wenn du dir bei der Behörde einen Personalausweis oder einen Pass ausstellen lässt. RegisterComponents erteilt demnach Delphi die Genehmigung, in die Komponentenleiste unter ZUSÄTZLICH eine Komponente namens Movie einzufügen (das »T« wird ja bekanntlich dort weggelassen).

Die Komponente installieren

Damit ist unsere Klasse aber noch nicht Mitglied der Komponentenleiste. Die Installation erfolgt im nächsten Schritt.

➢ Lass die neue Unit erst einmal unberührt – wir bekommen später noch genug damit zu tun. Speichere sie aber schon einmal über DATEI und SPEICHERN.

➢ Klicke dann auf KOMPONENTE und auf KOMPONENTE INSTALLIEREN.

Die Komponente installieren

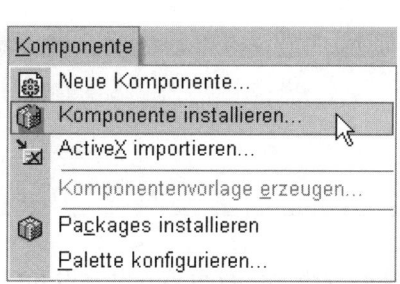

Im folgenden Dialogfeld ist eigentlich schon alles Nötige eingetragen – weil du dich so brav angemeldet hast und die betreffende Unit geöffnet ist.

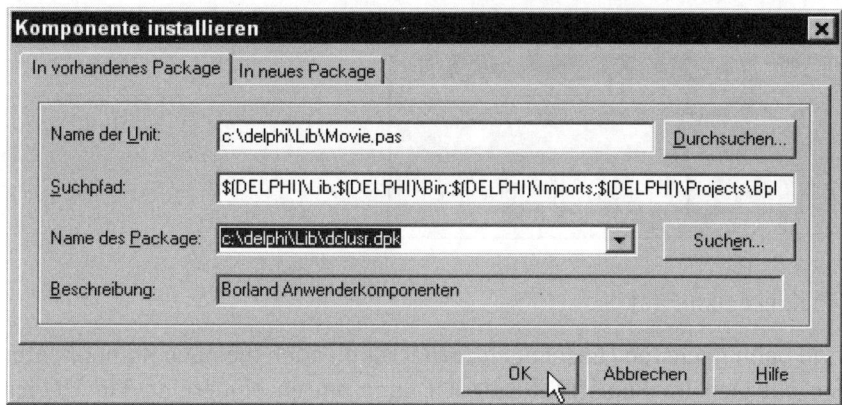

≫ Du musst also nur auf OK klicken. (Du kannst aber jederzeit andere Namen eingeben oder über DURCHSUCHEN nach der entsprechenden Unit suchen.)

Die Komponente wird in einem so genannten Package untergebracht. Zu Deutsch heißt das so viel wie »Paket«, ausgesprochen »Päckidsch«. (Das »usr« im Dateinamen ist eine Abkürzung für User, das englische Wort für Benutzer.)

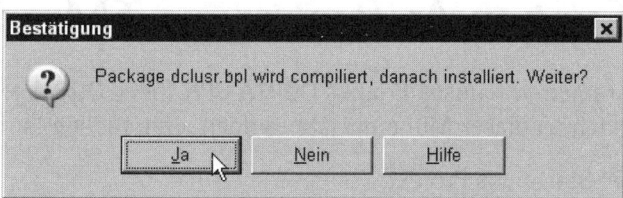

≫ Klicke auf JA, um das Package zu kompilieren.

Kapitel 13

Eigene Komponenten

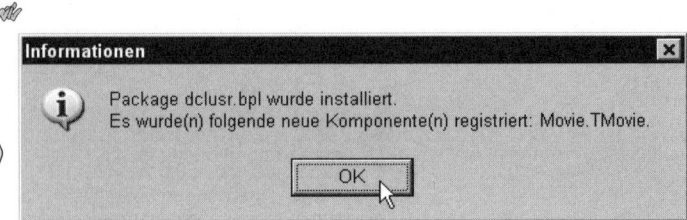

Nach erfolgreicher Arbeit teilt dir Delphi mit, dass sich `TMovie` nunmehr zur großen Komponentenfamilie zählen darf.

≫ Klicke zustimmend auf OK.

Spätestens beim Erstellen eines neuen Projekts oder beim Verlassen von Delphi taucht dieses Fenster auf:

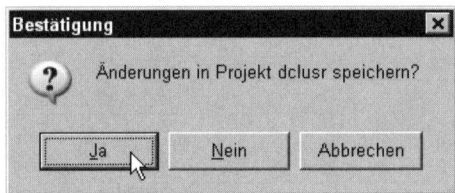

≫ Klicke dann auf JA.

Und beim nächsten Hinschauen entdeckst du auch die neue Komponente. Sie hat sich im Register ZUSÄTZLICH ganz hinten eingereiht. Ein kleiner Schönheitsfehler: Sie hat dasselbe Symbol, das ihr die Mutterkomponente `Image` vererbt hat.

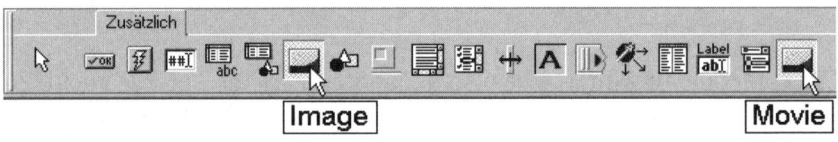

Erster Auftritt von TMovie

Kramen wir unser Projekt OOP1A.DPR (bzw. OOP1) jetzt wieder hervor. Nach all dieser Mühe müsste es doch jetzt endlich laufen – oder?

≫ Starte das Projekt.

Erster Auftritt von TMovie

Und du erntest eine Fehlermeldung:

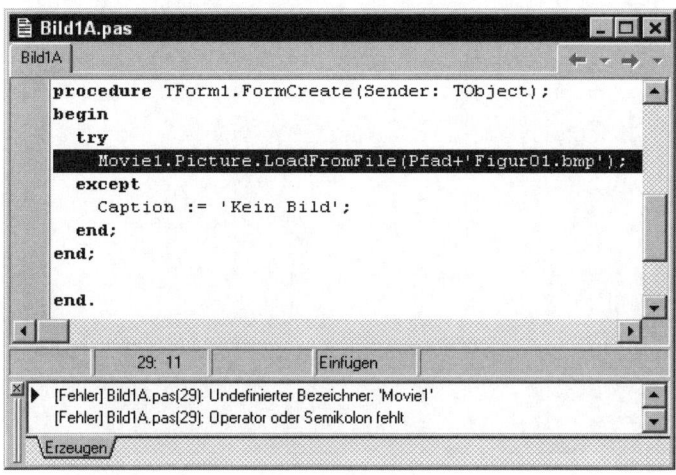

Dass Delphi in `Movie1` einen unbekannten Bezeichner sieht, dürfte eigentlich klar sein. Wir haben doch bisher nichts anderes gemacht als eine neue Komponente vereinbart und installiert. Wir haben aber diese Komponente noch nicht in unserem Projekt eingesetzt.

Das geschieht ebenso, wie bisher z.B. von Buttons oder Labels gewohnt. Oder wie zuletzt bei der Komponenten `Image`.

≫ Klicke in der Komponentenpalette im Register ZUSÄTZLICH auf das Symbol von MOVIE.

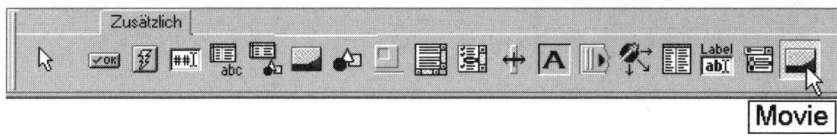

≫ Ziehe die Komponente in der Mitte des Formulars auf.

≫ Nun dürfte das Ganze wieder so aussehen wie ganz zu Anfang:

Kapitel 13 — Eigene Komponenten

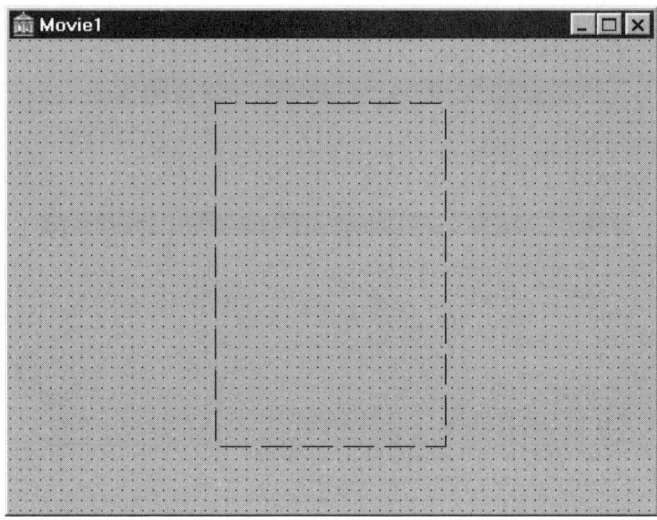

Denn Mutter (Image) und Kind (Movie) unterscheiden sich zurzeit (noch) überhaupt nicht. Ganz nebenbei hast du wahrscheinlich bemerkt, dass aber der Objektinspektor nun die Daten von einem gewissen Objekt namens Movie1 anzeigt.

Und wenn du mal im Quelltext ganz genau nachschaust, welche Units alle mit uses eingebunden werden, dann wirst du als letzte unsere *Movie*-Unit entdecken.

Ein Symbol für TMovie

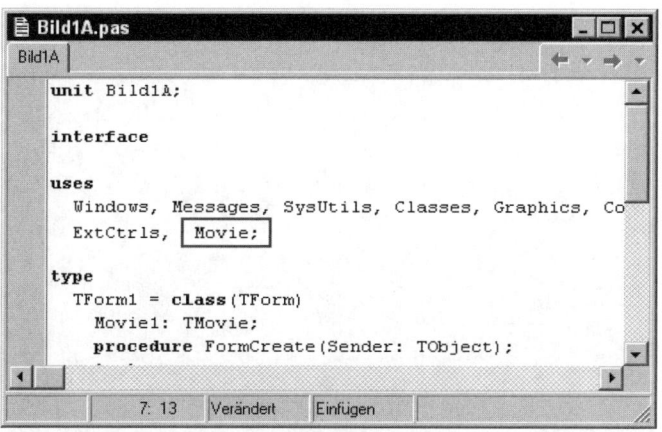

> Und nun mach noch einen Versuch: Starte das Projekt.

Diesmal müsste es endlich klappen.

> Speichere das Projekt noch mal (→ BILD1A.PAS bzw. OOP1A.DPR).

Wenn du mal sehen willst, wie man ein neues Movie-Objekt auch ohne Anmeldung als Komponente (sozusagen »illegal«) einsetzt, dann schau doch mal in den Quelltext der Unit BILD1B.PAS zum Projekt OOP1B.DPR.

Ein Symbol für TMovie

Dass ein Kind genauso aussieht wie die eigene Mutter, kann durchaus ein Vorteil sein – aber wie unterscheidet man beide auf einen Blick?

Weil wir Tochter TMovie ohnehin ein etwas anderes Outfit verpassen wollen, brauchen wir auch ein Symbol für die Komponentenpalette. Das lässt sich zwar im Prinzip mit jedem Grafikprogramm erstellen, aber Delphi hat auch einen eigenen **Bildeditor**.

> Klicke auf TOOLS und dann auf BILDEDITOR.

Und schon landest du im Fenster des betreffenden Hilfsprogramms.

Kapitel 13 — Eigene Komponenten

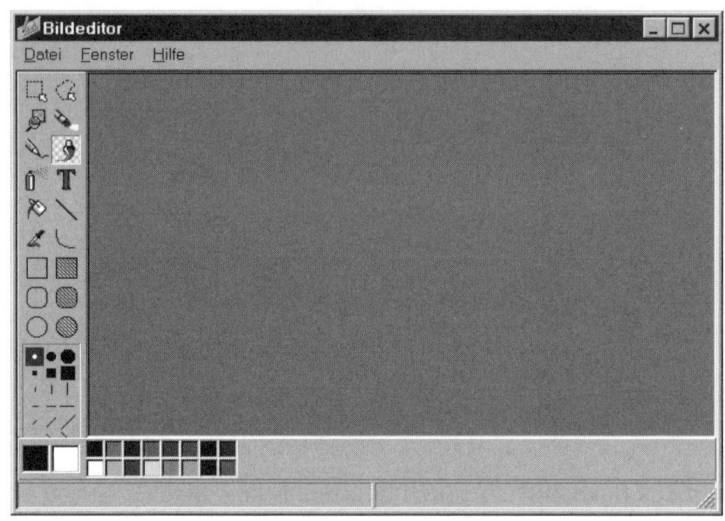

> Dort klickst du auf DATEI und dann auf NEU. Unter den NEU-Einträgen wählst du KOMPONENTEN-RESSOURCEN-DATEI (*.DCR) aus.

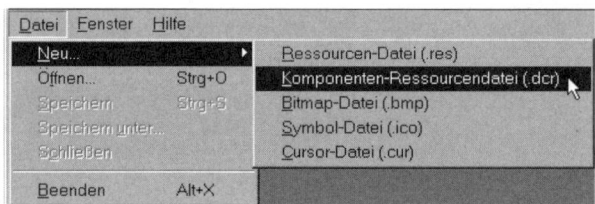

Ein kleines Fenster mit dem Titel UNBENANNT1.DCR erscheint. Außerdem taucht ein neuer Eintrag in der Menüleiste auf.

Ein Symbol für TMovie

≫ Klicke auf RESSOURCE und dann auf NEU. Dort wähle BITMAP aus.

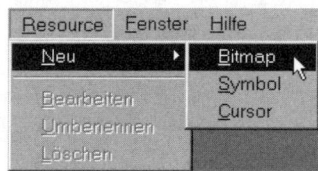

≫ Stelle im Dialogfeld BITMAP-EIGENSCHAFTEN die Größe auf 24 mal 24 ein. Dann bestätige mit OK.

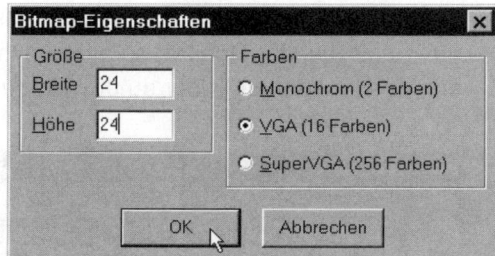

≫ Und nun öffne im Fenster mit dem Titel UNBENANNT1.DCR den Eintrag BITMAP1 und doppelklicke darauf.

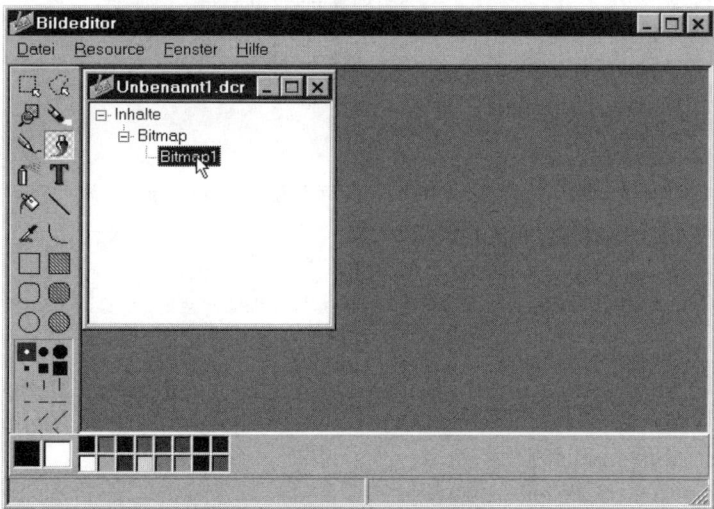

Damit erhältst du ein neues Fenster mit dem Titel BITMAP1 (UNBENANNT1.DCR) und einem ziemlich winzigen weißen Quadrat in der Mitte. Und da soll das Symbol hinein. Wie soll das gehen – ohne Lupe? Vielleicht hat das Menüsystem des Bildeditors etwas anzubieten, immerhin ist es wieder um einige Einträge gewachsen.

Kapitel 13

Eigene Komponenten

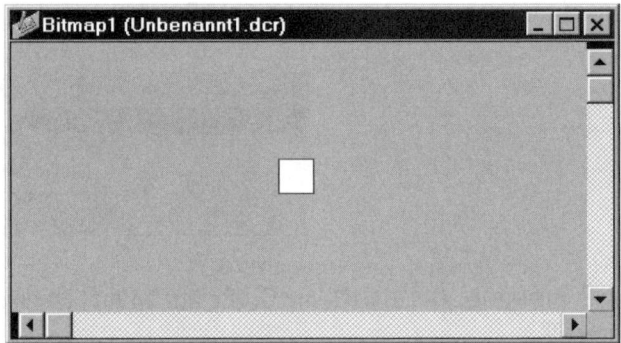

> Klicke auf ANSICHT und dann auf VERGRÖSSERN. Und wiederhole das mehrmals, bis das Quadrat so angewachsen ist, dass du meinst, darin arbeiten zu können. (Oder du drückst einige Male auf [Strg]+[I].)

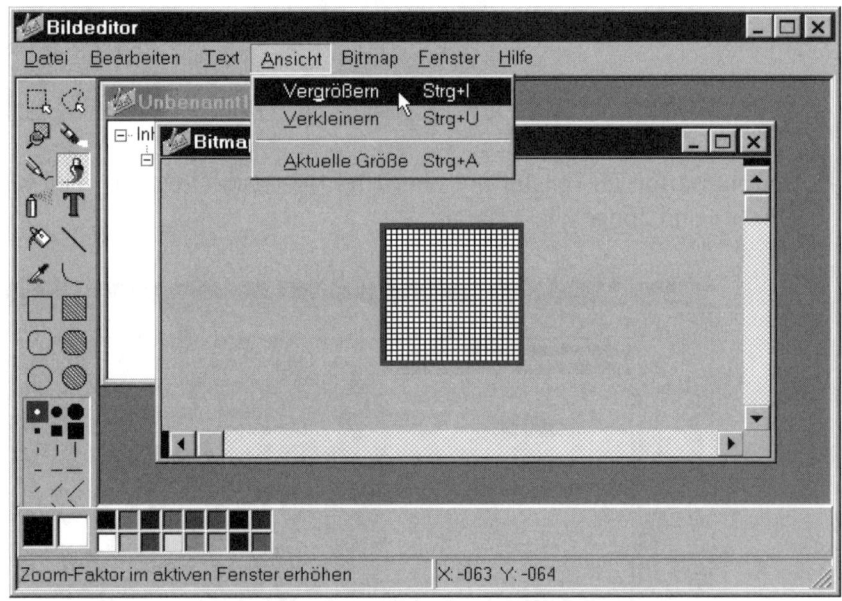

> Zusätzlich solltest du das Fenster mit dem Quadrat noch auf die gesamte Fläche vergrößern, die der Bildeditor bietet. Bei mir sieht es nun so aus:

Ein Symbol für TMovie

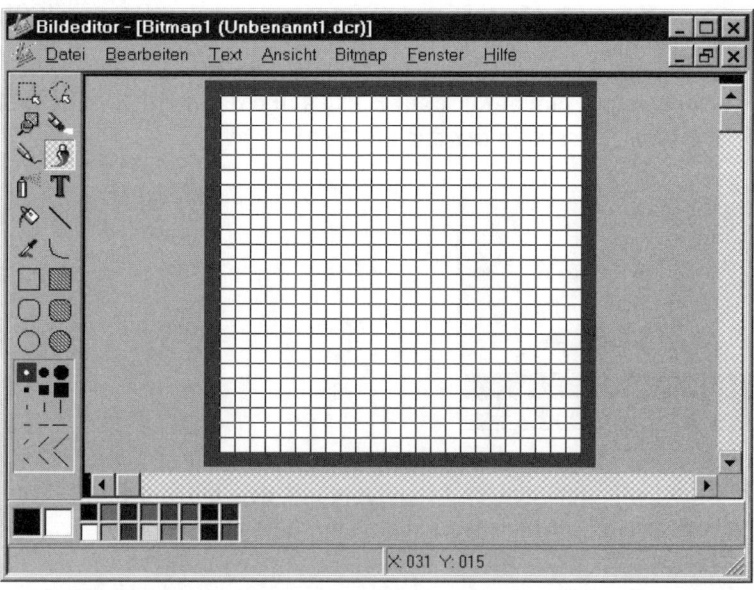

> Du kannst jetzt ein eigenes Bild erstellen. Sollte dabei etwas schief gehen, hilft dir ein Klick auf BEARBEITEN und RÜCKGÄNGIG aus der Patsche (notfalls auch mehrmals).

Schließlich könnte so etwas Ähnliches wie das hier (oder auch etwas ganz anderes) herauskommen:

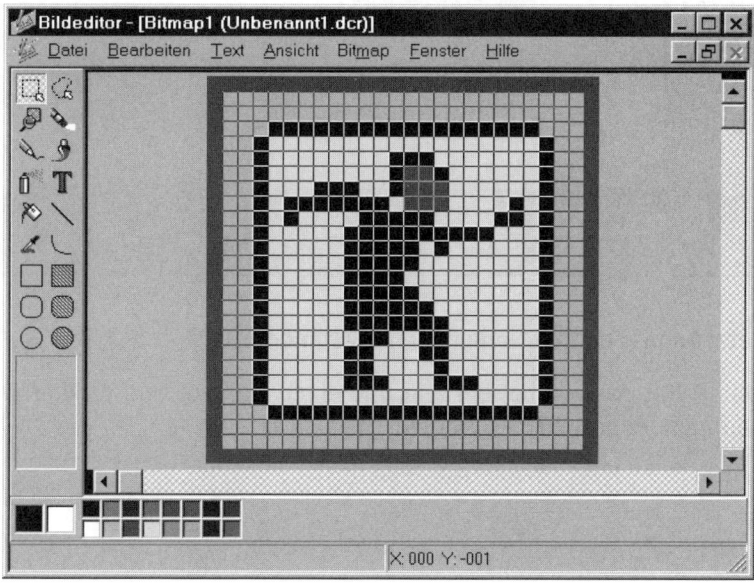

Kapitel 13 — Eigene Komponenten

Ein paar Beispiele für ein Symbol findest du in den Dateien ICON1.BMP bis ICON3.BMP auf der CD.

≫ Wechsle mit einem Klick auf FENSTER und dann auf UNBENANNT1.DCR in die INHALTE-Liste, in der auch BITMAP1 steht.

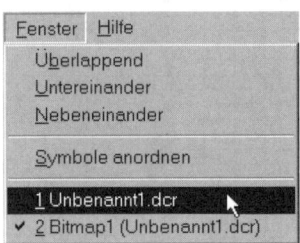

≫ Klicke mit der rechten Maustaste auf den Eintrag BITMAP1 in diesem Fenster. Im Kontextmenü klickst du auf UMBENENNEN.

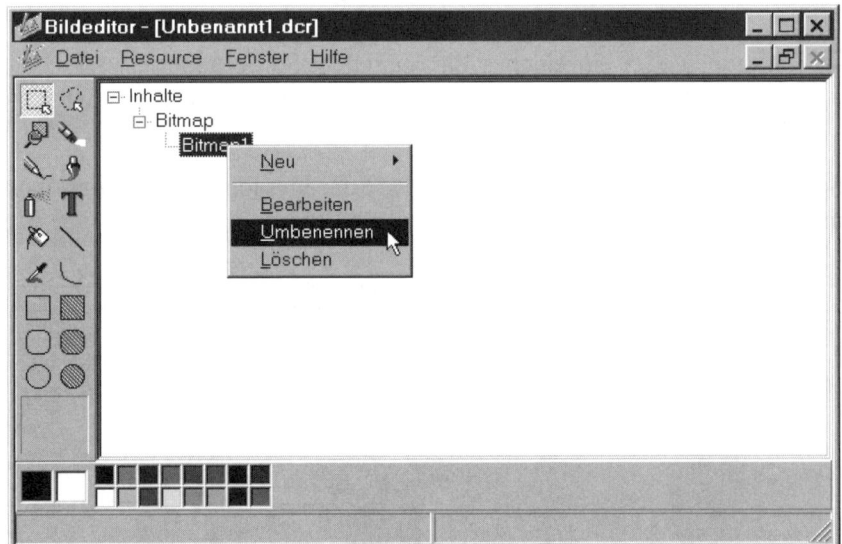

Jetzt kannst du den Namen in TMOVIE ändern.

Damit hat das Symbol ein Bild und einen Namen. Und es kann als Ressourcedatei gespeichert werden.

Ein Symbol für TMovie

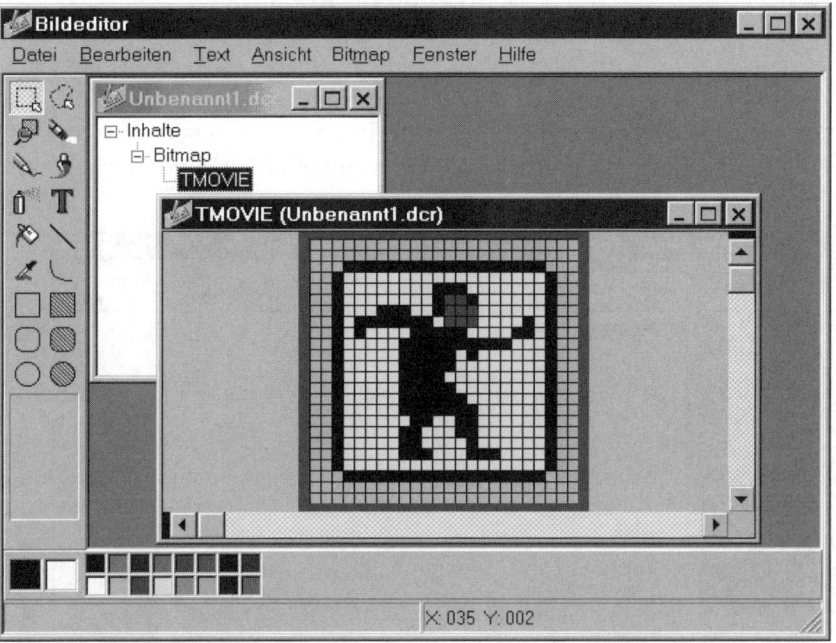

Ressourcedatei – was ist das? Unter Ressourcen versteht man auch hier wie im richtigen Leben Vorräte. Die werden z.B. von Windows zur Verfügung gestellt und können von verschiedenen Anwendungen angezapft werden. In einer solchen Datei liegen keine ausführbaren Programmteile, sondern Strukturen, z.B. von Formularen, Menüs, Dialogboxen oder Symbolen. Symbole werden auch **Icons** genannt.

Unter Windows haben solche Dateien die Kennung RES. Die Kennung DCR gilt nur für Dateien, die sich unter Delphi bearbeiten lassen (Abkürzung für »Delphi Component Resource«).

≫ Klicke im Hauptmenü des Bildeditors auf DATEI und SPEICHERN UNTER.

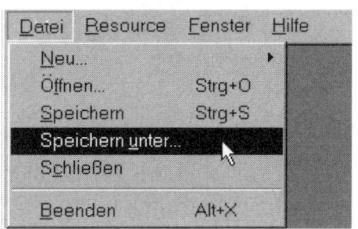

Kapitel 13 — Eigene Komponenten

≫ Klicke dich zum Ordner der Unit MOVIE.PAS durch und gib als Namen `Movie.dcr` ein.

Wichtig ist, dass die Resourcedatei den Namen MOVIE.DCR erhält, also den gleichen »Vornamen« wie die Unit, in der `TMovie` vereinbart wurde! Außerdem muss sie in demselben Ordner wie MOVIE.PAS gespeichert sein!

Damit wird in der Komponentenleiste aber noch nicht automatisch das neue Symbol angezeigt. Dazu muss erst die Datei, die unsere Komponentenvereinbarung enthält, neu kompiliert werden.

≫ Schließe den Bildeditor.

≫ Klicke auf KOMPONENTE und auf PACKAGES INSTALLIEREN.

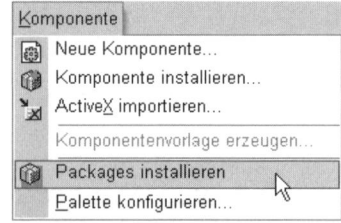

≫ Suche im Dialogfeld PROJEKTOPTIONEN aus der Liste der PACKAGES den Eintrag BORLAND ANWENDERKOMPONENTEN heraus und markiere ihn mit einem Mausklick.

Ein Symbol für TMovie

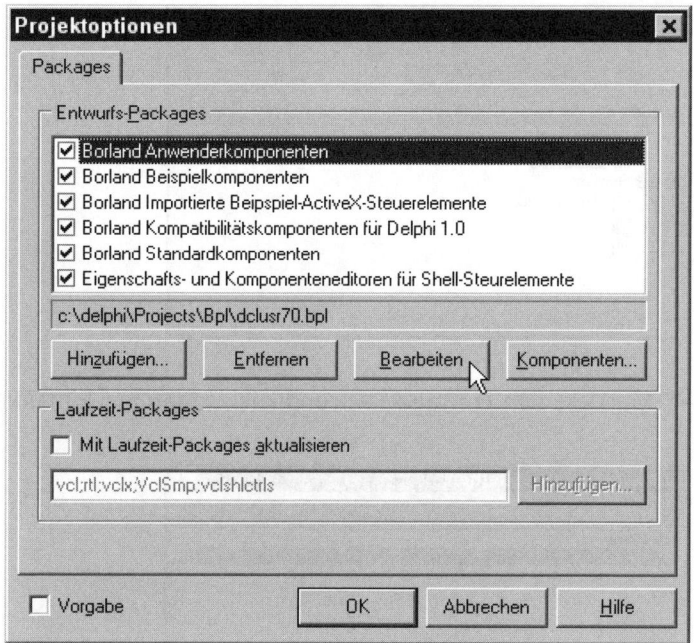

Der Name der Packagedatei, in dem die Komponentenklasse TMovie vereinbart ist, heißt DCLUSR.DPL. Die Dateikennung ist immer DPL (= Delphi Package Library, zu Deutsch »Delphi Package Sammlung/Bibliothek«).

≫ Klicke abschließend auf die Schaltfläche BEARBEITEN.

≫ Bestätige die nächste Meldung mit Klick auf JA, um das Package-Fenster zu öffnen.

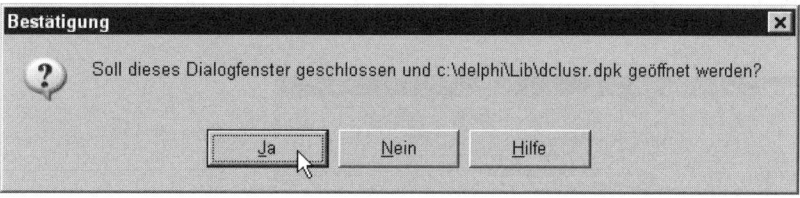

In der Liste unter DATEIEN findest du den Namen unserer *Movie*-Unit. Die müssen wir erst mal wieder entfernen.

Kapitel 13 — Eigene Komponenten

≫ Markiere den Eintrag MOVIE und klicke dann auf ENTFERNEN.

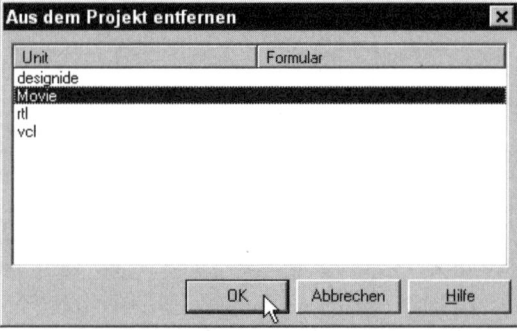

≫ Im nächsten Dialogfeld wählst du nochmals MOVIE aus und klickst dann auf OK.

Und nun holen wir uns die Unit wieder. Das ganze Spiel ist nötig, weil nun auch automatisch nach einer Datei für das Symbol gesucht und dieses ebenfalls hinzugefügt wird.

≫ Klicke auf die Schaltfläche HINZUF. (= Unit hinzufügen).

Ein Symbol für TMovie

≫ Unter UNIT HINZUFÜGEN musst du nun den Dateinamen der Unit angeben. Am besten du klickst dazu auf DURCHSUCHEN und blätterst dich bis zu dem Ordner durch, in dem MOVIE.PAS und MOVIE.DCR liegen. Klicke dann auf OK.

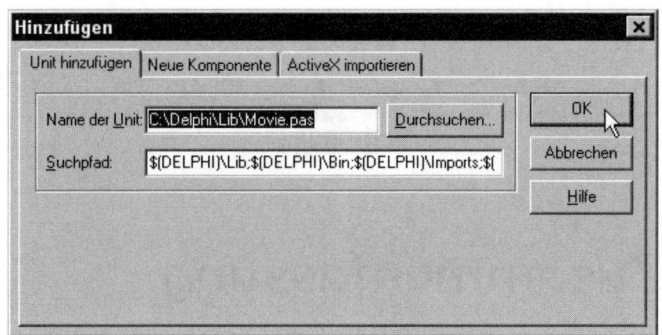

≫ Nun bist du wieder im Package-Fenster. Klicke dort auf den Knopf mit dem Text COMPIL., womit das Package neu kompiliert wird.

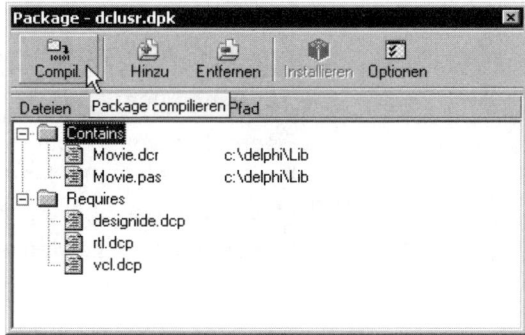

Beide MOVIE-Dateien stehen nun in der Liste.

≫ Schließe das Fenster mit Klick auf das **X** rechts oben.

≫ Die neue Package-Datei will natürlich auch neu gespeichert werden. Klicke deshalb auf JA.

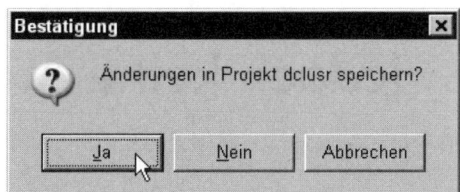

Kapitel 13 — Eigene Komponenten

Puh, das war's doch hoffentlich endlich?

Kontrollieren wir gleich nach, ob das neue Symbol auch wirklich in der Komponentenpalette auftaucht. Und siehe da: Tatsächlich hat sich unsere Mühe gelohnt.

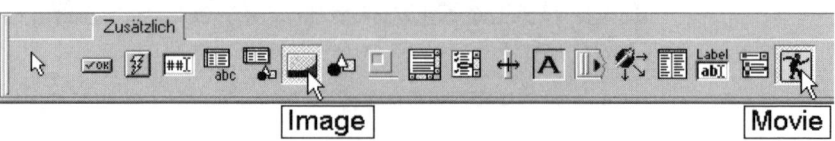

Zusammenfassung

Jetzt kannst du erst einmal ein bisschen verschnaufen. Im nächsten Kapitel bekommt `TMovie` einiges an neuen Methoden verpasst, damit es sich deutlicher von seiner Mutter `TImage` unterscheidet.

Diese paar Typen, Eigenschaften und Methoden von Delphi sind hier angefallen:

TImage	Eine Klasse, die mit Bildern umgehen kann (zur Erinnerung)
Canvas	Eigenschaft von `TImage`: »Behälter« (Typ `TCanvas`) für das Zeichnen und Malen von Grafiken
Picture	Eigenschaft von `TImage`: »Behälter« (Typ `TPicture`) für das Öffnen, Anzeigen und Speichern von Grafiken
LoadFromFile	Methode von `TPicture`: Eine Bilddatei öffnen

Ein paar Fragen ...

Frage 1: Wie wird eine neue Komponentenklasse erzeugt?

Frage 2: Was bedeutet Package?

... jedoch keine Aufgabe

14
Jetzt wird geOOPt

Wie viel hat deine neue Klasse aus dem letzten Kapitel denn zu bieten? Um ehrlich zu sein: Eigentlich nichts. Bis auf das, was TMovie von TImage geerbt hat. Trotzdem kannst du schon ein bisschen stolz auf dich sein, denn du hast es geschafft, eine Klasse für eigene Komponenten zu erstellen, und das ist doch schon was!

Nun müssen wir diese Klasse nur noch um einige Fähigkeiten erweitern, damit sie auch würdig genug ist, um in der Ahnengalerie von Delphi zu bleiben.

In diesem Kapitel lernst du

◉ wie man Komponenten erscheinen und verschwinden lässt

◉ den Unterschied zwischen private und public kennen

◉ wie man Strings zerlegen kann

◉ wie man eine Figur auftauchen und sich bewegen lässt

Kapitel 14

Jetzt wird geOOPt

TMovie kann mehr als TImage

Mein Vorschlag ist, die letzte OOP-Version aus dem vergangenen Kapitel so zu lassen, wie sie ist, und die Erweiterungen dieses Kapitels als ein neues Projekt zu speichern.

≫ Dazu öffne das Projekt OOP1A.DPR und speichere es neu als BILD2.PAS bzw. OOP2.DPR.

Als Nächstes steigen wir gleich ein in die neue Unitdatei MOVIE.PAS, in der die Klassenvereinbarung von TMovie steht.

≫ Suche diese Datei im entsprechenden Ordner (wahrscheinlich DELPHI\LIB) und öffne sie.

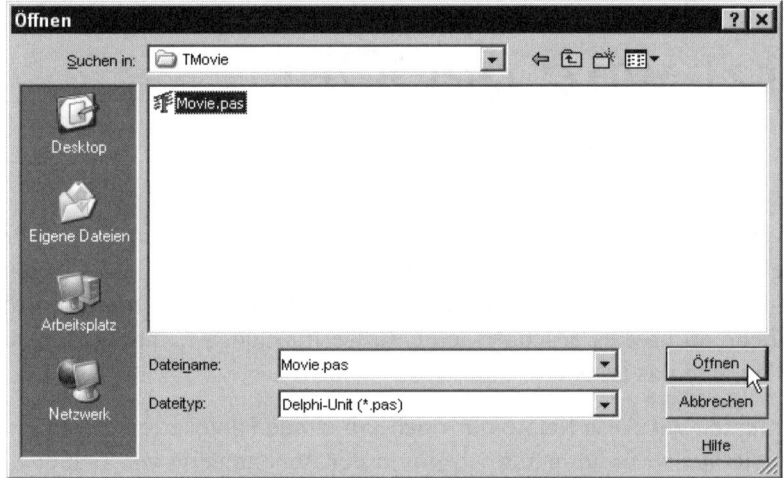

≫ Ergänze die Klasse TMovie um diese Vereinbarungen:

```
type
  TMovie = class(TImage)
  private
    { Private-Deklarationen }
  protected
    { Protected-Deklarationen }
  public
    { Public-Deklarationen }
    procedure ShowImage (DateiName: String);
    procedure HideImage;
  published
    { Published-Deklarationen }
  end;
```

TMovie kann mehr als TImage

Damit hat diese Klasse schon ein bisschen mehr zu bieten als `TImage`. Wichtig ist, dass beide Methoden unter `public` vereinbart sind. Was es damit auf sich hat, erfährst du nicht jetzt – aber bestimmt noch in diesem Kapitel.

Du hast doch nichts dagegen, dass ich englische Bezeichnungen gewählt habe? Unser Ziel ist es ja, `TMovie` zu einem Mitglied der Klassenfamilie von Delphi zu machen. Und in dieser Familie wird nun mal Englisch gesprochen.

Was sollen die zwei Methoden leisten? Das siehst du dir am besten in dieser Tabelle an:

`ShowImage`	Das Objekt wird sichtbar und zeigt ein Bild an
`HideImage`	Das Objekt wird unsichtbar (ist aber noch vorhanden)

Und hier sind auch gleich die dazu gehörenden Definitionen:

```
procedure TMovie.ShowImage (DateiName: String);
begin
  Show;
  Picture.LoadFromFile (DateiName);
end;

procedure TMovie.HideImage;
begin
  Hide;
end;
```

Eigentlich nicht allzu viel aufregend Neues. Das Gespann `ShowImage` und `HideImage` kümmert sich darum, dass du etwas zu sehen bekommst oder das Ganze wieder verschwindet. Dazu rufen sie die von `TImage` geerbten Methoden `Show` und `Hide` auf. Zusätzlich wird bei `ShowImage` eine Bilddatei geladen, denn ohne ein Bild bekommst du von deinem Objekt überhaupt nichts zu sehen.

> Tippe den Quelltext der neuen Methoden von `TMovie` im `implementation`-Teil von MOVIE.PAS ein.

Kapitel 14

Jetzt wird geOOPt

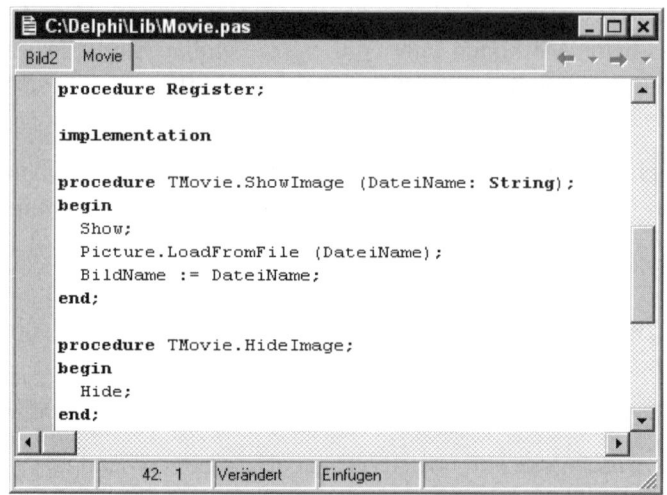

Erscheinen und Verschwinden

Damit wir auch feststellen können, was eine Instanz von TMovie jetzt leistet, müssen wir unser Formular dafür einrichten. Dazu benötigen wir einige Schaltflächen und eine Anzeigetafel, in die wir unser *Movie*-Objekt einbetten und ihm damit einen schönen Rahmen geben. So etwa könnte das Ganze dann aussehen:

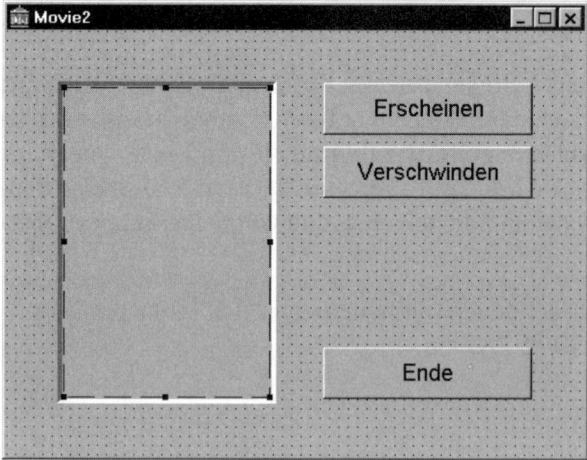

Spendiere dem Formular auf der rechten Seite drei Buttons. Dann ziehe links ein Panel auf. Dabei solltest du im Objektinspektor BEVELINNER und BEVELOUTER jeweils auf BVLOWERED einstellen. So entsteht der Eindruck, als

Erscheinen und Verschwinden

wäre die Anzeigetafel in das Formular eingelassen. Das lässt sich noch verstärken, indem man BevelWidth auf 2 (oder 3) einstellt.

In das Panel kommt dann unsere `Movie`-Komponente. Wenn du willst, kannst du dazu die alte erst einmal löschen. Dann hättest du auch einen Grund, schon mal auf das neue Symbol zu klicken, das wir im letzten Kapitel erstellt haben.

Oder du schneidest die Komponente aus (Markieren und [Strg]+[X]), markierst das Panel und fügst sie dort wieder ein ([Strg]+[V]).

Damit es richtig professionell wirkt, geben wir jetzt den Buttons außer den Aufschriften auch neue Namen. Bisher haben wir uns immer mit `Button1` bis `Button3` abgegeben. Das muss nicht sein, wie du gleich sehen wirst:

≫ Ändere im Objektinspektor die Einträge hinter CAPTION und NAME für alle drei Buttons so um:

Button	Caption	Name
1	Erscheinen	ShowButton
2	Verschwinden	HideButton
3	Ende	EndButton

Tja, und nun machen wir uns an die Methoden für das Formular. Das Öffnen und Zeigen des Bildes muss nun gegenüber der letzten Version aus Kapitel 13 die `ButtonClick`-Methode der ERSCHEINEN-Schaltfläche übernehmen.

Und hier sind die `Click`-Methoden für alle drei Buttons auf einen Rutsch:

Kapitel 14 — Jetzt wird geOOPt

```
procedure TForm1.ShowButtonClick(Sender: TObject);
begin
  try
    Movie1.ShowImage (Pfad+'Figur01.bmp');
  except
    Caption := 'Kein Bild';
  end;
end;

procedure TForm1.HideButtonClick(Sender: TObject);
begin
  Movie1.HideImage;
end;

procedure TForm1.EndButtonClick(Sender: TObject);
begin
  Close;
end;
```

Was gibt es da noch zu erläutern? Bei Klick auf ERSCHEINEN wird `ShowImage`, bei Klick auf VERSCHWINDEN `HideImage` aufgerufen, beides Methoden von `Movie1`. Bei ENDE wird mit `Close` das Formular aufgefordert, sich aufzulösen.

Interessant ist, dass die Knopf-Methoden nun nicht mehr `Button1Click` bis `Button3Click` heißen, sondern den Namen tragen, den wir den drei Komponenten vorhin verpasst haben.

≫ Tippe das alles in der Unit BILD2.PAS ein.

≫ Speichere das Projekt nochmals (→ OOP2.DPR, BILD2.PAS und für die Unit mit der `TMovie`-Vereinbarung MOVIE.PAS).

≫ Nun starte das Programm.

Diesmal erscheint das Bild erst auf Knopfdruck und verschwindet auf Knopfdruck auch wieder. Wie du siehst, verwendet unser Projekt auch gleich die aktualisierte Version der `Movie`-Komponente.

Sollte dir das Beispiel nicht zusagen, kannst du auch ein beliebiges anderes Bild nehmen – z.B. eins von dir. Du musst nur den Ordner, in dem es zu finden ist, und den Namen des Bildes als Parameter von `ShowImage` eingeben.

Es bewegt sich was

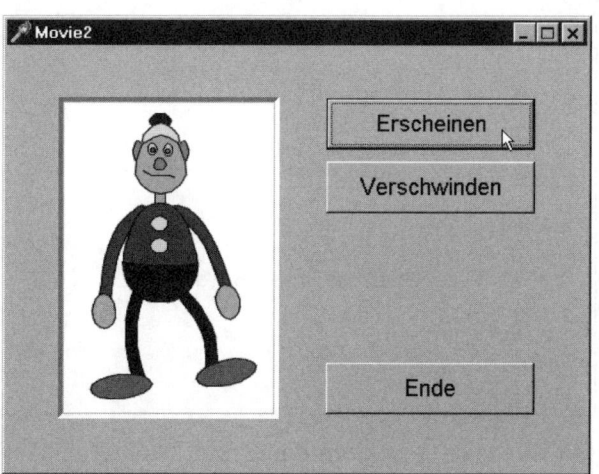

Beachte aber, dass Movie1 jedes Bild so nimmt wie es kommt. Deshalb kann es sein, dass die Anzeige mal zu klein ist oder gar nur Teile zu sehen sind. Du kannst aber auch im Objektinspektor die Eigenschaft STRETCH auf TRUE setzen. Dann wird die Bildgröße automatisch an die Größe vom Movie1 angepasst. Dabei kann es natürlich auch zu Verzerrungen kommen, besonders wenn du ein Bild im Querformat in das Hochformat von Movie1 quetschen willst. Probier einfach verschiedene Bilder aus!

Es bewegt sich was

Wenn du abwechselnd auf ERSCHEINEN und VERSCHWINDEN klickst, tut dir die Figur den Gefallen: Sie taucht auf und macht sich unsichtbar. Aber wenn die neue Klasse TMovie heißt, ist doch das bloße Auf- und Untertauchen ein bisschen dürftig. Also her mit der nächsten Methode!

```
procedure TMovie.MoveImage (DateiName: String; Anzahl: Byte);
var i: Integer;
begin
  // Nummer des aktuellen Bildes ermitteln
  PfadName := Copy (Dateiname, 1, Length(DateiName)-5);
  Nr      := StrToInt (Copy (Dateiname, Length(DateiName)-4, 1));
  if Nr > 4 then Nr := 1;
```

Kapitel 14 — Jetzt wird geOOPt

```
// Nacheinander Bild und Gegenstück laden und zeigen
Show;
for i := 1 to Anzahl do
begin
  BildName := DateiName;
  Picture.LoadFromFile (BildName);
  sleep (150);
  Refresh;
  BildName := PfadName + IntToStr(Nr+4) + '.bmp';
  Picture.LoadFromFile (BildName);
  sleep (150);
  Refresh;
end;
end;
```

Mit `MoveImage` beginnt die Klasse `TMovie` allmählich, sich ihren Namen zu verdienen. Denn nun soll die Figur das Laufen lernen. Dazu sind zwei Bilder nötig, die abwechselnd angezeigt werden. Im Ordner BUCH\BILDER auf der CD bzw. auf der Festplatte befinden sich (mehr als) acht Bilder. Alle Bilddateien sind von FIGUR01.BMP bis FIGUR08.BMP durchnummeriert.

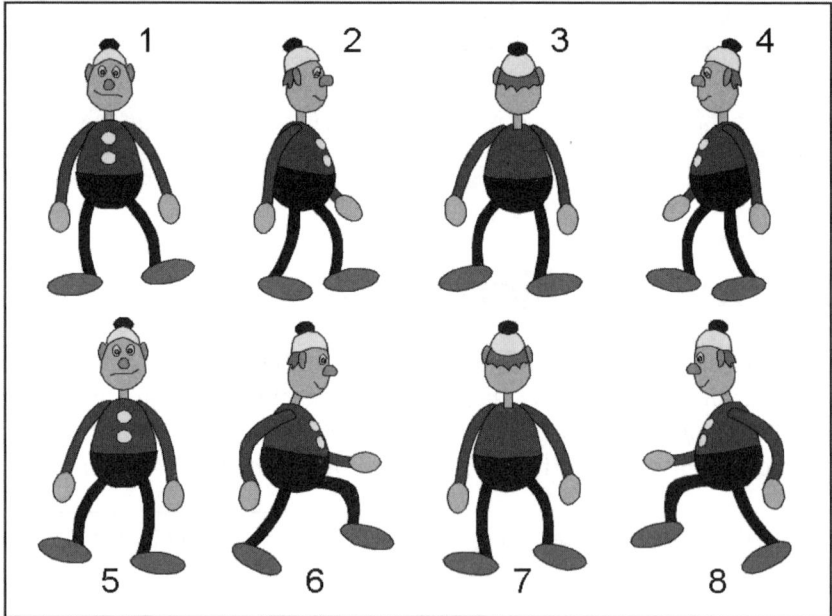

Du kannst dir natürlich deine eigene Bildergalerie erstellen, allerdings müssen die dann auch in derselben Reihenfolge mit einer Nummer von 1 bis 8 gespeichert werden, z.B. auch als FIGUR01.BMP, FIGUR02.BMP usw. (Außerdem sollten alle Bilder die gleichen Maße haben.)

Es bewegt sich was

Dabei gelten die Regeln, die in der folgenden Tabelle zusammengefasst sind:

Bilddatei	erste Position	Bilddatei	zweite Position
FIGUR01.BMP	von vorn	FIGUR05.BMP	von vorn
FIGUR02.BMP	von rechts	FIGUR06.BMP	von rechts
FIGUR03.BMP	von hinten	FIGUR07.BMP	von hinten
FIGUR04.BMP	von links	FIGUR08.BMP	von links

Jede Figuransicht wird in zwei verschiedenen Positionen gespeichert. Zeigt man z.B. *Figur01* und *Figur05* im Wechsel, dann sieht das aus, als würde die Figur laufen.

Deshalb benötigen wir für unsere `MoveImage`-Methode erst mal ein paar Anweisungen, die den Dateinamen so zerlegen, dass man die Nummer des Bildes erkennen kann. Mit

```
Copy (Dateiname, 1, Length(DateiName)-5);
```

wird aus dem Dateinamen ein Teilstring herausgefiltert. Die Funktion `Copy` beginnt beim ersten Zeichen des Strings und hängt die letzten 5 Zeichen ab. Mit `Length` wird dazu die Länge einer Zeichenkette ermittelt.

So wird z.B. aus

`'c:\delphi\buch\bilder\Figur01.bmp'`

der Reststring

```
'c:\delphi\buch\bilder\Figur0'   // ohne die letzten
                                 // 5 Zeichen
```

Für die Nummer des aktuellen Bildes benutzen wir die gleichen Funktionen, nur jetzt für den Rest des Strings:

```
(Copy (Dateiname, Length(DateiName)-4, 1)
```

Weil es hier nur um ein Zeichen geht, bleibt von

`'c:\delphi\buch\bilder\Figur01.bmp'`

das Einzelzeichen `'1'` übrig.

Und das wird mit `StrToInt` dann zu einer Zahl: der Nummer des Bildes, das als Erstes angezeigt werden soll.

Das Gegenstück dazu hat dann eine Nummer, die um 4 höher liegen muss. (Wenn man sich an die oben aufgestellten Regeln hält!) Eine Nummer größer als 4 wird deshalb nicht akzeptiert.

```
if Nr > 4 then Nr := 1;
```

Damit können wir uns dann den Parameter für das Laden des zweiten Bildes zusammenbasteln. Im ersten Durchgang bekommt `BildName` den Namen der Originaldatei, wie sie beim Aufruf von `MoveImage` übergeben wurde:

```
BildName := DateiName;
Picture.LoadFromFile (BildName);   // z.B. Figur01.bmp
sleep (150);
Refresh;
```

Die `sleep`-Methode soll verhindern, dass das Laufen in Raserei ausartet. Welchen Wert du für die Millisekunden einsetzt, hängt u.a. von deiner Geduld ab.

Im zweiten Durchgang setzt sich `BildName` dann aus dem Pfadnamen, einer um 4 erhöhten Nummer und der Endung ".bmp" (mit Punkt!) zusammen:

```
BildName := PfadName + IntToStr(Nr+4) + '.bmp';
Picture.LoadFromFile (BildName);   // z.B. Figur05.bmp
sleep (150);
Refresh;
```

In einer `for`-Schleife wird die Figur nun zum Laufen gebracht. Je nach der Anzahl, die als Parameter übergeben wurde, wechselt in unserem Beispiel die Figur dabei die Beinstellung:

```
for i := 1 to Anzahl do
```

Der vorausgehende Aufruf von `Show` bewirkt, dass du auch etwas siehst, wenn du zuletzt auf die Schaltfläche VERSCHWINDEN gedrückt und damit ein `Hide` ausgelöst hast.

Privat oder öffentlich

Und nun wollen wir die neue Methode `MoveImage` wie auch die zugehörigen Eigenschaften `Nr`, `BildName` und `PfadName` in der *Movie*-Unit unterbringen.

➣ Öffne die Unitdatei MOVIE.PAS und tippe dort den Quelltext der neuen Methode (im `implementation`-Teil) ein.

➣ Dann erweitere die Vereinbarung der Klasse TMovie so:

Privat oder öffentlich

```
type
  TMovie = class(TImage)
  private
    { Private-Deklarationen }
    Nr: Integer;
    BildName,
    PfadName: String;
  protected
    { Protected-Deklarationen }
  public
    { Public-Deklarationen }
    procedure ShowImage (DateiName: String);
    procedure MoveImage (DateiName: String; Anzahl: Byte);
    procedure HideImage;
  published
    { Published-Deklarationen }
  end;
```

Ich glaube, nun kann ich mich nicht mehr darum drücken, mal etwas zu Begriffen wie private und public zu sagen, die da ständig in den Klassenvereinbarungen auftauchen. Denn es muss ja einen Grund haben, dass ich Eigenschaften von TMovie unter private, und Methoden unter public gesetzt habe.

Wird in Delphi eine Klasse vereinbart, gelten alle Elemente – ob Eigenschaften oder Methoden – zunächst als public vereinbart. Damit stehen sie jedem anderen Objekt zur Verfügung. Man sagt: Der Zugriffsmodus ist öffentlich.

Ganz anders sieht es bei Methoden und Eigenschaften aus, die unter private vereinbart sind: Auf ein privates Element können nur Methoden der Klasse zugreifen, in der es vereinbart ist. Man sagt: Der Zugriffsmodus ist privat.

Das bedeutet für TMovie, dass andere Objekte wie z.B. ein Formular oder eine Schaltfläche in diesem Formular nichts mit Nr, BildName und PfadName anfangen können. Wozu auch? Es genügt doch, wenn ein Objekt vom Typ TMovie diese Elemente selbst bearbeitet.

Damit unser Projekt überhaupt funktionieren kann, muss das Formular natürlich auf einige Methoden von TMovie zugreifen können. Und ausschließlich die werden dann auch als öffentlich (= public) vereinbart.

Kapitel 14 — Jetzt wird geOOPt

> Dann wären da noch die anderen beiden Begriffe protected und published. Weil hier unter denen jedoch nichts vereinbart ist, verschiebe ich eine Erläuterung auf einen etwas späteren Zeitpunkt.

GetNr und GetImage

Damit die Klasse TMovie trotz der neuen MoveImage-Methode nicht ganz so mager ausfällt, möchte ich sie noch um eine TurnImage-Methode ergänzen. Die lässt eine Figur sich einmal um ihre eigene Achse drehen.

```
procedure TMovie.TurnImage (DateiName: String);
var i: Integer;
begin
  // Nummer des aktuellen Bildes ermitteln
  PfadName := Copy (Dateiname, 1, Length(DateiName)-5);
  Nr := StrToInt (Copy (Dateiname, Length(DateiName)-4, 1));
  if Nr > 5 then Nr := 1;
  // Aufeinanderfolge Bilder laden und zeigen
  Show;
  for i := Nr to Nr+4 do
  begin
    BildName := PfadName + IntToStr(i) + '.bmp';
    Picture.LoadFromFile (BildName);
    sleep (150);
    Refresh;
  end;
  // Anfangsfigur wieder zeigen
  Picture.LoadFromFile (DateiName);
  Refresh;
end;
```

Im Grunde genommen ist diese Methode der vorhergehenden sehr ähnlich. Der Unterschied besteht darin, dass nun vier hintereinander liegende Bilder geladen und angezeigt werden. Das Startbild darf also höchstens die Nummer 5 haben.

Die for-Schleife sorgt nun dafür, dass nacheinander z.B. die Dateien FIGUR01.BMP bis FIGUR04.BMP angezeigt werden. Durch die Reihenfolge der Bilder sieht das dann aus, als würde sich die Figur im Kreise drehen.

Wie zu erwarten war, fällt hier eine Menge doppelter Code an: Das heißt, viele Anweisungsfolgen erscheinen in den Methoden MoveImage und TurnImage gleich ein paar Mal. (Man spricht hier auch von Redundanz.)

Lauf oder dreh dich

Da bietet es sich doch an, das jeweils in eigenen Methoden zusammenzufassen:

```
procedure TMovie.GetNr (DateiName: String; Max: Integer);
begin
  PfadName := Copy (Dateiname, 1, Length(DateiName)-5);
  try
    Nr := StrToInt (Copy (Dateiname, Length(DateiName)-4, 1));
  except
    Nr := -1;
  end;
  if Nr > Max then Nr := 1;
end;

procedure TMovie.GetImage (DateiName: String);
begin
  Picture.LoadFromFile (DateiName);
  sleep (150);
  Refresh;
end;
```

Auch hier taucht wieder eine `try-except`-Struktur auf. Die könnte man zwar zur Sicherheit an jeder Ecke anbringen, hier aber ist sie wirklich nötig, damit du auch Bilddateien einladen kannst, die keine solche Nummer im Namen haben – also zur einfachen Bildbetrachtung. (Man muss ja `TMovie` nicht nur zum Bewegen von Bildern benutzen!)

Handelt es sich nicht um ein Bild aus einer Bildfolge, dann bekommt `Nr` den Wert -1. Und damit haben wir die Möglichkeit, gegebenenfalls aus den Bewegungsmethoden wieder auszusteigen (wenn es nichts zu bewegen gibt).

Lauf oder dreh dich

Dann bleibt von `MoveImage` und `TurnImage` nur noch dies übrig – und der Hase läuft trotzdem:

```
function TMovie.MoveImage
  (DateiName: String; Anzahl: Byte): Boolean;
var i: Integer;
begin
  // Nummer des aktuellen Bildes ermitteln
  GetNr (Dateiname, 4);
  if Nr = -1 then
  begin
    MoveImage := false; exit;
  end;
```

Kapitel 14 — Jetzt wird geOOPt

```
  // Nacheinander Bild und Gegenstück laden und zeigen
  Show;
  for i := 1 to Anzahl do
  begin
    GetImage (DateiName);
    GetImage (PfadName + IntToStr(Nr+4) + '.bmp');
  end;
  // Anfangsfigur wieder zeigen
  if BildName <> '' then GetImage (BildName);
  MoveImage := true;
end;

function TMovie.TurnImage (DateiName: String): Boolean;
var i: Integer;
begin
  // Nummer des aktuellen Bildes ermitteln
  GetNr (Dateiname, 5);
  if Nr = -1 then
  begin
    TurnImage := false; exit;
  end;
  // Aufeinanderfolge Bilder laden und zeigen
  Show;
  for i := Nr to Nr+4 do
  begin
    GetImage (PfadName + IntToStr(i) + '.bmp');
  end;
  // Anfangsfigur wieder zeigen
  if BildName <> '' then GetImage (BildName);
  TurnImage := true;
end;
```

Na ja, ich konnte es mir nicht verkneifen, die schlank gewordenen Methoden wieder um einiges aufzuplustern. Zunächst mal habe ich aus den Methoden MoveImage und TurnImage zwei Funktionen vom Typ Boolean gemacht.

Sollte kein Bild aus einer Folge geladen sein, verabschiedet sich die jeweilige Bewegungsmethode über exit an dieser Stelle und gibt als Wert false zurück. Was so viel heißen soll wie »Lauf oder Drehung hat nicht geklappt«:

```
if Nr = -1 then
begin
  MoveImage := false; exit; // bei TMovie.MoveImage
  TurnImage := false; exit; // bei TMovie.TurnImage
end;
```

Making Movies

Geht aber alles glatt, endet die jeweilige Funktion mit einem Rückgabewert, der »Alles ok« signalisiert:

```
MoveImage := true;   // bei TMovie.MoveImage
TurnImage := true;   // bei TMovie.TurnImage
```

Zuvor aber nimmt die Figur wieder ihre Anfangsstellung ein (falls zuvor mal auf ERSCHEINEN geklickt wurde und dadurch ein Bildname vorhanden ist):

```
if BildName <> '' then GetImage (BildName);
```

Die ShowImage-Methode bleibt eine Prozedur, muss aber noch um eine Zuweisung erweitert werden:

```
procedure TMovie.ShowImage (DateiName: String);
begin
  Show;
  Picture.LoadFromFile (DateiName);
  BildName := DateiName;
end;
```

Making Movies

≫ Tippe alle neuen und geänderten Methoden in den Quelltext von MOVIE.PAS ein.

≫ Und passe auch die Vereinbarung von TMovie entsprechend an:

```
type
  TMovie = class(TImage)
  private
    { Private-Deklarationen }
    Nr: Integer;
    BildName,
    PfadName: String;
    procedure GetNr (DateiName: String; Max: Integer);
    procedure GetImage (DateiName: String);
  protected
    { Protected-Deklarationen }
  public
    { Public-Deklarationen }
    procedure ShowImage (DateiName: String);
    function MoveImage
      (DateiName: String; Anzahl: Byte): Boolean;
```

Kapitel 14 — Jetzt wird geOOPt

```
   function TurnImage (DateiName: String): Boolean;
   procedure HideImage;
published
   { Published-Deklarationen }
end;
```

Warum habe ich die Methoden `GetNr` und `GetImage` privat vereinbart? Was sollte ein Objekt wie z.B. ein Formular »von außen« damit anfangen? Diese beiden Methoden sind doch nur dazu da, um einem Objekt vom Typ `TMovie` bei seiner Arbeit zu helfen. Auch hier reicht es ebenso wie bei den als `private` vereinbarten Eigenschaften, wenn `Movie1` (oder eine andere Instanz von `TMovie`) allein das Recht hat, diese Methoden zu benutzen.

Was uns jetzt noch zum Ausprobieren unserer neuen Methoden fehlt, sind die Schaltflächen für das Laufen und das Drehen sowie die zugehörigen Methoden.

≫ Erweitere das Formular um zwei Schaltflächen. Bezeichne sie (hinter CAPTION) mit `Laufen` und `Drehen` und gib ihnen die Namen `MoveButton` und `TurnButton` (NAME).

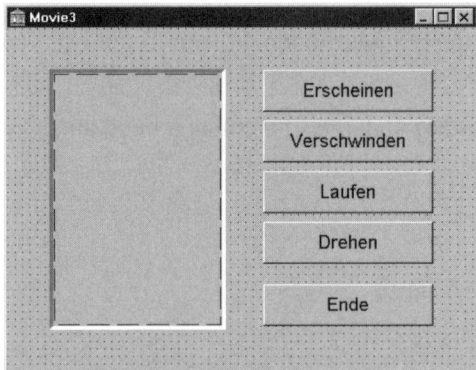

≫ Ergänze die Unit BILD3.PAS um den folgenden Quelltext:

```
procedure TForm1.MoveButtonClick(Sender: TObject);
begin
   try
      Movie1.MoveImage (Pfad+'Figur02.bmp',5);
   except
      Caption := 'Kein Bild';
```

314

Making Movies

```
    end;
end;

procedure TForm1.TurnButtonClick(Sender: TObject);
begin
  try
    Movie1.TurnImage (Pfad+'Figur05.bmp');
  except
    Caption := 'Kein Bild';
  end;
end;
```

≫ Speichere jetzt alles und lass das Programm laufen (→ OOP3.DPR, BILD3.PAS, MOVIE.PAS).

Wahrscheinlich willst du noch wissen, warum in einer Klassenvereinbarung außer private und public auch noch die Zugriffsmodi published und protected herumgeistern?

Der Gültigkeitsbereich für published ist derselbe wie für public. Der Unterschied besteht darin, dass unter published vereinbarte Elemente auch im Objektinspektor verfügbar sind.

Allerdings kommen für published u.a. nur bestimmte Vereinbarungen in Frage – du wirst später einige davon kennen lernen. Der Versuch, etwas anderes wie z.B. eine Methode dort zu vereinbaren, quittiert Delphi mit einer solchen Fehlermeldung:

Kapitel 14 — Jetzt wird geOOPt

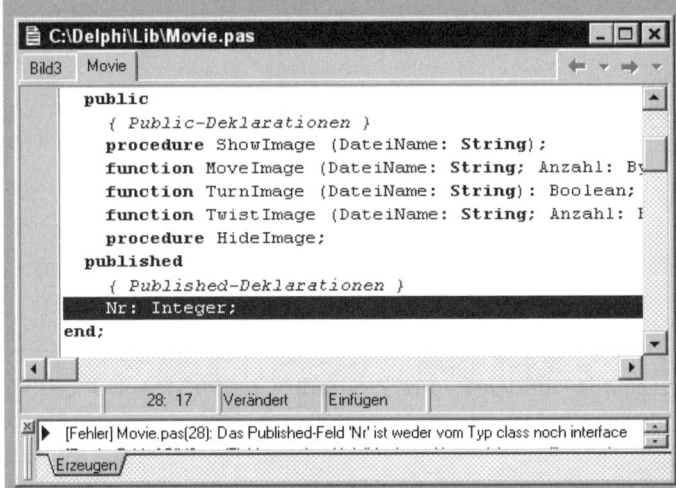

Der Vollständigkeit halber will ich hier auch gleich den Zugriffsmodus erläutern, mit dem wir bisher noch nichts zu tun hatten:

Ein mit protected vereinbartes Element ist zunächst mal für »Außenstehende« privat. Also können nur Methoden derselben Klasse damit etwas anfangen. Während aber bei einer private-Vereinbarung auch abgeleiteten Klassen der Zugriff verboten ist, dürfen protected-Elemente dort benutzt werden.

protected ist also ein »Zwischending« – dieser Zugriffsmodus hat etwas von private und etwas von public.

Zusammenfassung

Ist nicht wieder eine dieser Pausen fällig, in denen Getränke und geschmierte Brote serviert werden? Damit kannst du dich für die nächste Schaffensphase stärken. Im letzten und in diesem Kapitel hast du den steinigen Weg zur eigenen Komponentensammlung kennen gelernt (und dabei besteht diese Sammlung bis jetzt nur aus einem Stück). Dessen ungeachtet ist es dir gelungen, den Komponentenschatz von Delphi ein wenig zu bereichern.

Diese Klassen, Eigenschaften und Methoden von Delphi sind dir dabei begegnet:

Eine Frage ...

Show	Methode vieler Objekte (Komponenten): Ein Objekt sichtbar machen (zeigen)
Hide	Methode vieler Objekte (Komponenten): Ein Objekt unsichtbar machen (verdecken)
Copy	Einen Teilstring aus einem String ermitteln
Length	Die Länge eines Strings bestimmen
exit	Eine Methode (Prozedur/Funktion) sofort verlassen/ beenden

Dazu kommen noch einige Zugriffsmodi für Klassenelemente

private	Ein Element in einer Klasse nur für Methoden einer Klasse zugänglich machen (privat)
public	Ein Element in einer Klasse für andere Objekte und Funktionen/Prozeduren zugänglich machen (öffentlich)
protected	Ein Element in einer Klasse nur für Methoden einer Klasse, aber auch für davon abgeleitete Klassen zugänglich machen (geschützt)
published	Eine Komponente von Delphi in einer Klasse für andere Objekte und Funktionen/Prozeduren auch über den Objektinspektor zugänglich machen (öffentlich)

Eine Frage ...

Frage1: Wie wird ein Objekt sichtbar und wie unsichtbar?

... und ein paar Aufgaben

1. Erstelle mit Hilfe der Movie-Komponente (aus der Palette von Delphi) ein Testprogramm, um Bilder im Querformat anzuzeigen. Dazu soll der Name der Bilddatei über einen Dialog ermittelt werden, bevor die Datei geladen wird.

2. In der Komponentenpalette findet sich unter WIN32 auch eine Komponente vom Typ TAnimation. Experimentiere mal damit anstelle von TMovie. (Zwei kleine Animationsdateien mit Namen MFIGUR.AVI und TFIGUR.AVI findest du im BUCH\BILDER-Ordner.)

3. Erweitere TMovie um eine Methode zum Tanzen: Die Bilder werden per Zufallswert geladen und angezeigt. Dann passe das *OOP*-Testprogramm entsprechend an.

15
Für alle Fälle MDI?

In dem Projekt, das wir in diesem Kapitel erstellen werden, steckt eine ganze Menge von dem, was wir bisher in Delphi gemacht haben. Das klingt so, als wäre dieses Projekt recht umfangreich. Ist es auch. Aber wir müssen uns gar nicht alles selbst zusammenbauen, sondern nehmen einfach die Hilfe von Delphi in Anspruch.

In diesem Kapitel lernst du

◉ was eine MDI-Anwendung ist

◉ wie man mit mehreren Formularen und Units arbeitet

◉ die Komponente StringGrid kennen

◉ wie man die Anzeige von Text, Bild und Tabelle kombiniert

Eine Anwendung für viele Dokumente?

Anstatt nun alles, was wir bis jetzt gelernt haben, zusammenzukratzen, bedienen wir uns bei Delphi. Da gibt es nämlich schon ein paar umfangreiche Fertiggerichte, die wir bloß mit unseren eigenen Gewürzen garnieren und dann aufbacken müssen.

Kapitel 15

Für alle Fälle MDI?

Öffnet man über DATEI und NEU und WEITERE das Dialogfeld OBJEKTGALERIE und blättert dort die Seiten von NEU bis PROJEKTE durch, findet man dort eine Fülle so genannter Schablonen für Formulare, Komponenten und sogar komplette Projekte.

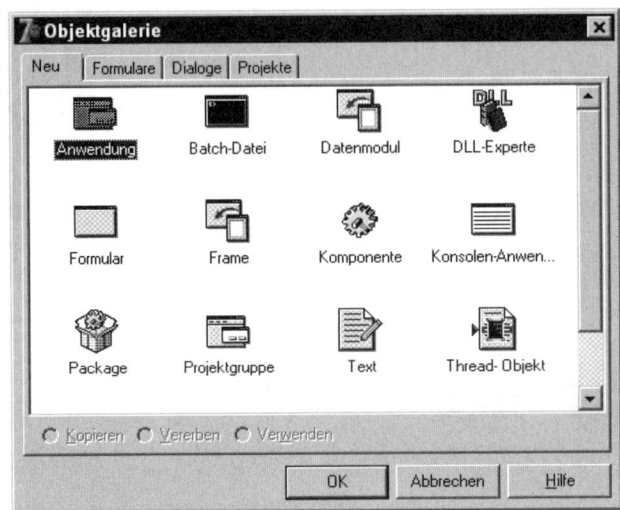

Da greifen wir jetzt auch gleich zu einem Projekt, das uns Delphi anbietet:

≫ Klicke auf DATEI und NEU, dann auf WEITERE.

≫ Klicke im Dialogfeld OBJEKTGALERIE auf die Registermarke für PROJEKTE.

≫ Suche das Symbol für MDI-ANWENDUNG und klicke darauf. Dann bestätige deine Wahl mit OK.

Eine Anwendung für viele Dokumente?

≫ Im nächsten Dialogfeld VERZEICHNIS AUSWÄHLEN musst du den Ordner einstellen, in dem Delphi alle zum Projekt gehörenden Dateien unterbringen soll. Ich empfehle den TEST-Ordner, du kannst dir dazu aber auch einen neuen Ordner einrichten (z.B. mit dem Namen MDI).

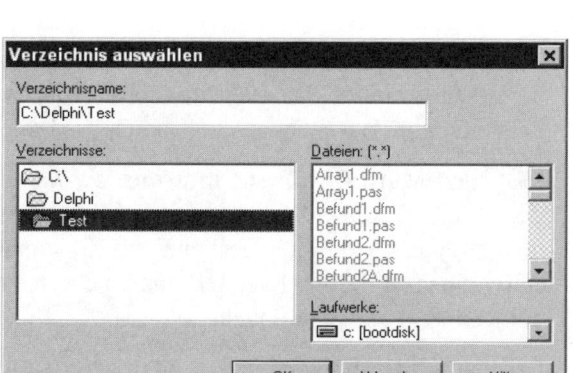

≫ Klicke zur Bestätigung wieder auf OK.

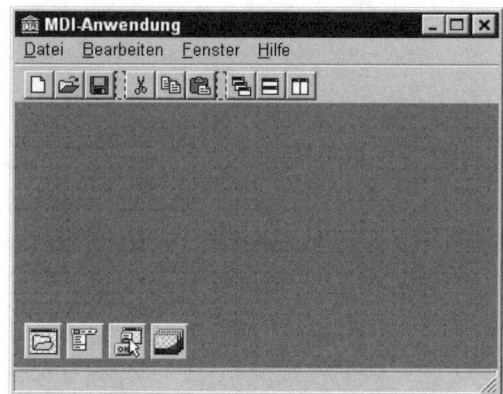

Ein neues Formular erscheint. Und wie du an den vielen Symbolen sehen kannst, hat sich Delphi bei den Zugaben nicht lumpen lassen. Im Hintergrund wurde außerdem eine Reihe von Dateien erzeugt, die sich in vier Gruppen unterteilen lassen:

Formular	Unit	Erläuterung
	Mdiapp	Das Projekt selbst (= MDI-Anwendung)
Aboutbox	About	Die Infobox und die zugehörige Unit
MainForm	Main	Das Hauptformular und die Hauptunit
MDIChild	Childwin	Ein zusätzliches Formular und eine weitere Unit

Kapitel 15 — Für alle Fälle MDI?

Hier hat Delphi an unserer Stelle über die Namengebung entschieden. Wir können natürlich das Ganze umbenennen, aber die drei Namen haben durchaus ihren Sinn: An ihnen lässt sich nämlich erklären, wie das neue Projekt zusammengesetzt ist.

Die drei Buchstaben **MDI** haben wir jetzt ein paar Mal gelesen: Einmal bei der Auswahl im Dialogfeld **Neue Einträge**, dann in der Titelleiste des neuen Formulars, schließlich im Namen des Projekts. Was ist MDI?

MDI kürzt **Multi Document Interface** ab, was zu Deutsch so viel heißt wie »Multi-Dokument-Schnittstelle«. MDI-Anwendungen sind Anwendungen, die zur gleichen Zeit mehrere Dokumente verwalten können. Unter einem **Dokument** versteht man nicht nur einen Text, sondern z.B. auch ein Bild oder eine Tabelle.

Bei einer **MDI-Anwendung** – oder auch MDI-Applikation – ist das Hauptfenster nur eine Art Arbeitsfläche (so wie der Desktop von Windows). In diesem Bereich können mehrere Fenster z.B. mit Text geöffnet werden.

Die Unterfenster haben zwar eine Titelleiste, aber kein Menü. Alle Fenster lassen sich nur innerhalb der Fläche des Hauptfensters verschieben und in ihrer Größe verändern. Von mehreren angezeigten Unterfenstern kann immer nur eins gerade aktiv sein. Beispiele sind der *Windows Explorer*, sowie viele Text- und Grafikprogramme.

Keine MDI-Anwendungen sind z.B. der Editor von Windows oder das Malprogramm *Paint*. Denn dort wird der Text oder das Bild direkt im Hauptfenster geöffnet und bearbeitet. Das nennt man eine **SDI-Anwendung**. SDI ist die Abkürzung für **Single Document Interface**. Bei einer SDI-Applikation lässt sich immer nur ein Dokument verwalten (»Einzel-Dokument-Schnittstelle«). Delphi bietet natürlich auch eine Schablone für ein solches Projekt – ebenfalls über DATEI und NEU im Register PROJEKTE.

Das ganze Projekt läuft also unter dem Namen `MdiApp`, was für »MDI-Application« steht. Die Unitdatei `Main` ist zuständig für das Hauptfenster bzw. **Hauptformular**. Was aber ist mit `ChildWin`? Das bedeutet »Child-Window« bzw. »Kindfenster«. Gemeint ist damit ein Unterfenster, wobei das Hauptfenster als »Parent« (also Vater oder Mutter) gilt. Weil dieses sozusagen den Rahmen für ein oder mehrere Unterformulare abgibt, kann man auch von **Rahmenformular** sprechen.

Eine gute Basis

Bevor wir das Projekt schon mal »leer« testen, möchte ich dir erst noch die anderen Formulare kurz vorstellen.

≫ Klicke auf ANSICHT und dann auf FORMULARE. Oder du drückst die Tastenkombination ⇧ F12.

≫ Im nächsten Dialogfeld wählst du aus der Liste der Formularnamen MDICHILD aus und klickst auf OK.

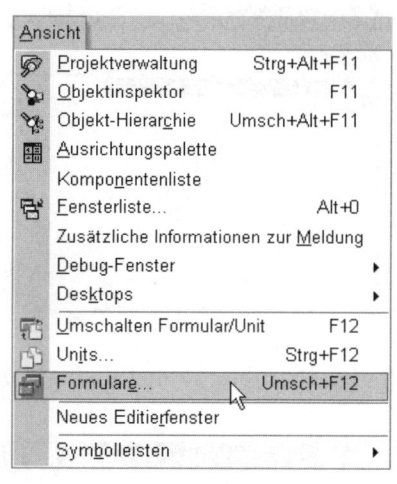

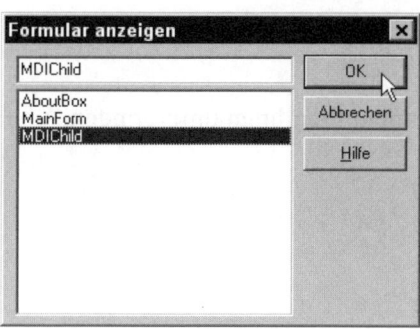

Dieses unscheinbare Formular ist das so genannte Kindfenster bzw. **Kindformular** oder Unterformular, wie du auch an dem Titel UNTERGEORDNETES MDI erkennst.

Ein weiteres Formular ist die Aboutbox.

Kapitel 15 — Für alle Fälle MDI?

> Um dorthin zu wechseln, öffnest du noch mal über ANSICHT und FOR-MULARE das Dialogfeld mit der Auswahlliste.

> Klicke auf den Eintrag ABOUT und dann auf OK.

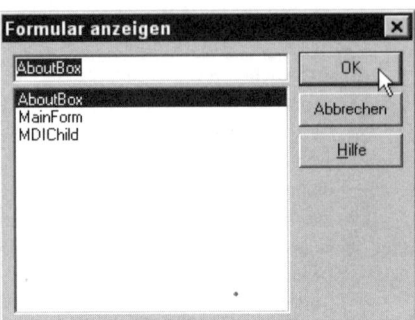

In der Aboutbox kannst du Infos über dein Programm unterbringen.

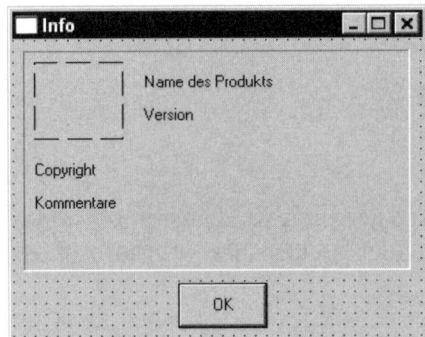

> Wechsle zum Hauptformular (MAINFORM) und starte das Programm. Probier mal alles aus, was dir da an Menüeinträgen und Schaltflächen angeboten wird.

Die Knöpfe in der Symbolleiste werden auch als Speedbuttons bezeichnet, weil man damit direkt – ohne Umweg über das Menü – eine Aktion auslösen kann. Sobald du den Mauszeiger darüber bewegst, erscheint zu jedem **Speedbutton** ein kleines Infofeld – auch **QuickInfo** genannt. Und wenn du mit der Maus die Menüeinträge auf und ab fährst, kannst du ganz unten im Fenster bzw. Formular einen Informationstext sehen. Das ist die so genannte **Statuszeile** oder **Statusleiste**.

Wie du sehen kannst, ist das Fertigprojekt von Delphi schon ziemlich gut ausgestattet. Um vieles brauchen wir uns bei der Programmierung also gar nicht mehr zu kümmern.

Eine gute Basis

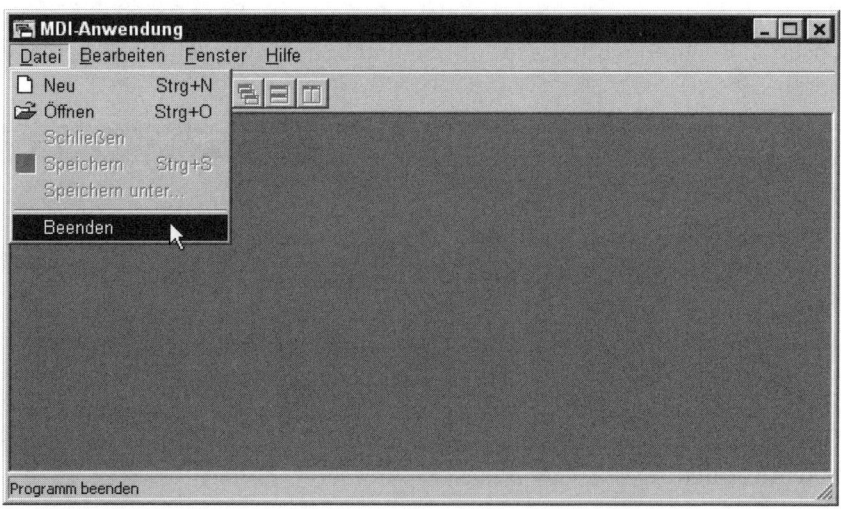

> Klicke versuchsweise auf DATEI und ÖFFNEN bzw. das erste Symbol in der Symbolleiste. Öffne eine beliebige Datei. Damit erscheint ein Unterformular. Allerdings ist es möglich, dass vom Inhalt nichts oder nur »wirres Zeug« zu sehen ist.

Mutter- und Kindformular

Also gibt es doch noch was zu tun. Ein bisschen Arbeit muss schließlich auch für uns übrig bleiben.

Kapitel 15

Für alle Fälle MDI?

Zunächst stellt sich die Frage, welche Dokumente bzw. Dateien wir mit unserem Programm überhaupt öffnen und betrachten wollen. Ich schlage vor:

Dateityp	Kennung/Filter
Textdateien	*.TXT
Rich Text Format	*.RTF
Delphi-Unit/Projektdateien	*.PAS; *.DPR
Bilddateien	*.BMP
Tabellen	*.TAB; *.TBL

Das muss als Filtereigenschaft für die Opendialog-Komponente festgelegt werden:

≫ Klicke auf das OPENDIALOG-Symbol im Formular.

≫ Klicke im Objektinspektor auf den kleinen Button hinter dem Eintrag FILTER.

Damit öffnest du den **Filtereditor**.

≫ Dort trägst du auf der linken Seite die Bezeichnung für die Dateien ein. Auf der rechten Seite stehen dann die Dateikennungen als Filter. Damit werden im Dialogfeld ÖFFNEN nur Dateien mit diesen Kennungen angezeigt.

Textbetrachter

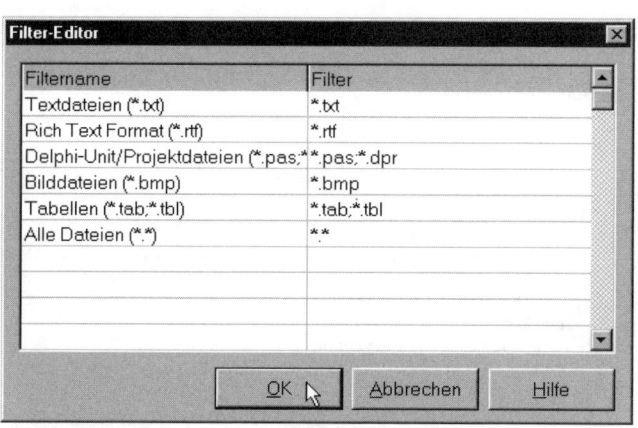

Textbetrachter

Und nun kümmern wir uns um die erste Dokumentenart und suchen eine passende Komponente für die Anzeige von Text. Dazu brauchen wir jetzt das Kindformular. Du hast es bereits als eine unscheinbare Fläche kennen gelernt.

≫ Klicke noch einmal auf ANSICHT und dann auf FORMULARE.

≫ Im Dialogfeld FORMULAR ANZEIGEN klickst du erst auf MDI-CHILD und dann auf OK.

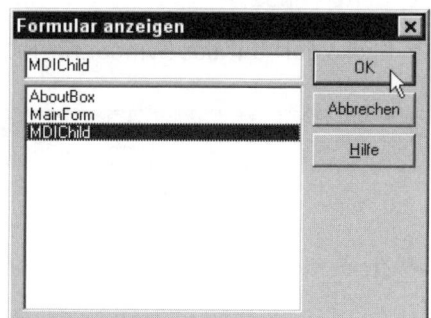

Das Unterformular ist ein Objekt vom Typ `TMDIChild`. Diese Klasse ist nichts anderes als ein einfaches Kind von `TForm` – wovon du dich in der zugehörigen Unitdatei CHILDWIN.PAS überzeugen kannst.

Vorhanden ist bereits eine Komponente vom Typ `MEMO`. Die brauchen wir nicht.

≫ Klicke also darauf und drück dann die ⌊Entf⌉-Taste.

Kapitel 15

Für alle Fälle MDI?

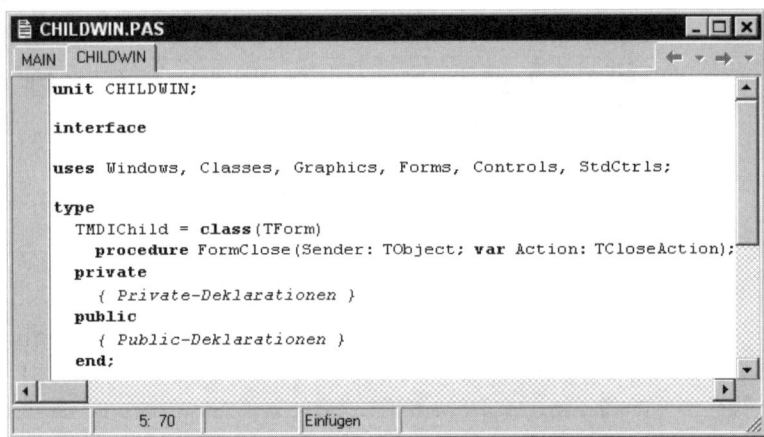

Um etwas anzeigen zu können, benötigt das `MDIChild`-Formular hier die Hilfe einer anderen Komponente. Bereits im neunten Kapitel hatten wir es mit einem Objekt vom Typ `TRichEdit` zu tun, das diese Aufgabe ausgezeichnet erledigen kann. Denn diese Komponente kann nicht nur mit einfachen Textdateien etwas anfangen, sondern mit solchen im Rich Text Format (das von vielen Textprogrammen unterstützt wird). Außerdem kann man damit natürlich auch Quelltextdateien anzeigen – z.B. von Delphi.

Das Symbol für dieses **RTF-Feld** findest du in der Komponentenpalette auf der Seite WIN32.

≫ Klicke dort auf das Symbol für RICHEDIT.

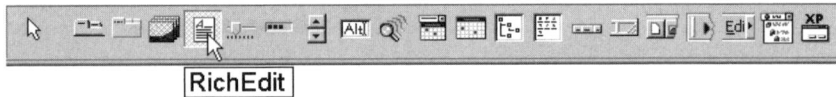

≫ Ziehe die Komponente im `MDIChild`-Formular auf.

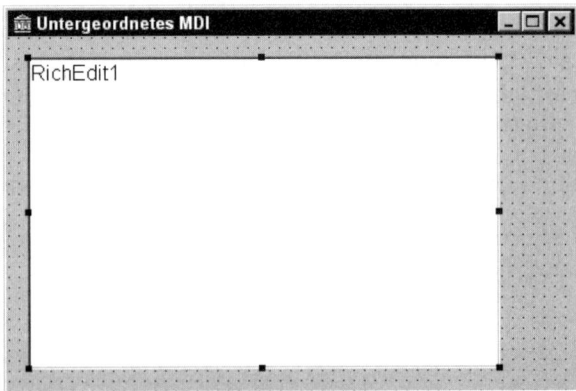

Textbetrachter

Damit das RTF-Feld immer den gesamten Platz einnimmt, den das Formular zur Verfügung stellt, könnte man es entsprechend vergrößern. Wird aber beim Programmlauf das Formularfenster in seiner Größe geändert, dann bleibt die `RichEdit`-Komponente immer so groß wie sie vereinbart wurde. Da gibt es eine bessere Lösung:

➢ Klicke im Objektinspektor auf ALIGN und stelle dort ALCLIENT ein. Dadurch passt sich das Textfeld gummiartig der Größe des Formulars an, egal wie du die änderst.

➢ Und weil du wohl auch längeren Text einladen willst, der nicht komplett im Textfeld angezeigt werden kann, setzt du im Objektinspektor die Einstellung hinter SCROLLBARS auf SSBOTH. Nun kannst du leichter durch das Textfeld blättern.

Damit die `RichEdit`-Komponente auch den gewünschten Text erhält, muss nun in der Unitdatei CHILDWIN.PAS eine entsprechende Methode definiert werden:

```
procedure TMDIChild.GetText (DateiName: String);
begin
  RichEdit1.Lines.LoadFromFile (DateiName);
end;
```

Kapitel 15 — Für alle Fälle MDI?

Vielleicht erinnerst du dich (aus Kapitel 9) daran, dass TRichEdit eine Eigenschaft namens Text zu bieten hatte. Die können wir hier nicht verwenden, denn leider besitzt Text keine Methode, um etwas aus einer Textdatei zu laden. Mit Lines jedoch gibt es in der Klasse TRichEdit auch ein Stringfeld. Und das hat eine LoadFromFile-Methode zu bieten.

Die neue Methode GetText wird natürlich nur akzeptiert, wenn die Klasse TMDIChild auch etwas davon weiß. Deshalb fügen wir GetText als neues Element in die Klassenvereinbarung ein (→ CHILDWIN.PAS):

```
type
  TMDIChild = class(TForm)
    RichEdit1: TRichEdit;
    procedure FormClose
      (Sender: TObject; var Action: TCloseAction);
  private
    { Private declarations }
  public
    { Public declarations }
    procedure GetText (DateiName: String); virtual;
  end;
```

≫ Tippe die entsprechenden Zeilen in den Quelltext der Unit *Childwin* ein.

Zum ersten Mal taucht hier das Wort virtual auf. Was hat das zu bedeuten? Wir nehmen es jetzt einfach mal so hin. Ich komme im übernächsten Kapitel bestimmt darauf zurück.

Nun fehlt nur noch eine Zeile in der Methode, die auch dafür sorgt, dass das Unterformular erzeugt und angezeigt wird. Die sitzt in der Unitdatei zum Hauptformular, also in MAIN.PAS:

```
procedure TMainForm.CreateMDIChild(const Name: string);
var Child: TMDIChild;
begin
  { create a new MDI child window }
  Child := TMDIChild.Create(Application);
  Child.Caption := Name;
  Child.GetText (OpenDialog.FileName);
end;
```

≫ Wechsle in den Quelltext von MAIN.PAS, suche dort die CreateMDIChild-Methode und ergänze sie um die GetText-Anweisung.

Weil es die Komponente Memo1 nicht mehr gibt, muss diese Zeile gestrichen werden:

Textbetrachter

```
if FileExists(Name) then Child.Memo1.Lines.LoadFrom-
File(Name);
```

Was passiert eigentlich in der Methode `TMainForm.CreateMDIChild`? Erst mal wird dort mit `Child` ein neues Formular (vom Typ `TMDIChild`) vereinbart und initialisiert. Dann erhält es einen Titel. Bis dahin bleibt es innen leer. Mit der Methode `GetText` holt es sich die Datei, deren Name über die `OpenDialog`-Kompenente angegeben wurde.

≫ Speichere das ganze Projekt und lass das Programm laufen.

In meinen Versuchen habe ich u.a. auch mal die Quelltextdateien dieses Projekts geladen. Tatsächlich kannst du alle Dateien des *MDI*-Projekts mit der Kennung PAS bzw. DPR zugleich in diesem Programm geöffnet haben. Willst du eine anschauen, wechselst du einfach über das FENSTER-Menü in das betreffende Unterfenster.

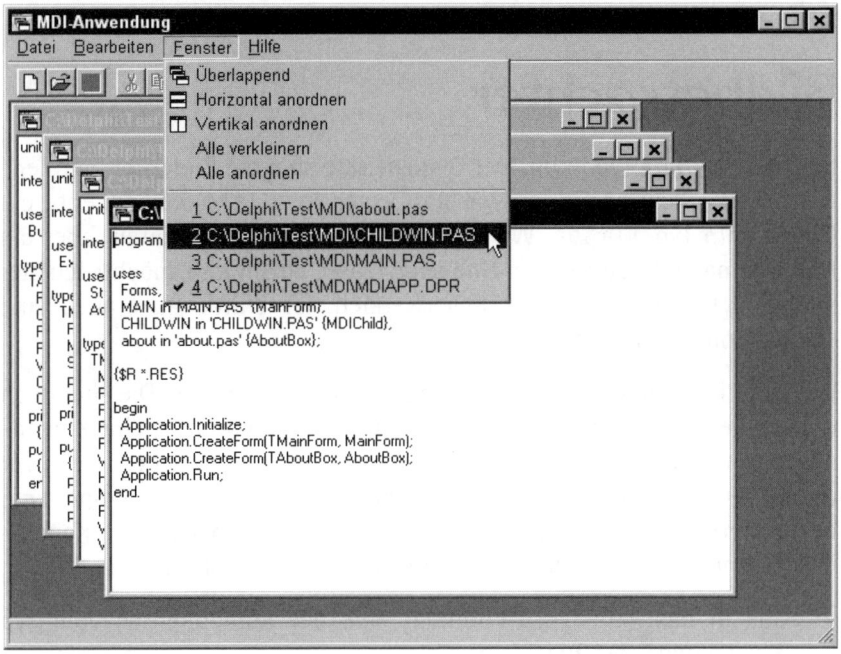

Auch für Quelltext geeignet

Und mit einem Klick auf den entsprechenden Knopf oben in der rechten Fensterecke wird die Textanzeige auf die volle Arbeitsfläche des Hauptformulars vergrößert. (Und das wiederum lässt sich sogar problemlos auf Bildschirmgröße aufblähen.)

Kapitel

15

Für alle Fälle MDI?

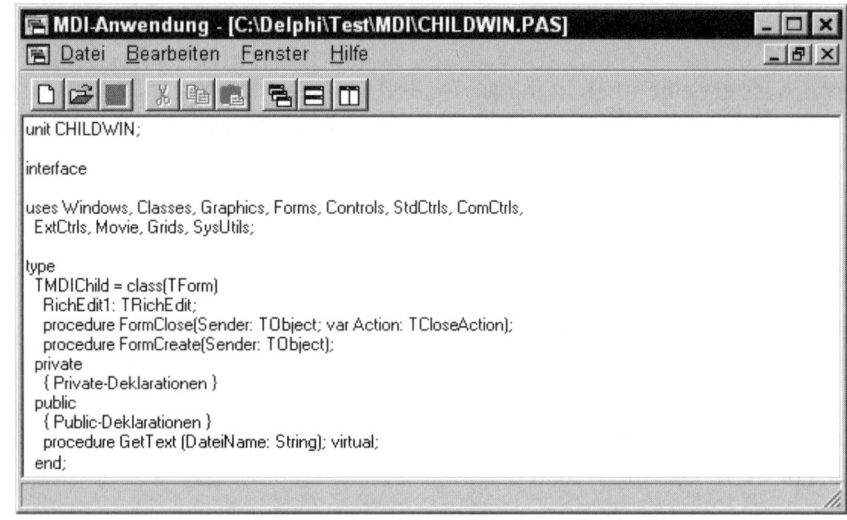

Bildbetrachter

Der nächste Dateityp in unserer ÖFFNEN-Liste sind die Bilder mit der Kennung BMP. Dazu benötigen wir statt einer RichText-Komponente ein Objekt vom Typ TImage. Weil wir uns in den letzten Kapiteln aber die Mühe gemacht haben, davon eine neue Klasse abzuleiten, möchte ich hier mal eine Instanz von TMovie verwenden. (Es würde aber auch eine Image-Komponente reichen.)

Wie aber kriegen wir das jetzt mit den Unterfenstern hin? Die sind doch nur für die Textdateien zuständig? Aber nur deshalb, weil sie eine Komponente vom Typ TRichEdit besitzen. Was spricht also dagegen, wenn wir unser MDIChild-Formular einfach mit einer weiteren Komponente bestücken? Und je nach Bedarf lässt sich die eine oder andere Komponente dann mit Hide oder Show verdecken oder hervorholen.

≫ Füge in das MDIChild-Formular eine der Komponenten vom Typ TMovie oder vom Typ TImage ein.

Bildbetrachter

Auch hier müsste die Eigenschaft ALIGN auf ALCLIENT eingestellt werden, damit sich die Objektgröße automatisch der Formulargröße anpasst. (Wenn du willst, dass außerdem das Bild die volle Fläche ausfüllt, müsste auch STRETCH auf TRUE gesetzt werden.)

Weil auch schon bei `RichEdit1` die Eigenschaft ALIGN auf automatische Anpassung steht, ist es schwierig bis unmöglich, beide Komponenten durch Anklicken zu aktivieren, um ihre Eigenschaften zu bearbeiten. Deshalb habe ich zunächst ALIGN bei `Movie1` auf ALNONE gelassen, und ebenso empfehle ich dir diese Einstellung auch für `RichEdit1`.

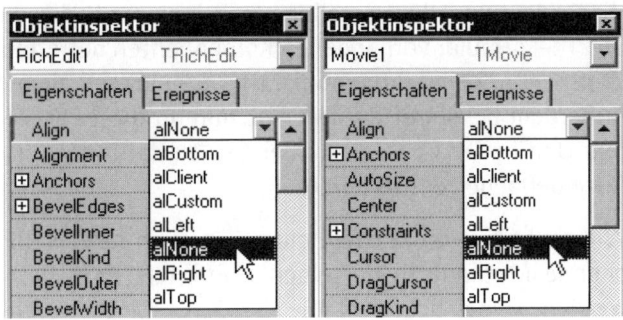

Dann nämlich kannst du die beiden Komponenten im `MDIChild`-Formular beliebig verschieben und z.B. so anordnen:

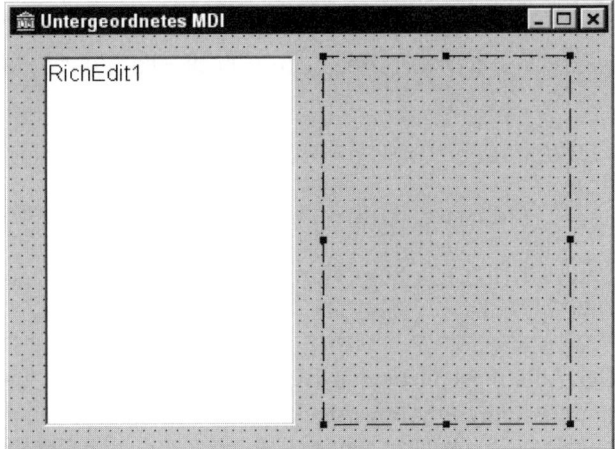

Es ist eigentlich eine sehr praktische Lösung, Änderungen gegenüber den Standardeinstellungen in der `FormCreate`-Methode eines Formulars unterzubringen. Das tun wir auch gleich:

Kapitel 15 — Für alle Fälle MDI?

▷ Doppelklicke auf das MDIChild-Formular und tippe im Editorfenster diese Zeilen ein (→ CHILDWIN.PAS):

```
procedure TMDIChild.FormCreate(Sender: TObject);
begin
  RichEdit1.Align := alClient;
  RichEdit1.ScrollBars := ssBoth;
  Movie1.Align := alClient;
  Movie1.Center := true;
end;
```

Hier sind nun alle Einstellungen versammelt, die die beiden im MDI-Child-Formular vorhandenen Komponenten betreffen: Beide passen ihre Größe nun beim Programmstart automatisch dem Unterformular an. Außerdem bekommt RichEdit1 nun an dieser Stelle seine Bildlaufleisten. Und bei Movie1 wird über CENTER dafür gesorgt, dass Bilder in der Anzeigefläche zentriert werden.

Wie schon für das Textfeld muss nun auch für das Bildfeld eine entsprechende Methode in derselben Unitdatei (→ CHILDWIN.PAS) definiert werden. Dabei bekommt die GetText-Methode ebenfalls eine kleine Erweiterung:

```
procedure TMDIChild.GetText (DateiName: String);
begin
  Movie1.Hide;
  RichEdit1.Show;
  RichEdit1.Lines.LoadFromFile (DateiName);
end;

procedure TMDIChild.GetImage (DateiName: String);
begin
  RichEdit1.Hide;
  Movie1.Show;
  Movie1.Picture.LoadFromFile (DateiName);
end;
```

Der Ablauf ist in beiden Methoden der gleiche: Zuerst wird die jeweils andere Komponente verdeckt (Hide), dann wird die aktuelle Komponente gezeigt (Show). Und schließlich wird über den Dateinamen das Bild oder der Text geladen und angezeigt (LoadFromFile).

Auch die Methode GetImage muss bei TMDIChild angemeldet werden (→ CHILDWIN.PAS):

Bildbetrachter

```
type
  TMDIChild = class(TForm)
    RichEdit1: TRichEdit;
    Movie1: TMovie;        // Image1: TImage
    procedure FormClose
      (Sender: TObject; var Action: TCloseAction);
    procedure FormCreate(Sender: TObject);
  private
    { Private declarations }
  public
    { Public declarations }
    procedure GetText (DateiName: String); virtual;
    procedure GetImage (DateiName: String); virtual;
  end;
```

➢ Erweitere die Klasse `TMDIChild` um die Vereinbarung von `GetImage` (→ CHILDWIN.PAS).

➢ Ergänze außerdem die `CreateMDIChild`-Methode um den folgenden Quelltext (→ MAIN.PAS):

```
procedure TMainForm.CreateMDIChild(const Name: string);
var
  Child: TMDIChild; Kennung: String;
begin
  { create a new MDI child window }
  Child := TMDIChild.Create(Application);
  Child.Caption := Name;
  Kennung := UpperCase (ExtractFileExt (OpenDialog.FileName));
  if Kennung = '.BMP' then
    Child.GetImage (OpenDialog.FileName)
  else
    Child.GetText (OpenDialog.FileName);
end;
```

Hier ist es wichtig, welche Art von Datei geladen wird. Deshalb wird mit

`UpperCase (ExtractFileExt (OpenDialog.FileName));`

die Kennung des Dateinamens ermittelt. Das könnten wir zwar auch über die Funktion `Copy` regeln, aber `ExtractFileExt` erledigt das besser (FileExtension = Dateierweiterung). Damit es keine Rolle spielt, ob die Kennung aus kleinen oder großen Buchstaben besteht, machen wir alles mit `UpperCase` zu Großbuchstaben. Natürlich könnte man auch mit `LowerCase` alles in Kleinbuchstaben umwandeln.

Weil nur die Kennung BMP für Bilddateien steht, genügt hier (vorläufig) diese `if`-Struktur:

```
if Kennung = '.BMP' then
  Child.GetImage (OpenDialog.FileName)
```

Kapitel 15 — Für alle Fälle MDI?

```
  else
    Child.GetText (OpenDialog.FileName);
```

➢ Speichere das ganze Projekt noch mal und lass das Programm laufen. Öffne nach Belieben ein paar Texte und Bilder, die sich auf deiner Festplatte tummeln.

Mal Text, mal Bild

Und wie wär's mit Tabellen?

Einen Dateityp möchte ich noch zu unserem »Guckkasten« hinzufügen. Allerdings ist der kein Standard wie z.B. eine Textdatei oder ein Bild im BMP-Format. Ich gebe ihm die Kennung TAB. Wenn du willst, kannst du statt dessen auch z.B. TBL nehmen, nur bitte keine Kennungen, die sonst für Tabellen üblich sind (wie z.B. WKS oder XLS für die bekanntesten Tabellenkalkulationen). Denn die Art von Dateien, die ich hier verwenden will, sind eigentlich Textdateien: Jeder Eintrag einer Tabelle ist dort wie in einer Liste untereinander aufgereiht. Und eine Methode sorgt dafür, dass jede Zeile in eine bestimmte Zelle einer Tabelle kommt.

Die Methode müssen wir natürlich noch programmieren. Zuerst aber brauchen wir ein Objekt, das Tabellen anzeigen kann. Beim Blättern in der Komponentenpalette stoßen wir auf den Typ TStringGrid, was so viel heißt wie »Gitter für Zeichenketten«. Das scheint genau das Richtige zu

Und wie wär's mit Tabellen?

sein, probieren wir es einfach mal aus. Du findest das Symbol für dieses **Tabellengitter** auf der Palettenseite ZUSÄTZLICH.

≫ Zuerst aber musst du dafür sorgen, dass das MDIChild-Formular sichtbar und aktiviert ist.

≫ Dann klicke in der Komponentenpalette unter ZUSÄTZLICH auf das Symbol für STRINGGRID.

≫ Ziehe die Komponente im MDIChild-Formular auf. Wenn du die etwas kleiner machst, haben alle drei Komponenten Platz. So kannst du jede per Mausklick erreichen (und beim Programmstart werden sie ohnehin automatisch an die Formulargröße angepasst). Oder du legst das neue Element einfach auf die beiden anderen, so dass sie nicht ganz verdeckt werden.

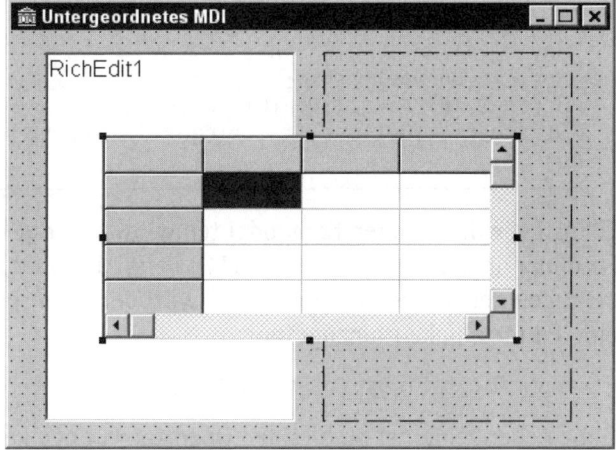

≫ Stelle im Objektinspektor diese Werte ein:

Eigenschaften	Wert	Bedeutung
DefaultColWidth	100	Spaltenbreite
DefaultRowHeight	25	Zeilenhöhe
FixedCols	0	Fixierte Randspalten (z.B. für Nummerierung/Uhrzeit)
FixedRows	0	Fixierte Randzeilen (z.B. für Tage/Bereiche)

Kapitel 15

Für alle Fälle MDI?

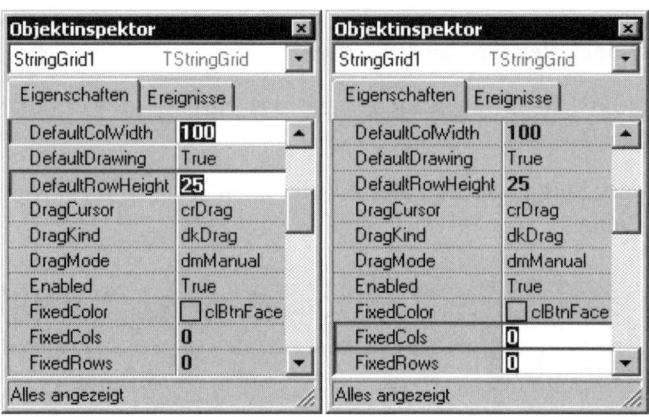

Für die restlichen Änderungen der StringGrid-Komponente setzen wir gleich die passenden Zuweisungen in die FormCreate-Methode:

≫ Tippe in der Datei CHILDWIN.PAS diese Ergänzungen ein:

```
procedure TMDIChild.FormCreate(Sender: TObject);
begin
  RichEdit1.Align := alClient;
  RichEdit1.ScrollBars := ssBoth;
  Movie1.Align := alClient;
  Movie1.Center := true;
  StringGrid1.Align := alClient;
  StringGrid1.Options := StringGrid1.Options + [goEditing];
end;
```

Ebenso wie die anderen Komponenten wird StringGrid1 dem aktuellen Formular angepasst (Align := alClient). Damit du in der Tabelle auch etwas eingeben und ändern kannst, wird der Eigenschaft Options noch eine Editorfähigkeit hinzugefügt:

StringGrid1.Options := StringGrid1.Options + [goEditing];

Ganz nebenbei lernst du hier den Operator »+« neu kennen. Außer Zahlen addieren und Zeichen verketten kann er auch Mengenoperationen durchführen. Nimmt man den Operator »-« noch dazu, könnte man also sagen:

Menge + [Element]   // ein Element zu einer Menge hinzufügen
Menge - [Element]   // ein Element aus einer Menge entfernen

Mit Options ist hier eine Menge definiert, in die z.B. mit goEditing eine neue Option eingefügt wird. Umgekehrt lässt sich diese Option auch wieder entfernen:

StringGrid1.Options := StringGrid1.Options - [goEditing];

Aus der Liste ins Tabellenfeld

Unser nächster Schritt ist eine Methode zum Öffnen und Anzeigen einer Tabelle (→ CHILDWIN.PAS). Dabei ist hier ein bisschen mehr nötig als nur das Verbergen der anderen Komponenten und Laden der Tabellendaten:

```
procedure TMDIChild.GetTable (DateiName: String);
var Anzahl, Zeilen, Spalten, i, j: Integer;
    Tabelle: TStringList;
begin
  // Textfeld und Bildfeld verbergen, Tabellenfeld zeigen
  RichEdit1.Hide;
  Movie1.Hide;
  StringGrid1.Show;
  // Stringliste erzeugen
  Tabelle := TStringList.Create;
  // Tabelleninhalt laden
  Tabelle.LoadFromFile (DateiName);
  Anzahl := Tabelle.Count;
  // Anzahl der Zeilen/Spalten ermitteln
  Zeilen  := StrToInt (Tabelle.Strings[Anzahl-2]);
  Spalten := StrToInt (Tabelle.Strings[Anzahl-1]);
  StringGrid1.RowCount := Zeilen;
  StringGrid1.ColCount := Spalten;
  // Zeilen-spaltenweise aus Tabelle in Stringgitter einlesen
  for i := 0 to Zeilen-1 do
    for j := 0 to Spalten-1 do
      StringGrid1.Cells[j,i] := Tabelle.Strings[i*Spalten+j];
end;
```

Ganz schön üppig, diese Methode. Aber weil die StringGrid-Komponente selbst keine Daten laden kann, muss ihr ein anderes Objekt aushelfen, das wir schon einmal benutzt haben:

```
var Tabelle: TStringList;
Tabelle := TStringList.Create;
```

Mit *Tabelle* haben wir eine Stringliste, in der wir die einzelnen Textzeilen der Tabellendatei sammeln können:

```
Tabelle.LoadFromFile (DateiName);
Anzahl := Tabelle.Count;
```

Damit aus einem mit dem Editor von Windows erstellten Testtext (links) die Tabelle (rechts) wird, muss die Stringliste ihre Daten an die String-Grid-Komponente weiterreichen.

Ich habe für dieses selbst gestrickte Tabellenformat in die beiden letzten Strings die Anzahl der Zeilen und Spalten gepackt, die die Tabelle bei der Anzeige haben soll. Diese beiden Werte übernehmen zunächst zwei Variablen, nachdem sie von Strings in Ganzzahlen umgewandelt wurden:

Kapitel 15 — Für alle Fälle MDI?

```
Zeilen  := StrToInt (Tabelle.Strings[Anzahl-2]);
Spalten := StrToInt (Tabelle.Strings[Anzahl-1]);
```

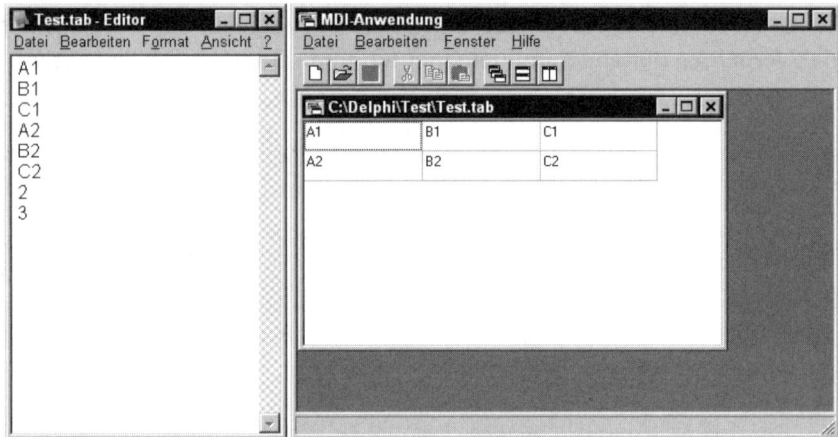

Aus StringList in StringGrid

Hier gibt es einen kleinen Haken: Die Unit *SysUtils*, in der StrToInt definiert ist, wird von Delphi nur in der Hauptunit (hier MAIN.PAS) eingebunden. In CHILDWIN.PAS müssen wir deshalb von Hand nachbessern und sie selber in die uses-Liste einfügen:

```
uses
  Windows, Classes, Graphics, Forms, Controls, StdCtrls,
  ComCtrls, ExtCtrls, Movie, Grids, SysUtils;
```

Anschließend werden die Zeilen- und Spaltenwerte den Eigenschaften RowCount und ColCount des Tabellengitters zugewiesen:

```
StringGrid1.RowCount := Zeilen;
StringGrid1.ColCount := Spalten;
```

Mit RowCount wird die Anzahl der Tabellenzeilen (englisch: Row = Reihe) festgelegt und ColCount bestimmt die Anzahl der Spalten im Tabellengitter (englisch Column = Spalte).

Und damit du nicht nur die neue Anzahl von Spalten und Zeilen zu sehen bekommst, sondern auch den Tabelleninhalt, muss der nun Zelle für Zelle eingelesen werden. Das erledigen zwei Schleifen, eine für die Zeilen und eine für die Spalten:

```
for i := 0 to Zeilen-1 do
  for j := 0 to Spalten-1 do
    StringGrid1.Cells[j,i] := Tabelle.Strings[i*Spalten+j];
```

Mit Cells haben wir eine Eigenschaft von StringGrid1, die nicht im Objektinspektor zu finden ist. Sie wird erst zur Laufzeit des Programms

Alle drei zusammen

verfügbar, um die Zelleninhalte des Tabellenfeldes zu füllen bzw. zu ändern.

≫ Erweitere die Datei CHILDWIN.PAS um die Definition der Methode GetTable.

≫ Und ergänze dort auch die uses-Liste um den Namen der Unit *SysUtils*.

Alle drei zusammen

Auch die beiden anderen Get-Methoden haben wieder etwas abgekriegt, denn der Show-Hide-Mechanismus muss ja jetzt schon für drei Komponenten gelten.

≫ Erweitere die Methoden GetText und GetImage entsprechend (→ CHILDWIN.PAS):

```
procedure TMDIChild.GetText (DateiName: String);
begin
  // Bildfeld und Tabellenfeld verbergen, Textfeld zeigen
  Movie1.Hide;
  RichEdit1.Show;
  StringGrid1.Hide;
  RichEdit1.Lines.LoadFromFile (DateiName);
end;

procedure TMDIChild.GetImage (DateiName: String);
begin
  // Textfeld und Tabellenfeld verbergen, Bildfeld zeigen
  RichEdit1.Hide;
  StringGrid1.Hide;
  Movie1.Show;
  Movie1.Picture.LoadFromFile (DateiName);
end;
```

≫ Tippe die Deklaration der Methode GetTable in der Vereinbarung der Klasse TMDIChild ein (→ CHILDWIN.PAS):

```
type
  TMDIChild = class(TForm)
    RichEdit1: TRichEdit;
    Movie1: TMovie;
    StringGrid1: TStringGrid;
    procedure FormClose
      (Sender: TObject; var Action: TCloseAction);
    procedure FormCreate(Sender: TObject);
```

Kapitel 15 — Für alle Fälle MDI?

```
private
  { Private declarations }
public
  { Public declarations }
  procedure GetText (DateiName: String); virtual;
  procedure GetImage (DateiName: String); virtual;
  procedure GetTable (DateiName: String); virtual;
end;
```

Schließlich fehlt in MAIN.PAS ein weiterer Zweig in der `CreateMDI-Child`-Methode, der dafür sorgt, dass bei der Dateikennung TAB auch eine Tabelle eingerichtet wird.

≫ Ergänze die Methode `TMainForm.CreateMDIChild` um den folgenden Quelltext (→ MAIN.PAS):

```
procedure TMainForm.CreateMDIChild(const Name: string);
var
  Child: TMDIChild; Kennung: String;
begin
  { create a new MDI child window }
  Child := TMDIChild.Create(Application);
  Child.Caption := Name;
  Kennung := UpperCase (ExtractFileExt (OpenDialog.FileName));
  if Kennung = '.BMP' then
    Child.GetImage (OpenDialog.FileName)
  else if (Kennung = '.TAB') or (Kennung = '.TBL') then
    Child.GetTable(OpenDialog.FileName)
  else
    Child.GetText (OpenDialog.FileName);
end;
```

Etwas einfach gemacht habe ich es mir schon, denn hier wird nur abgefragt, ob die Dateikennung BMP (für Bilder) oder TAB bzw. TBL (für Tabellen) ist. In allen anderen Fällen wird angenommen, dass es sich um eine Textdatei handelt.

Solltest du jedoch mal im Dialogfeld ÖFFNEN hinter DATEINAME den Namen einer Datei mit anderer Kennung eintippen, dann wird zwar auch ein Unterfenster geöffnet, aber du bekommst nur Datenmüll zu sehen. Willst du das umgehen, dann musst du alle Kennungen für die erlaubten Textdateien in der `if`-Struktur aufführen – z.B. so:

```
else if (Kennung = '.TXT') or (Kennung = '.RTF')
    or (Kennung = '.PAS') or (Kennung = '.DPR') then
  Child.GetText (OpenDialog.FileName);
```

Das bedeutet, dass nun Dateien mit anderen Kennungen nicht geöffnet werden (können).

Unvollendet

> Speichere das ganze Projekt noch mal und lass das Programm laufen. Öffne nach Belieben die Texte und Bilder, die sich auf deiner Festplatte tummeln. Und vor allem: Probier auch mal eine Tabelle aus.

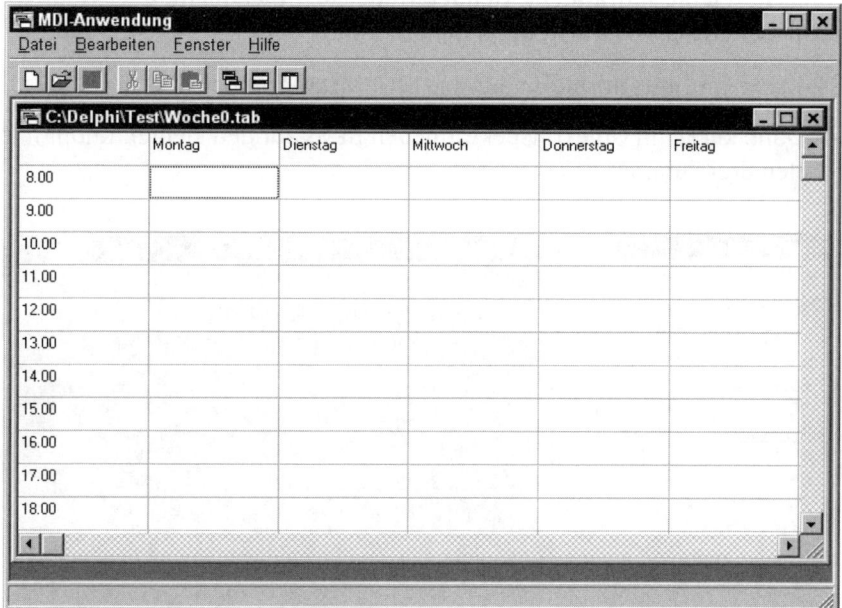

Leerplan

Unvollendet

Was haben wir jetzt? Eine Anwendung, mit deren Hilfe du dir Texte, Bilder und einfache Tabellen anschauen kannst. Im Text und in der Tabelle kannst du sogar mit dem Cursor umherwandern, Teile markieren oder ändern. Auswirkungen auf die Datei hat das aber nicht, denn man kann in dieser Anwendung nichts speichern.

Wenn du so durch das Menüsystem dieses »Guckkastens« schlenderst, dann wirst du viele Einträge finden, die überhaupt keine Aktion auslösen – obwohl sie bei geöffneten Unterfenstern aktivierbar sind.

Wir werden uns hier auch nicht die Mühe machen, sie alle auszufüllen. Denn es geht mir nicht um das Programmieren einer kompletten Anwendung. Du hast hier aber die Möglichkeit kennen gelernt, eine MDI-Anwendung selbst zu erstellen.

Im Grunde genommen verfügst du ja mit Windows über eine Textverarbeitung und auch ein Malprogramm (WORDPAD und PAINT), wenn die bei-

Kapitel 15 — Für alle Fälle MDI?

den auch nicht allzu üppig ausgestattet sind. Und das Speichern würde sich ohnehin nur bei Texten und Tabellen lohnen, weil wir in unserem Beispiel keine Bilder bearbeiten können.

Mich stören die »untätigen« Menüeinträge eigentlich nicht, aber wenn du sie lieber entfernen willst, dann geht das so:

≫ Klicke im Hauptformular auf das MAINMENU-Symbol.

≫ Dann klicke im Objektinspektor neben ITEMS auf den kleinen Knopf mit den drei Punkten.

≫ Oder du öffnest den Menüeditor direkt mit einem Doppelklick auf das Menüsymbol im Formular.

≫ Nun klickst du auf jeden Eintrag, denn du löschen willst. Dann drückst du einfach die Taste `Entf`. Wenn du das wirklich für alle inaktiven Einträge tust, bleiben am Schluss nur noch die Menüs für DATEI und FENSTER übrig.

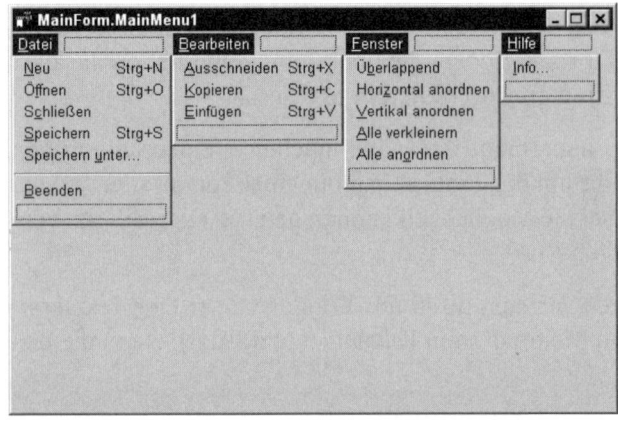

Das MDI-Projekt umbenennen

Weil das Speichern ohnehin wegfällt, kannst du auch die Möglichkeiten zum Bearbeiten eines Textes oder einer Tabelle sperren. Dazu sind zwei Schritte nötig:

≫ Entferne in CHILDWIN.PAS diese Zeile (oder setze das Kommentarzeichen »//« davor):

   StringGrid1.Options := StringGrid1.Options + [goEditing];

≫ Setze für RichEdit1 im Objektinspektor die Eigenschaft READONLY auf TRUE.

Das MDI-Projekt umbenennen

Einen Punkt möchte ich nicht vergessen: Weil Delphi bei jeder neuen MDI-Applikation dieselben Namen wieder verwendet, solltest du wissen, wie man das ganze Projekt umbenennt.

≫ Klicke auf ANSICHT und dann auf UNITS. Oder du drückst die Tastenkombination [Strg] + [F12].

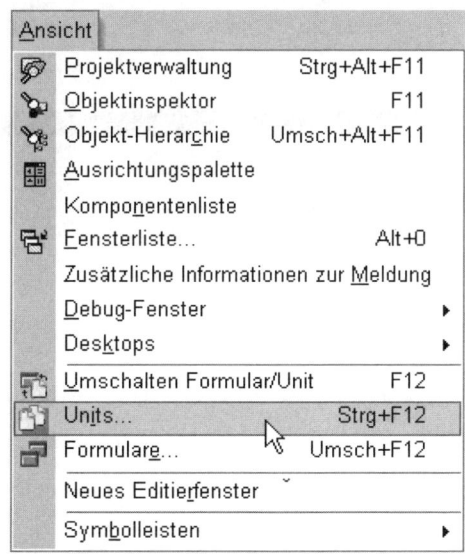

≫ Öffne nacheinander außer *About* noch die Fenster für *Childwin*, *Main* und *Mdiapp*.

Kapitel

15

Für alle Fälle MDI?

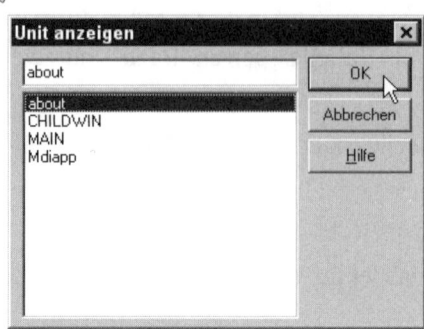

Nun kannst du dich (über die Registernamen im Editor) von Unit zu Unit klicken und ihnen neue Namen geben.

≫ Ändere nun alles nach der Tabelle und speichere es dann ab. Dabei benutze DATEI und SPEICHERN UNTER für alle Dateien.

	Alter Dateiname	Neu speichern unter
1	ABOUT.PAS	INFO1.PAS
2	CHILDWIN.PAS	MCHILD1.PAS
3	MAIN.PAS	MMAIN1.PAS
4	MDIAPP.DPR	MULTI1.DPR

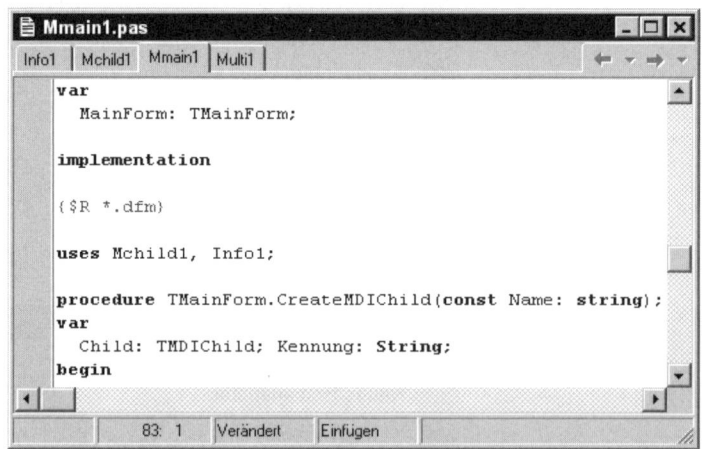

Solltest du im Laufe des Kapitels bessere Namen für dieses Projekt finden, dann weißt du ja, wie man das Ganze umbenennt.

≫ Ehe du die (neue) Datei MMAIN1.PAS speicherst, musst du unbedingt noch dafür sorgen, dass dort auch die neuen Unitnamen mit eingebunden werden: Ändere daher uses ChildWin, About in uses MChild1, Info1 um.

Zusammenfassung

» Anschließend musst du von Windows aus alle Dateien mit den Namen MAIN, MDIAPP, CHILDWIN und ABOUT aus dem Ordner entfernen, in dem das neue MDI-Projekt liegt. Denn die könnten jetzt den anderen in die Quere kommen. Außerdem brauchst du sie ja nun nicht mehr.

Auf keinen Fall solltest du aus Windows (oder DOS) heraus die Dateinamen »von Hand« umbenennen! Denn weil Delphi davon nichts weiß, sucht es nach dem Öffnen des (neuen) Projekts verzweifelt nach den alten Unitnamen! Denn hinter unit stehen natürlich noch jeweils die alten Namen. Durch das Neuspeichern von Delphi aus dagegen ist auch die Umbenennung der Unitnamen gewährleistet.

Zusammenfassung

Vielleicht bist du jetzt ein bisschen enttäuscht: Für eine komplette Anwendung hat es nicht gereicht. Und allzu viel weltbewegend Neues ist hier auch nicht angefallen. Zumal Delphi ja das meiste allein erledigt hat – oder? Na ja, das MDI-Angebot von Delphi allein bietet ja noch nichts, womit man z.B. Dokumente zu Gesicht bekommt. Ich meine, da hast du schon eine ganze Menge selbst geleistet.

Gewachsen ist wieder mal der Wortschatz von Delphi:

MDIChild	Ein MDI-Formular (Typ TMDIChild), das in ein Hauptformular eingebettet wird
RichEdit	Ein Textfeld (Typ TRichEdit) für normale Texte und das RichText-Format (RTF)
StringList	Liste zur Aufnahme von Strings (nur zur Erinnerung)
StringGrid	Ein zweidimensionales Gitter (Typ TStringGrid) zur Darstellung von Text in Zeilen und Spalten
Cells	Eigenschaft von TStringGrid: 2D-Feld zur Aufnahme von Strings (Zelleninhalt)
ColCount	Eigenschaft von TStringGrid: Anzahl der Gitterspalten
RowCount	Eigenschaft von TStringGrid: Anzahl der Gitterzeilen
+	Operator u.a. zum Hinzufügen von Optionen
-	Operator u.a. zum Entfernen von Optionen
LowerCase	Eine Zeichenkette in Kleinbuchstaben umwandeln
UpperCase	Eine Zeichenkette in Großbuchstaben umwandeln

Kapitel 15 — Für alle Fälle MDI?

Nur eine Frage ...

Frage 1: Ist Delphi eine MDI- oder eine SDI-Applikation?

... und keine Aufgabe

16

Komponentensammlung

Nun hast du mit Komponenten hantiert, sogar eigene Klassen vereinbart, und auch ein MDI-Projekt erstellt. Dabei konntest du die Bedeutung der Kapselung und Vererbung kennen lernen. Hinter der Objektorientierten Programmierung (OOP) steckt aber noch einiges mehr. Wir sollten daher noch einmal etwas tiefer in der Klassenhierarchie von Delphi herumwühlen. Mal schauen, ob wir da fündig werden.

In diesem Kapitel lernst du

- ein paar neue Klassen aus der TControl-Familie kennen
- etwas über den Bezeichner Self
- wie man (versteckte) Ereignisse einer Klasse veröffentlicht

Kapitel **Komponentensammlung**

16 TObject, TControl oder mehr?

Ganz oben in der Hierarchie in Delphi steht als Urgestein die Klasse TObject. Wozu ist diese Klasse gut, warum sollten alle Klassen, die wir vereinbaren, TObject als Mutter, Großmutter oder Urahn haben?

Vielleicht werden wir schlauer, wenn wir das Hilfesystem von Delphi bemühen. Dazu können wir z.B. über das HILFE-Menü nach Informationen zum Begriff TObject suchen, indem wir dieses Wort im Dialogfeld unter INDEX eingeben.

Wenn du auch nicht alles begreifst, was dort steht, so ist doch klar: Die grundlegenden Dinge, wie ein Objekt erzeugt wird, wie der nötige Platz im Arbeitsspeicher bereitgestellt und das Objekt verwaltet wird, wie es wieder entfernt wird – um all das und noch mehr musst nicht du dich kümmern. Ein Objekt mit der Erbschaft von TObject fügt sich problemlos in die Umgebung von Delphi ein und bringt schon einigen (verborgenen) Komfort mit sich.

Eigentlich kann man sich gar nicht dieser großen Klassenfamilie entziehen, denn wird bei der Vereinbarung einer neuen Klasse kein Vorfahr angegeben, macht Delphi die Klasse TObject automatisch zur Mutter und sorgt so dafür, dass du keine Waisenkinder vereinbaren kannst. (So war auch unsere erste selbst vereinbarte Klasse TKreis nicht selbstständig, sondern auch ein Kind von TObject.)

TObject, TControl oder mehr?

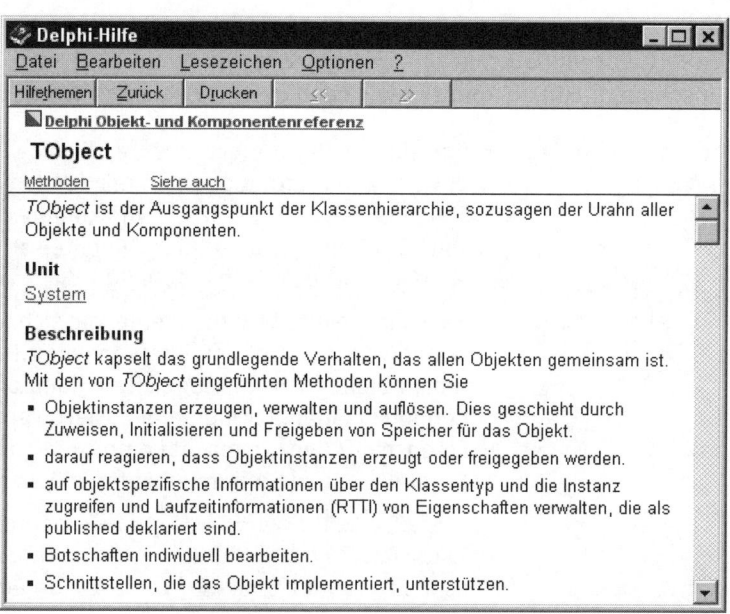

Das mag ein Nachteil sein, weil alles, was du programmierst, sofort von Delphi in seine gesamte Planung eingebaut wird. Andererseits hast du so die Möglichkeit, den größtmöglichen Nutzen aus dem Angebot zu ziehen, das Delphi dir macht.

Natürlich ist es oft sinnvoller, sich bei der Vererbung bei den Familienmitgliedern zu bedienen, die schon ein bisschen mehr zu bieten haben als TObject. So haben wir ja im 13. Kapitel TImage zur Mutter unserer Klasse TMovie gemacht. Damit mussten wir uns z.B. um den Mechanismus zum Laden, Speichern und Anzeigen von Bildern nicht mehr kümmern.

Wenn wir jetzt in der Klassenhierarchie herumkramen, sollten wir das mit dem Ziel tun, TMovie einen Bruder, eine Schwester oder einen anderen Verwandten zu bescheren:

Was ich in der Komponentenpalette von Delphi z.B. vermisse, ist ein Button, der nicht eckig, sondern rund ist. Eigentlich sind die meisten Knöpfe ja auch rund – zumindest was die an Kleidungsstücken wie Hemden und Jacken angeht.

Bei der Planung einer neue Komponente denken wir wahrscheinlich zuerst an TButton als Mutter unseres runden Kindes. Aber wie sollen wir dem Abkömmling einer Schaltfläche beibringen, dass sie sich nicht als Rechteck, sondern als Kreis oder Ellipse darstellen soll?

Kapitel 16 — Komponentensammlung

Weil Objekte vom Typ TButton von Windows gesteuert werden, ist da leider nicht viel zu machen. Wir müssen uns wohl oder übel woanders umschauen: Fündig könnten wir bei diesen drei Klassen werden:

TGraphicControl	Basisklasse für Steuerelemente, die nicht wie Windows-Standardkomponenten reagieren müssen. Eine Eigenschaft ist Canvas, um komplexere grafische Darstellung von Steuerelementen zu ermöglichen. Eine abgeleitete Klasse ist z.B. TImage.
TCustomControl	Basisklasse für Steuerelemente, die sich nicht von Windows-Standardkomponenten (wie z.B. Buttons) ableiten lassen. Abgeleitete Komponenten können in einem Formular fokussiert werden. Die Eigenschaft Canvas macht komplexere grafische Darstellung von Steuerelementen möglich.
TButtonControl	Basisklasse für Windows-Steuerelemente wie z.B. TButton, TCheckBox und TRadioButton. Die grafische Erscheinung ist von Windows vorgegeben.

Auf den ersten Blick würde TGraphicControl als Basisklasse genügen. Denn es geht ja darum, den Knopf rund zu zeichnen. Und das können alle Objekte mit einer TCanvas-Eigenschaft. TImage bietet hier mehr, als wir brauchen, z.B. die TPicture-Eigenschaft. Warum aber zu viel Erbmasse mit herumschleppen?

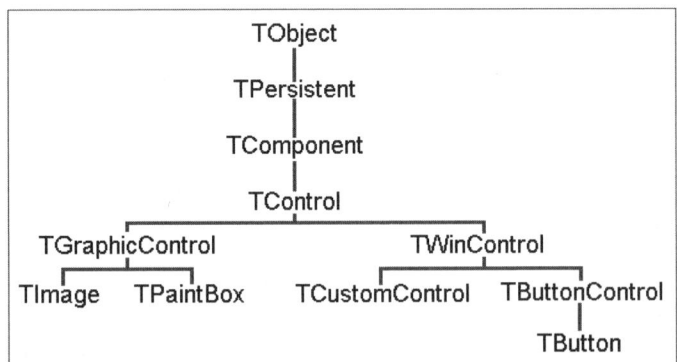

Noch interessanter erscheint mir TCustomControl. Objekte dieses Typs können nämlich nicht nur auf die Maus reagieren, sondern auch auf die Tastatur. Außerdem kann ein CustomControl-Objekt in einem Formular den Fokus erhalten. Das erinnert an die Klasse TButton, die aus dem gleichen Familienzweig kommt. (Und schließlich wollen ja auch wir einen Button, nur eben keinen eckigen, sondern einen runden.)

TObject, TControl oder mehr?

Am besten wäre wohl `TButtonControl` oder gar `TButton` selbst, womit wir alle Eigenschaften einer Schaltfläche hätten. Allerdings müssen wir uns dann mit der Form begnügen, die Windows uns vorgibt – und das wäre eine Rechteckfläche.

Sowohl `TCustomControl` als auch `TButton` haben `TControl` als Großmutter bzw. Urgroßmutter. `TControl` ist die Basisklasse für alle Steuerelemente, also alle Objekte, die z.B. in einem Formular zur Steuerung des Programmablaufs dienen. Allerdings bietet `TControl` keine Möglichkeit der grafischen Darstellung.

Wollten wir direkt eine Instanz der Klasse `TCustomControl` erzeugen, bekämen wir auch davon nichts zu sehen. Die Methode nämlich, die für die grafische Darstellung verantwortlich ist, muss erst von uns mit den entsprechenden Anweisungen gefüllt werden.

Aber wir wollen unseren Button ja ohnehin selbst zeichnen. Weil die neue Klasse eine Komponente werden soll, müssen wir jetzt das ganze Verfahren wiederholen, das schon in Kapitel 13 für `TMovie` nötig war.

≫ Erzeuge über DATEI und NEU und ANWENDUNG ein neues Projekt. Speichere das Projekt unter den Namen POLY1.PAS bzw. OOP5.DPR.

≫ Klicke auf KOMPONENTE und dann auf NEUE KOMPONENTE.

≫ Tippe im Dialogfeld mit dem Titel NEUE KOMPONENTE hinter KLASSENNAME TOButton ein. Stelle die Einträge hinter VORFAHRTYP auf TCUSTOMCONTROL und hinter PALETTENSEITE auf ZUSÄTZLICH.

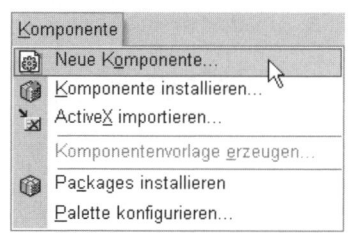

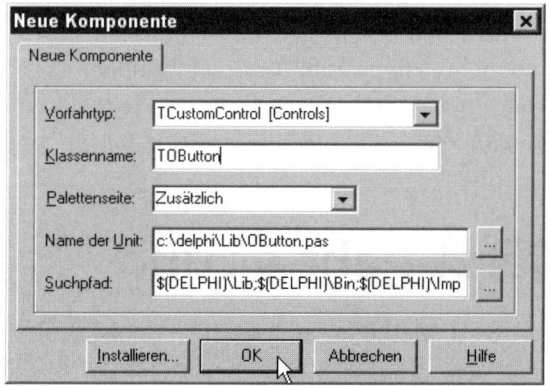

≫ Dann klicke auf OK.

Kapitel 16 — Komponentensammlung

Damit erhältst du eine neue Unit mit dem Namen *OButton*, in der Delphi die Grundlagen für eine Vereinbarung der Komponentenklasse TOButton bereits untergebracht hat.

```
unit OButton;

interface

uses
  SysUtils, Classes, Graphics, Controls;

type
  TOButton = class(TCustomControl)
  private
    { Private-Deklarationen }
  protected
    { Protected-Deklarationen }
  public
    { Public-Deklarationen }
  published
    { Published-Deklarationen }
  end;

procedure Register;

implementation

procedure Register;
begin
  RegisterComponents('Zusätzlich', [TOButton]);
end;

end.
```

Warum nenne ich das Ding eigentlich OButton? Irgendwie wollte ich möglichst knapp zum Ausdruck bringen, dass dieser Button rund ist – so wie ein »O«. Und etwas Besseres ist mir noch nicht eingefallen. (In die engere Wahl kam noch DiscButton.)

Jetzt geht's rund

Die erste Methode für den neuen Knopf heißt Paint und stammt eigentlich von TCustomControl. Sie hat die Aufgabe, den Button stets neu darzustellen, wenn eine Änderung eintritt. Die geerbte Originalmethode

Jetzt geht's rund

hat keinerlei Grafikanweisungen, ist also sozusagen leer. Wir allein bestimmen also, wie unser neuer Knopf auszusehen hat.

Zunächst würde eine einfache `Ellipse`-Anweisung genügen. Damit sich aber der Knopf im gedrückten vom Normalzustand unterscheidet, müssen wir den Rand etwas bearbeiten.

Wegen TColor musst du der uses-Liste noch Graphics hinzufügen.

Dazu benutze ich die vordefinierten Farbkonstanten, mit denen wir auch schon im achten Kapitel gearbeitet haben. In Frage kommen für mich diese drei »Grautöne«, die ich in einem Feld zusammenfassen will:

```
const
  OColor: Array[1..3] of TColor =
    (clBlack, clGray, clWhite);
```

Ein vierter Grauton (`clSilver`) ist bereits Standardfarbe für das Formular (und unseren ersten Button). Wegen `TColor` musst du der `uses`-Liste noch `Graphics` hinzufügen.

Wenn wir diese Farben als Ringe um die Ellipse legen, kann der Eindruck entstehen, dass der Knopf mal normal und mal gedrückt ist. Weil es nur um die Linien, aber nicht um die Fläche einer Ellipse geht, verwende ich hier die Methode `Arc`, die uns `Canvas` zur Verfügung stellt, um Bögen zu zeichnen:

```
Arc (x1, y1, x2, y2, vonX, vonY, bisX, bisY);
```

Die ersten vier Parameter sind die gleichen wie schon bei `Ellipse`: Sie geben den rechteckigen Rahmen an, in dem sich der Bogen befindet. Die nächsten vier Werte bezeichnen den Anfang und das Ende des Ellipsenbogens.

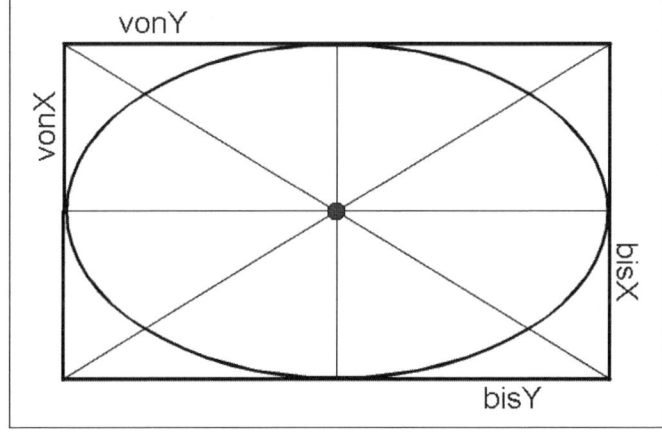

Kapitel 16 — Komponentensammlung

Um den Anfangs- und Endpunkt zu finden, musst du vom Mittelpunkt der Ellipse aus eine Linie zu den Punkten ziehen, die mit vonX/vonY und bisX/bisY gegeben sind. Dort, wo diese Linien die Ellipse schneiden, beginnt oder endet der Bogen.

Am besten kannst du das verstehen, wenn du es selber ausprobierst. So erzeugen z.B. diese Anweisungen je einen Halbkreisbogen in vier verschiedene Richtungen (gezeichnet wird immer gegen den Uhrzeigersinn):

```
xM := (x1 + x2) div 2;
yM := (y1 + y2) div 2;
Canvas.Arc (x1,y1,x2,y2, x2,yM,x1,yM);   // oben
Canvas.Arc (x1,y1,x2,y2, x1,yM,x2,yM);   // unten
Canvas.Arc (x1,y1,x2,y2, xM,y1,xM,y2);   // links
Canvas.Arc (x1,y1,x2,y2, xM,y2,xM,y1);   // rechts
```

Für den normalen Zustand soll der Rand unseres Buttons von außen nach innen heller werden (also von Schwarz nach Weiß verlaufen):

```
for i := 1 to 3 do
begin
  Canvas.Pen.Color := OColor[i];
  Canvas.Arc (i, i, Width-i, Height-i, i, i, i, i);
end;
```

Weil wir hier keine halben Bögen, sondern vollständige Ellipsenbögen zeichnen wollen, sind Anfangs- und Endpunkt jeweils gleich – deshalb viermal *i* als Parameter.

Wird der Button per Mausklick gedrückt, soll der Rand dunkler werden. Eine Möglichkeit wäre dann diese:

```
for i := 1 to 3 do
begin
  Canvas.Pen.Color := OColor[(i+1) div 2];
  Canvas.Arc (i, i, Width-i, Height-i, i, i, i, i);
end;
```

Und damit kommen wir schon zur neuen Paint-Methode von TOButton.

≫ Tippe den folgenden Quelltext in der Unitdatei OBUTTON.PAS ein:

```
procedure TOButton.Paint;
var i: Integer;
begin
  // OButton gedrückt
  if Pressed then
    for i := 1 to 3 do
```

```
      begin
        Canvas.Pen.Color := OColor[(i+1) div 2];
        Canvas.Arc (i, i, Width-i, Height-i, i, i, i,i);
      end
  // OButton nicht gedrückt
  else
    for i := 1 to 3 do
    begin
      Canvas.Pen.Color := OColor[i];
      Canvas.Arc (i, i, Width-i, Height-i, i, i, i, i);
    end;
  // OButton-Fläche
  Canvas.Ellipse (3, 3, Width-3, Height-3);
end;
```

Wenn du willst, kannst du den Rand etwas fülliger machen, indem du die Liniendicke für das Zeichnen etwas höher setzt (Voreinstellung ist 1), z.B.:

```
Canvas.Pen.Width = 2;
```

Zuerst wird der Rand des Buttons (mit `Arc`) gezeichnet, am Schluss kommt die Mitte (mit `Ellipse`).

Der OButton in Form gebracht

Nun bekommt unsere Klasse TOButton noch zwei Eigenschaften verpasst:

```
Pressed: Boolean;
Color: TColor;
```

Pressed ist `true`, wenn der Button gedrückt wurde, sonst `false`. Und mit Color bekommt unsere Schaltfläche ihre eigene Farbe.

Diese beiden Eigenschaften müssen im Konstruktor ihre Startwerte erhalten. Außerdem sollten schon irgendwelche Werte für die Maße des Buttons gegeben sein. Das führt uns zu dieser Definition des Konstruktors:

```
constructor TOButton.Create (AOwner: TComponent);
begin
  inherited Create (AOwner);
  Color := clBtnFace;
  Canvas.Brush.Color := Color;
  Pressed := false;
  SetBounds (0,0,50,50);
end;
```

Kapitel 16 — Komponentensammlung

Den Parameter hat TOButton von TCustomControl geerbt. Wir übernehmen ihn und geben ihn gleich weiter, indem wir den Konstruktor der Mutter aufrufen. Vielleicht erinnerst du dich noch an die Bedeutung von inherited: Damit weiß Delphi, dass der ererbte Konstruktor in Aktion treten soll.

Color erhält erst mal den aktuellen Standardwert von Windows für die Buttonfarbe. Damit wird auch der Wert der Malfarbe (Canvas.Brush.Color) gesetzt.

Weil der Button noch nicht gedrückt wurde, bekommt Pressed den Wert false. Und mit SetBounds wird eine ebenfalls geerbte Methode aufgerufen, die einen kleinen kreisförmigen Knopf oben links ins Formular setzt. Später lässt sich diese Methode zusätzlich aufrufen, um Lage und Größe eines OButton neu festzulegen.

≫ Erweitere die Vereinbarung von TOButton entsprechend (→ OBUTTON.PAS):

```
type
  TOButton = class(TCustomControl)
  private
    { Private-Deklarationen }
    Color: TColor;
    Pressed: Boolean;
  protected
    { Protected-Deklarationen }
    procedure Paint; override;
  public
    { Public-Deklarationen }
    constructor Create (AOwner: TComponent); override;
  published
    { Published-Deklarationen }
  end;
```

≫ Dann tippe den Quelltext des Konstruktors TOButton.Create ein.

Damit wären jetzt der Konstruktor und die Methode zum Setzen der Maße öffentlich (public). Weil sie niemanden außerhalb eines OButton-Objekts etwas angehen, sind Pressed und Color ganz privat vereinbart. Paint dagegen sollte wenigstens zum Teil öffentlich (protected) sein, damit abgeleitete Klassen auch etwas davon haben. Von einem Formular aus kann Paint allerdings dann nicht aktiviert werden. (Und muss ja auch nicht – oder?)

Da taucht doch schon wieder so ein fremdes Wort auf: override. Das steht in enger Beziehung zu virtual, einem Wort, das schon im letzten

Wer ist der Eigentümer?

Kapitel recht häufig zu sehen war. Auf dieses Pärchen komme ich erst im nächsten Kapitel zu sprechen.

Nachdem die neue Klasse vereinbart ist, brauchen wir für das Formular eine Instanz. Dazu wenden wir uns jetzt der Unitdatei POLY1.PAS zu.

≫ Ergänze dort TForm1 um diese Instanz von TOButton:

```
type
  TForm1 = class(TForm)
  private
    { Private-Deklarationen }
    OButton1: TOButton;
  public
    { Public-Deklarationen }
  end;
```

Weil der Platz vor private ausschließlich für Komponenten aus der Palette und deren Methoden vorgesehen ist, muss unser (noch nicht dort installiertes) Objekt unter private Platz nehmen. (public wäre auch denkbar, aber wozu sollten wir mit unserem Rundknopf an die Öffentlichkeit gehen?)

≫ Außerdem muss die Unit *OButton* noch in die Liste der uses-Anweisung aufgenommen werden:

```
uses
  Windows, Messages, SysUtils, Classes, Graphics, Controls,
  Forms, Dialogs, StdCtrls, OButton;
```

Wer ist der Eigentümer?

≫ Nun doppelklicke auf die Formularfläche und gib diese Anweisungen für die FormCreate-Methode ein (→ POLY1.PAS):

```
procedure TForm1.FormCreate(Sender: TObject);
begin
  OButton1 := TOButton.Create (Self);
  OButton1.Parent := Self;
  OButton1.SetBounds (95,85,200,100);
end;
```

Da bin ich dir wohl ein paar Erklärungen schuldig? Was hat es mit dem Parameter Self für den Konstruktor auf sich? Create übernimmt ein Objekt vom Typ TComponent, also eine Komponente:

```
constructor Create (AOwner: TComponent);
```

Der Name *AOwner* (zu Deutsch etwa »Besitzer, Eigentümer«) weist schon darauf hin: Gemeint ist damit, welche Komponente dem betreffenden Objekt übergeordnet ist. Das wäre dann sozusagen der Eigentümer. Das Objekt `OButton1` befindet sich auf oder in dem Formular. Also ist dieses die übergeordnete Komponente. Daher könnte man den Konstruktor doch eigentlich so aufrufen:

```
OButton1 := TOButton.Create (Form1);
```

Mit anderen Worten: `Form1` **selbst** ist hier die übergeordnete Komponente. Weil `FormCreate` eine Methode von `TForm1` ist, verweist `Self` auf `Form1`, sobald das Programm läuft.

> Jedes Objekt bekommt bei seiner Entstehung automatisch einen solchen Bezeichner `Self` zum Geburtstag geschenkt. Der verweist auf das Objekt (selbst). Diesen Bezeichner bekommt der Konstruktor von `OButton1` als Parameter übergeben, womit festgelegt wird, dass `OButton1` zum Formular `Form1` gehört.
>
> Der Parametername `Owner` macht das Ganze noch deutlicher: `Form1` wird zum Eigentümer von `OButton1`. Dem Formular gehören alle Komponenten, die sich auf seiner Fläche tummeln. Diese Besitzverhältnisse entstehen automatisch, wenn du eine Komponente per Mausklick ins Formfenster einfügst und ihre Eigenschaften im Objektinspektor bearbeiten kannst.
>
> Bei einer selbst erstellten Komponente, die nur über den Quelltext eingebunden wird, muss alles sozusagen »von Hand« montiert werden.

Nachdem nun das Objekt `OButton1` als Instanz von `TOButton` (und Eigenschaft bzw. Eigentum von `TForm1`) funktionieren kann, sind die Verwandtschaftsverhältnisse offenbar noch nicht ganz geklärt:

```
OButton1.Parent := Self;
```

Die Eigenschaft `Parent` enthält den Namen des Objekts, in dem eine Komponente angezeigt werden soll. Das muss nicht, aber kann auch der Eigentümer sein. In diesem Falle ist es wieder das Formular, in dem unsere Komponente `Movie1` sitzt. Daher verwenden wir hier ebenfalls `Self` für die Zuweisung.

Du meinst, diese ganzen Umstände wären gar nicht nötig, wenn wir `TOButton` ebenso wie `TMovie` als Komponente installiert hätten. Aber wollen wir das überhaupt? War es nicht eher etwas voreilig, `TMovie`

MouseDown und MouseUp

gleich zum festen Mitglied der Komponentenpalette zu machen? Na ja, sie lässt sich jederzeit auch wieder daraus entfernen.

Aber ist es nicht auf jeden Fall nützlich zu wissen, wie man Komponenten erst einmal außerhalb des Komponentenzoos von Delphi testen kann? Aus eben diesem Grund hast du soeben erfahren, wie das z.B. bei einer Instanz von TOButton funktioniert.

≫ Nach dem Speichern (OOP5.DPR, POLY1.PAS, OBUTTON.PAS) lass das Programm für einen ersten Sichttest laufen.

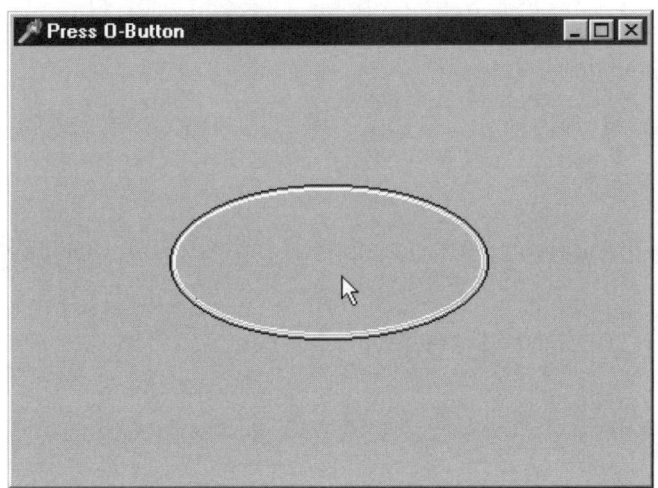

MouseDown und MouseUp

Was hast du erwartet? Ein runder Knopf erscheint. Aber egal wie kräftig du mit der Maus darauf klickst, es passiert nichts weiter. Der dumme Knopf bleibt so, wie er ist. Kein Wunder: Woher soll er wissen, dass er sich wie ein gedrückter Button verhalten soll?

Um die entsprechenden Methoden haben wir uns noch gar nicht gekümmert. Bis jetzt waren wir nur damit beschäftigt, den Knopf sichtbar zu machen. Nun müssen wir dafür sorgen, dass per Maustaste der Wert von Pressed geändert werden kann.

Eine Click-Methode wäre wohl fehl am Platz, denn unser OButton soll immer dann reagieren, wenn eine Maustaste gedrückt oder wenn sie wieder losgelassen wurde. Die Methoden, die auf ein entsprechendes Ereignis hin aktiviert werden, stellt uns TCustomControl schon zur Verfügung. Wir müssen sie nur für unsere Zwecke ein bisschen zurechtbiegen.

Kapitel 16 Komponentensammlung

Ereignis	Methode	Pressed =
Maustaste drücken	MouseDown	true
Maustaste loslassen	MouseUp	false

Und so sieht dann der Quelltext der Methoden aus (→ OBUTTON.PAS):

```
procedure TOButton.MouseDown(Button: TMouseButton;
Shift: TShiftState; X, Y: Integer);
begin
  inherited MouseDown (Button, Shift, X, Y);
  if Button = mbLeft then
  begin
    Pressed := true;
    Paint;
  end;
end;

procedure TOButton.MouseUp(Button: TMouseButton;
Shift: TShiftState; X, Y: Integer);
begin
 inherited MouseUp (Button, Shift, X, Y);
  Pressed := false;
  Paint;
end;
```

Als Parameter übernehmen beide Methoden mit Button die gedrückte Taste (links, Mitte, rechts), in Shift steht die Information, ob zusätzlich eine Taste auf der Tastatur gedrückt wurde (⇧ , Strg oder Alt). X und Y übernehmen die aktuelle Position des Mauszeigers.

Auch hier wird wie schon beim Konstruktor zuerst die Originalmethode MouseDown bzw. MouseUp aufgerufen, wie sie TOButton von TCustom-Control geerbt hat:

```
inherited MouseDown (Button, Shift, X, Y);
inherited MouseUp   (Button, Shift, X, Y);
```

Damit verwenden wir auch hier erst mal alles, was der Vorfahr (in dieser Methode) zu bieten hat, und setzen dahinter unsere eigenen Anweisungen. Dabei benötigen wir nur bei MouseDown den Wert der gedrückten Maustaste. Dort wird in einem if-Zweig abgefragt, welche Maustaste gedrückt wurde. Nur wenn es die linke ist (Button=mbLeft), lässt sich auch unser Knopf eindrücken.

≫ Gib den Quelltext der beiden Mouse-Methoden in der Unitdatei OBUTTON.PAS ein.

MouseDown und MouseUp

≫ Ergänze auch in der Vereinbarung von TOButton die Deklaration der beiden Methoden unter protected:

```
type
  TOButton = class(TCustomControl)
  private
    { Private-Deklarationen }
    Color: TColor;
    Pressed: Boolean;
  protected
    { Protected-Deklarationen }
    procedure Paint; override;
    procedure MouseDown (Button: TMouseButton;
      Shift: TShiftState; X, Y: Integer); override;
    procedure MouseUp (Button: TMouseButton;
      Shift: TShiftState; X, Y: Integer); override;
  public
    { Public-Deklarationen }
    constructor Create (AOwner: TComponent); override;
  published
    { Published-Deklarationen }
  end;
```

≫ Speichere das ganze Projekt noch mal und starte dann das Programm (→ OOP5.DPR).

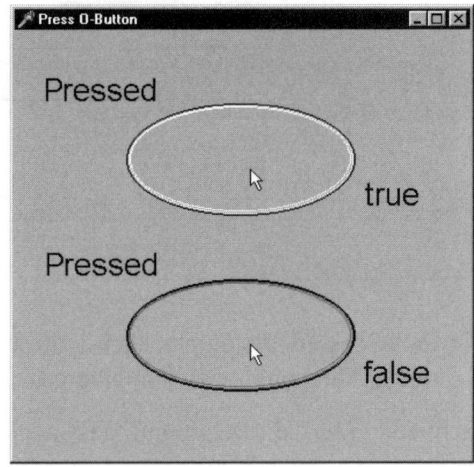

Auf Mausklick lässt sich nun der Knopf eindrücken. Und lässt du die Maustaste wieder los, dann nimmt auch der Knopf wieder seine Normalstellung ein.

Kapitel | Komponentensammlung

16

Den OButton installieren

Nun steht einer Installation unseres runden Buttons in der Komponentenpalette doch eigentlich nichts mehr im Wege. Wie das geht, weißt du schon aus Kapitel 13, wo wir ja eine `Movie`-Komponente eingebunden haben. Das ist schon zu lange her? Also noch mal in Kurzform:

➢ Klicke auf KOMPONENTE und dann auf KOMPONENTE INSTALLIEREN.

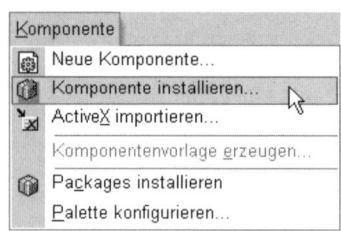

➢ Sorge dafür, dass im folgenden Dialogfeld `OButton.pas` hinter DATEINAME DER UNIT eingetragen ist (ggf. musst du über DURCHSUCHEN nach der entsprechenden Unit suchen). Dann klicke auf OK.

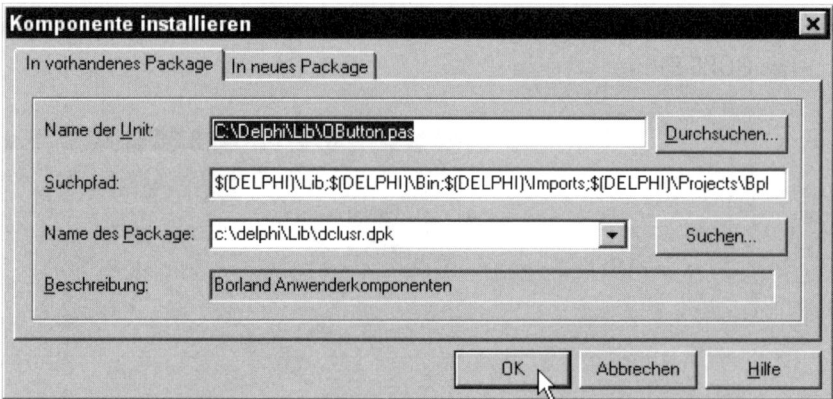

➢ Im nächsten Dialogfeld klickst du auf JA, um das Package mit der neuen Komponente zu kompilieren.

Schließlich teilt dir Delphi mit, dass auch `TOButton` zur Familie gehört.

➢ Klicke auf OK.

➢ Und nun schau nach, ob du die neue Komponente in der Komponentenpalette finden kannst.

Ereignisse veröffentlichen

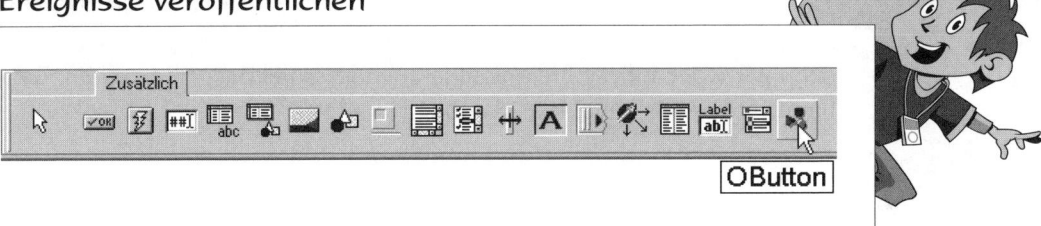

Ereignisse veröffentlichen

Willst du den neuen Rundbutton in der Komponentenpalette von Delphi in einem Formular verwenden, wirst du eine (kleine) Enttäuschung erleben. Du bekommst zwar von dem runden Button etwas zu sehen, kannst ihn sogar mit der Maus positionieren und in seiner Größe verändern.

Und schaust du im Objektinspektor nach, stehen dort auch einige Eigenschaften. Beim Umblättern zur Ereignisseite jedoch erwartet dich gähnende Leere.

So kannst du mit dem neudefinierten `OButton` nicht allzu viel anfangen. Du kannst ihn zwar drücken, aber das wär's.

Auf Ereignisse reagieren soll unser Rundknopf schon, mindestens auf Mausklick. Zumal ja die Vorfahren von `TCustomControl` eine ganze Menge davon zu bieten haben. Nur sind die dort alle als `protected` vereinbart. Das heißt: Innerhalb einer abgeleiteten Klasse wissen Methoden damit etwas anzufangen, außerhalb aber nicht.

Wir müssen also alle Ereignisse, die von außen nutzbar sein sollen, veröffentlichen. Dazu verwenden wir aber nicht den `public`-Abschnitt,

Kapitel 16 — Komponentensammlung

denn wir wollen diese Ereignisse ja auch im Objektinspektor sehen. Deshalb werden alle Ereignisse als `published` vereinbart:

```
type
  TOButton = class(TCustomControl)
  private
    { Private-Deklarationen }
    Color: TColor;
    Pressed: Boolean;
  protected
    { Protected-Deklarationen }
    procedure Paint; override;
    procedure MouseDown (Button: TMouseButton;
      Shift: TShiftState; X, Y: Integer); override;
    procedure MouseUp (Button: TMouseButton;
      Shift: TShiftState; X, Y: Integer); override;
  public
    { Public-Deklarationen }
    constructor Create (AOwner: TComponent); override;
  published
    { Published-Deklarationen }
    property OnClick;
    property OnMouseDown;
    property OnMouseUp;
    property OnEnter;
    property OnExit;
    property OnKeyPress;
    property OnKeyDown;
    property OnKeyUp;
end;
```

Neu ist das Wort `property`. Damit wird hier die Vereinbarung eingeleitet, und das Ereignis beginnt immer mit einem `On`. Aus der Fülle von Ereignissen habe ich mir diese ausgesucht (wobei notfalls auch das allererste schon reichen könnte):

```
property OnClick;        // Mausklick (links)
property OnMouseDown;    // Maustaste drücken
property OnMouseUp;      // Maustaste loslassen
property OnEnter;        // gerade fokussiert
property OnExit;         // nicht mehr fokussiert
property OnKeyPress;     // Taste tippen (Tastatur)
property OnKeyDown;      // Taste drücken (Tastatur)
property OnKeyUp;        // Taste loslassen (Tastatur)
```

Wie jedes Mal, wenn etwas geändert wurde, muss das Package mit der Komponenten `TOButton` neu kompiliert werden. Eingeleitet wird dieser Prozess über KOMPONENTE und PACKAGES INSTALLIEREN. Im Dialogfeld PROJEKTOPTIONEN geht es um das Paket DELPHI BENUTZERKOMPONENTEN.

Zusammenfassung

Ist alles fertig kompiliert, dann bekommst du auch im Objektinspektor auf der Seite für EREIGNISSE etwas zu sehen.

Du fragst, warum das mit den property-Vereinbarungen bei TMovie nicht nötig war? Ganz einfach: TMovie ist von TImage abgeleitet, und dort sind die Ereignisse bereits öffentlich. Bei TCustomControl aber leider nicht. Also muss man sie bei einem Kind von TCustomControl erst veröffentlichen, bei einem Kind von TImage nicht mehr.

Woran erkennt man, wann Ereignisse öffentlich sind und wann nicht? Bei der Installation einer neuen Komponente bleibt die Ereignisseite im Objektinspektor immer leer, wenn Ereignisse nicht öffentlich sind. Ansonsten bekommt man sie zu sehen und kann dann auch Methoden mit ihnen verknüpfen.

Zusammenfassung

Immerhin haben wir nun schon die zweite Komponente für unsere Sammlung. Du kennst jetzt verschiedene Möglichkeiten, Komponenten neu in Projekten zu benutzen. Nun bleibt es dir überlassen, deine Komponentensammlung zu vermehren. Das kennst du wieder neu:

Arc	Methode von TCanvas: Einen Bogen zeichnen
Ellipse	Methode von TCanvas: Eine Ellipse zeichnen (nur zur Erinnerung)
TObject	Urahn der Klassenhierarchie von Delphi (nur zur Erinnerung)
TControl	Basisklasse für alle Steuerelemente
TComponent	Basisklasse für alle Komponenten
TButtonControl	Basisklasse u.a. für Schaltflächen, Kontrollfelder und Optionsfelder

Kapitel 16 — Komponentensammlung

TCustomControl	Basisklasse für grafische Steuerelemente, die auf Maus und Tastatur reagieren und fokussiert werden können
TGraphicControl	Basisklasse für grafische Steuerelemente, die auf die Maus reagieren können
Paint	Methode u.a. von TCustomControl und TGraphicControl zum Zeichnen (Darstellen) eines Objekts (muss selbst neu definiert werden)
MouseDown	Methode u.a. von TControl: reagiert auf das Drücken einer Maustaste
MouseUp	Methode u.a. von TControl: reagiert auf das Loslassen einer Maustaste
property	Kennzeichnung für Ereignisse (OnXXX) und Eigenschaften (für den Objektinspektor)
Parent	»Elternteil« bzw. »Inhaber« einer Komponente
Self	»Verbindungsstück«, Verweis bzw. Zeiger auf eine Komponente selbst

Ein paar Fragen ...

Frage 1: Warum wird in TOButton.Paint nicht erst die ererbte Methode aufgerufen?

Frage 2: Könnte man die Methode MouseDown nicht auch durch eine Click-Methode ersetzen und sich dafür die Methode MouseUp sparen?

... und ein paar Aufgaben

1. Im *OOP5*-Projekt soll per Zufallswert ein farbiger OButton erzeugt werden. Ergänze deshalb die Vereinbarung von TOButton um eine Methode SetColor, die als Parameter einen Farbwert (Color) übernehmen kann. Dann setze sie bei FormCreate bzw. OButton1Click ein.

2. Auch die property Caption lässt sich bei TOButton »freischalten«. Ergänze TOButton um die Möglichkeit, für Caption einen Text anzuzeigen – so wie du es von rechteckigen Schaltflächen kennst.

3. Leite von TOButton einen neuen Button ab, der sich auf Mausklick an- und wieder ausschalten lässt.

17
Polymorphie

Dass wir Methoden benutzen, die eine Klasse von einer anderen geerbt hat, ist nichts Neues. So wurde z.B. in TMovie ungeniert von Hide und Show Gebrauch gemacht, obwohl wir nicht mal wussten, was in diesen Methoden steht. Es genügte zu wissen, dass die eine Methode ein Objekt verschwinden, die andere es wieder erscheinen lassen konnte. Die Methoden, die wir geerbt hatten, benutzten wir so, wie sie waren. Und die übrigen mussten wir uns selbst definieren.

Hier kümmern wir uns mal etwas mehr darum, was sich mit der Erbschaft anstellen lässt. Außerdem beschäftigen wir uns mit Monstern, die verschiedene Gestalten annehmen können.

In diesem Kapitel lernst du

◉ wozu Monster auch gut sein können

◉ was virtual und override bedeuten

◉ was man unter Polymorphie versteht

◉ endlich auch Destruktoren kennen

Kapitel 17 — Polymorphie

Von alten und neuen Methoden

Jede Methode, die wir neu definiert haben, erhielt bisher einen anderen Namen als die geerbten. Das war aber doch bei unserer letzten Klasse TOButton anders: Sowohl Paint als auch MouseDown und MouseUp sind Methoden, die TOButton von TCustomControl abbekommen hat.

Wenn wir etwas zeichnen (oder malen) wollten, müssten wir der entsprechenden Methode eigentlich einen anderen Namen geben als Paint. Denn der ist ja schon vom Erbstück belegt.

Wie wir aber gesehen haben, funktioniert unsere Paint-Methode trotzdem. Würden wir sie wieder löschen und die geerbte Methode von TCustomControl aufrufen, gäbe es gar nichts zu sehen. Wir hatten also hier gar keine andere Wahl als eine eigene Paint-Methode zu vereinbaren!

> Na ja, wir hätten doch die Mal- oder Zeichen-Methode auch statt Paint z.B. einfach Draw nennen können. Du kannst das ausprobieren, indem du in der Unitdatei OBUTTON.PAS die Methode Paint sowie ihre Aufrufe einfach mal umbenennst. Das Projekt OOP5.DPR würde so auch scheinbar funktionieren – jedenfalls gibt es keine Fehlermeldung. Aber nach dem Programmstart ist von einer runden Schaltfläche im Formular weit und breit nichts zu sehen.
>
> Erst wenn du mal mit der Maus an der Stelle herumklickst, an der du den Button vermutest, tritt er in Erscheinung. Die Zeichenmethode wird also vorher schon von einer geerbten TCustomControl-Methode benötigt. Und dort hat sie den Namen Paint. Genau aus diesem Grunde müssen wir eben diesen Namen weiter verwenden, damit wir gleich zu Anfang etwas von unserer Komponenten zu sehen bekommen!

Warum aber hat Delphi nicht gemeckert, als wir einfach denselben Namen benutzt haben? Delphi hätte ja sagen können »Schon vergeben« oder »Name bereits definiert«.

In Delphi kann jede neue Klasse also eigene Methoden mit genau denselben Namen haben wie die Mutterklasse. Allerdings ist hier bei Paint, MouseDown oder MouseUp noch ein kleines Anhängsel nötig: Ich meine das Wörtchen override. Das bedeutet zu Deutsch so viel wie »Überschreiben« (gesprochen: Ouverraid).

Was genau es mit dem Mechanismus auf sich hat, der dahinter steckt, das sollten wir mit einem neuen Beispiel erkunden.

Eine kleine Monsterfamilie

Machen wir also einen Zeitsprung um einige Jahrhunderte zurück und besuchen einen gewissen Dr. Frankenstein im Labor, und schauen ihm über die Schulter. Der hat nämlich mal so eine ähnliche Klasse entworfen:

```
type
  TMonster = class
  private
    Name : String;
    Wesen: String;
  public
    constructor Create (N, W: String);
    procedure Erscheinen;
  end;
```

Ein ganz einfaches Monster, das einen Namen und eine einzige weitere Eigenschaft hatte. Immerhin konnte es die bei seinem Erscheinen zeigen. Und so hat Dr. Frankenstein die Methoden vorläufig definiert:

```
constructor TMonster.Create (N, W: String);
begin
  Name := N; Wesen := W;
end;

procedure TMonster.Erscheinen;
begin
  Form1.Label1.Caption := 'Name:  ' + Name;
  Form1.Label2.Caption := 'Wesen: ' + Wesen;
end;
```

Eine kleine Monsterfamilie

Dr. Frankenstein hatte keine so komfortablen Möglichkeiten wie wir, um seine Kreatur zu testen. Dafür geht es bei unserem Monstertest nicht so grauenerregend zu. Was du für das Testformular an Zutaten brauchst, sind drei Buttons und drei Labels. Und wenn du willst, kannst du die Buttons noch mit einem Panel unterlegen.

Kapitel 17 — Polymorphie

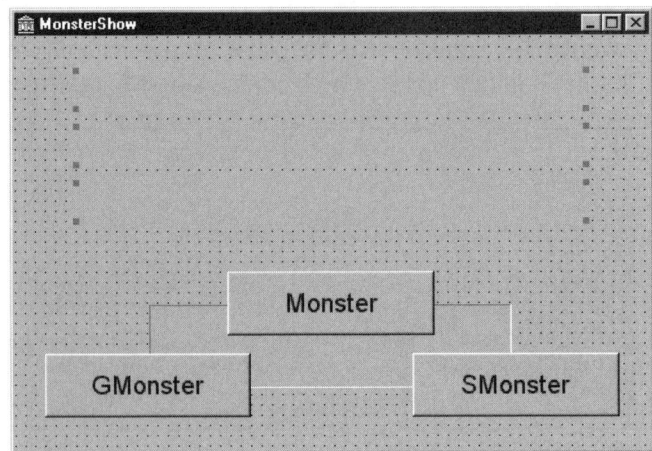

Wie du an der Aufschrift der Buttons sehen kannst, hat Dr. Frankenstein noch vor, zwei Kinder von TMonster zu erschaffen. Da wollen wir natürlich dabei sein:

```
type
  TGMonster = class (TMonster)
  public
    function Typ: String;
  end;

  TSMonster = class (TMonster)
  public
    function Typ: String;
  end;
```

Dazu gehören diese Definitionen:

```
function TGMonster.Typ: String;
begin
  Typ := 'GeistesMonster';
end;

function TSMonster.Typ: String;
begin
  Typ := 'SeelenMonster';
end;
```

Allzu viel haben die neuen Kreaturen ja nicht zu bieten. Das mit dem Geist und mit der Seele hat Dr. Frankenstein wohl etwas zu optimistisch gese-

Eine kleine Monsterfamilie

hen. Aber für unsere Zwecke reichen diese Abkömmlinge von `TMonster` aus. Immerhin scheinen sie zu wissen, aus welcher Klasse sie kommen. Dafür sorgt die Methode `Typ`, die je nach Monsterkind diese Werte zurückgibt:

```
Typ := 'GeistesMonster';
Typ := 'SeelenMonster';
```

Übrigens könnte auch `TMonster` so eine Methode vertragen:

```
function TMonster.Typ: String;
begin
  Typ := 'Monster';
end;
```

Die Methode zum Erscheinen muss nun noch um eine Anweisung erweitert werden:

```
procedure TMonster.Erscheinen;
begin
  Form1.Label1.Caption := 'Name:  ' + Name;
  Form1.Label2.Caption := 'Wesen: ' + Wesen;
  Form1.Label3.Caption := 'Typ:   ' + Typ;
end;
```

Damit sind dann alle Klassen so versorgt, dass wir nur noch drei Instanzen erzeugen müssen. Dann können wir die Monster erscheinen lassen:

```
var
  Frank  : TMonster;
  Albert : TGMonster;
  Sigmund: TSMonster;
```

Die Initialisierung erfolgt wie immer in der `FormCreate`-Methode:

```
procedure TForm1.FormCreate(Sender: TObject);
begin
  Frank   := TMonster.Create  ('Frankie', 'ungewöhnlich');
  Albert  := TGMonster.Create ('Berti', 'nachdenklich');
  Sigmund := TSMonster.Create ('Sigi', 'mitfühlend');
end;
```

Und die Methoden der drei Buttons sorgen für den entsprechenden Auftritt:

```
procedure TForm1.Button1Click(Sender: TObject);
begin
  Frank.Erscheinen;
end;

procedure TForm1.Button2Click(Sender: TObject);
begin
  Albert.Erscheinen;
end;

procedure TForm1.Button3Click(Sender: TObject);
begin
  Sigmund.Erscheinen;
end;
```

➢ Erzeuge eine neue Anwendung und gib dort den kompletten Quelltext in der Unitdatei ein (die Vereinbarungen der Monster-Klassen oberhalb der Vereinbarung von TForm1, die Instanzen bei var Form1: TForm1 und die Methodendefinitionen darunter im implementation-Teil).

➢ Dann speichere alles unter FSTEIN1.DPR bzw. MONSTER1.PAS. Und nun lass das Programm laufen und klicke nacheinander auf die drei Buttons.

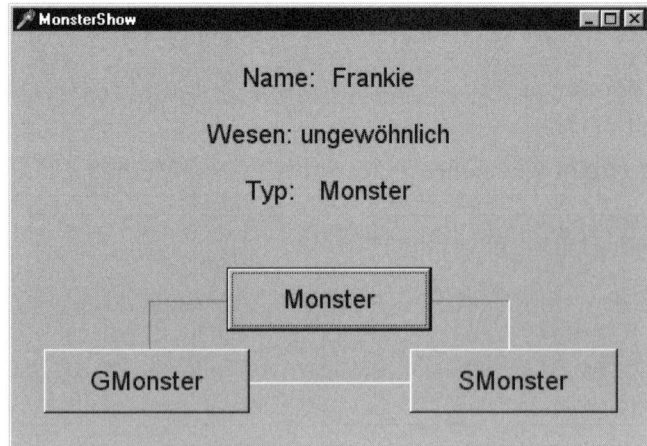

Mehr Schein als Sein?

Zwar nennen die Monster schön brav ihren Namen und sagen auch etwas über ihr Wesen. Aber beim Typ wissen die Kinder von TMonster nicht mehr als ihre Mutter. Es ist fast so, als hätten wir die Typ-Methoden für TGMonster und TSMonster gar nicht vereinbart!

Und damit haben wir auch schon unser Problem mit dem Erbe: Die Typ-Methode wird in der Methode Erscheinen aufgerufen. Diese Methode ist ein Erbstück von TMonster, also sozusagen eine alte Methode. Denn bei den Kindern TGMonster und TSMonster wurde keine eigene (neue) Methode dieses Namens vereinbart. Sollen die drei Monster erscheinen, läuft das nach diesem Schema ab:

Objekt	Erscheinen-Methode	Typ-Methode
Frank	TMonster.Erscheinen	TMonster.Typ
Albert	TMonster.Erscheinen	TMonster.Typ
Sigmund	TMonster.Erscheinen	TMonster.Typ

Das heißt: Weil *Albert* und *Sigmund* die Methode Erscheinen von TMonster verwenden, benutzt TMonster.Erscheinen auch die **eigene** Typ-Methode. Denn woher soll das Programm wissen, dass jeweils eine andere Typ-Methode dran ist?

Aus einer alten Methode eine neue aufzurufen, scheint also nicht zu funktionieren. Aufgerufen werden nur Methoden, die aus der eigenen Klasse stammen. Dann wären die Vereinbarungen von TGMonster.Typ und TSMonster.Typ also sinnlos?

> Ist denn Delphi wirklich so dumm, dass es nicht kapiert, wann welche Methode dran zu sein hat? Was geschieht denn, wenn wir ein Programm zum Laufen bringen?
>
> Zuerst wird das ganze Projekt mit Formular und Quelltext zu einer Anwendung gemacht. Das, was da drin steht, könntest du nicht mehr wiedererkennen, aber dein PC kann etwas damit anfangen, weil es in seine Sprache übersetzt wurde. Das erledigt der **Compiler** (gesprochen »Kompailer«) von Delphi, eine Art Dolmetscher, der unsere Programmiersprache in die Sprache des Computers überträgt.

Kapitel 17 — Polymorphie

Beim **Kompilieren** – so nennt man diese Übertragung – erhält jede Methode eine feste Anfangsadresse. Das ist die Stelle, an der die Methode beginnt.

Wenn in unserem Falle der Compiler dorthin kommt, wo die Erscheinen-Methode **definiert** wird, setzt er die Speicheradresse ein, an der TMonster.Typ steht, denn so ist es ja im Quelltext programmiert:

```
procedure TMonster.Erscheinen;
begin
  // andere Anweisungen
  Form1.Label3.Caption := 'Typ:    ' + Typ;
  // gemeint ist TMonster.Typ !
end;
```

Später kommt der Compiler an die Stellen, an denen die Erscheinen-Methode **aufgerufen** wird. Dort setzt er die Adresse ein, an der TMonster.Erscheinen zu finden ist. Genau dasselbe tut er schön brav jedes Mal, wenn Erscheinen aufgerufen wird.

Und weil dafür die Adresse von TMonster.Typ bereits festgelegt ist, werden die anderen beiden Typ-Methoden einfach nicht mehr berücksichtigt.

Delphi wäre nicht Delphi, wenn es dazu keine Lösung anbieten könnte. Es ist einfach nur jeweils ein Wort, das wir hinter die betreffenden Methoden setzen müssen, damit die richtige Methode zur richtigen Zeit aufgerufen wird.

➢ Erweitere die Klassenvereinbarungen von TMonster bis TSMonster so:

```
type
  TMonster = class
  private
    Name : String;
    Wesen: String;
  public
    constructor Create (N, W: String);
    procedure Erscheinen;
    function Typ: String; virtual;
  end;
```

Polymorphie

```
TGMonster = class (TMonster)
public
  // constructor Create (N, W: String);
  function Typ: String; override;
end;

TSMonster = class (TMonster)
public
  // constructor Create (N, W: String);
  function Typ: String; override;
end;
```

≫ Dann speichere das Projekt neu und starte das Programm (→ FSTEIN2.DPR, MONSTER2.PAS). Achte darauf, mit welchem Typ sich die Monster diesmal melden.

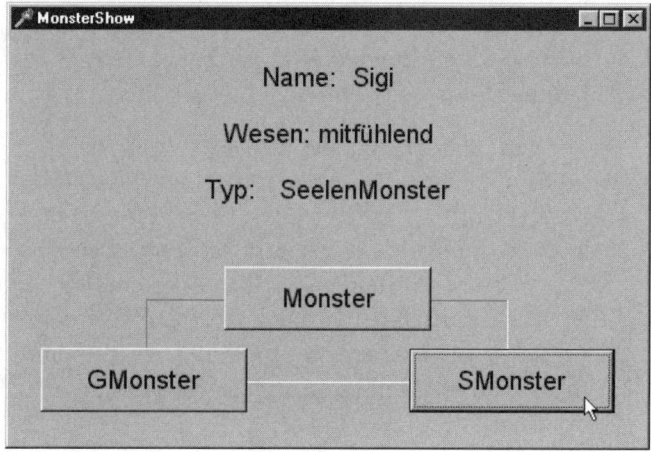

Polymorphie

Und damit sind wir endlich bei dem Wörterpaar gelandet, das uns bereits seit den letzten ein, zwei Kapiteln verfolgt. virtual und override bringen offenbar alles wieder ins Lot. Das deutsche Fremdwort »virtuell« (englisch »virtual«, gesprochen etwa »wörtjuwl«) heißt so viel wie »der Möglichkeit nach vorhanden, scheinbar«. Und mit override ist auf Deutsch ungefähr »etwas außer Kraft setzen, aufheben« gemeint.

Kapitel 17 — Polymorphie

Mit diesem Mechanismus ausgestattet, kann also eine alte auch eine neue Methode aufrufen. Und das Erscheinen der drei Monster verläuft nun nach diesem Schema:

Objekt	Erscheinen-Methode	Typ-Methode
Frank	TMonster.Erscheinen	TMonster.Typ
Albert	TMonster.Erscheinen	TGMonster.Typ
Sigmund	TMonster.Erscheinen	TSMonster.Typ

> Es gibt in Delphi für den Aufruf einer Methode offenbar diese beiden Möglichkeiten:
>
> ◇ Bei der Übersetzung des Quelltextes setzt der Compiler an die Stelle, an der eine Methode aufgerufen wird, deren Adresse im Speicher. Damit ist unveränderlich festgelegt, welche Methode verwendet wird. Das nennt man **frühe Bindung** (englisch: early binding). Die Methode wird ganz normal vereinbart. Man spricht hier auch von einer **statischen Methode**.
>
> ◇ Bei der Übersetzung des Quelltextes markiert der Compiler die Stelle mit einem Platzhalter, an der eine Methode aufgerufen wird. Damit schafft er einen freien Platz. Erst während des Programmlaufs wird dort dann die Adresse der passenden Methode eingesetzt. Das nennt man **späte Bindung** (englisch: late binding). Die Methode muss mit virtual vereinbart werden. Man bezeichnet sie damit als **virtuelle Methode**. Durch die späte Bindung ist es möglich, diese Methode durch eine andere mit gleichem Namen zu überschreiben (override).

Die beiden Versionen unseres kleinen *Monster*-Projekts unterscheiden sich also nur in diesem Wortpaar. Dabei wird die Methode der Mutterklasse als virtual vereinbart, und die Methoden des Nachwuchses bekommen den override-Zusatz verpasst.

Was ist, wenn man alle Methoden nur mit virtual vereinbart? Probieren wir es aus – das Ergebnis findest du im Projekt FSTEIN1A.DPR. Offenbar läuft das Programm, aber rein äußerlich ändert sich nichts: Sämtliche Monster kennen nur den Typ der Monstermutter ('Monster'). Wir haben zwar nun für jede Klasse eine virtuelle Methode, aber das genügt offenbar nicht: Erst der Zusatz override bewirkt, dass die Methode der Mutter überschrieben wird.

Polymorphie

Wird die Methode Erscheinen nun von einem Objekt vom Typ TSMonster oder TGMonster aufgerufen, benutzt die die überschreibende Methode Typ – und das ist schließlich genau das, was wir wollen.

Und wie kommt man an die Methode der Mutter, wenn man sie mal braucht? Dazu ist das Wörtchen inherited da, das du ja auch schon kennst. Mit inherited Typ z.B. bekommt man aus jeder anderen Methode heraus wieder den Typ des Mutterobjekts.

> Was ist, wenn man immer alle Methoden virtuell vereinbart? Schlimm ist es jedenfalls nicht, aber es gibt etwas zu bedenken:
>
> ◇ Bei jeder virtual-Vereinbarung erhält die betreffende Methode von Delphi eine zusätzliche Markierung. Das kostet ein bisschen mehr Speicherplatz für das Programm.
>
> ◇ Außerdem bedeutet das ja eine späte Bindung der Methode: Weil erst während der Laufzeit ermittelt wird, welche Methode aufgerufen werden soll, kostet das ein bisschen mehr Zeit. (Weil die Methode bei der frühen Bindung schon vor dem Start des Programms festgelegt wird, ist sie zur Laufzeit sofort bekannt und kann direkt aktiviert werden.)
>
>
>
> Bei sehr vielen Methoden kann das eine Rolle spielen (und in großen Projekten kann es Tausende von Methoden geben).
>
> Man sollte also vorher überlegen, welche Methoden als virtuell vereinbart werden sollen. Wenn keine weiteren Klassen von TMonster (bzw. TGMonster/TSMonster) abgeleitet werden sollen, dann gibt es keinen Grund, die Methode Erscheinen mit virtual zu vereinbaren. Willst du dir aber alle Möglichkeiten offen halten, ist es kein Problem, auch diese Methode zu einer virtuellen zu machen!

So haben wir nun drei gleichnamige Methoden, die jede für sich das tut, was die jeweilige Klasse von ihr fordert. Man sagt dazu **Polymorphie** oder **Polymorphismus**. Mit Chemie hat das nichts zu tun, und es ist auch keine ansteckende Krankheit: Zu Deutsch heißt polymorph »vielgestaltig« oder »von verschiedener Gestalt«.

Polymorphie ist hier also auch die Fähigkeit des Programms, sich zur Laufzeit zwischen verschiedenen möglichen Methoden zu entscheiden. Und so taucht ja bei einem Aufruf in TMonster.Erscheinen die Typ-Methode in der Gestalt auf, in der sie gerade benötigt wird.

Kapitel 17 — Polymorphie

Übrigens sind ja schon vor diesem Kapitel virtuelle Methoden aufgetaucht. Nur so war es möglich, dass alte Methoden von `TCustomControl` mit neuen Methoden von `TOButton` reibungslos funktionierten. Und nicht nur das: Eigentlich benutzen wir – ohne bisher davon etwas gewusst zu haben – von Anfang dieses Buches an virtuelle Methoden der Komponenten, mit denen wir unsere Formulare bestückt haben.

> Man kann eine virtuelle Methode daher auch als **polymorphe Methode** bezeichnen. Besitzt oder erbt eine Klasse mindestens eine virtuelle Methode, so ist es eine **polymorphe Klasse**.

Würde es die Polymorphie nicht geben, wären wir arm dran. So müsste man z.B. sehr umständlich die `Erscheinen`-Methode gleich noch zweimal definieren, etwa so:

```
procedure TGMonster.Erscheinen;
begin
   Form1.Label1.Caption := 'Name:  ' + Name;
   Form1.Label2.Caption := 'Wesen: ' + Wesen;
   Form1.Label3.Caption := 'Typ:   ' + Typ;
end;

procedure TSMonster.Erscheinen;
begin
   Form1.Label1.Caption := 'Name:  ' + Name;
   Form1.Label2.Caption := 'Wesen: ' + Wesen;
   Form1.Label3.Caption := 'Typ:   ' + Typ;
end;
```

Monstershow

Einen (kläglichen?) Versuch ohne virtuelle Methoden siehst du im Projekt FSTEIN2A.DPR. Das Schema für das Erscheinen zeigt, dass zwar auch hier die richtigen Typ-Methoden zum richtigen Zeitpunkt aufgerufen werden – aber wie:

Objekt	Erscheinen-Methode	Typ-Methode
Frank	TMonster.Erscheinen	TMonster.Typ
Albert	TGMonster.Erscheinen	TGMonster.Typ
Sigmund	TSMonster.Erscheinen	TSMonster.Typ

Weil jetzt alle ihre Erscheinen-Methode haben, würde damit das Programm so laufen wie mit virtuellen Methoden, wäre aber mit überflüssigem Programmcode beladen. Man nennt das auch Redundanz.

Das sieht hier noch nicht so schlimm aus. Was aber ist, wenn du gleich eine ganze Reihe solcher Methoden wie Typ benötigst, wenn der Aufruf an vielen verschiedenen Stellen erfolgen soll? (Ich jedenfalls möchte so ein Monster nicht programmieren!)

Monstershow

Es ist an der Zeit, sich die drei Exemplare aus der Monsterfamilie auch mal anzuschauen. Dazu benötigen wir zuerst einen Pfad, damit Delphi die Bilder auch findet, z.B.

```
const Pfad = 'c:\delphi\buch\bilder\';
```

Außerdem erhält TMonster eine weitere Eigenschaft BildName vom Typ String. Die merkt sich den Namen einer Bilddatei für das betreffende Monster.

Und nun erfährt das Projekt FSTEIN2.DPR eine gründliche Überarbeitung. Dazu musst du im Formular ein wenig Platz für ein Image-Objekt machen. Das führt auch zu einigen Änderungen in der Unitdatei MONSTER2.PAS. Auf jeden Fall sollte das Formular dann so aussehen (wahrscheinlich musst du es dazu etwas nach unten vergrößern):

Kapitel 17 — Polymorphie

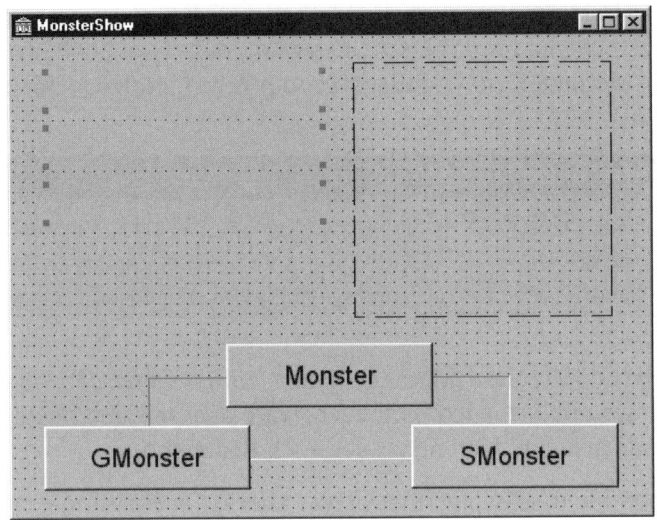

> Wenn du das Formular fertig hast, erweitere die Klassenvereinbarung von TMonster so (→ MONSTER3.PAS):

```
type
  TMonster = class
  private
    Name,
    Wesen,
    BildName: String;
  public
    constructor Create (N, W, DateiName: String);
    procedure Erscheinen;
    function Typ: String; virtual;
  end;
```

Wie du siehst, hat der Konstruktor nun einen Parameter mehr. Er übernimmt nämlich gleich bei der Initialisierung den Namen der Bilddatei.

> Ergänze auch die Definition des Konstruktors entsprechend (→ MONSTER3.PAS):

```
constructor TMonster.Create (N, W, DateiName: String);
begin
  Name := N; Wesen := W;
  BildName := DateiName;
end;
```

Ein neuer Fall von Polymorph

≫ Tippe für die Methode `TMonster.Erscheinen` die Anweisung zum Öffnen des Bildes ein (→ MONSTER3.PAS):

```
procedure TMonster.Erscheinen;
begin
  Form1.Label1.Caption := 'Name: ' + Name;
  Form1.Label2.Caption := 'Wesen: ' + Wesen;
  Form1.Label3.Caption := 'Typ: ' + Typ;
  Form1.Image1.Picture.LoadFromFile (Pfad+BildName);
end;
```

Das »Erscheinen« beschränkt sich nun nicht auf Informationsangaben, sondern die `Image`-Komponente soll auch ein Bild anzeigen. Dazu wird eine BMP-Datei geladen und in `Image1` sichtbar gemacht.

≫ Nun solltest du alles unter neuem Namen speichern (FSTEIN3.DPR, MONSTER3.PAS).

≫ Tja, und dann schau dir deine Monster mal an.

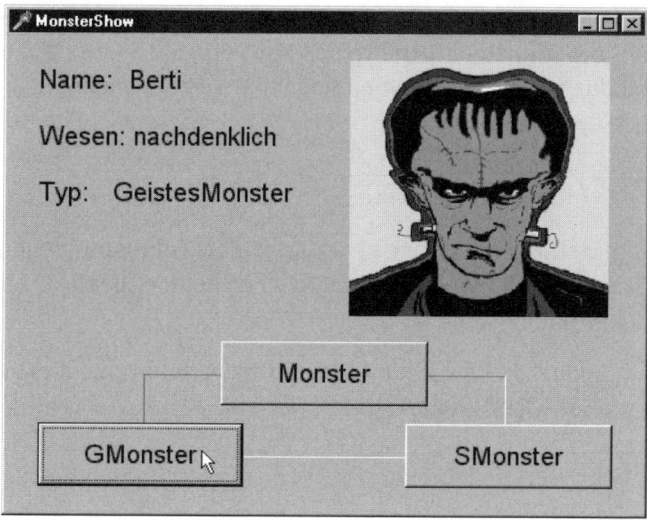

Ein neuer Fall von Polymorph

Wie wär's, wenn wir mal zufällige Monster erzeugen, erscheinen und wieder verschwinden lassen? Dann genügt für unsere nächste Programmversion nur noch ein einziger Button. Legen wir also wieder Hand ans Formular und ändern es so um:

Kapitel 17 — Polymorphie

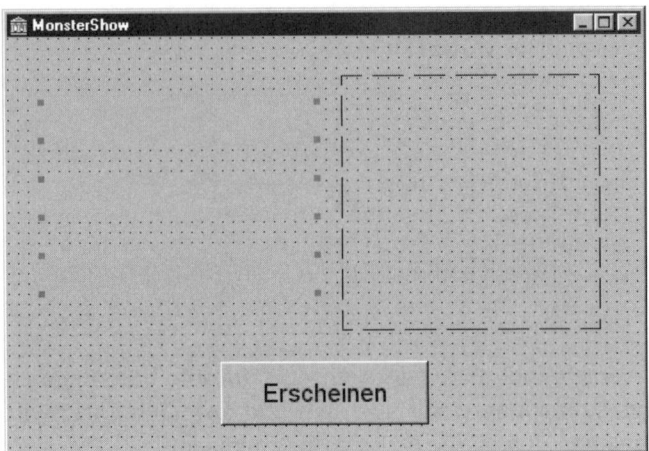

Eigentlich brauchen wir doch jetzt nicht mehr drei Instanz-Vereinbarungen, sondern nur noch eine:

`var WerWohl: TMonster;`

Hinzu kommen zwei Variablen: Die eine nimmt die Zufallszahl auf, die den Typ des Monsters festlegt, das auftauchen soll. Die andere bestimmt den Modus für sein Erscheinen oder sein Verschwinden:

```
var
  Zufall  : Integer;
  Sichtbar: Boolean;
```

Die Methode `FormCreate` startet den Zufallszahlengenerator und setzt *Sichtbar* auf `true` (hier für das Erscheinen, denn das soll auch auf der Schaltfläche stehen).

≫ Doppelklicke auf die Formularfläche und tippe diese Anweisungen ein (→ MONSTER4.PAS):

```
procedure TForm1.FormCreate(Sender: TObject);
begin
  randomize;
  Sichtbar := true;
end;
```

≫ Die Hauptarbeit hat wieder mal die `ButtonClick`-Methode. Das bedeutet noch mehr Tipparbeit (wenn du dich nicht auf der CD bedienen willst):

Ein neuer Fall von Polymorph

```
procedure TForm1.Button1Click(Sender: TObject);
begin
  if Sichtbar then
  begin
    Zufall := random(6);
    case Zufall of
      0,3: WerWohl := TMonster.Create
           ('Frankie', 'ungewöhnlich',
'Frank.bmp');
      1,4: WerWohl := TGMonster.Create
           ('Berti', 'nachdenklich', 'Albert.bmp');
      2,5: WerWohl := TSMonster.Create
           ('Sigi', 'mitfühlend', 'Sigmund.bmp');
    end;
    WerWohl.Erscheinen;
    Image1.Show;
    Button1.Caption := 'Verschwinden';
  end
  else
  begin
    WerWohl.Free;
    Image1.Hide;
    Button1.Caption := 'Erscheinen';
  end;
  Sichtbar := not Sichtbar;
end;
```

≫ Speichere die korrigierte Fassung am besten unter neuem Namen (→ FSTEIN4.DPR, MONSTER4.PAS). Dann lass das Ganze laufen.

Eigentlich müssten dir so nach und nach drei verschiedene Visagen erscheinen. Wie funktioniert es?

Wenn *Sichtbar* auf true gesetzt ist, dann wird eine Zufallszahl zwischen 0 und 5 erzeugt (es stehen zwar nur drei Monstertypen zur Auswahl, aber dadurch wird häufiger gewechselt):

```
if Sichtbar then Zufall := random(6);
```

In einer case-Struktur wird dann entschieden, wann Dr. Frankenstein welches Monster erschaffen soll:

```
case Zufall of
  0,3: WerWohl := TMonster.Create
       ('Frankie', 'ungewöhnlich', 'Frank.bmp');
  1,4: WerWohl := TGMonster.Create
       ('Berti', 'nachdenklich', 'Albert.bmp');
  2,5: WerWohl := TSMonster.Create
       ('Sigi', 'mitfühlend', 'Sigmund.bmp');
end;
```

Kapitel 17

Das scheint offenbar reibungslos zu klappen, obwohl wir doch `WerWohl` nur als einfaches `TMonster` vereinbart hatten. Das bedeutet, dass `Wer-Wohl` in der Lage ist, verschiedene Gestalten anzunehmen. Auch das ist ein klarer Fall von **Polymorphie**.

In der zufällig erzeugten Gestalt muss `WerWohl` nur noch erscheinen:

```
WerWohl.Erscheinen;
```

Dann wird die Aufschrift auf der Schaltfläche entsprechend angepasst:

```
Button1.Caption := 'Verschwinden';
```

Ganz am Schluss der Methode wird auch noch der Darstellungsmodus umgekehrt:

```
// macht true zu false und umgekehrt
Sichtbar:= not Sichtbar;
```

Destruktoren

Nun fehlt noch der andere Fall, für den *Sichtbar* auf `false` gesetzt ist. Dann muss das entsprechende Monster erst mal verschwinden, um einem neuen Platz zu machen (`WerWohl` kann immer nur eine Gestalt zur gleichen Zeit annehmen):

```
else   // if not Sichtbar
begin
  WerWohl.Free;
  Image1.Hide;
  Button1.Caption := 'Erscheinen';
end;
```

Das Bild des Monsters wird unsichtbar und die Buttonaufschrift auf ERSCHEINEN gesetzt. (Zum Schluss wird außerdem der Wert von *Sichtbar* wieder umgekehrt.)

Was ist mit der Methode `Free` (gesprochen: Frie, zu Deutsch so viel wie »freigeben«)? Ist die etwa ein Erbstück, aber von wem? Vielleicht kannst du dich noch aus dem letzten Kapitel erinnern, dass Delphi Klassen ohne Mutter automatisch adoptiert: Wenn nicht ausdrücklich anders gewünscht, wird immer `TObject` zur Mutter gemacht. Schon diese Klasse besitzt eine Methode mit dem Namen `Free`, die sozusagen das Gegenteil von dem zu erledigen hat, was der Konstruktor `Create` tut.

So wie `Create` dafür sorgt, dass ein neues Objekt erzeugt wird und genügend Platz im Arbeitsspeicher findet, gibt `Free` diesen Speicherbereich wieder frei (und entfernt damit das Objekt).

Destruktoren

Man kann also die eine Methode als Gegenstück zum Konstruktor bezeichnen – und meint damit den Destruktor.

> Und das ist der Unterschied:
>
> ◆ Der **Konstruktor** kümmert sich sozusagen um die gesunde Geburt eines Objekts.
>
> ◆ Der **Destruktor** erledigt alle Aufräumarbeiten, die beim Ableben eines Objekts anfallen.
>
> So wie der Konstruktor ein Geburtshelfer ist, könnte man den Destruktor also einen Totengräber nennen. (Oder ist dir das zu makaber?)

Die Wahrheit ist in diesem Falle etwas komplizierter. Der eigentliche Destruktor für Objekte aus der TObject-Familie heißt Destroy (zu Deutsch »zerstören«). Und die Methode Free ruft diesen Destruktor auf. Warum?

Es könnte ja sein, dass beim Erzeugen eines Objekts ein Fehler auftritt. Und gerade die Methode Free sorgt dafür, dass auch ein nur zum Teil erzeugtes Objekt wieder ordnungsgemäß freigegeben wird. Man sollte also zur Freigabe von Objekten nur Free benutzen.

Eigentlich könnten wir den von TObject geerbten Destruktor so übernehmen, wenn wir nicht auch ein paar eigene Aufräumungsarbeiten erledigen wollen. Dann könnte die Definition einer eigenen Destroy-Methode z.B. so aussehen:

```
destructor TMonster.Destroy;
begin
  Form1.Label1.Caption := '';
  Form1.Label2.Caption := '';
  Form1.Label3.Caption := '';
  inherited Destroy;
end;
```

Auf jeden Fall sollte zum Schluss der geerbte Destruktor aufgerufen werden. Die Muttermethode Free ruft nun diesen Destruktor auf – wenn er mit override gekennzeichnet wurde. Dabei kommt (ganz am Ende) auch der Destruktor der Mutter zum Einsatz.

Während beim Kind-Konstruktor der Aufruf des Mutter-Konstruktors am besten immer ganz zu Anfang stehen sollte, sollte der Aufruf des Mutter-Destruktors stets die letzte Anweisung im Kind-Destruktor sein:

```
constructor Kind.Create;
begin
  inherited Create;
  // weitere Anweisungen
end;
destructor Kind.Destroy;
begin
  // Anweisungen
  inherited Destroy;
end;
```

Die Klasse TMonster muss natürlich auch erfahren, dass wir ihr einen eigenen Destruktor verpassen wollen:

```
type
  TMonster = class
  private
    Name,
    Wesen,
    BildName: String;
  public
    constructor Create (N, W, DateiName: String);
    procedure Erscheinen;
    function Typ: String; virtual;
    destructor Destroy; override;
  end;
```

≫ Ergänze die Vereinbarung um die Destruktor-Zeile (→ FSTEIN5.DPR). Beachte den override-Zusatz!

Wenn du diese Version testest, verschwinden bei jedem Monsterabgang schön brav sowohl das Bild als auch der Informationstext.

Zusammenfassung

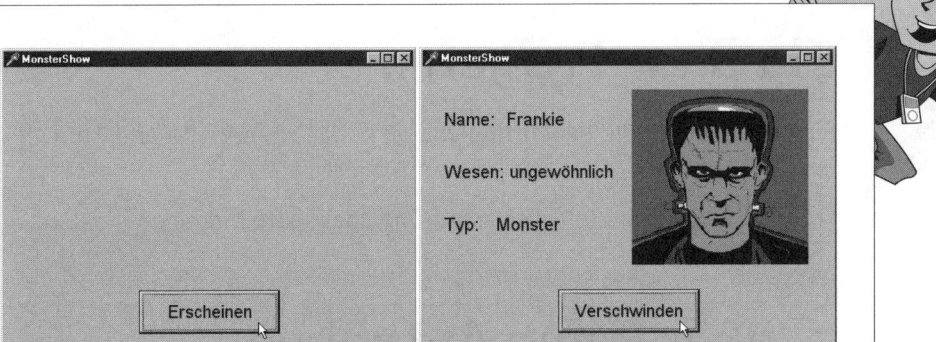

Zusammenfassung

Damit ist es Zeit, das Labor von Dr. Frankenstein erst einmal wieder zu verlassen, um eine Pause einzulegen. Im nächsten Kapitel holen wir noch mal zu einem kleinen Rundumschlag aus. Vorher aber wird noch mal ein bisschen zusammengefasst.

`virtual`	Kennzeichnung für virtuelle Methoden (späte Bindung)
`override`	Kennzeichnung für überschreibende Methoden
`inherited`	Aufruf der geerbten Methode (nur zur Erinnerung)
`constructor`	Vereinbarung eines Konstruktors z.B. `Create`
`destructor`	Vereinbarung eines Konstruktors z.B. `Destroy`

Und hiermit kennst du auch die drei wichtigsten Besonderheiten der OOP:

Kapselung	Eigenschaften (Datenfelder) und Methoden (Elementfunktionen) lassen sich zu einer Einheit, der Klasse, zusammenfassen
Vererbung	Neue Klassen lassen sich aus bestehenden ableiten. Dabei werden deren Eigenschaften und Methoden übernommen
Polymorphie	Je nach Bedarf lässt sich zur Laufzeit eine von mehreren gleichartigen Methoden einsetzen. Dazu muss die Basismethode virtuell vereinbart sein

Ein paar Fragen ...

Frage 1: Erkläre die Bedeutung von `virtual`, `override` und `inherited`.

Frage 2: Was bedeutet noch mal frühe oder späte Bindung?

... aber keine Aufgaben

18
Buntes Allerlei

Es gibt doch immer irgendetwas, dass man nirgends so richtig unterbringen kann, auf das man aber auch nicht verzichten möchte. Deshalb will ich hier dir ein paar weitere Eigenheiten von Delphi servieren, die sich noch angesammelt haben und die es allesamt wert sind, noch einmal in einem Rutsch vorgestellt zu werden.

Vielleicht kommt für dich am Ende nur ein Eintopf aus Resten heraus, womöglich findest du aber auch ein paar Leckerbissen, mit denen du deine künftigen Projekte verzieren kannst.

In diesem Kapitel lernst du

◎ die Komponente Timer kennen

◎ etwas über den Unterschied zwischen Eingangs- und Durchgangsparametern

◎ mehr über Exceptions

◎ was es mit finally auf sich hat

◎ wie man eigene Properties vereinbart

Kapitel 18 — Kleine Monsterparade

Die Monster lassen uns einfach nicht mehr los. Ich möchte die Monstershow auch gern noch einmal wie einen Film ablaufen lassen. Die Monster sollen also wie bei einer Diashow ständig erscheinen, bis das Ganze mit einem Knopfdruck beendet wird.

Dazu müssten wir – mit Erlaubnis von Dr. Frankenstein – die Klasse TMonster einer Operation unterziehen. Dabei wird gründlich abgespeckt:

≫ Magere zuerst die Klassenvereinbarung so ab (→ MONSTER6.PAS):

```
TMonster = class
  private
    Name: String;
  public
    procedure Erscheinen (BildName: String);
  end;
```

Wir begnügen uns jetzt mit den Standardausgaben von Konstruktor und Destruktor, wie sie von TObject übernommen wurden. Dafür bekommt nun die Methode Erscheinen einen Parameter verpasst:

```
procedure TMonster.Erscheinen (BildName: String);
begin
  Form1.Image1.Picture.LoadFromFile (Pfad+BildName);
  Name := Copy (BildName,1,Length(BildName)-4);
  Form1.Panel1.Caption := Name;
end;
```

Übergeben wird der Name der Bilddatei, um das Bild anzuzeigen:

`Form1.Image1.Picture.LoadFromFile (Pfad+BildName);`

Der Teil ohne die Kennung (.BMP) wird dann zum Namen des Monsters:

`Name := Copy (BildName,1,Length(BildName)-4);`

Dann erscheint neben dem Bild auch der Name.

`Form1.Panel1.Caption := Name;`

Für dieses Projekt können wir auf alle Label-Komponenten verzichten. Dafür setzen wir neben Image1 mit Panel1 ein anderes Anzeigeobjekt.

Kleine Monsterparade

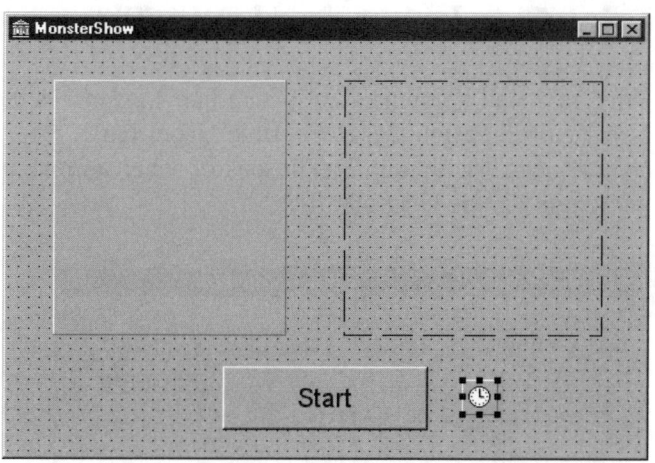

Da ist doch noch eine kleine Komponente, mit der wir bisher noch nicht zu tun hatten: Eine Schleife (mit while-do oder repeat-until) würde mir hier nämlich nicht passen, damit in gewissen Zeitabständen automatisch ein neues Bild erscheint. Lieber wäre es mir nämlich, wenn sich der Anzeigemechanismus nicht in der ButtonClick-Methode befände.

Auch hier hilft uns Delphi wieder aus der Patsche. Es gibt eine (unsichtbare) Komponente Timer, die wir nun in unser Formular setzen:

≫ Passe das Formular wie oben im Bild an.

≫ Wechsle dann in der Komponentenpalette auf die Seite SYSTEM und klicke dort auf das Symbol für TIMER.

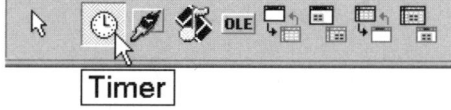

≫ Setze die Komponente irgendwohin ins Formular – z.B. neben den Button.

≫ Benenne die Buttonaufschrift in Start um.

Kapitel 18

Die Sache mit dem Timer

Eigentlich sind Komponenten ja sichtbar – jedenfalls die, mit denen wir bisher zu tun hatten. Bei einem Objekt vom Typ `TTimer` ist das ein bisschen anders. Wie du im Objektinspektor sehen kannst, hat diese Komponente nur wenige Eigenschaften.

Zwei davon sind für uns interessant:

Enabled	bestimmt, ob der Timer ein- (true) oder ausgeschaltet (false) ist
Interval	bestimmt das Zeitintervall, in dem eine Aktion des Timers ausgelöst wird (in Millisekunden)

Außerdem gibt es nur ein Ereignis. Und das brauchen wir jetzt:

≫ Doppelklicke auf das TIMER-Symbol im Formular. Dann übertrage für die Methode `Timer1Timer` diese `case`-Struktur:

```
procedure TForm1.Timer1Timer(Sender: TObject);
begin
  Zufall := random(5);
  case Zufall of
    0: WerWohl.Erscheinen ('Frank.bmp');
    1: WerWohl.Erscheinen ('Albert.bmp');
    2: WerWohl.Erscheinen ('Sigmund.bmp');
    3: WerWohl.Erscheinen ('Jekyll.bmp');
    4: WerWohl.Erscheinen ('Hyde.bmp');
  end;
end;
```

Das ist ja so, wie du es aus den letzten Projekten kennst? Nicht ganz: Weil wir nur noch eine Klasse `TMonster` benutzen (der Rest der Familie bleibt zu Hause), können wir hier auf ein ständiges `Create` und `Free` verzichten. Es werden ja nur die Bilddateien geladen und angezeigt.

Die Sache mit dem Timer

Die Initialisierung des (hier einzigen) Monsters erfolgt in der `Form-Create`-Methode:

```
procedure TForm1.FormCreate(Sender: TObject);
begin
  randomize;
  WerWohl := TMonster.Create;
  Timer1.Enabled := false;
  Timer1.Interval := 500;
end;
```

Zusätzlich wird das Intervall für die `TimerTimer`-Methode auf eine halbe Sekunde (= 500 Millisekunden) gesetzt. Und der `Timer` selbst wird erst einmal ausgeschaltet (`Enabled := false`).

Fehlt noch die `ButtonClick`-Methode zum Starten oder Beenden der Monstershow:

```
procedure TForm1.Button1Click(Sender: TObject);
begin
  if not Timer1.Enabled then
  begin
    Timer1.Enabled := true;
    Button1.Caption := 'Stop';
    Image1.Show;
  end
  else   // if Timer1.Enabled
  begin
    Timer1.Enabled := false;
    Button1.Caption := 'Start';
    Panel1.Caption := '';
    Image1.Hide;
  end;
end;
```

Mit Klick auf START wird der `Timer` eingeschaltet (`true`) und die Schaltfläche bekommt die Aufschrift STOP. Umgekehrt wird bei einem Mausklick auf STOP der `Timer` wieder ausgeschaltet und die Buttonaufschrift in START geändert. Außerdem verschwinden Bild- und Textanzeige.

Ist `Timer1.Enabled` auf `true`, dann wird die Methode `TForm1.Timer1Timer` alle 500 Millisekunden aktiviert: Ein Monster erscheint und zeigt seinen Namen.

➢ Ergänze auch diese Methode und speichere alles in einem neuen Projekt (FSTEIN6.DPR, MONSTER6.PAS). Dann lass das Programm laufen.

Kapitel 18 — Buntes Allerlei

Wert oder Referenz?

Bei all den Formularen und Komponenten, mit denen es wir bisher zu tun hatten, kann man leicht vergessen, dass es »da draußen« auch noch anderes Leben als das von Objekten geben kann.

So einfache Prozeduren oder Funktionen wie z.B. randomize und random sind auf keinerlei Klasse angewiesen, können aber von jedem Objekt frei benutzt werden. Auch selbst definierte Prozeduren wie diese haben kein Problem damit, dass sie in keiner Klasse zu Hause sind:

```
procedure ExChange (x,y: String);
var z: String;
begin
  z := x; x := y; y := z;
end;
```

Die Prozedur ExChange vertauscht zwei Strings. So jedenfalls sieht es doch aus – oder? Schauen wir uns das mal genauer an:

	1. String	2. String
Vor Aufruf von ExChange	Hallo	Hoppla
Innerhalb von ExChange	Hoppla	Hallo
Nach Aufruf von ExChange	Hallo	Hoppla

Wert oder Referenz?

Bei dieser Parameterübergabe erhält die Prozedur ExChange die Werte der beiden Strings. Innerhalb der Prozedur werden sie auch schön brav vertauscht. Außerhalb ändert sich jedoch nichts. Warum? Weil nur Werte übernommen, aber nicht mehr zurückgegeben werden. Das Ding ist schließlich eine Prozedur und keine Funktion. Außerdem kann auch eine Funktion nur einen Wert zurückgeben.

> Hier spricht man von Wertübergabe (englisch: call by value). Die Art der Parameter wird auch **Eingangsparameter** genannt.

Delphi bietet Abhilfe, damit der Tausch auch nach außen dringt. Damit hat der Prozedurkopf dieses Aussehen:

procedure ExChange (**var** x,y: String);

Nachdem die Parameter mit var verziert wurden, klappt es mit dem Tauschergebnis:

	1. String	2. String
Vor Aufruf von ExChange	Hallo	Hoppla
Innerhalb von ExChange	Hoppla	Hallo
Nach Aufruf von ExChange	Hoppla	Hallo

Aufgerufen wird diese Prozedur wie gewohnt, also sozusagen ganz normal:

ExChange (Text1, Text2);

Die Prozedur ExChange übernimmt nun nicht mehr die Werte der beiden Strings, sondern ihre Adressen im Arbeitsspeicher des Computers. Innerhalb der Prozedur werden also die Werte vertauscht, die ExChange an diesen Adressen findet. Kein Wunder, dass diese Veränderung nun auch außerhalb zu erkennen ist.

> Dazu sagt man Referenzübergabe (englisch: call by reference). Die Art der Parameter wird auch **Duchgangsparameter** genannt.

Ein kleines Projekt zum Testen findest du unter dem Namen TAUSCH1.DPR. Dort gibt es je eine »falsche« und eine richtige Tauschprozedur.

Kapitel 18 — Buntes Allerlei

Es wird nicht nötig sein, hier den kompletten Quelltext der zugehörigen Unit wiederzugeben. Aber weil ich dort wieder einmal eine neue Funktion von Delphi verwendet habe, will ich die auch kurz erläutern:

```
Text1 := InputBox
  ('1. String','Bestätigen oder NEU','Hallo');
Text2 := InputBox
  ('2. String','Bestätigen oder NEU','Hoppla');
```

Das sind die Anweisungen zur Eingabe der beiden Strings. Mit `InputBox` erhältst du dazu ein kleines Dialogfeld. Und das bedeuten die Parameter:

```
InputBox (Titel, Infotext, Vorgabe für die Eingabezeile);
```

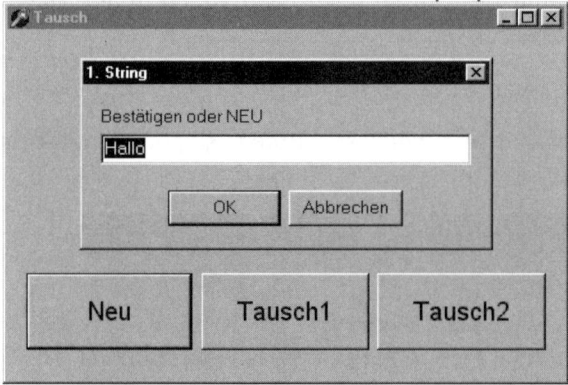

Welcher Fehler ist es?

Fehler macht jeder mal im Leben – und nicht nur einen. Auch beim Programmieren lauern an vielen Stellen des Quelltextes solche Fehler, die man anfangs nicht erkennt. Das Programm wird von Delphi kompiliert, es lässt sich starten, es läuft eine ganze Zeit lang. Aber dann taucht ganz plötzlich ein Meldefenster auf – wie z.B. eines dieser beiden:

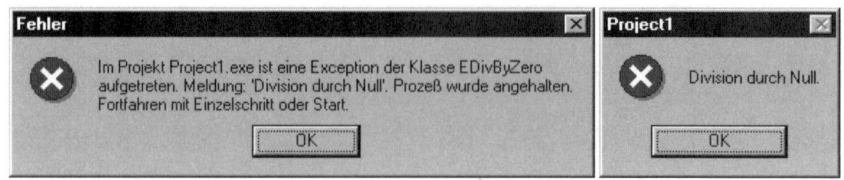

Welcher Fehler ist es?

Es geht hier um denselben Fehler, nämlich das Dividieren einer Zahl durch null. Das kann bei Programmen, die mit vielen Zahlen arbeiten, durchaus mal passieren.

Fehler wie dieser sind uns ja schon ein paar Mal begegnet. Es sind so genannte **Laufzeitfehler** (englisch: Runtime error), die Delphi natürlich beim Kompilieren nicht bemerkt. Nach solchen Fehlern könnte das Programm häufig zwar fortgesetzt werden, aber sie beeinflussen den Programmverlauf möglicherweise derart, dass es zu verfälschten Ergebnissen oder schließlich gar zum Programmabsturz kommt.

Bei einem Textverarbeitungsprogramm könnte das beispielsweise dazu führen, dass dein eingegebener Text verloren geht. Eine gut programmierte Anwendung sorgt deshalb dafür, dass solche Ausnahmefehler abgefangen und richtig behandelt werden.

Damit landen wir wieder bei den Exceptions. Vielleicht erinnerst du dich noch düster an frühere Kapitel – lang, lang ist's her. Bisher wurden Exceptions, das sind Ausnahmefehler, etwa so behandelt:

```
try
   Zahl := StrToInt (InputBox ('Zahl eingeben','',''));
   Label1.Caption := IntToStr (Zahl);
except
   Label1.Caption := 'Quatsch!';
end;
```

Wird ein String eingetippt, aus dem sich mit `StrToInt` eine Ganzzahl machen lässt, dann wird diese Zahl in einem Label angezeigt (dazu muss sie natürlich wieder in einen String zurück verwandelt werden).

Klappt diese Umwandlung nicht, dann tritt eine Exception ein, die unter Delphi auch einen Namen hat: `EConvertError` heißt so viel wie »Umwandlungsfehler«.

Nun hat das System `try-except`, wie wir es bisher benutzt haben, einen kleinen Schönheitsfehler, der sich in manchen Situationen unschön auswirken kann: Egal, welche Exception auftritt, der Anweisungsblock hinter `except` wird immer ausgeführt. Nicht selten kann es aber wichtig sein, dass die Fehlerbehandlung sich nach der Art des aufgetretenen Fehlers richtet. Es ist nun mal ein Unterschied, ob beispielsweise eine Datei nicht gefunden wurde oder eine Typumwandlung nicht geklappt hat.

Schau dir dazu mal an diesem Beispiel an, wie Delphi ein solches Problem behandelt:

```
try
  Zahl := StrToFloat (InputBox ('Zahl einge-
ben','',''));
  Zahl := 1 / Zahl;
  if Zahl = 1 then Datei.LoadFromFile ('Test.xxx');
  Panel1.Caption := 'Alles ok';
except
  on EConvertError do
    Panel1.Caption := 'Das ist keine Zahl';
  on EZeroDivide do
    Panel1.Caption := 'Division durch Null';
  on EFOpenError do
    Panel1.Caption := 'Datei nicht gefunden';
end;
```

Hier kann man in einer Eingabebox etwas eintippen. Ist es keine Zahl, dann gibt es eine Exception vom Typ `EConvertError` (Umwandlungsfehler). Gibst du eine Null ein, dann tritt bei dem Versuch, den Kehrwert zu ermitteln (1/Zahl) wieder eine Exception auf, diesmal vom Typ `EZeroDivide` (Division durch Null). Ist die eingegebene Zahl 1, dann wird wahrscheinlich vergeblich versucht, eine Datei zu laden. Das führt wieder zu einer Exception, und zwar vom Typ `EFOpenError` (Ladefehler).

Neben diesen hat Delphi noch eine ganze Kette weiterer Exceptions definiert, u.a. auch `EDivByZero`, die im Unterschied zu `EZeroDivide` durch Divisionsfehler von ganzen Zahlen ausgelöst wird. (Ein kleines Testprojekt findest du unter EXCEPT1.DPR.)

Entscheidend ist, dass im `except`-Zweig die Folge `on-do` verwendet werden muss, um die einzelnen »Fehlerquellen« abzutesten. Das sieht einer solchen `if`-Struktur sehr ähnlich:

```
if Fehler = ConvertError then
    Panel1.Caption := 'Das ist keine Zahl';
```

So einfach geht es aber nicht, denn Exceptions sind als Klassen definiert. Statt einem vorangestellten »T« haben Exception-Klassen ein führendes »E«. Die `on-do`-Struktur arbeitet also nicht einfach mit Datenwerten wie z.B. Zahlen oder Strings, sondern geht mit kompletten Objekten um.

Von try bis finally

In vielen Fällen ist es nötig, dass bestimmte Anweisungen unbedingt ausgeführt werden müssen. Tritt ein Fehler auf, ist das normalerweise nicht garantiert. Wir müssen das Programm also dazu zwingen können, nötige Anweisungen in jedem Fall auszuführen. Ein except-Block wird immer nur dann ausgeführt, wenn eine Exception auftritt, ansonsten nur der try-Block. Das könnte dazu führen, dass z.B. ein mit Create erzeugtes Objekt während des Programmlaufs nicht mehr mit Free freigegeben wird, eine geöffnete Datei nicht mehr geschlossen wird usw.

Zur Veranschaulichung nehmen wir wieder eines unserer Monster als Beispiel. Dazu specken wir das letzte *Monster*-Projekt noch um einiges ab, indem wir die Timer-Komponente ganz herausnehmen. Außerdem schichten wir ein bisschen um. Dann sieht die neue ButtonClick-Methode so aus (→ MONSTER7.PAS, FSTEIN7.DPR):

```
procedure TForm1.Button1Click(Sender: TObject);
begin
  Button1.Caption := 'Weiter';
  try
    WerWohl := TMonster.Create;
    Zufall := random(5);
    case Zufall of
      0: WerWohl.Erscheinen ('Frank.bmp');
      1: WerWohl.Erscheinen ('Albert.bmp');
      2: WerWohl.Erscheinen ('Sigmund.bmp');
      3: WerWohl.Erscheinen ('Jekyll.bmp');
      4: WerWohl.Erscheinen ('Hyde.bmp');
    end;
  finally
    Werwohl.Free;
  end;
end;
```

Statt des erwarteten except habe ich hier das Wort finally benutzt. Und damit das Ganze auch passt, wird bei jedem Mausklick auf die Schaltfläche im Formular ein neues Monster erzeugt (Create).

Unabhängig davon, ob nun im try-Block Fehler (Exceptions) auftreten, wird in jedem Falle der Anweisungsblock hinter finally ausgeführt – in diesem Fall wird also schön brav das Monster auch wieder entfernt. Dabei sorgt Free auch dafür, dass auch von einem »unvollständigen« Monster alles wieder verschwinden kann.

Kapitel 18 — Buntes Allerlei

Und was ist, wenn man except und finally gemeinsam benutzen will? Das sähe dann z.B. so aus (→ MONSTER7A.PAS):

```
try
  WerWohl := TMonster.Create;
  Zufall := random(6);
  try
    case Zufall of
      0: WerWohl.Erscheinen ('Frank.bmp');
      1: WerWohl.Erscheinen ('Albert.bmp');
      2: WerWohl.Erscheinen ('Sigmund.bmp');
      3: WerWohl.Erscheinen ('Jekyll.bmp');
      4: WerWohl.Erscheinen ('Hyde.bmp');
      5: WerWohl.Erscheinen ('Test.xxx');
    end;
  except
    Button1.Caption := 'Kein Bild';
  end;
finally
  Werwohl.Free;
end;
```

Sollte das Programm zufällig die (nicht vorhandene) Bilddatei TEST.XXX öffnen wollen, tritt eine Exception auf, die wir nicht unbedingt benennen müssen. (Du kannst aber auch einen on-do-Zweig hinzufügen.)

In diesem Fall wird der except-Block ausgeführt. In jedem Falle aber kommt auch der finally-Block zur Ausführung.

Eigene Properties

Nun lass uns mal wieder von den Fehlern wegkommen. Bleiben wir aber bei den Objekten und Klassen. Nur von den Monstern sollten wir uns endgültig verabschieden. Denn es gibt da ja einiges an Interessantem zum Thema »Eigene Komponenten«. Da sollten wir uns noch einmal etwas umschauen.

Kramen wir deshalb die Klasse TOButton wieder hervor, deren Eigenschaft Color ich gern im Objektinspektor sehen würde. Dann könnte man nämlich die Farbe direkt beim Entwurf des Formulars einstellen. Wir übernehmen gleich die allerletzte Version, die auch schon einen Text anzeigen kann. Deshalb soll auch Caption im Objektinspektor auftauchen.

In einem früheren Kapitel haben wir das Wort property schon einmal kennen gelernt und damit Ereignisse öffentlich gemacht, so dass sie über den Objektinspektor erreichbar waren. Das englische Wort »Property« heißt auf Deutsch »Eigenschaft«. Das könnte ein Hinweis darauf sein, dass wir eigentlich auch andere Elemente einer selbst vereinbarten Klasse als published vereinbaren können. Womit sie im Objektinspektor sichtbar wären.

Die einfachste Lösung würde so aussehen:

```
published
  { Published-Deklarationen }
  // hier stehen die Ereignisse für den Objektinspektor
  // dann folgen weitere Eigenschaften
  property Caption;
  property Color;
```

Damit würden im Objektinspektor unter Eigenschaften zwei neue Einträge auftauchen. Caption und Color sind nämlich Erbschaften von TCustomControl, der Mutter von TOButton. Sie werden durch diese Vereinbarung öffentlich.

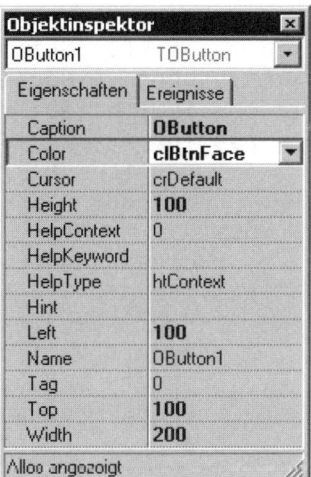

Allerdings gibt es gleich ein Problem mit Color. Die alte Vereinbarung Color muss natürlich verschwinden. Das ist hier aber nicht alles. Denn wenn wir die geerbte Eigenschaft Color direkt benutzen, sieht unser OButton etwas seltsam aus. Eingefärbt wird nämlich nur das Rechteck, in dem unser runder Knopf liegt. Der Knopf selbst jedoch behält seine alte Farbe.

Kapitel

18

Buntes Allerlei

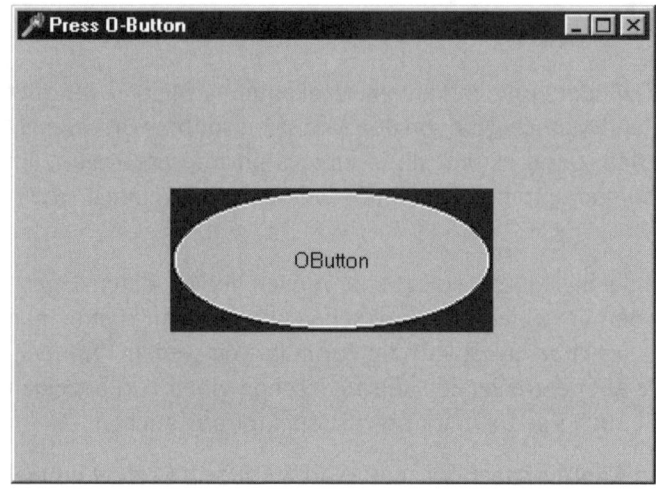

Mit dem Erbstück Color können wir hier also nicht viel anfangen. Wir brauchen etwas Neues, um das Buttoninnere zu färben. Dann sieht die komplette Vereinbarung von TOButton so aus (→ OBUTTON3.PAS):

```
type
  TOButton = class(TCustomControl)
  private
    { Private-Deklarationen }
    x,y: Integer;
    FColor: TColor;
    Pressed: Boolean;
  protected
    { Protected-Deklarationen }
    procedure Paint; override;
    procedure MouseDown (Button: TMouseButton;
      Shift: TShiftState; X, Y: Integer); override;
    procedure MouseUp (Button: TMouseButton;
      Shift: TShiftState; X, Y: Integer); override;
  public
    { Public-Deklarationen }
    constructor Create (AOwner: TComponent); override;
    procedure SetColor (OBrush: TColor); virtual;
  published
    { Published-Deklarationen }
    property OnClick;
    property OnMouseDown;
    property OnMouseUp;
    property OnEnter;
    property OnExit;
```

Eigene Properties

```
      property OnKeyPress;
      property OnKeyDown;
      property OnKeyUp;
      property Caption;
      property Color: TColor read FColor write SetColor;
   end;
```

Von Bedeutung sind hier zwei Zeilen:

```
FColor: TColor;
property Color: TColor read FColor write SetColor;
```

Die eine steht ganz oben, die andere ganz am Schluss der Klassenvereinbarung. Statt `Color` wird nun mit `FColor` eine Variable vom Typ `TColor` (privat) vereinbart. An die Öffentlichkeit tritt aber eine Eigenschaft mit anderem Namen. Die ist zunächst mal ebenfalls von Typ `TColor`. Dahinter stehen aber noch weitere Vereinbarungen:

Mit `read FColor` wird festgelegt, dass der Wert der Eigenschaft `Color` aus dem privaten Element `FColor` gelesen werden kann.

Und mit `write SetColor` wird die gleichnamige Methode benutzt, um die Farbe neu zu setzen.

`SetColor` muss dazu noch an ihre neue Aufgabe angepasst werden.

```
procedure TOButton.SetColor (OBrush: TColor);
begin
   FColor := OBrush;
   Canvas.Brush.Color := FColor;
   Repaint;
end;
```

Wie du siehst, wird der Eigenschaft `Color` selbst gar nichts zugewiesen. Sobald man im Objektinspektor die Farbe ändert, wird diese Methode verwendet, um die Buttonfarbe direkt zu ändern. Die `Repaint`-Methode sorgt dafür, dass man das auch gleich im Formular zu sehen bekommt.

Auch beim Konstruktor ändert sich nun `Color` in `FColor`:

```
constructor TOButton.Create (AOwner: TComponent);
begin
   inherited Create (AOwner);
   FColor := clBtnFace;
   Canvas.Brush.Color := FColor;
   Pressed := false;
```

Kapitel 18 — Buntes Allerlei

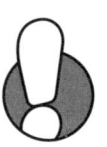

```
   Caption := 'OButton';
   SetBounds (0,0,50,50);
end;
```

Was bedeutet eigentlich dieses »F« vor »Color«? Das soll darauf hinweisen, dass es sich hierbei um ein so genanntes Feld handelt (englisch: Field). So werden die »normalen« Eigenschaften eines Objektes bezeichnet, um sie von den Properties zu unterscheiden.

➢ Öffne die Datei OBUTTON2.PAS. Ändere den Quelltext entsprechend und speichere das Ganze unter OBUTTON3.PAS.

➢ Über KOMPONENTE und PACKAGES INSTALLIEREN muss diese Neuvereinbarung nun auch neu kompiliert werden.

➢ Dann öffne eines der letzten OOP-Projekte und teste es mit dem neuen OButton (→ OOP7.DPR, POLY3.PAS).

Zusammenfassung

Damit möchte ich es bei den Zutaten zu dem Allerlei dieses Kapitels belassen und auch Dr. Frankenstein endgültig Lebewohl sagen (es sei denn, du willst auf eigene Faust weiter an deinem Monsterprojekt forschen).

Hier sind die letzten Neuigkeiten von Delphi:

Timer	Objekt für Zeitereignisse (vom Typ TTimer)
TimerTimer	Methode von TTimer: Wird in bestimmten Zeitabständen aufgerufen
Enabled	Eigenschaft von TTimer: Timer ein- oder ausschalten
Interval	Eigenschaft von TTimer: Zeitintervall einstellen
InputBox	Kleine Dialogbox mit Eingabezeile anzeigen
try	VERSUCHE, einen Anweisungsblock auszuführen
except	Reagiere auf einen misslungenen Versuch (Exception) mit einem anderen Anweisungsblock
finally	Führe diesen Anweisungsblock auf JEDEN Fall aus
on	FALLS eine bestimmte Exception aufgetreten ist
do	erledige diesen Anweisungsblock
property	Kennzeichnung für Eigenschaften und Ereignisse, die im Objektinspektor sichtbar sein sollen

read	Eigenschaft soll über nachfolgende Eigenschaft/ Methode lesbar sein
write	Eigenschaft soll mit nachfolgender Eigenschaft/ Methode geschrieben/gesetzt werden

Ein paar Fragen ...

Worin unterscheiden sich Eingangs- und Durchgangsparameter?

Erkläre die unterschiedliche Bedeutung von except und finally.

... und ein paar Aufgaben

1. Passe bei TOButton auch die Eigenschaft Caption so an, dass eine Änderung des Anzeigetextes im Objektinspektor direkt im Formular zu sehen ist.

2. Benutze im letzten *Monster*-Projekt dieses Kapitels anstelle der normalen Schaltfläche den aktuellen OButton. (Dazu muss der neueste TOButton aus OBUTTON3.PAS in die Komponentenpalette eingefügt sein.)

19
Einblick in die Spielprogrammierung

Mit diesem Kapitel kommen wir in die Schlussrunde. Hier habe ich noch etwas Platz, um mich auch noch einmal darüber auszulassen, ob man Delphi auch zum Programmieren von Spielen nutzen kann.

Die gute Nachricht zuerst: Man kann. Die schlechte Nachricht: Leider würde es den Platz eines ganzes Buch benötigen, um sich wirklich ausgiebig über die Spielprogrammierung auszulassen. Deshalb bekommst du am Beispiel kleiner Spielansätze mit grafischen Elementen hier auch nur die Grundlagen serviert.

In diesem Kapitel lernst du

◎ etwas über den Aufbau eines Spiels

◎ Methoden für die Tastensteuerung kennen

◎ mehr über Maussteuerung

◎ wie man eine Figur über ein Spielfeld bewegt

Kapitel 19

Einblick in die Spielprogrammierung

Create, Run, Free

Wie ist ein Spiel aus der Sicht eines Programmierers aufgebaut? Im Prinzip besteht jedes Spiel aus drei Teilen:

Möglicher Inhalt	Möglicher Name
Startwerte festlegen, Treiber, Objekte und andere Daten laden, Speicherplatz belegen	Create (Aufbauen)
Eingaben und Spielereignisse abfragen, Spielsituation anpassen	Run (Ausführen)
Alles wieder aufräumen, Speicherplatz freigeben	Free (Abbauen)

Würde man das ganze Spiel als Klasse vereinbaren, ließe sich aus jedem Teil eine Methode machen. Womit das Minimalgerüst dann so aussehen könnte (→ GPLAY0.DPR, GAME0.PAS):

```
type
  TGame = class
    constructor Create;
    procedure Run;
    destructor Free;
  end;
```

Natürlich hängt es vom jeweiligen Spiel ab, wie umfangreich eine Methode ausfällt. Außerdem kommen in der Regel noch weitere Methoden hinzu, die dann in einer der drei Hauptmethoden (vor allem in Run) aufgerufen werden.

In den folgenden Beispielen habe ich mich oft nicht daran gehalten, jeweils das komplette Spielgeschehen in die Run-Methode zu packen. Weil Delphi einige fertige Methoden anbietet, die eben zum Formular oder einer der Komponenten gehören, sind also Teile der Spielsteuerung außerhalb von Run definiert.

Dennoch sind ich in allen Beispielen die drei grundlegenden Methoden vorhanden, wenn auch die Definitionen zum Teil leer bleiben.

Spielfeld und Spielfigur

Nehmen wir als erstes Beispiel unser Zahlenraten aus dem 5. Kapitel. Dort würde für die einfachste Version die Create-Methode (hier auch gleich der Konstruktor) nur die Aufgabe haben, eine Zufallszahl zu erzeugen:

```
constructor TGame.Create;
begin
  randomize;
  Zufall := random(1000) + 1;
end;
```

Das eigentliche Spielgeschehen findet dann im Run-Teil statt (→ ZRATEN5.DPR, RATEN5.PAS):

```
procedure TGame.Run;
begin
  try
    Eingabe := StrToInt (Form1.Edit1.Text);
    if Eingabe = Zufall then
      Form1.Label1.Caption := 'Richtig!';
    if Eingabe < Zufall then
      Form1.Label1.Caption := 'Zu klein!';
    if Eingabe > Zufall then
      Form1.Label1.Caption := 'Zu groß';
  except
    Form1.Label1.Caption := 'Quatsch!';
  end;
end;
```

Wobei ich hier wieder mal etwas tricksen musste: Form1 ist ja ebenso wie das Anzeige- und Eingabefeld nicht von vornherein Bestandteil des Spiels. Wollte man das Ratespiel sauber programmieren, müsste man die nötigen Komponenten (oder das ganze Formular) als Parameter an Create übergeben.

Das wollen wir hier aber nicht tun, das Ratespiel sollte mir nur als kleines Demonstrationsobjekt dienen. Übrigens wäre hier die Free-Methode leer, denn nach dem Zahlenraten gibt es nichts mehr aufzuräumen.

Spielfeld und Spielfigur

Versuchen wir es jetzt einmal mit einem ganz einfachen Spiel, das anders als das Zahlenraten mit Objekten funktioniert, die von außen geladen werden müssen. Dazu benötigen wir zwei Buttons und zwei Bildfelder (TImage).

Kapitel 19

Einblick in die Spielprogrammierung

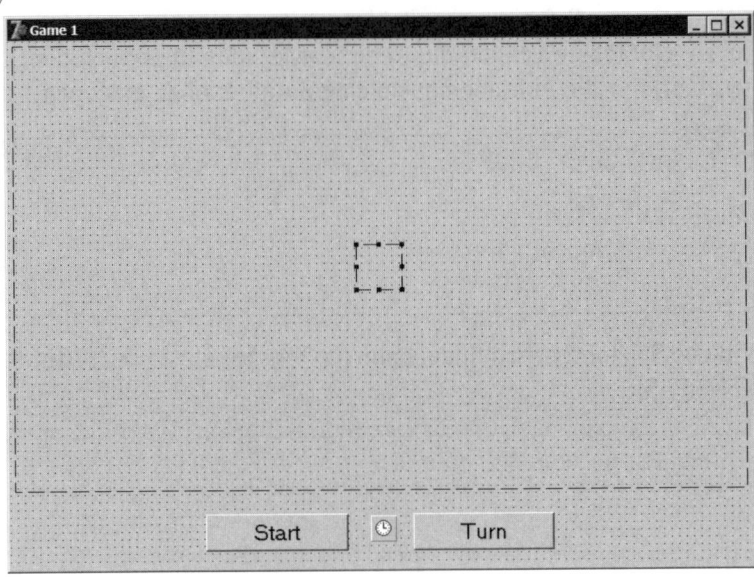

Die beiden Knöpfe sollen die Aufschriften START und TURN tragen. Das erste `Image`-Objekt füllt fast das ganze Formular aus. Das ist der Hintergrund oder das **Spielfeld**. Das zweite Bildobjekt ist eine Figur oder ein Gegenstand, sozusagen die **Spielfigur**.

In vielen Spielen gibt es mindestens eine Hauptfigur, meistens sind es Personen, aber auch ein Auto bei einem Rennspiel wäre dann eine »Hauptfigur«. Oder wie in unserem Fall: Ein kleiner Ball (oder eine Kugel).

Dieses Objekt soll sich über ein Spielfeld bewegen und an den Rändern abprallen. Das regeln wir über den START-Button. Dem TURN-Button gönnen wir vorerst noch etwas Ruhe. Später brauchen wir noch einen Timer, den du auch jetzt schon ins Formular einfügen kannst.

Zuallererst aber müssen wir unsere Spielklasse definieren (→ GPLAY1.DPR, GAME1.PAS):

```
type
  TGame = class
    Hgrund: TImage;
    Figur:  TImage;
    xDiff, yDiff: integer;
    xLinks, xRechts, yOben, yUnten: integer;
    constructor Create (Bild1, Bild2: TImage);
    procedure Run;
    procedure Turn;
    destructor Free;
  end;
```

Spielfeld und Spielfigur

Fangen wir von hinten an. Auch hier bekommt der Destruktor erst mal nichts zu tun. Die Turn-Methode lassen wir jetzt auch noch leer, auf sie kommen wir später zurück.

Mit den Methoden Run und Create beschäftigen wir uns, sobald wir die Eigenschaften dieser Klasse kennen gelernt haben:

Mit Hgrund und Figur binden wir das Spielfeld und die Spielfigur ein. Ohne die geht nun wirklich nichts. Damit sich etwas bewegen kann, brauchen wir Koordinaten, die sich verändern lassen. Dazu sind die Variablen xDiff und yDiff da. Und damit der Ball in seinem Grenzen bleibt, brauchen wir noch die passenden Werte für Links und Rechts, Oben und Unten.

Damit kommen wir zum Konstruktor:

```
constructor TGame.Create (Bild1, Bild2: TImage);
begin
  try
    Hgrund := Bild1;
    Figur  := Bild2;
    Hgrund.Picture.LoadFromFile
(Pfad+'Hgrund1.bmp');
    Figur.Picture.LoadFromFile  (Pfad+'Ball1.bmp');
  except
    Hgrund.Canvas.Brush.Color := clGreen;
    Hgrund.Canvas.FloodFill
      (10,10, clBlack, fsBorder);
    Figur.Canvas.Brush.Color := clGreen;
    Figur.Canvas.FloodFill
      (10,10, clBlack, fsBorder);
    Figur.Canvas.Ellipse (0,0, 50,50);
    Figur.Canvas.Brush.Color := clRed;
    Figur.Canvas.FloodFill
      (10,10, clBlack, fsBorder);
  end;
  // Schrittwerte bestimmen
  xDiff    := 15;
  yDiff    := 10;
  // Grenzen setzen
  xLinks  := Figur.Width - 2*xDiff;
  xRechts := Hgrund.Width - xLinks - 3*xDiff;
  yOben   := Figur.Height - 3*yDiff;
  yUnten  := Hgrund.Height - yOben - 4*yDiff;
end;
```

Von Anfang an solltest du bei einem selbst programmierten Spiel mit der try-except-Struktur arbeiten. Hier dient sie dazu, jeweils ein Ersatzbild zu malen, falls die Bilddateien nicht zur Verfügung stehen.

Kapitel 19

Einblick in die Spielprogrammierung

Zuerst aber wird versucht, die betreffenden Objekte zu holen:

```
Hgrund := Bild1;
Figur  := Bild2;
Hgrund.Picture.LoadFromFile (Pfad+'Hgrund1.bmp');
Figur.Picture.LoadFromFile  (Pfad+'Ball1.bmp');
```

Unabhängig davon, ob das klappt oder nicht: Anschließend werden die Werte für die übrigen Eigenschaften festgelegt. Zuerst kommt die Schrittweite, in der sich der Ball horizontal oder vertikal bewegen soll:

```
xDiff    := 15;
yDiff    := 10;
```

Zuletzt berechnen wir die Ränder des Spielfeldes:

```
xLinks   := Figur.Width - 2*xDiff;
xRechts  := Hgrund.Width - xLinks - 3*xDiff;
yOben    := Figur.Height - 3*yDiff;
yUnten   := Hgrund.Height - yOben - 4*yDiff;
```

Damit könnte dann das Spiel beginnen. Aber wie soll die Run-Methode aussehen? Damit warten wir noch ein bisschen und schauen wir uns erst einmal an, ob wir schon etwas zu sehen bekommen. Dazu sind im Hauptprogramm auch noch ein paar Zeilen Quelltext nötig.

Zuerst gesellen sich zur Vereinbarung des Formulars noch eine Konstante für den Dateipfad, das Spielobjekt und eine Schaltvariable für die Bewegung:

```
const Pfad = '.\bilder\';
var
  Form1: TForm1;
  Freeball: TGame;
  Moving: boolean;
```

Die Methode FormCreate sorgt dann dafür, dass alles für das Spiel vorbereitet ist:

```
procedure TForm1.FormCreate(Sender: TObject);
begin
  Freeball := TGame.Create (Image1, Image2);
  Moving := false;
  Doublebuffered := true;
end;
```

Zuerst wird das Objekt Freeball erzeugt, Moving bekommt den Wert false (für »erst mal nicht bewegen«). Die Einstellung für Doublebuffered dient dazu, das Bildflackern zu vermindern.

Game-Run

➢ Wechsle durch Doppelklick auf eine freie Stelle im Formular zum Quelltexteditor. Erweitere die `FormCreate`-Methode entsprechend. Gib auch die Zeilen für die Vereinbarung der Spielklasse und die Variablen ein. Dann speichere alles in einem neuen Projekt (GPLAY1.DPR, GAME1.PAS). Anschließend kannst du das Spiel (das eigentlich noch keins ist) schon mal starten.

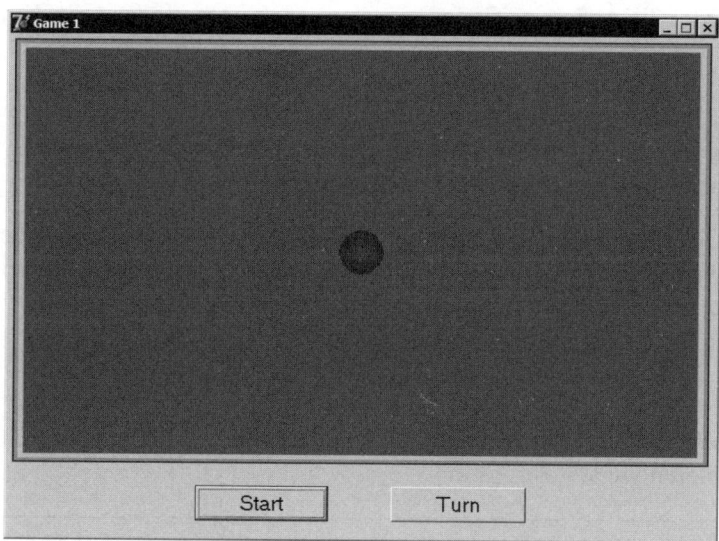

Game-Run

Wenn alles glatt geht, bekommst du ein grünes Spielfeld und einen roten Spielball zu sehen. Damit der nicht unbeweglich bleibt, kümmern wir uns jetzt um die Run-Methode – sobald du das Spiel wieder verlassen hast (→ GPLAY1.DPR, GAME1.PAS):

```
procedure TGame.Run;
begin
  // Rand links und rechts kontrollieren
  if Figur.Left < xLinks  then xDiff := -xDiff;
  if Figur.Left > xRechts then xDiff := -xDiff;
  // Rand oben und unten kontrollieren
  if Figur.Top  < yOben   then yDiff := -yDiff;
  if Figur.Top  > yUnten  then yDiff := -yDiff;
  // Ball bewegen
  Figur.Left := Figur.Left + xDiff;
  Figur.Top  := Figur.Top  + yDiff;
end;
```

415

Kapitel 19 — Einblick in die Spielprogrammierung

Das ganze Spiel besteht nur darin, dass der Ball sich solange geradeaus bewegt, bis er an einen Rand stößt, dann ändert er einfach seine Richtung. In der Regel bedeutet das entweder eine Änderung von rechts nach links (oder umgekehrt):

```
if Figur.Left < xLinks  then xDiff := -xDiff;
if Figur.Left > xRechts then xDiff := -xDiff;
```

Oder die Änderung findet von oben nach unten (oder umgekehrt statt):

```
if Figur.Top < yOben  then yDiff := -yDiff;
if Figur.Top > yUnten then yDiff := -yDiff;
```

Dadurch entsteht ein Effekt, der den Ball im selben Winkel vom Rand abprallen lässt, in dem er dort angekommen ist.

Die letzten beiden Zeilen der Run-Methode bewirken, dass der Ball sich weiter bewegt, wobei die Richtung dadurch bestimmt wird, ob die Werte von xDiff und yDiff positiv oder negativ sind:

```
Figur.Left := Figur.Left + xDiff;
Figur.Top  := Figur.Top  + yDiff;
```

Wo soll jetzt der Aufruf der Run-Methode hin? In Button1Click? Probieren wir's:

```
procedure TForm1.Button1Click(Sender: TObject);
begin
  Freeball.Run;
end;
```

Wenn wir das Programm starten, bleibt uns eine Enttäuschung nicht erspart. Der Ball bewegt sich immer nur ein kleines Stück, für jede weitere Bewegung müssen wir den START-Knopf erneut anklicken.

Mehr kann die Run-Methode auch nicht leisten. Es fehlt die Möglichkeit der automatischen Wiederholung. Das ließe sich lösen, indem man einfach eine Schleife einbaut. Doch unter welcher Bedingung soll die Schleife beendet werden?

Eine elegante Methode bietet da ein **Timer**. Den lassen wir einfach mitlaufen und der soll dafür sorgen, dass der Ball sich bewegt. Falls du noch keinen hast, füge jetzt einen Timer ins Formular ein. Dann doppelklicke auf das Symbol. Im Editorfenster erweitere die Methode Timer1Timer so:

```
procedure TForm1.Timer1Timer(Sender: TObject);
begin
  if Moving then Freeball.Run;
end;
```

Game-Run

Wenn Moving angeschaltet ist, bewegt sich der Ball. Das An- und Ausschalten soll der START-Button erledigen:

```
procedure TForm1.Button1Click(Sender: TObject);
begin
  Moving := not Moving;
  if Moving then Button1.Caption := 'Stopp'
            else Button1.Caption := 'Start';
end;
```

Damit man auch sehen kann, welche Funktion der Button als nächstes erfüllen soll, wird die Aufschrift entsprechend angepasst, womit der START-Button nach dem Ballstart zum STOPP-Button wird.

> Ergänze den Quelltext, speichere alles nochmal ab, starte das Programm und klicke auf START. Nach einer Weile kannst du das Ballspiel wieder stoppen und das Programm beenden.

Ein richtiges Spiel mit allem Drum und Dran können und werden wir hier nicht programmieren. Aber ein kleines bisschen mehr könnte das Beispielprojekt schon bieten. Dazu ist der zweite Button da. Doppelklicke darauf und tippe den folgenden Text ein:

```
procedure TForm1.Button2Click(Sender: TObject);
begin
  Freeball.Turn;
end;
```

Was für ein Geheimnis steckt nun hinter der Turn-Methode? Das hängt davon ab, was du daraus machst. Eine einfache Lösung wäre diese:

```
procedure TGame.Turn;
begin
  xDiff := -xDiff;
  yDiff := -yDiff;
end;
```

Wenn der Ball schön seine Bahnen zieht, wird seine Richtung mit Klick auf den TURN-Button einfach umgekehrt. Man könnte auch in FormCreate mit randomize den Zufallszahlengenerator starten und in der Turn-Methode eine zufällige Position erzeugen, an die der Ball springen soll. (Ein Beispiel findest du im Projekt GPLAY1A.DPR.)

Sicher werden dir auch ein paar weitere Möglichkeiten einfallen. Du bist ja inzwischen schon (fast) ein Profi. Außerdem könntest du dir überlegen,

Einblick in die Spielprogrammierung

ob du nicht für den Ball einen Ersatz findest, den du stattdessen übers Spielfeld hüpfen lässt?

Ball oder Käfer?

Für unsere nächste Version bleiben wir beim alten Spielfeld, lassen jetzt aber eine echte Figur darüber laufen. Ich habe mich für einen kleinen bunten Käfer entschieden. Du kannst aber auch ein anderes Objekt wie z.B. ein kleines Auto über den Hintergrund fahren lassen (und der wiederum könnte dafür vielleicht eher straßengrau aussehen).

Die Spielklasse sieht wieder recht ähnlich aus wie die erste (→ GPLAY2.DPR, GAME2.PAS):

```
type
  TGame = class
    Hgrund: TImage;
    Figur:  TImage;
    xPos, yPos, xDiff, yDiff: integer;
    xLinks, xRechts, yOben, yUnten: integer;
    constructor Create (Bild1, Bild2: TImage);
    procedure Run;
    procedure Move (xZiel, yZiel: integer);
    procedure Step (Nr: integer);
    destructor Free;
  end;
```

Eigentlich war die Run-Methode mal dafür gedacht, möglichst alles in sich aufzunehmen, was den Spielverlauf betrifft. Aber schon im letzten Beispiel war der Timer ein Element, das außerhalb des Spiels sozusagen auf der Arbeitsplatte (dem Formular) lag und für den Aufruf der Run-Methode zuständig war. Es war günstiger, das so zu lassen anstatt ihn wie die beiden Image-Komponenten als Eigenschaften der Klasse zu vereinbaren.

Hier halten wir es ebenso mit zwei Methoden für die Steuerung der Figur. Die soll sich nun nicht mehr automatisch bewegen, sondern über die Tasten oder die Maus gelenkt werden. Dazu werden wir uns später bei den Möglichkeiten von Delphi bedienen.

Den Timer können wir wieder vom Formular entfernen. Auch die beiden Buttons brauchen wir nicht mehr. Stattdessen kannst du das Spielfeld vergrößern oder das Formular etwas verkleinern.

Ball oder Käfer?

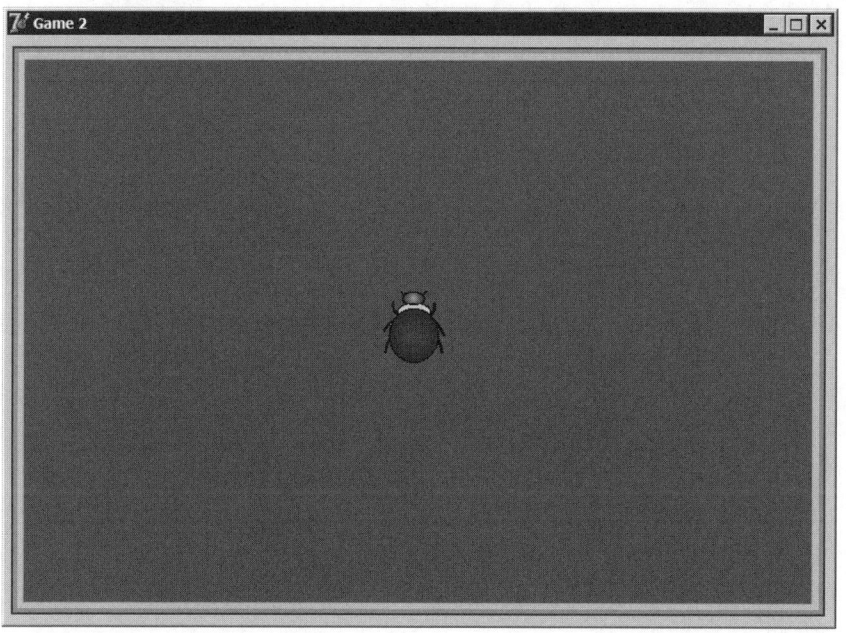

Beginnen wir nun mit der Create-Methode, die ja für die Spielvorbereitungen zuständig ist:

```
constructor TGame.Create (Bild1, Bild2: TImage);
begin
  // Hintergrund und Figur laden
  try
    Hgrund := Bild1;
    Figur  := Bild2;
    Hgrund.Picture.LoadFromFile (Pfad+'Hgrund1.bmp');
    Figur.Picture.LoadFromFile  (Pfad+'Insekt1.bmp');
  except
    // Fehlermeldung oder Ersatzgrafik
  end;
  // Position der Figur bestimmen
  xPos := Figur.Left;
  yPos := Figur.Top;
  // Schrittweite bestimmen
  xDiff := 15; yDiff := 10;
  // Grenzen setzen
  xLinks  := Figur.Width - 2*xDiff;
  xRechts := Hgrund.Width - xLinks - 3*xDiff;
  yOben   := Figur.Height - 4*yDiff;
  yUnten  := Hgrund.Height - yOben - 5*yDiff;
end;
```

Kapitel 19 — Einblick in die Spielprogrammierung

Auch hier werden zuerst die benötigten Bilddateien geladen. Ob es sich lohnt, stattdessen Bilder zu zeichnen oder zu malen, wenn die Dateien nicht geladen werden können, entscheidest du.

> Bei den Grenzen für xLinks bis yUnten musst du gegebenenfalls etwas experimentieren, bis sie passen.

Weil wir später die Figur bzw. den Käfer mit den Tasten und der Maus steuern wollen, benötigen wir die aktuelle Position der Figur, hier erst mal ihre Startposition. Der Rest der Methode dient dazu, die Geschwindigkeit zu bestimmen, in der sich der Käfer bewegen soll, und die Grenzen festzulegen, die er dabei einhalten muss.

Bei der Vereinbarung wird hier nur eine Variable benötigt, nämlich ein Spielobjekt mit neuem Namen:

```
var
  Form1: TForm1;
  Bugging: TGame;
```

In der Methode FormCreate geht es ähnlich wie beim ersten Spielprojekt zu (→ GPLAY2.DPR, GAME2.PAS):

```
procedure TForm1.FormCreate(Sender: TObject);
begin
  Bugging := TGame.Create (Image1, Image2);
  Doublebuffered := true;
  KeyPreview := True;
end;
```

Neu ist die letzte Zeile. Hier sorgen wir dafür, dass die Tastensteuerung sich auf das Formular bezieht:

```
KeyPreview := True;
```

Tastensteuerung

Damit kommen wir dann auch schon zu der Methode, die für das Auswerten von Tasten zuständig ist. Dazu wechselst du im Objektinspektor auf die Ereignisseite. Dort suchst du einen Eintrag mit ONKEY. Es gibt gleich mehrere, aber wir brauchen nur eine Methode. Was sind die Unterschiede? Die stehen in der folgenden Tabelle:

KeyDown	wenn eine Taste gedrückt wird (alle Tasten)
KeyPress	wenn eine Taste gedrückt wird (nur »Zeichen/Ziffern«-Tasten)
KeyUp	wenn eine Taste losgelassen wird

Eigentlich würde die KeyPress-Methode genügen. Damit lassen sich z.B. die Buchstaben- oder Zahlentasten direkt abfragen, z.B.:

```
procedure TForm1.FormKeyPress
  (Sender: TObject; var Key: Char);
begin
  if Key = '0' then Bugging.Run;
end;
```

Wie du siehst, kannst du das, was auf einer Taste steht, direkt als Zeichen eingeben und auswerten lassen. Klingt gut und ist für manche Zwecke auch ausreichend. Wir aber möchten unsere Figur mit den Pfeiltasten steuern. Dafür ist diese Methode leider nicht geeignet. KeyUp können wir uns hier sparen, denn es gibt hier nichts, was geschehen soll, wenn man eine Taste loslässt. Bleibt KeyDown. Wie du gleich sehen wirst, ist diese Methode die vielseitigste.

> Einen Haken hat diese Methode, wenn sich im Formular Komponenten wir z.B. Buttons befinden. Bei Nutzung der Pfeiltasten wechselt der Fokus zwischen den Buttons (und eventuell andern Komponenten), eine Auswertung dieser Tasten in der Methode KeyDown wird nicht beachtet.

≫ Suche im Objektinspektor den Eintrag ONKEYDOWN und doppelklicke auf das Feld daneben.

Kapitel 19

Einblick in die Spielprogrammierung

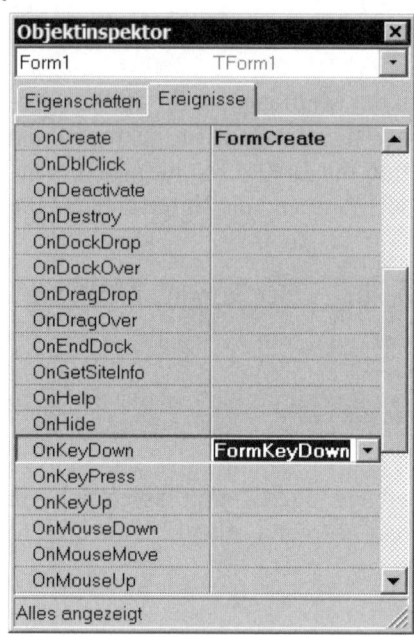

Und schon landest du wieder im Editorfenster und mitten in dieser Methode:

```
procedure TForm1.FormKeyDown (Sender: TObject;
  var Key: Word; Shift: TShiftState);
begin
end;
```

Der Parameter Key hat diesmal als Wert eine Zahl, womit er alle Tasten einer Tastatur auswerten kann, da jeder Taste ein Codewert zugeordnet ist. Und der Parameter Shift gibt an, ob auch eine der Tasten [Shift], [Strg] oder [Alt] gedrückt wurde.

Da die meisten Codewerte als so genannte virtuelle Tastencodes vereinbart sind, können und sollten wir diese Konstanten hier auch nutzen. Und so könnte der Inhalt unserer Tastenmethode aussehen:

```
procedure TForm1.FormKeyDown (Sender: TObject;
  var Key: Word;   Shift: TShiftState);
begin
  case Key of
    vk_Up    : Bugging.Step (1);
    vk_Right : Bugging.Step (2);
    vk_Down  : Bugging.Step (3);
    vk_Left  : Bugging.Step (4);
  end;
end;
```

Tastensteuerung

Mehr nicht? Der Rest liegt wohl in der Step-Methode verborgen? Schauen wir uns die mal näher an:

```
procedure TGame.Step (Nr: integer);
begin
  case Nr of
    1: dec(yPos, yDiff);   // nach oben
    2: inc(xPos, xDiff);   // nach rechts
    3: inc(yPos, yDiff);   // nach unten
    4: dec(xPos, xDiff);   // nach links
  end;
  Figur.Picture.LoadFromFile
    (Pfad+'Insekt'+IntToStr(Nr)+'.bmp');
  Figur.Left := xPos;
  Figur.Top  := yPos;
end;
```

Beim Aufruf der Methode Step wurde jeder Taste eine Nummer zugeordnet, die nun in einer case-Struktur im Uhrzeigersinn ausgewertet wird. Anschließend wird die Figur ins Bildfeld geladen, die zur aktuellen Richtung passt, in die sich die Figur bewegen soll. Dazu kannst du diese vier Bilder im gleichnamigen Ordner benutzen:

Bilddatei	Richtung	Bilddatei	Richtung
Insekt1.bmp	nach oben	Insekt2.bmp	nach rechts
Insekt3.bmp	nach unten	Insekt4.bmp	nach links

Oder du erstellst mit einem Grafikprogramm eigene Bilder einer Figur oder eines Fahrzeugs, die alle möglichst gleich groß sein sollten.

Am Schluss der Methode wird die Figur an die neue Position gesetzt. Weil die Bewegung in kleinen Schritten (also pro Tastendruck ein Schritt) erfolgt, habe ich sie Step genannt.

≫ Tippe den Quelltext ein und starte dann das Projekt. Benutze die Pfeiltasten und beobachte, was geschieht.

Kapitel 19

Einblick in die Spielprogrammierung

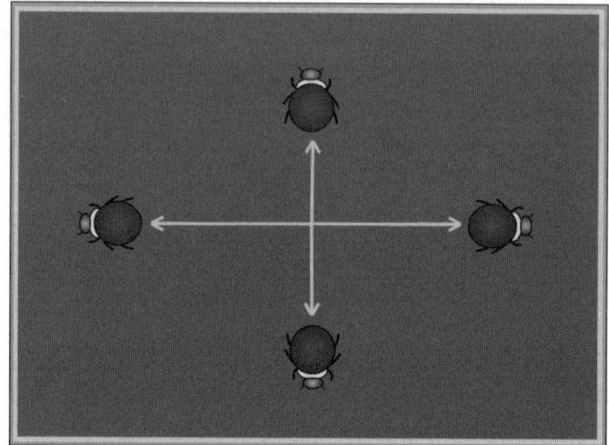

Nicht übel, aber unbefriedigend. Denn was ist, wenn unser Käfer sich einem Spielfeldrand nähert? Er ignoriert es einfach. Dagegen müssen wir etwas tun. Wozu haben wir denn in Create Grenzwerte festgelegt?

Diese Werte nutzen wir jetzt auch in der Step-Methode (→ GPLAY2.DPR, GAME2.PAS):

```
procedure TGame.Step (Nr: integer);
begin
  case Nr of
    1: if Figur.Top  > yOben   then dec(yPos, yDiff);
    2: if Figur.Left < xRechts then inc(xPos, xDiff);
    3: if Figur.Top  < yUnten  then inc(yPos, yDiff);
    4: if Figur.Left > xLinks  then dec(xPos, xDiff);
  end;
  Figur.Picture.LoadFromFile
    (Pfad+'Insekt'+IntToStr(Nr)+'.bmp');
  Figur.Left := xPos;
  Figur.Top  := yPos;
end;
```

Nun bleibt unsere Figur schön brav am Spielfeldrand stehen.

Maussteuerung

Oft möchte man eine Figur direkt mit der Maus an eine bestimmte Stelle befördern. Man klickt irgendwohin ins Spielfeld und schon macht sich die Figur auf den Weg. Dazu spendieren wir unserer Spielklasse mit Move eine weitere Methode, die dann aus der entsprechenden Methode für die Maussteuerung.

Maussteuerung

Die erhältst du wieder, indem du im Objektinspektor unter den Ereignissen nach ONMOUSE suchst. Diesmal aber geht es nicht um eine Methode des Formulars, sondern des Hintergrunds (IMAGE1). Denn wenn die Figur sich bewegen soll, klicken wir ja auf das Spielfeld.

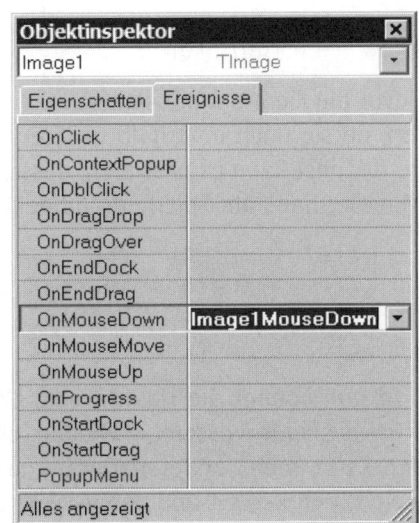

≫ Markiere also IMAGE1 im Formular und doppelklicke dann im Objektinspektor auf das Feld hinter dem Eintrag ONMOUSE-DOWN. Im Editorfenster ergänzt du die Methode dann so (→ GPLAY3.DPR, GAME3.PAS):

```
procedure TForm1.Image1MouseDown (Sender: TObject;
  Button: TMouseButton; Shift: TShiftState;
  X, Y: Integer);
begin
  Bugging.Move (X-40,Y-40);
end;
```

Eigentlich genügt Bugging.Move (X,Y), wobei X und Y die Koordinaten des Mauszeigers sind. Die zusätzlichen Werte sollen dazu dienen, dass die Figur etwa mit ihrer Mitte genau dort landet, wo du mit der Maus hingezeigt hast. Probiere selbst aus, welche Werte (statt 40) bei dir passen.

Auch hier gibt es wieder mehrere Methoden zur Maussteuerung. Dazu schaust du dir am besten die Tabelle an:

MouseDown	wenn eine Maustaste gedrückt wird
MouseMove	wenn die Maus bewegt wird
MouseUp	wenn die Maustaste losgelassen wird

Die zugehörige Move-Methode, um die wir unsere Spielklasse erweitern müssen, sieht zunächst noch recht harmlos aus.

≫ Füge der Klassenvereinbarung diese Zeile hinzu:

```
Procedure Move (xZiel, yZiel: integer);
```

Mit xZiel und yZiel werden die Koordinaten der Stelle übernommen, an die zuvor mit der Maus geklickt wurde bzw. an die der Käfer wandern soll. Zuvor aber muss erst einmal die aktuelle Position des Käfers bestimmt:

```
xPos := Figur.Left;
yPos := Figur.Top;
```

Bevor die Figur dann losmarschiert, müssen wir die Zielposition überprüfen, ob sie noch innerhalb unserer vorher festgelegten Spielfeldgrenzen liegt. Sonst kann es passieren, dass der Käfer zu weit läuft, wenn mit der Maus zu nahe am Spielfeldrand geklickt wurde:

```
if xZiel < xLinks  then xZiel := xLinks;
if xZiel > xRechts then xZiel := xRechts;
if yZiel < yOben   then yZiel := yOben;
if yZiel > yUnten  then yZiel := yUnten;
```

Und nun kommt die Hauptarbeit. Um zum jeweiligen Ziel zu gelangen, muss die Figur »wissen«, in welche Richtung sie laufen soll. Wir lassen hier den Käfer immer erst horizontal und dann vertikal laufen, verändern also jeweils den x-Wert und den y-Wert getrennt.

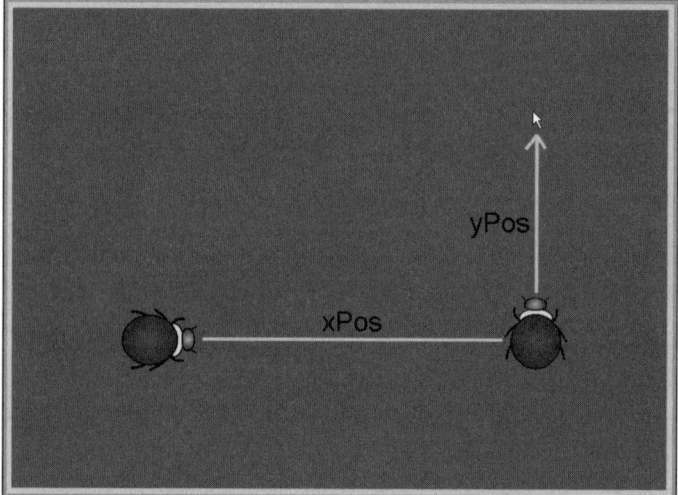

Nehmen wir uns nun jede Richtung einzeln vor. Wenn die Startposition **unter** dem Ziel liegt, geht es nach oben:

```
if yPos > yZiel then
begin
  Figur.Picture.LoadFromFile (Pfad+'Insekt1.bmp');
  repeat
    dec (yPos, yDiff);
    Figur.Top := yPos;
    Sleep (20);
    Hgrund.Refresh;
  until yPos <= yZiel;
end;
```

Richtungswechsel

Dann wird das passende Bild geladen und in einer repeat-Schleife geht es dann Schritt für Schritt in Richtung yZiel. Und damit das Ganze nicht zu schnell geht, bauen wir zwischendrin mit Sleep eine kleine Verschnaufpause für den Käfer ein. Sobald das Ziel erreicht ist (yPos <= yZiel) bleibt die Figur erst mal stehen, dann geht es in eine neue Richtung weiter.

Richtungswechsel

Wir arbeiten die vier Richtungen im Uhrzeigersinn ab, deshalb käme jetzt der Weg nach rechts, dann der nach unten und zuletzt der nach links. So kommen immer zwei Wege zusammen, um schließlich das Ziel zu erreichen. Da es in alle Richtungen im Prinzip gleich abläuft, bekommst du jetzt gleich die komplette Move-Methode serviert (→ GPLAY3.DPR, GAME3.PAS):

```
procedure TGame.Move (xZiel, yZiel: integer);
begin
  // Position der Figur bestimmen
  xPos := Figur.Left;
  yPos := Figur.Top;
  // Mausposition an Grenzen anpassen
  if xZiel < xLinks  then xZiel := xLinks;
  if xZiel > xRechts then xZiel := xRechts;
  if yZiel < yOben   then yZiel := yOben;
  if yZiel > yUnten  then yZiel := yUnten;
  // nach oben
  if yPos > yZiel then
  begin
    Figur.Picture.LoadFromFile (Pfad+'Insekt1.bmp');
    repeat
      dec (yPos, yDiff);
      Figur.Top := yPos;
      Sleep (20);
      Hgrund.Refresh;
    until yPos <= yZiel;
  end;
  // nach rechts
  if xPos < xZiel then
  begin
    Figur.Picture.LoadFromFile (Pfad+'Insekt2.bmp');
    repeat
      inc (xPos, xDiff);
      Figur.Left := xPos;
      Sleep (20);
      Hgrund.Refresh;
    until xPos >= xZiel;
  end;
```

Kapitel 19

Einblick in die Spielprogrammierung

```
    // nach unten
  if yPos < yZiel then
  begin
    Figur.Picture.LoadFromFile (Pfad+'Insekt3.bmp');
    repeat
      inc (yPos, yDiff);
      Figur.Top := yPos;
      Sleep (20);
      Hgrund.Refresh;
    until yPos >= yZiel;
  end;

    // nach links
  if xPos > xZiel then
  begin
    Figur.Picture.LoadFromFile (Pfad+'Insekt4.bmp');
    repeat
      dec (xPos, xDiff);
      Figur.Left := xPos;
      Sleep (20);
      Hgrund.Refresh;
    until xPos <= xZiel;
  end;
    // Ausgangsposition
  Figur.Picture.LoadFromFile (Pfad+'Insekt1.bmp');
end;
```

Ganz zum Schluss setzen wir die Figur auf ihre Ausgangsposition zurück.

➢ Tippe den Quelltext ein und lass das Programm dann laufen. Den Käfer natürlich auch – mal mit den Tasten, mal mit der Maus.

Zusammenfassung

Hineingeschnuppert in die Spielprogrammierung hast du nun und hoffentlich auch genug Ideen, um die Projektbeispiele weiter zu entwickeln. Denn du weißt jetzt auch, wie man in Delphiprojekten gezielt mit Maus und Tastatur umgehen kann:

KeyDown	Methode, die auf eine gedrückte Taste der Tastatur reagiert
MouseDown	Methode, die auf eine gedrückte Maustaste reagiert

Du kennst das Prinzip, wie man Figuren, Gegenstände (wie Bälle oder auch Fahrzeuge) über verschiedene Hintergründe steuert.

Zum Schluss

Das war es nun, das letzte Kapitel über Delphi. Vielleicht bist du nicht ganz zufrieden, weil kein Spiel dabei herausgekommen ist. Aber das war auch nicht mein Ziel und ist ein Thema für ein anderes Buch.

Willst du dich noch tiefer in den Dschungel der Delphi-Programmierung wagen, dann sollte dir das Hilfesystem von Delphi zur Seite stehen. Und auch im Internet gibt es zahlreiche Foren, in denen du Hilfe finden kannst.

Wie kriegt man noch mal Hilfe? Auf jeden Fall über das HILFE-Menü. Das sitzt ganz rechts am Ende der Menüleiste. Wenn du mehr über den Wortschatz suchst, dann wirst du so fündig:

- entweder mit einem Klick auf HILFE und SUCHE ÜBER SCHLÜSSELWORT: Dann erhältst du in einem Dialogfeld die Möglichkeit, nach einem Begriff oder einem Delphi-Wort zu suchen.

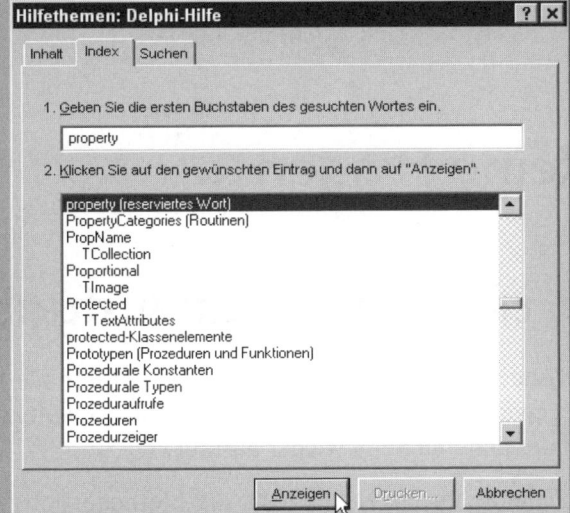

- oder durch Klicken auf HILFE und INHALT: Dort bekommst du einen Überblick über die Themen, zu denen es Hilfsinformationen gibt. Über die Schaltflächen INDEX und SUCHEN kannst du auch hier weiter im Hilfesystem von Delphi herumstöbern.

Kapitel 19

Einblick in die Spielprogrammierung

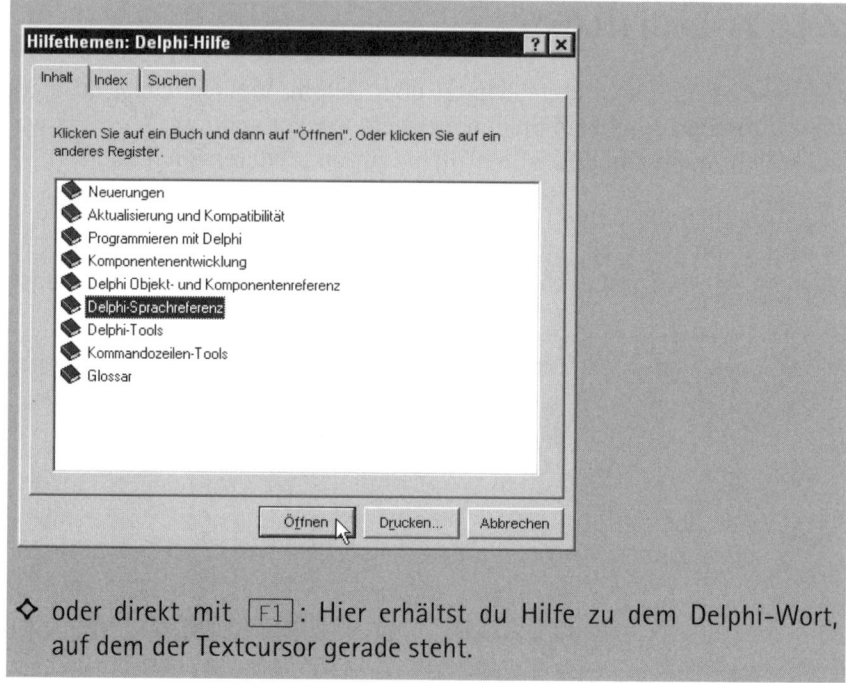

◆ oder direkt mit F1 : Hier erhältst du Hilfe zu dem Delphi-Wort, auf dem der Textcursor gerade steht.

Keine Fragen ...

... aber ein paar Aufgaben

1. Ändere im Projekt GPLAY2 die Step-Methode so um, dass der Käfer jeweils verschwindet, wenn er an den Spielfeldrand kommt, und auf der anderen Seite wieder auftaucht.

2. Ersetze im Projekt GPLAY3 die Methode MouseDown durch Mousemove, sodass der Käfer dem Mauszeiger mit der Bewegung der Maus folgt.

A
Anhang A

Für Eltern ...

Programme selber schreiben? Manch einer wäre froh, wenn er/sie auf dem heimischen PC überhaupt das Programm zum Laufen kriegt, mit dem er/sie gerade arbeiten will. Und zu beneiden sind diese Programmierer ja auch nicht gerade, obwohl so mancher mit seinem Job gar nicht mal übel verdient.

Aber dem Computer mal sagen können, wo's lang geht, mit diesem Gedanken könnte man sich doch anfreunden. Nichts spricht dagegen, wenn Sie Ihren Kindern über die Schulter schauen, was die da so an Programmen aushecken. Vielleicht bringt es Sie dazu, auch selber mal in die vielen Kapitel vor diesem Anhang hinein zu schauen?

> Wenn Sie meinen, noch überhaupt nichts »von diesem Zeug« zu verstehen, können Sie sich auch erst mal ein Buch wie **PCs für Kids** vornehmen. Das macht Sie fit für den Umgang mit dem Computer und verhindert, dass Ihre Kids Ihnen zu schnell über den Kopf wachsen – was das Thema PC angeht.

Helfen können Sie Ihren Kindern auf jeden Fall erst mal bei der Installation von Delphi. Genaueres dazu steht in **Anhang B**.

Anhang

Anhang A

Dort gibt es zwar ein **Install**-Programm, das dafür sorgt, dass alles sicher auf der Festplatte ankommt. Aber es kann ja nicht schaden, wenn man zu zweit versucht, Delphi auf dem PC einzurichten. Und so bekommen Sie auch mit, was da auf der Festplatte an neuen Ordnern und Dateien auftaucht:

> Das Standardverzeichnis von Delphi heißt bei mir C:\DELPHI. Daneben gibt es auch hier weitere Unterverzeichnisse (bzw. Ordner).
>
> ◆ Sämtliche Programmbeispiele zum Buch finden Sie ebenso wie die Lösungsprogramme auf der CD im Ordner BUCH.
>
> ◆ Die Herstellerfirma von Delphi, **Borland**, hat selbst eine ganze Menge Programme bzw. Projekte zu ihren Programmiersystemen beigesteuert. Die meisten finden sich nach der Installation auf der Festplatte im Unterordner DELPHI\DEMOS.

Übungsmedien

Es ist nicht unbedingt nötig, dass Ihre Kinder einen externen Datenträger (z.B. USB-Stick oder Diskette) benutzen, auf der sie ihre Programmierversuche speichern. Beim Kopieren der Buchdateien wird auf der Festplatte ein Ordner mit dem Namen C:\DELPHI\TEST eingerichtet. Dort haben alle Programme Platz. Es kann aber nicht schaden, alles noch mal zur Sicherheit auf einem anderen Datenträger unterzubringen.

Will Ihr Kind seine Dateien z.B. auf Diskette oder in den TEST-Ordner speichern, ist es vielleicht nötig, dass Sie ihm dabei helfen. Im Buch gehe ich davon aus, dass A: das Diskettenlaufwerk, C: die Festplatte und D: das CD-ROM-Laufwerk ist.

> Es sei noch mal gesagt, dass **Delphi** eine komplette Originalversion ist, die von der Firma **Borland** lizenziert wurde (Versionsnummer ist **7.0**).

... und für Lehrer

Dieses Buch versteht sich auch als Lernwerk für den Informatik-Unterricht in der Schule. Dort setzt natürlich jeder Lehrer seine eigenen Schwerpunkte. Benutzen Sie an Ihrer Schule bereits ein Werk aus einem Schulbuchverlag, so lässt sich dieses Buch auch als Materialienband einsetzen – in Ergänzung zu dem vorhandenen Schulbuch.

... und für Lehrer

Wollen Sie direkt in Delphi einsteigen? Das ist durchaus möglich, weil dieses Buch sozusagen »von Null« anfängt. Es ist aber auch eine Überlegung wert, das Buch **Turbo Pascal und Delphi für Kids** in die Vorplanung mit einzubeziehen:

Wer schon einmal in Turbo Pascal programmiert hat, dem fällt möglicherweise ein Einstieg in die Delphi-Programmierung leichter. Immerhin hat das Delphi zugrunde liegende **Object Pascal** sehr viel von Turbo Pascal geerbt. Allerdings klappt der Einstieg in die Delphi-Programmierung mit diesem Buch auch direkt ohne irgendwelche anderen Programmierkenntnisse.

Ein wichtiger Schwerpunkt in diesem Buch ist die **Objektorientierte Programmierung** (OOP). Auf die wichtigsten Eigenheiten (Kapselung, Vererbung und Polymorphie) wird ausführlich eingegangen.

In den Projekten werden alle wesentlichen Komponenten von Delphi eingesetzt. Außerdem erfährt man hier, wie man eigene Komponenten erstellt und in die Sammlung von Delphi integriert. Der Umgang mit Dateien kommt deshalb etwas kurz, weil Delphi eine ganze Reihe Klassen anbietet, die die nötigen Dateioperationen bereits von Haus aus mitbringen (`LoadFromFile`, `SaveToFile`). Die eher klassische und eine »modernere« Art des Umgangs mit Dateien zeigen die Projektbeispiele FILE1.DPR und FILE2.DPR.

In den Lösungen zu den Aufgaben finden Sie weitere Vorschläge zur Programmierung. Und jede Menge zusätzliches Demonstrationsmaterial erhalten Sie über den Unterordner DEMOS. (Der ist auf der Festplatte zu finden, falls Sie Delphi komplett installiert haben.)

Auf die Dateien zum Buch verzichten?

Vielleicht ist es Ihnen lieber, wenn Ihre Schüler die Programme alle selbst erstellen. Dann rufen Sie bei der Installation von Delphi das Programm BUCH.EXE einfach nicht auf. So bleiben die Programmbeispiele nur auf der CD.

Übungsmedien

Für den Informatik-Unterricht sollte jeder Schüler einen eigenen USB-Stick oder eine eigene Diskette haben, um darauf seine Programmierversuche zu speichern. So wird verhindert, dass sich auf der Festplatte des Schulcomputers mit der Zeit allerlei »Datenmüll« ansammelt. Außerdem dient der eigene Datenträger dem Datenschutz: Nur der betreffende Schüler kann seine Daten manipulieren.

Anhang A

Regelmäßig sichern

Es kann nicht schaden, die Programmdateien, an denen gerade gearbeitet wird, etwa alle **zehn** Minuten zu speichern. Denn Computer pflegen gern gerade dann »abzustürzen«, wenn man seine Arbeit längere Zeit nicht gespeichert hat.

In der Regel legt Delphi so genannte Backupdateien an. Das lässt sich unter OPTIONEN einstellen. Dadurch sind dann die beiden letzten Versionen der Schülerarbeit gesichert (Kennung mit Tilde (~)).

> Vielleicht möchten Sie lieber mit »reinem Pascal« beginnen, also einigen Beispielen, die nur Quelltext enthalten, der nicht von einem bestimmten Entwicklungssystem wie Delphi abhängt?
>
> Dann schauen Sie mal in den Ordner EXTRA. Dort finden sich neben einer Textdatei (die hier im Buch keinen Platz mehr gefunden hat) einige kleine Programme, die alle unter einer Minimalumgebung laufen und nicht auf Windows angewiesen sind.

B
Anhang B

Delphi installieren

Delphi lässt sich nun recht einfach installieren. Du musst nur ein paar Schaltflächen anklicken, um die Installation zu steuern. Im Zweifelsfall kannst du dir aber auch von jemandem helfen lassen.

Das benötigte Programm heißt SETUP.EXE. Du findest es auf der CD im Ordner DELPHI\INSTALL. (Du kannst aber auch SETUP.BAT benutzen.)

≫ Doppelklicke mit der Maus auf das entsprechende Symbol.

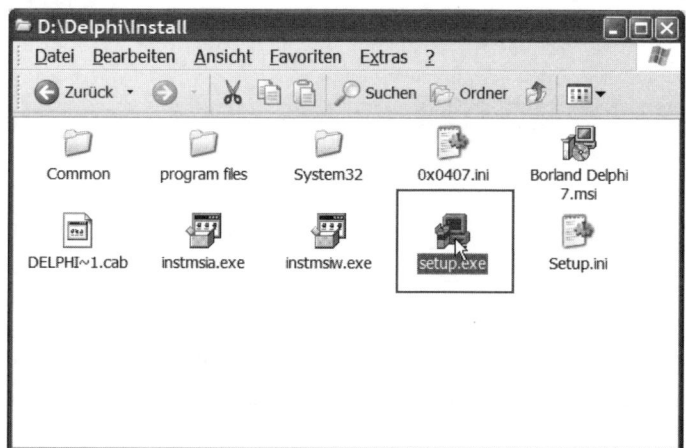

Anhang B

Einen Moment musst du nun schon warten, bis das SETUP-Programm loslegt. Zur Begrüßung erwartet dich ein solches Bild:

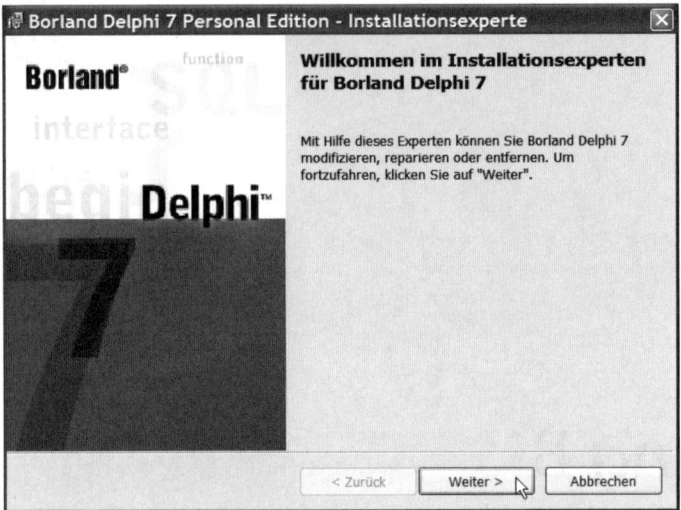

≫ Klicke auf WEITER.

≫ Gleich anschließend musst du die Seriennummer und den »Autorisierungsschlüssel« eingeben:

Serial Number: pg5v-w8trh8-jnrk7z-38wc
Authorization Key: Az6-j44

≫ Tippe die Zeichen genau ein und klicke dann auf WEITER.

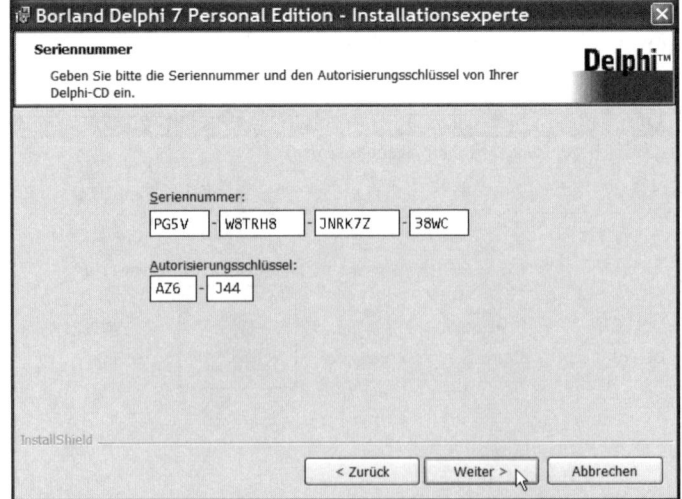

Delphi installieren

Nun erscheint ein Fenster mit dem Lizenzvertrag. Wenn du den nicht anerkennst, wird Delphi nicht installiert.

≫ Deshalb sorge dafür, dass vor ICH NEHME DIE BEDINGUNGEN DER LIZENZVEREINBARUNG AN ein Pünktchen steht. Dann klicke auf WEITER.

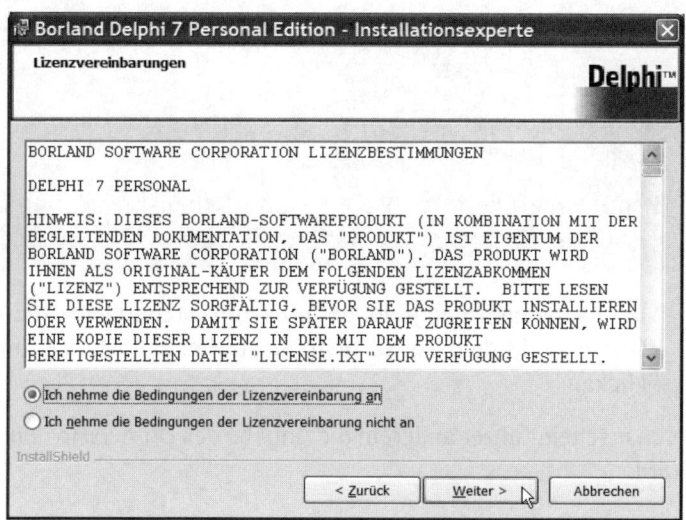

Nun werden dir Informationen zur Installation angeboten. Die musst du jetzt nicht lesen.

≫ Klicke also auf WEITER.

Und wieder erscheint ein neues Dialogfeld.

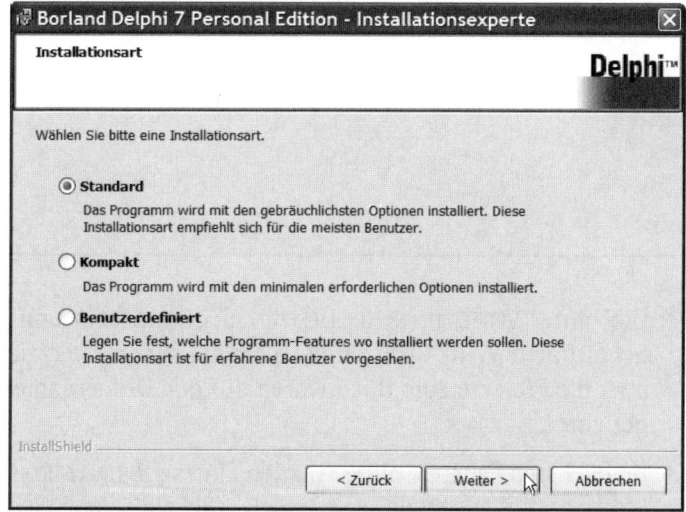

Anhang B

➢ Wähle die Einstellung STANDARD. (Solltest du nur sehr wenig Platz haben, würde auch KOMPAKT genügen.) Dann klicke auf die Schaltfläche WEITER.

> Du hast nun diese Wahl:
>
> **Standard** ist die komplette Übertragung aller Dateien, die Delphi Personal zu bieten hat.
>
> **Kompakt** sind die Dateien, die unbedingt nötig sind, um mit diesem Buch und Delphi arbeiten zu können.
>
> **Benutzerdefiniert** kannst du deine Delphi-Installation auch selbst einstellen. Dann wird nur das installiert, was du ausgewählt hast.

➢ Im nächsten Dialogfeld geht es um Steuerelemente für Microsoft Office – falls du diese Software hast. Hier kannst du einfach auf WEITER klicken.

Nun erscheint unter anderem die Angabe des Ordners, in den Delphi kopiert wird.

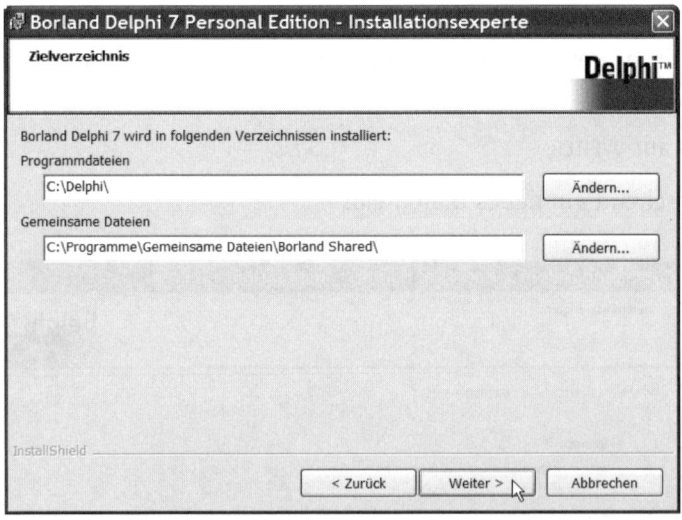

➢ Gib hinter VERZEICHNIS FÜR DELPHI `c:\delphi` ein und klicke auf die Schaltfläche WEITER. (Du kannst auch ein anderes Verzeichnis angeben, aber die Projekte zum Buch waren auf den Ordnernamen DELPHI ausgerichtet.)

➢ Im nächsten Fenster solltest du den Eintrag INSTALLATIONSDATENBANK AUF FESTPLATTE SPEICHERN aktiviert lassen. Klicke also auf WEITER.

Delphi installieren

Und endlich ist es soweit: Die Installation darf beginnen!

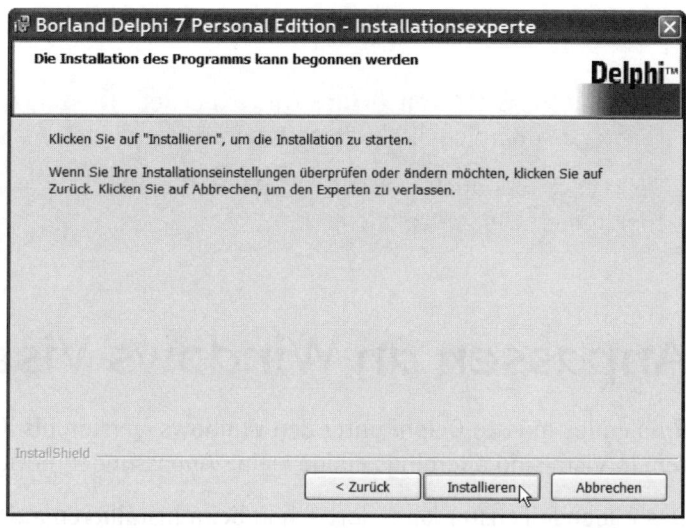

≫ Klicke auf die Schaltfläche INSTALLIEREN.

Und jetzt heißt es warten und geduldig sein – besonders dann, wenn dein PC nicht der flotteste ist. Währenddessen kannst du zuschauen, wie weit die Installation schon fortgeschritten ist.

Schließlich kommt die Meldung, dass der ganze Prozess erfolgreich abgeschlossen wurde.

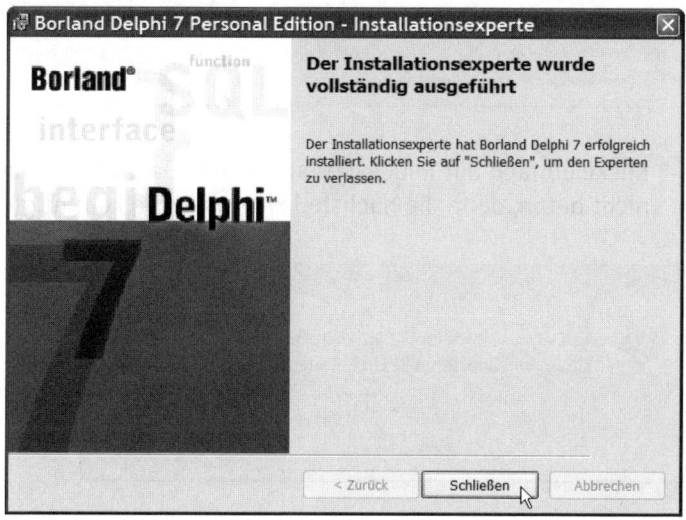

Anhang B

≫ Klicke auf SCHLIESSEN.

> Beim ersten Start von Delphi wird eine Registrierung angefordert. Hier kannst du dich direkt übers Internet »bemerkbar machen«.
>
> Du kannst aber auch erst mal SPÄTER REGISTRIEREN anklicken. Dann funktioniert Delphi trotzdem.

Anpassen an Windows Vista

Problemlos müsste Delphi unter den Windows-Version bis XP funktionieren. In Vista sind allerdings einige kleine Anpassungen nötig.

Das folgende Fenster kann dort schon beim Installieren auftauchen, spätestens aber beim ersten Start von Delphi bekommst du es zu sehen:

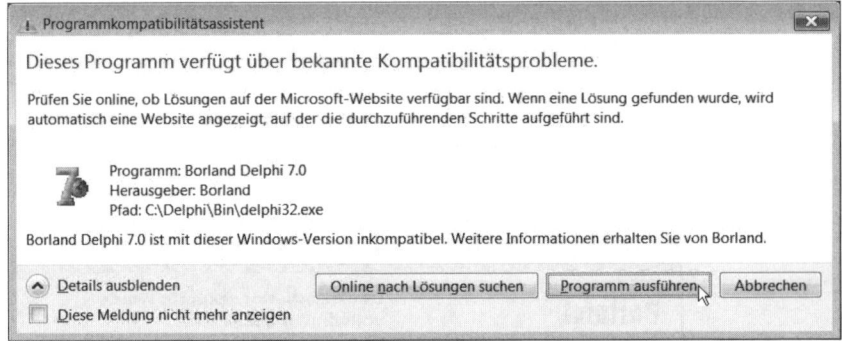

≫ Klicke einfach auf PROGRAMM AUSFÜHREN. Damit ist es aber leider noch nicht getan, denn die nächste Fehlermeldung kommt gleich hinterher.

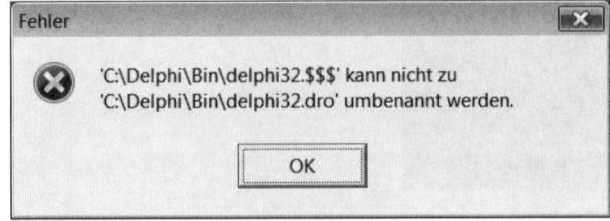

Anpassen an Windows Vista

≫ Hier bleibt dir im Moment nichts anderes übrig, als auf OK zu klicken.

Damit landest du endlich in Delphi, bekommst aber kein Projekt zu sehen. So lässt sich also noch nicht arbeiten.

≫ Deshalb musst du Delphi erst einmal verlassen. Dazu kannst du es minimieren oder auch ganz schließen (und später neu starten).

Nun gilt es, den jetzt den Delphi-Ordner BIN zu finden.

≫ Suche das Verzeichnis, in das du Delphi installiert hast (z.B. C:\DELPHI oder C:\PROGRAMME\BORLAND\DELPHI7) und klicke dann mit der rechten Maustaste auf das Symbol für den Ordner BIN.

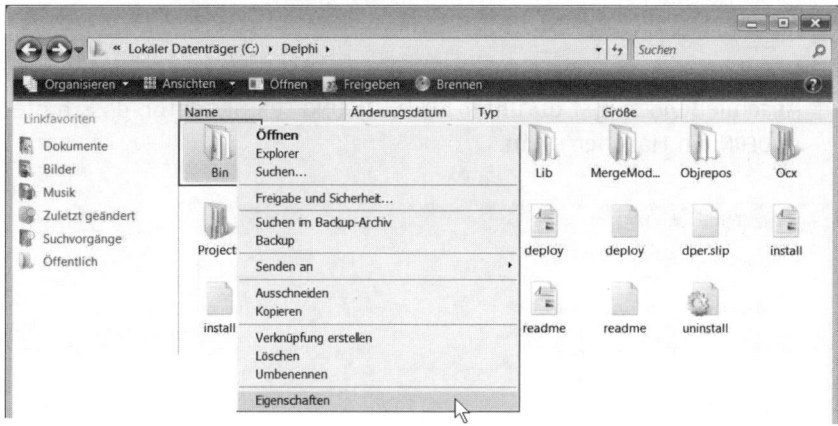

≫ Im Kontextmenü wählst du den Eintrag EIGENSCHAFTEN und im Dialogfeld die Seite SICHERHEIT.

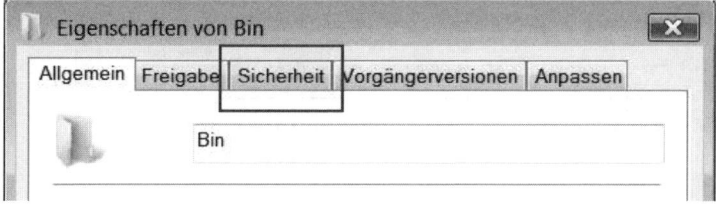

≫ Dort suchst du unter Gruppen- und Benutzernamen den Eintrag BENUTZER (oder den Namen, den du für dich als Benutzer gewählt hast) und markierst ihn.

≫ Klicke dann auf BEARBEITEN.

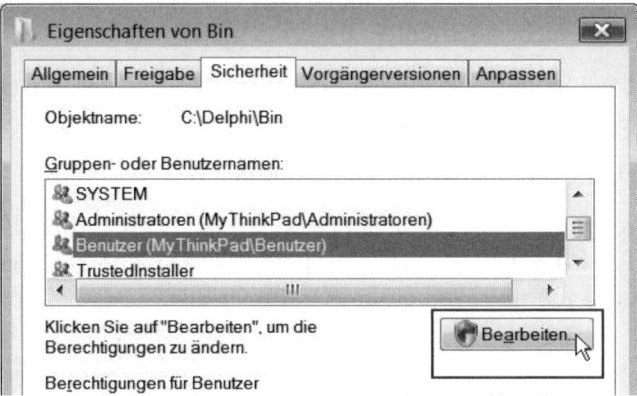

≫ Anschließend sorgst du unter BERECHTIGUNG FÜR BIN dafür, dass hinter ÄNDERN ein Häkchen steht.

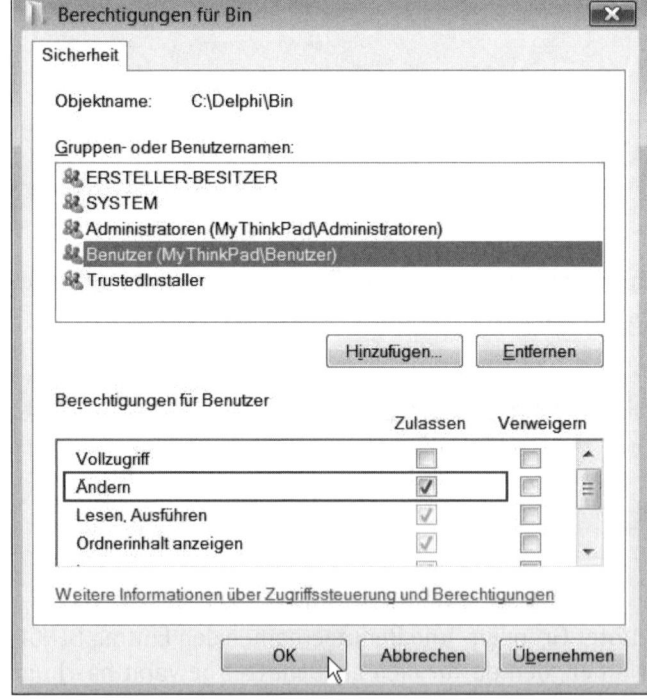

≫ Klicke dann auf OK.

Kopieren der Buchdateien

Damit ein Projekt schließlich wirklich läuft, musst du es unter Delphi erst in einem freien Ordner speichern, also einem Ordner, der keine Beschränkungen hat. Dafür käme z.B. DELPHI\TEST infrage.

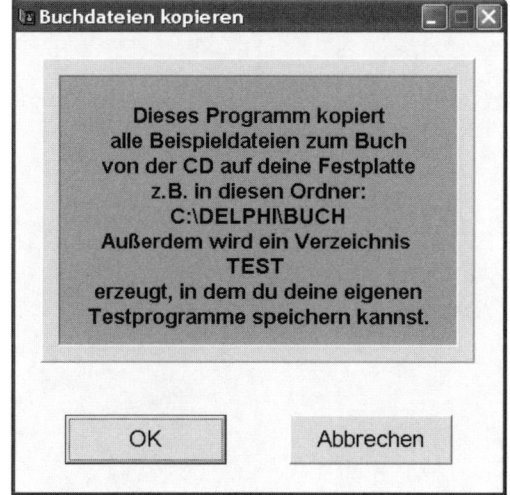

Wichtig ist, dass sowohl die Unit- (PAS) als auch die Projektdateien (DPR) gespeichert wurden, ehe das Programm gestartet werden kann.

Kopieren der Buchdateien

Die Beispieldateien für Delphi werden natürlich über das Setup-Programm von Borland nicht mit installiert. Die musst du dir mit einem Extra-Programm von der CD auf die Festplatte holen. Sie werden dann in das Verzeichnis C:\CPP\BUCH (oder eines deiner Wahl) kopiert. Dazu musst du allerdings das Programm BUCH.EXE starten:

≫ Klicke mit der Maus auf START und dann auf AUSFÜHREN.

≫ Tippe im Dialogfeld d:buch.exe ein und klicke dann auf OK.

Falls dein CD-Laufwerk einen anderen Buchstaben als D: hat, setze den vor buch.exe ein!

Auch hier kannst du alle Dateien von der CD auch »von Hand« in ein Verzeichnis deiner Wahl kopieren (oder bei Bedarf einzeln von der CD herunterladen).

C
Anhang C

Die Suche nach Fehlern hat so manchen Programmentwickler schon an den Rand des Wahnsinns getrieben. Zumal die schlimmsten meist so gut verborgen sind, dass man zuerst daran zweifelt, sie jemals zu finden. Gerade deshalb ist es gut und wichtig, zu wissen, dass Delphi bemüht ist, dir dein Programmierleben so bequem wie möglich zu machen, und darüber hinaus auch eine Reihe von Werkzeugen zur Fehlersuche bereitstellt.

Kleine Checkliste

Etwas falsch zu machen, ist fast immer ärgerlich! Deshalb hier noch eine kleine Checkliste, die man sich hin und wieder einmal anschauen sollte:

◇ Sind vielleicht scheinbare »Kleinigkeiten« wie z.B. Komma, Punkt, Semikolon vergessen worden?

◇ Ist jede Anweisung mit einem Semikolon abgeschlossen (Ausnahme z.B. vor else)?

Anhang

◆ Sind alle Blöcke einer Programm-Einheit wie Prozeduren, Funktionen und z.B. `if-then`, `while-do` mit einem eindeutigen `begin` und `end` versehen? Haben `type`, `case`, `except`, `finally` ihr abschließendes `end`?

◆ Passt bei Zuweisungen der Typ links und rechts vom Zuweisungsoperator? Stimmen bei der Übergabe von Parametern Typ und Anzahl überein?

◆ Befinden sich alle zusammengehörigen Pakete in den richtigen für Delphi eingestellten Arbeitsordnern? Das gilt besonders bei der Einbindung eigener Units/Klassen (wie z.B. `Movie`, `OButton`).

◆ Können Bedingungen z.B. hinter `if`, `while`, `until` überhaupt erfüllt werden?

◆ Sind alle Variablen, Prozeduren und Funktionen (richtig) vereinbart?

◆ Haben Variablen und Parameter, die weiter verarbeitet werden sollen, schon einen (sinnvollen) Wert?

Dem Fehler auf der Spur

Weil allzu viele Fehler so hinterlistig sind, sich nicht gleich zu zeigen, müssen sie erst einmal aufgespürt werden. In Delphi gibt es deshalb einige Hilfsmittel, die dir bei der Suche nach Fehlern beistehen können. (Es kann nicht schaden, dir hier auch von deinen Eltern oder Lehrern helfen zu lassen!)

Alle zusammen gehören zum so genannten **Debugger** (gesprochen: Dibagger). Das bedeutet zu Deutsch so viel wie »Entwanzer«. Damit ist hier kein Desinfektionsmittel gemeint, sondern ein Zusatzprogramm, das Delphi dabei hilft, Fehler zu finden.

Der Name kommt daher, dass unter Programmierern meist nicht von Fehlern, sondern von **Bugs** (gesprochen: Baggs) die Rede ist. Und um so einen Bug (englisch für »Wanze, Ungeziefer«) auszumerzen, dafür gibt's den Debugger.

Der kann ein Programm zum Beispiel in einzelnen Schritten ablaufen lassen oder dafür sorgen, dass es nur bis zu einer bestimmten Stelle ausgeführt wird. Mehr davon erfährst du über die **Hilfe** von Delphi.

Dem Fehler auf der Spur

Ein Programm in Einzelschritten laufen lassen

Um genau beobachten zu können, was ein Programm macht, kann es nützlich sein, dass jede Anweisung einzeln ausgeführt wird. Dann lässt sich der Programmlauf Schritt für Schritt mit einem Tastendruck steuern:

Starte das Programm nicht wie üblich, sondern drücke die Taste F8. Dann wird jede Anweisung einzeln ausgeführt. So kannst du beobachten, was das Programm an welcher Stelle macht. (F8 entspricht dem Menüpunkt START/GESAMTE ROUTINE.)

Weil die Taste F8 auch selbst vereinbarte Methoden wie eine einzelne Anweisung betrachtet, wird eine Methode (Prozedur/Funktion) in einem Schritt ausgeführt. Deshalb gibt es noch die Taste F7. Damit werden auch die Anweisungen in einer Methode einzeln ausgeführt. (F7 entspricht dem Menüpunkt START/EINZELNE ANWEISUNG.)

Falls du die schrittweise Programmausführung wieder abbrechen möchtest, bringst du sie über START/PROGRAMM ZURÜCKSETZEN (Strg + F2) wieder zum Stillstand.

Werte von Variablen beobachten

Manchmal ist es wichtig, zu wissen, ob Variablen den richtigen Wert annehmen. Oder ob eine Bedingung überhaupt erfüllt werden kann. Dazu kann man sie in einem Extrafenster überwachen:

≫ Setze den Textcursor auf die Variable, deren Wert du kontrollieren willst.

≫ Klicke auf START und dann auf AUSDRUCK HINZUFÜGEN.

In dem Dialogfeld steht der Name der betreffenden Variablen. Wenn dort nichts steht, musst du ihn eintippen. Bestätige mit OK.

In einem kleinen Zusatzfenster kannst du nun bei einer schrittweisen Ausführung zuschauen, welche Werte beobachtete Variablen oder Bedingungen annehmen.

Haltepunkte setzen

Es kann auch nötig sein, ein Programm an genau einer bestimmten Stelle anzuhalten, um zu sehen, was bis dahin passiert ist. Dazu gibt es so genannte Haltepunkte:

≫ Setze den Textcursor in die Zeile, in der das Programm anhalten soll.

≫ Drücke die Taste F5. (Oder klicke mit der Maus auf den linken Editorrand.)

Anhang C

Die betreffende Zeile ist nun rot markiert. Nach einem Start des Programms läuft es bis zu diesem Punkt und bleibt dann stehen.

Mit erneutem Klick auf START/START bzw. mit F9 läuft das Programm weiter – bis zum nächsten Haltepunkt (falls es einen gibt) oder bis zum Ende.

Ausschalten kannst du Haltepunkte, indem du den Textcursor darauf setzt und wieder die Taste F5 drückst (wie zum Einschalten).

Kleines OOP-Lexikon

Man kann sich wirklich nicht jeden Begriff der Objektorientierten Programmierung (OOP) merken. Deshalb habe ich hier zusammengetragen, was mir zum Thema OOP (und Delphi) eingefallen ist.

Abgeleitete Klasse

Nachkomme (Kind) einer anderen Klasse, die so zur Basisklasse (Mutter) der abgeleiteten Klasse wird.

Ableitung

Vererbung von Eigenschaften und Methoden (Elementen) einer Klasse (Basisklasse) an eine andere. Die abgeleitete Klasse hat auf alle Elemente Zugriff, die in der Basisklasse nicht `private` vereinbart wurden.

Basisklasse

Eine Klasse, von der eine andere (neue) Klasse abgeleitet wird. Die Basisklasse ist die Mutter, die abgeleitete Klasse das Kind.

Bindung

Beim Aufruf einer Methode wird deren Adresse übergeben. Das kann bereits beim Kompilieren geschehen (= frühe Bindung) oder erst beim Programmlauf (= späte Bindung).

Botschaft

Eine Nachricht an ein Objekt, um die gleichnamige Methode zu aktivieren (= Aufruf einer Methode).

class

Ein Schlüsselwort zur Vereinbarung von Klassen:

```
type
  KlassenName = class
    // ...
  end;
type
  KindName = class (MutterName)
    // ...
  end;
```

Create

Mit diesem Konstruktor wird für Objekte Platz im Speicher reserviert.

```
ObjektName := KlassenName.Create (ParameterListe);
```

Datenelement = Eigenschaft

Destroy

Mit diesem → Destruktor wird der Speicherplatz wieder freigegeben, der von Objekten belegt wurde. Destroy wird am besten von → Free aus aktiviert.

Destruktor

Eine Methode, die Aufräumarbeiten erledigt, die beim Ableben eines Objekts anfallen. Ein Destruktor wird so vereinbart:

```
destructor KlassenName.Destroy;
begin
  // ...
end;
```

Ein Destruktor kann natürlich auch einen anderen Namen als Destroy haben.

Kleines OOP-Lexikon

Dynamische Bindung = Späte Bindung

early binding = Frühe Bindung

Eigenschaft

Element einer Klasse. Als Typen kommen alle in Delphi vordefinierten und auch selbst definierte Datentypen oder -strukturen in Frage. Selbst vereinbarte Eigenschaften, die auch im Objektinspektor erscheinen sollen, müssen mit → property und als → published vereinbart werden.

encapsulation = Kapselung

Familie

Ein Baum von Klassen, bestehend aus Müttern und Kindern. Jede Klasse kann Mutter (= direkter Vorfahr) beliebig vieler Kinder (= Nachkommen) sein. Ein Kind kann die Eigenschaften und Methoden aller Vorfahren erben. Die Zugriffsart auf die Eigenschaften und Methoden hängt von der Vereinbarungsart (public, protected, private) ab.

Field = Feld

Anderer Begriff für eine Eigenschaft, die »ganz normal«, also nicht über → property vereinbart wurde.

Frühe Bindung

Wird eine statisch vereinbarte Methode in einem Programm aufgerufen, wird deren Adresse bereits bei der Kompilierung fest eingebunden (engl. early binding). → **Späte Bindung**

Hierarchie = Klassenhierarchie

inheritance = Vererbung

Instanz

Wird eine Variable einer Klasse vereinbart (und per Konstruktor initialisiert), nennt man diese auch Instanz einer Klasse. Gemeint ist also ein Objekt.

Kleines OOP-Lexikon

Kapselung

Die Zusammenfassung von Eigenschaften und den zugehörigen Methoden (Prozeduren/Funktionen) zu einer Einheit (engl. encapsulation). Die so entstandene Struktur ist eine Klasse.

Kind

Nachkomme eines Objekts bzw. einer Klasse. Ein Kind erbt alle Eigenschaften der Mutter bzw. Mütter:

```
type KindName = class (MutterName)
  // ...
end;
```

Klasse

Ein Typ mit einer Struktur, die sowohl Eigenschaften als auch Ereignisse und Methoden enthalten kann.

Klassenhierarchie

Die Beziehungen zwischen Klassen einer Familie, die durch Vererbung zusammenhängen, sind wie ein Baum strukturiert: Die Wurzel bildet in Delphi eine einzelne Klasse mit der Vereinbarung

```
type TName = class
  // ...
end;
```
Alle anderen Knoten sind so vereinbart:
```
type KindName = class (MutterName)
  // ...
end;
```

Jeder Knoten dieses Baumes kann Vorfahren und Nachkommen haben. In Delphi ist `TObject` die Wurzelklasse.

Konstruktor

Diese Methode kümmert sich sozusagen um die gesunde Geburt eines Objekts. Er wird so vereinbart:

```
constructor KlassenName.Create (ParameterListe);
begin
  // ...
end;
```

Der Konstruktor muss nach der Vereinbarung eines Objekts aufgerufen werden, ehe eine andere Methode benutzt wird:

Kleines OOP-Lexikon

```
InstanzName := KlassenName.Create (ParameterListe);
```

Natürlich kann ein Konstruktor auch einen anderen Namen als `Create` tragen.

late binding = Späte Bindung

Methode

Sind Prozeduren und Funktionen innerhalb einer Klasse deklariert, so werden sie als Methoden bezeichnet. Ihre Definition liegt außerhalb der Klasse, muss dort aber mit dem Klassennamen gekennzeichnet werden:

```
procedure KlassenName.MethodenName (Parameterliste);
begin
  // ...
end;
function KlassenName.MethodenName (Parameterliste): Typ;
begin
  // ...
  MethodenName := Ausdruck;
end;
```

Methoden können statisch oder virtuell vereinbart werden. Oft werden Methoden über ein Ereignis oder eine Botschaft an ein Objekt aufgerufen.

Mutter

Vorfahr eines Objekts bzw. einer Klasse. Die Nachkommen (Kinder) erben alle ihre Eigenschaften und Methoden. Eine Mutter kann beliebig viele Kinder haben (→ **Kind**).

Nachkomme

Eine Klasse, die von einer anderen Klasse abgeleitet ist (→ **Kind**).

Objekt

Instanz einer Klasse. Ein Objekt kann über Eigenschaften und die zugehörigen Bearbeitungsmethoden verfügen. Dadurch sind Daten und Prozeduren/Funktionen miteinander verbunden (= Kapselung).

Objekttyp = Klasse

Kleines OOP-Lexikon

OOP

Abkürzung für Objektorientierte Programmierung. Die baut auf den Prinzipien der → Kapselung, → Vererbung und → Polymorphie auf.

override

Mit diesem Schlüsselwort lassen sich geerbte virtuelle Methoden überschreiben, so dass dann beide Methoden beliebig verwendbar sind.

Polymorphe Klasse

Eine Klasse mit mindestens einer → **virtuellen Methode**.

Polymorphes Objekt

Objekt, dem die Instanz eines Nachkommen zugewiesen wird. Oder ein Objekt, das als Parameter vereinbart ist und die Instanz eines Nachkommen übernimmt.

Weil genauer Typ und damit Größe eines polymorphen Objekts zur Zeit der Kompilierung noch nicht bekannt sind, muss zur Programmlaufzeit die richtige Größe der aktuellen Instanz für das abschließende Entfernen ermittelt werden. Dafür sind u.a. Konstruktor und Destruktor zuständig.

Polymorphie

Kann eine einzige Methode verschiedene Rollen übernehmen, die einer jeweiligen Klasse einer Familie angepasst sind, dann spricht man von Polymorphie (= Vielgestaltigkeit). Diese Flexibilität wird durch virtuelle Methoden (Schlüsselwort `virtual`) ermöglicht. Auch Objekte/Klassen können polymorph sein.

private

Mit diesem Schlüsselwort vereinbarte Elemente einer Klasse sind vor einem Zugriff von außen geschützt. Ein Zugriff ist nur innerhalb der Basisklasse, nicht aber auch in Ableitungen möglich:

in Basisklasse	bei Vererbung	Zugriff in Ableitung
private	public	nicht möglich!
private	protected	nicht möglich!
private	private	nicht möglich!

Kleines OOP-Lexikon

protected

Mit diesem Schlüsselwort vereinbarte Elemente einer Klasse sind vor einem Zugriff von außen geschützt. Ein Zugriff ist nur innerhalb der Basisklasse und innerhalb aller abgeleiteten Klassen möglich. Die Zugriffsmöglichkeit hängt dabei von der Ableitungsvereinbarung ab:

in Basisklasse	bei Vererbung	Zugriff in Ableitung
protected	public	protected
protected	protected	protected
protected	private	private

public

Auf mit diesem Schlüsselwort vereinbarte Elemente einer Klasse ist ein Zugriff auch von außen möglich. Die Art des Zugriffs hängt dabei von der Vereinbarung der Ableitung ab:

in Basisklasse	bei Vererbung	Zugriff in Ableitung
public	public	public
public	protected	protected
public	private	private

Self

Ein (unsichtbarer) Zeiger auf die Instanz einer Klasse, der bei der Initialisierung automatisch erzeugt wird.

Späte Bindung

Wird eine virtuell vereinbarte Methode in einem Programm aufgerufen, wird deren Adresse erst zur Laufzeit eingebunden (engl. late binding)
→ Frühe Bindung.

Statische Bindung = Frühe Bindung

Statische Methode

Wird die Adresse für den Aufruf einer Methode bereits bei der Kompilierung, also vor der Laufzeit des Programms eingebunden, ist diese statisch. Die Deklaration erfolgt ohne ein besonderes Schlüsselwort. Das Gegenteil wäre dann eine → virtuelle Methode.

Kleines OOP-Lexikon

Überschreiben

Virtuelle Methoden lassen sich bei den Nachfahren ersetzen oder überschreiben. Im letzten Fall lassen sich beide Methoden (Vorfahr und Nachkomme) ohne Einschränkung weiter verwenden. Dazu muss das Schlüsselwort `override` angehängt werden.

Vererbung

Eine Eigenschaft von Klassen, als Kind (Nachkomme) einer Basisklasse all dessen Elemente zu erben. Dazu muss das Kind in der Vereinbarung auch mit dem Namen der Mutter verbunden werden:

```
type KindName = class (MutterName)
  // ...
end;
```

Ein Kind kann natürlich auch wieder Kinder (Nachkommen) haben und seine Eigenschaften weiter vererben. So entsteht eine Klassenfamilie.

Durch Vererbung (engl. inheritance) ist die Entwicklung neuer Klassen aus bereits bestehenden möglich, ohne die Quelltext-Definitionen der Methoden zu kennen.

virtual

Mit diesem Schlüsselwort werden Methoden virtuell vereinbart:

```
procedure MethodenName (ParameterListe); virtual;
function MethodenName (ParameterListe): Typ; virtual;
```

Virtuelle Methode

Wird die Adresse für den Aufruf einer Methode erst bei der Laufzeit des Programms eingebunden, ist diese virtuell. Dadurch ist für verschiedene Objekte einer Familie ein Methodenname und eine Syntax möglich: Sind die dort aufgerufenen Methoden virtuell vereinbart, wird beim Programmlauf die zum aktuellen Objekt passende Methode ermittelt und aufgerufen. Die Deklaration geschieht durch das zusätzliche Schlüsselwort `virtual`:

```
procedure MethodenName (ParameterListe); virtual;
function MethodenName (ParameterListe): Typ; virtual;
```

Die nachfolgenden Methoden können/müssen durch das Schlüsselwort → `override` überschrieben werden.

Vorfahr

Die Basisklasse einer abgeleiteten Klasse (→ **Mutter**).

Stichwortverzeichnis

A

ActiveControl 176
Add 182
Addition 84
Align 329
Alignment 65
Alles speichern 43
and 104
Anweisungsblock 99, 128, 163
    Markierung 121, 128
Anzeigefläche 58
Anzeigetafel 171
Application 207
Applikation 207
Arc 355
Argumente 77
Array 160, 175, 228
Auflösung 214
Ausnahmefehler 86, 102, 399
Ausrichten 168
Ausrichtung 31, 65, 136
Autosize 59

B

Bedingung 99, 128, 163
begin 36
Bevel 174, 302
Bezeichner 77
Bibliothek 260
Bildeditor 287
Bildlaufleiste 172
Bildpunkte 214
Boolean 120, 160, 312
Borland 17, 432
Brush 226
Bugs 446
Button 30
ButtonClick 35, 175

Stichwortverzeichnis

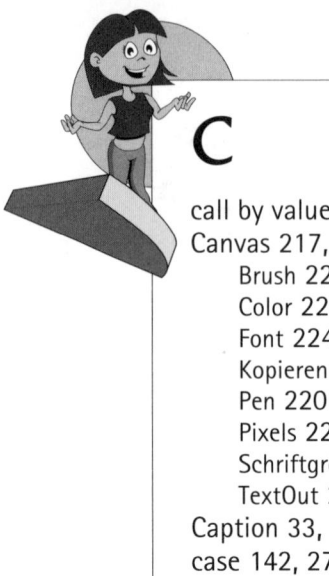

C

call by value 397
Canvas 217, 276
    Brush 226
    Color 220
    Font 224
    Kopieren 234
    Pen 220
    Pixels 227
    Schriftgröße 224
    TextOut 224
Caption 33, 41
case 142, 270
case-Struktur 143
Cells 340
Center 334
Checkbox 153
CheckBoxClick 162
Checked 161
class 237
ClientHeight 218
ClientWidth 218
Close 121, 206
Code 253
ColCount 340
Color 220
ComboBox 146
Compiler 18, 375
const 116, 180
constructor 238
Copy 307
CopyRect 234
Count 180
Create 179

D

Datei
    Beenden 46
    Neue Anwendung 94
Dateityp 326
Daten 253, 258
Datenstruktur 228
Datentyp 80
DCR 293
Debugger 446
dec 115
Definition 249, 260
Deklaration 249, 260
Dekrementieren 115
Delphi 17, 19, 20
    Beenden 46
    Fenster öffnen 40
    Fenstergruppe 28
    Installieren 435
    Menüs 28
    Programm schließen 40
    starten 26
Destroy 387
Destruktor 387
DFM 45
Dimensionen 227
div 85, 219
Division 84
Dokument 322
Doppelpunkt 143
Doppelslash 82
Double 248
Doublebuffered 414
downto 163
Durchgangsparameter 397

E

EConvertError 100, 399
Editor 18
Editorfenster 34
EDivByZero 86, 400
EFOpenError 400
Eigenschaft 32, 34, 237
Eingabefeld 95, 170
Eingabefläche 95
Eingangsparameter 397
Ellipse 218, 355
else 117, 270
Enabled
    Timer 394
end 36, 237
Endlosschleife 129

Stichwortverzeichnis

Entwicklungsumgebung 18
Entwicklungszeit 39
Ereignis 35, 63, 365
    im Objektinspektor 365
    Methode löschen 113
Ersetzen 277
except 103, 182
Exception 86, 101, 399
Execute 199
exit 312
Extended 248
EZeroDivide 400

F

F1 46
Fallunterscheidung 143
false 120, 160
Fehler abfangen 102
Fehlerbehandlung 399
Fehlermeldung 38, 79
Feld 160, 406
    eindimensional 228
    mehrdimensional 228
Feldvariable 161
FileName 199
Filter 195, 196, 326
Filtereditor 196, 326
finally 401
FloatToStr 89, 91, 249
FloatToStrF 90, 249, 267
Fokus 111, 176
Font 65, 155
for 162
for-do-Struktur 162
FormClose 185
FormCreate 113, 161, 174
Formfenster 29
Formular 29
for-Struktur 162
Free 186, 386
Frühe Bindung 378
Funktion 246, 248, 250
    Zuweisung 248

G

Ganze Zahlen 80
globale Variable 164
Grafik
    Ellipse 218
    Farbe 219
    Linie 218
    Rechteck 218
Grafikkarte 214
GroupBox 155, 168
Grundrechenarten 84
Gruppenfeld 155, 168
Gültigkeitsoperator 35, 239

H

Haltepunkt 42
Hauptformular 322
Hauptkomponente 63
Height 134
Hide 301
Hilfe 46, 429
Hilfe-Menü 46
Hilfesystem 47, 350

I

Icon 293
if 96
if-Struktur 100
if-then-Struktur 100
implementation 260
inc 115
Index 161, 219
inherited 266, 358, 379
Initialisieren 113
Initialisierung 238
Inkrementieren 115
InputBox 398
Installation 435
Instanz 32, 237
Integer 80

Stichwortverzeichnis

interface 260
Interval
    Timer 394
IntToStr 79, 91
Item 138, 149
ItemIndex 141, 158

K

Kapselung 254, 389
KeyDown 421
KeyPress 421
KeyPreview 420
Kindformular 323
Klammern 104
    eckige 160, 228
    geschweifte 83
Klasse 32, 236
    neu erstellen 276
    polymorph 380
Klassenhierarchie 258
Klassenvereinbarung 237
    innerhalb 277
Kombinationsfeld 146
Kommentar 82
Kompilieren 376
Komponente 29
    erstellen 276, 300
    erweitern 301
    Position 55
    registrieren 281
    Ressourcedatei 292
    Symbol erstellen 287
Komponentenfeld 406
Komponentenpalette 29, 137
Konstante 77, 116
Konstruktor 238, 250, 387
    leer 239
    zuweisen 242
Kontextmenü 31, 70, 135
Kontrollfeld 153
Kontrollstruktur 100, 128, 143
Kreisfunktion 247

L

Label 58
LabelClick 76
Lage von Komponenten 55
Laufzeit 39
Laufzeitfehler 399
Leerkette 207
Left 55, 134
Length 307
Lines 330
LineTo 218
ListBox 138
ListBoxClick 140
Listenfeld 138
LoadFromFile 179, 275
lokale Variable 164
LowerCase 335

M

MainMenu 190, 193
Malpinsel 226
Markierungsfeld 154
Maussteuerung 424
Max, ScrollBar 178
MDI 322
MDI-Anwendung 322
MDIChild 327
Meldefenster 186
Menüeditor 191
MenuItem 192
MessageBox 207
Methode 35, 63, 237
    öffentlich 309
    polymorph 380
    privat 314
    statisch 378
    überschreiben 378
    virtuell 378
Methode löschen 113
Min, ScrollBar 178
Modul 260
MouseDown 361
MouseUp 361
MoveTo 218

Stichwortverzeichnis

Multi Document Interface 322
Multiplikation 84

N

Nicht-Operator 208

O

Object Pascal 19, 33
Objekt 32
    Eigenschaften 32
    Ereignisse 64, 185, 209
    Feld 406
Objektinspektor 32, 64
Objektorientierte Programmierung 232, 258
Objekttyp 32, 237
Oder-Operator 106
Öffnen, Projekt 52
On 366
OnClick 63
OnClose 185
OnCreate 113
on-do 400
OnKey 421
OnMouse 425
on-Struktur 400
OOP 258, 273, 449
OpenDialog 195
Operator
    . 35, 41
    < 106
    = 106
    > 106
    and 106
    Mengen 338
    not 208
    or 106
    Rechnen 84
    Zuweisung 78
Options 338
Optionsfelder 151
or 105
override 370, 377
Owner 360

P

Package 283
Paint 354
Panel 171
Parameter 77, 97, 207
    Durchgang 397
    Eingang 397
Parent 360
pas 44
Pascal 19, 83
Pause 235
Pen 220
Pi 247
Picture 276
Pixel 214
Platzhalter 77
Polymorphe Klasse 380
Polymorphe Methode 380
Polymorphie 379, 386, 389
Polymorphismus 379
Popup 29
Position, ScrollBar 177
Print 205
PrintDialog 202
private 309
Programm beenden 40
Programmausführung 39
Programmbearbeitung 39
Programmieren 18
Programmiersprache 19
Programmierung
    objektorientiert 232
Programmmodul 260
Projekt
    Laden 52
    Neu 94
    Öffnen 52
    umbenennen 346
    unter neuem Namen 107
property 366, 403
    read 405
    write 405
protected 316
Prozedur 246, 248, 250
public 309
published 315, 366

Stichwortverzeichnis

Q

Quellcode 253
Quelltext 45
QuickInfo 30, 324

R

$R *.DFM 260
RadioButton 152
RadioGroup 150
RadioGroupClick 157
Rahmenfeld 168
Rahmenformular 322
random 76, 112
randomize 76
read 405
Real 89, 248
Rect 234
Rectangle 218
Redundanz 310, 381
Referenzübergabe 397
Refresh 235
Register 282
repeat 129
repeat-until-Struktur 129
RES 293
Ressourcedatei 293
Rich Text Format 203
RichEdit 328
Richtext 328
Rollbalken 172
RowCount 340
RTF 203
RTF-Feld 328
Runtime error 399

S

SaveDialog 195
SaveToFile 186
Schablonen 279, 320
Schaltfeld 154
Schaltfläche 30
Schieber, ScrollBar 177
Schieberegler 172
Schleife 129
   endlos 129
Schlüsselwörter 78
Schriftart 65, 155
Schriftschnitt 155
ScrollBar 172
   Eigenschaft 329
ScrollBarChange 177
SDI-Anwendung 322
Self 359
Semikolon 76
SetBounds 358
SetFocus 111, 176
Setup 26
Setup.exe 435
Show 301
ShowMessage 186
Single 248
Single Document Interface 322
Sleep 427
sleep 235
Späte Bindung 378
Speedbutton 324
Speichern
   alles 43
Spielaufbau 410
Spielfeld 412
Spielfigur 412
Startwert 163
Statische Methode 378
Statusleiste 324
Statuszeile 324
Steuerung
   Maus 424
   Tasten 421
Stretch 305
String 78, 80
   TStringList 181
StringGrid 336
   Cells 340
StringList 339
Stringliste 179
Stringlisten-Editor 139, 149
StrToFloat 91
StrToInt 91, 97
Subtraktion 84

Stichwortverzeichnis

Suchen und Ersetzen 277
SysUtils 340

T

Tabellengitter 337
Tastencodes 422
Tastensteuerung 421
TButton 33
TButtonControl 353
TCanvas 217, 228
TCheckbox 165
TColor 220, 355
TComboBox 165
TComponent 359
TControl 353
TCustomControl 352
TEdit 95
Text 330
    RichEdit 205
    TStringList 205
Textfeld 203
TextOut 224
TForm 256
TGraphicControl 352
TGroupBox 165
then 96
TImage 274, 332
Timer 393, 416
TimerTimer 394, 416
TLabel 71
TListBox 143
TMainMenu 193
TMovie 277
to 163
TObject 261, 350
Top 55, 134
TPanel 187
TPicture 298
TRadioButton 165
TRadioGroup 165
TRect 234
TRichEdit 203
true 120, 160
try 103, 182

try-except 111
TScrollBar 187
TStringGrid 336
TStringList 179, 339
TTimer 394
TXT 196
Typbezeichnung 237
type 237

U

Umkehroperator 208
Umwandlung
    String in Zahl 91
    Zahl in String 91
Und-Operator 106
Unit
    einbinden 260, 286, 340
    vereinbaren 260, 279
unit 259
Unterformular 322, 323
until 129
UpperCase 335
Ursprung 214
uses 260
    ändern 346

V

var 397
Variablen 77
    global 164
    lokal 164
Variablenfeld 160
Vereinbarung
    global 164
    lokal 164
Vererbung 257, 389
Vergleichsoperator 99, 106
Verknüpfungsoperator 106
Verschachtelung 131
Verzweigung 117
virtual 377
Virtuelle Methode 378
Virtuelle Tastencodes 422

W

Wahlfeld 154
Wertübergabe 397
while 127
while-do-Struktur 128
while-Struktur 128
Width 134
write 405

X

x-Achse 215

Y

y-Achse 215

Z

z-Achse 216
Zählschleife 163
Zeichenkette 78, 80
Zeichenstift 220
Zielwert 163
Zufallszahl 112
Zugriffsmodus 309, 315
Zugriffsoperator 41, 78, 246
Zuweisung 41, 78, 114
Zuweisungsoperator 78, 99
Zuweisungszeichen 41
Zweig 117
Zwischenablage 98